◆ 高等学校工程管理系列经典教材 ◆

工程建设法学

（第三版）

GONGCHENG JIANSHE FAXUE

李闫岩
袁日新
张慧彦　◎ 主编

大连理工大学出版社
Dalian University of Technology Press

图书在版编目(CIP)数据

工程建设法学 / 李闫岩，袁日新，张慧彦主编. -- 3版. -- 大连：大连理工大学出版社，2022.9
高等学校工程管理系列经典教材
ISBN 978-7-5685-3776-6

Ⅰ. ①工… Ⅱ. ①李… ②袁… ③张… Ⅲ. ①建筑法－法的理论－中国－高等学校－教材 Ⅳ. ①D922.297.1

中国版本图书馆CIP数据核字(2022)第051390号

大连理工大学出版社出版

地址：大连市软件园路80号　邮政编码：116023
发行：0411-84708842　邮购：0411-84708943　传真：0411-84701466
E-mail:dutp@dutp.cn　URL:https://www.dutp.cn
辽宁星海彩色印刷有限公司印刷　大连理工大学出版社发行

幅面尺寸：185mm×260mm　　印张：17　　字数：435千字
2019年3月第1版　　　　　　　　　　　2022年9月第3版
2022年9月第1次印刷

责任编辑：邵　婉　张　娜　　　　责任校对：齐　悦
封面设计：奇景创意

ISBN 978-7-5685-3776-6　　　　　　　　定　价：62.00元

本书如有印装质量问题，请与我社发行部联系更换。

序言 Foreword

我国工程管理专业自1999年开始招生已经走过了23年,我们的工程管理系列教材自1998年问世也已经走过了24年,根据建筑行业发展和企业岗位技能的需求,历经了六次升级整合。新一版"高等学校工程管理系列经典教材"基于我们新的教学实践和理论更新,依据工程管理专业规范中规定的土木工程专业知识体系及其中的知识领域、单元和知识点的相关要求,根据学生掌握土木工程、工程管理、工程经济和建设法律法规等基本方法的需要,把建设工程管理的基础内容和学科前沿成果进行有机融合,使得基础理论不断丰富,知识重点更加突出,专业内涵进一步拓展。此系列教材有如下特点:

一是定位于应用型高层次专业人才培养,面向高等学校工程管理专业教育的基础和实践。高等学校工程管理学科领域肩负着培养和造就大批具备工程技术、经济与法律的基本知识,掌握现代管理科学理论、方法和手段,能够在现代工程建设领域从事工程项目决策和工程项目全过程及重要节点管理的高级管理人才的艰巨任务。在工程管理人才专业素质和终身学习观的导向下,系列教材在补充应用知识、强化建设工程宏观角度的理解与把握等方面,为学生最大限度掌握、提高建设工程整体效益的技术和方法方面进行了更新。

二是侧重于工程建设领域的新发展和新要求。特别是党的十八大以来,发展绿色低碳技术,建筑信息模型(BIM)技术应用,城市治理数字化、智能化,建设领域碳达峰等都对建设工程领域提出了新的要求,我国基本建设投资和工程建设管理体制发生了深刻的变化。因此,建筑业转型升级的支撑带动作用使得工程建设领域对具有完善知识结构、较高业务素质和优秀管理能力的高级管理人才的需求越来越大,也使得我们有责任创新工程管理高层次人才培养,满足社会对工程管理专业人才的需要。

三是着眼于迈向高质量发展的建设工程领域。随着人民对日益增长的美好生活需要不断深化,建设领域围绕建设宜居、创新、智慧、绿色、人文、韧性城市和美丽宜居乡村的重大需求,统筹城市规划建设管理,实施城市更新行动,推动城市空间结构优化和品质提升,加快建筑领域绿色转型等成为城市品质提升的新要求,建设周期短、投资效益高、品牌价值突出、使用舒适度强等高水平建设工程产品越来越受到欢迎,也越来越需要高等级的专业监督和管理。因此,本系列教材从对建筑工程领域涉及的新内容进行合理取舍整合,既保持知识系统化,又在整体结构和内容上体现新时代的教材特点。

新一版"高等学校工程管理系列经典教材"共包括《土木建筑工程概论》《土木工程施工技术》《工程经济学》《工程项目融资》《工程估价》《工程建设法学》《工程招投标与合同管理》《工程项目管理》《国际工程管理》《工程管理信息系统》《工程项目咨询概论》《建筑企业管理》《房地产开发与经营》《工程管理概论》《建设监理概论》《工程伦理学》等16本教材。其中部分教材为国家规划教材和省部级精品教材。

本系列教材可作为高等院校土木工程等相关本专科专业的学生用教材，并可以作为注册建造师、注册造价工程师、注册监理工程师、注册咨询工程师、注册房地产估价师等执业资格考试参考书，也可供土木工程技术人员参考使用。

新系列教材的编写，再次得到辽宁省建设主管部门、建筑行业相关企业的领导、专家和大连理工大学出版社的大力支持，在此深表谢意。教材在写作过程中参阅了大量专业资料、著作和论文，在此向这些专家学者表示诚挚的谢意。但新一版系列教材不妥之处仍在所难免，恳请各位同行和读者提出宝贵意见。

高等学校工程管理系列经典教材编写组

2022年9月于沈阳建筑大学

第三版前言

近年来,为了适应建筑业发展的现实需求,工程建设领域的法律、法规适时修改,如 2019 年修改了《建筑法》《建筑工程质量管理条例》等。同时,随着政府"放、管、服"改革的深化,一些部门规章或修改或废止,如 2021 年修改了《建筑工程施工许可管理办法》,2018 年废止了《工程建设项目招标代理机构资格认定办法》。特别是 2020 年 5 月 28 日十三届全国人民代表大会第三次会议高票表决通过《民法典》,与此相适应,相关法律、法规、规章和司法解释需进行清理、修改,如 2020 年 12 月 25 日最高人民法院审判委员会第 1825 会议通过《关于审理建设工程施工合同纠纷案件适用法律问题的解释(一)》,原《关于审理建设工程施工合同纠纷案件适用法律问题的解释(一)(二)》《工程价款优先受偿批复》废止。

本书涉及的法律均为中华人民共和国法律。为将最新的法律、法规、规章和司法解释内容纳入本教材,在沈阳建筑大学与大连理工大学出版社合作出版的"高等学校工程管理系列经典教材"修订之际,我们组织了原编写组成员对《工程建设法学》重新修订,结合新立法,吸收新内容,反映司法动态。

全书仍保留原第二版 9 章体系,特别增加了课程思政的相关内容,在部分章节内容上进行了微调,如第 2 章增加了建筑市场信用体系建设,删除了第 9 章建筑工程施工索赔等内容,撤换了部分案例,力求内容全面、新颖,体现较强的系统性和实用性,既可满足本科教学需求,又可为参加注册建造师等资格考试的相关人员提供参考。

参加本次修订的作者分工为(以章为序):第 1 章袁日新,第 2 章金晓玲,第 3 章李朔,第 4 章李丽红,第 5 章张慧彦,第 6 章李闫岩、乔立新,第 7 章孟庆鹏,第 8 章李薇、李闫岩,第 9 章李闫岩。全书由李闫岩统筹,李闫岩、袁日新、张慧彦担任主编,金晓玲、李朔、李丽红、孟庆鹏、李薇担任副主编。参加本书编写工作的还有吴访非、侯天博、邹颖、李涛、赵志强,在此一并表示感谢。

编 者
2022 年 2 月

第一版前言

随着国民经济的快速发展,我国城乡建设、住宅建设规模的不断扩大,建筑业在整个国民经济和社会发展中的地位和作用愈发突显,与整个国家的经济发展和人民生活的改善有着密切的关系,建筑业已经成为我国国民经济的支柱产业。为了引导建筑业的发展方向,加强对建设活动的监管,保护工程建设法律关系主体的各方权益,有效解决建设活动中存在的现实问题,建立良好的建筑市场秩序,促进建筑业的健康发展,有必要加强工程建设法律、法规的研究,加大工程建设法律立法工作力度,逐步建立一个以建设法律为龙头,建设行政法规为骨干,建设部门规章、地方性建设法规和地方性建设规章为枝干的具有中国特色的完备的工程建设法律体系。

工程建设法是指由国家权力机关或其授权的行政机关制定的,旨在调整国家及其有关机构、企业事业单位、社会团体、公民之间在工程建设活动中或工程建设行政管理活动中发生的各种社会关系的法律、法规的统称。它是一个相对独立的新兴的部门法律,是我国法律体系的重要组成部分。在我国现行229项有效法律中工程建设法中具有最高法律效力的《建筑法》《城乡规划法》《城市房地产管理法》和《招标投标法》,除《招标投标法》隶属于民商法外,其余全部划归行政法。这反映出工程建设法的调整对象是以调整工程建设活动中行政管理关系为主的。

《工程建设法学》是以工程建设法为研究对象的一门新兴法学学科,也是近年来发展较快的法律分支学科之一,具有很强的专业性。为了满足广大建筑行业相关专业人员、建设法教学人员和相关专业学生尽快了解、掌握建设法律知识的需求,我们组织沈阳建筑大学有多年建设法教学、实践经验的教师,在研究我国现有的建设法律、法规及有关政策文件,参考国内外建设法学著作、教材和科研成果的基础上,编写了本书。

全书共分建设法总论、城乡规划法、招标投标法、建设工程勘察设计法律制度、建设工程施工法律制度、建设工程监理法律制度、建设工程安全管理法律制度、建设工程质量管理法律制度、建设工程合同管理法律制度、房地产管理法律制度十章内容,力求较全面、系统地介绍建设法律制度的基本内容。每章配有开篇案例和若干思考题,通过案例帮助读者更好理解相关章节的内容,培养应用建设法律基础知识分析问题、解决问题的能力。思考题帮助读者检验学习效果,巩固所学知识。每章均有"关键词",既做引导,又做重点。该书内容新颖、语言简练、通俗易懂,读者通过对本书的学习,能够较好掌握建设工程中相关法律、法规的基本理论。本书既可以作为高等学校土木工程及工程管理类应用型人才培养的教材，也可作为土木工程领域工程技术人员的参考用书。在学习本书的过程中注意以下几个问题：一是建设法律隶属于行政法，其调整对象与民法和刑法的调整对象相比具易变性，必须随着建设业的发展而适时调整、变化，对建设法律、法规进行不断的修正、修订或废止。如《城市房地产管理法》2007年8月修正，2007年10月《城乡规划法》颁布，《城市规划法》同时废止，《建筑法》也正在修订中，学习中必须时刻注意这些法律、法规的变化。二是及时了解有关建设法律的司法解释和相关政策，司法解释和相关政策虽不是建设法律的渊源，但其具有较强的实践性和指导性，深入领会这些司法解释和政策有助于解决实际问题和更好理解建设法律的立法精神和本质。三是关注建设领域中的焦点、难点问题，重点培养学生思考问题、解决问题的能力。

本书由沈阳建筑大学管理学院刘亚臣、李闫岩主编，沈阳建筑大学文法学院佟曾、张慧彦副主编。刘亚臣教授提出写作思路、总体设计及最后通撰定稿。全书各章初稿撰写人员具体分工如下：第1章、第2章：佟曾；第3章：张慧彦；第9章(9.1至9.9)：张慧彦、乔立新；第4章：白庶、钟雪；第6章：白庶、王薇、宫园园；第5章、第9章(9.10)：李学锋；第7章：朱昊；第8章：李闫岩；第10章：李闫岩、乔立新。

本书编写过程中主要以原沈阳建筑工程学院管理工程系1997年编写的《建设法律法规》和刘亚臣、朱昊2007年主编的《新编建设法规》为基础，并全新写作完成。从法学的视角和基础去统筹和编写《工程建设法学》，这也是我们的一个新的尝试。在本书的编写过程中得到许多领导的大力支持和同仁的真诚帮助，在此一并表示感谢！

由于作者水平有限，本书在体系安排和内容深度上难免存在不足，望广大读者批评指正。

编 者

2009年2月于沈阳建筑大学管理学院

目录 Contents

第 1 章　工程建设法概述 …………………………………………………………… **1**
　1.1　工程建设法概念和特征 ………………………………………………………… 1
　1.2　工程建设法律关系 ……………………………………………………………… 2
　1.3　工程建设法的体系 ……………………………………………………………… 5
　1.4　工程建设相关法律制度 ………………………………………………………… 8

第 2 章　工程建设主体管理法律制度 ……………………………………………… **32**
　2.1　政府投资工程建设法律制度 …………………………………………………… 32
　2.2　工程建设企业资质管理法律制度 ……………………………………………… 36
　2.3　工程建设从业人员资格管理法律制度 ………………………………………… 45
　2.4　建筑市场信用体系建设 ………………………………………………………… 55

第 3 章　城乡规划法律制度 ………………………………………………………… **57**
　3.1　城乡规划概述 …………………………………………………………………… 57
　3.2　城乡规划的制定 ………………………………………………………………… 59
　3.3　城乡规划的实施与修改 ………………………………………………………… 69
　3.4　城乡规划监督检查制度和法律责任 …………………………………………… 77

第 4 章　招投标法律制度 …………………………………………………………… **88**
　4.1　招标法律制度 …………………………………………………………………… 88
　4.2　投标法律制度 …………………………………………………………………… 100
　4.3　开标、评标与定标 ……………………………………………………………… 104

第 5 章　工程建设勘察设计法律制度 ... 113

5.1　工程建设勘察设计法律制度概述 ... 113

5.2　工程建设勘察设计文件的编制与实施 ... 115

5.3　施工图设计文件的审查 ... 119

5.4　工程建设勘察设计文件知识产权保护 ... 124

5.5　建设工程勘察设计合同 ... 131

第 6 章　工程建设施工法律制度 ... 137

6.1　施工许可证管理制度 ... 137

6.2　建设工程施工合同 ... 141

6.3　相关合同 ... 160

第 7 章　工程建设安全生产与质量管理法律制度 ... 171

7.1　工程建设安全生产管理法律制度 ... 171

7.2　工程建设质量管理法律制度 ... 186

第 8 章　建设环境保护法律制度 ... 203

8.1　施工现场环境保护制度 ... 203

8.2　建设项目环境保护制度 ... 213

8.3　建设节约能源制度 ... 218

第 9 章　工程建设争议解决法律制度 ... 229

9.1　调解、和解制度和争议评审 ... 229

9.2　仲裁制度 ... 233

9.3　民事诉讼制度 ... 239

9.4　行政复议和行政诉讼制度 ... 253

参考文献 ... 261

第1章 工程建设法概述

课程思政要点

工程质量是衡量一个国家工程水平的重要维度,通过对工程建设法的特征的讲授,深刻认识工程建设质量法律制度对于保障新时代中国特色社会主义工程质量建设与发展的意义,牢固树立质量价值观。通过对工程建设法的体系的讲授,全面了解中国特色社会主义法律体系,坚持走中国特色社会主义法治道路,更好推进中国特色社会主义法治体系建设,不断提高国家治理体系和治理能力现代化。通过对表见代理制度的讲授,增强对公正价值观念的认识以及对维护市场诚信基础和形成市场信用机制的理解。通过对居住权制度的讲授,看党的十九大提出加快建立多主体供给、多渠道保障住房制度的要求在《中华人民共和国民法典》(以下简称《民法典》)立法中的贯彻执行,加深对助力"居者有其屋",加厚"亲朋好友"间情感,增强社会凝聚力,体现对友善、和谐等社会主义核心价值观的认识和理解。

1.1 工程建设法概念和特征

1.1.1 工程建设法的概念

工程建设法是调整国家在管理和协调工程建设活动过程中所发生的各种社会关系的法律规范的总称。工程建设法是一国法律体系的重要组成部分,直接体现国家管理、协调、规范和控制城市建设、乡村建设、工程建设、建筑业、房地产业、市政公用事业等各项建设活动的方针、政策和基本原则,是国家管理机关、企事业单位、社会团体、公民参与工程建设活动的基本法律依据。

1.1.2　工程建设法的特征

1. 经济性

这是工程建设法的最本质特征。工程建设法发挥作用的领域是社会的经济生活领域，必然要反映基本经济规律，揭示基本经济问题。

2. 社会性

这体现为工程建设法以社会为本位。工程建设法是为顺应国家管理和协调工程建设活动的要求而产生和发展起来的，根本目标在于维护社会整体利益，促进社会经济的协调健康发展。

3. 政策性

工程建设法是国家管理和协调工程建设活动的产物，工程建设法也必须反映和回应工程建设形势的变化，随时根据工程建设形势的客观需要赋予工程建设政策以法的效力，并随着工程建设政策的变化而变化。

4. 技术性

这是工程建设法的一个显著特征。工程建设法大都表现为具有强制性的技术规范，如各种设计规范、施工规范、验收规范、产品质量监测规范等。

5. 综合性

这是由工程建设法所调整的社会关系的复杂性所决定的，表现为以下几个方面：一是法益的复合型；二是手段的多样性；三是责任的多重性；四是规范的多元性。工程建设法律规范表现为实体规范和程序规范相结合、强行性规范和任意性规范相结合、公法规范与私法规范相结合等。

1.2　工程建设法律关系

1.2.1　工程建设法律关系的概念和特征

1. 法律关系的概念

法律关系是法律规范在调整人们行为的过程中形成的权利义务关系。法律关系由主体、客体和内容三个要素构成。主体是法律关系的参与者，也是权利义务的享有者和承担者；客体是法律关系主体权利义务共同指向的对象；内容是法律关系主体所享有的权利和承担的义务。

2. 工程建设法律关系的概念

工程建设法律关系是法律关系的一种表现形式，是指工程建设法对客观存在的工程建设社会关系进行调整之后形成的权利义务关系。与一般法律关系一样，工程建设法律关系是由工程建设法律关系主体、工程建设法律关系客体和工程建设法律关系内容三个要素构成的。

第1章 工程建设法概述

【例1-1】 工程建设法律关系包括( )三要素。
A. 主体、客体、内容 　　　　　　　B. 当事人、经济行为、经济利益
C. 法人、经济合同、经济权利 　　　D. 经济管理、经济协作、法律责任

【解析】 法律关系由主体、客体和内容三个要素构成。与一般法律关系一样,工程建设法律关系是由主体、客体和内容三个要素构成的。正确答案是 A。

3. 工程建设法律关系的特征

(1)工程建设法律关系的参加者是法律主体

工程建设法律关系的参加者必须是法律主体,凡是非法律确认和保护的主体,非依法定条件和程序设立的主体均不能参加工程建设活动,也不能形成工程建设法律关系。

(2)工程建设法律关系由工程建设法律规范确认和保护

工程建设法律关系的产生是国家运用法律手段干预工程建设活动的必然要求,是国家干预工程建设活动为工程建设法律规范所确认的产物。

(3)工程建设法律关系产生于特定的工程建设活动中

工程建设法律关系产生的特定工程建设活动包括勘察、设计、施工、监理、安装、监督、管理等工程建设活动,涉及面广,内容复杂。

1.2.2 工程建设法律关系的要素

1. 工程建设法律关系的主体

工程建设法律关系的主体,是指在工程建设活动中依法独立享有权利、承担义务的当事人。工程建设法律关系主体既是工程建设权利的享有者,又是工程建设义务的承担者,是工程建设法律关系中最活跃的要素。在我国,依法能够参加工程建设法律关系的主体范围非常广泛,包括自然人、法人和其他组织。

2. 工程建设法律关系的客体

工程建设法律关系的客体是指参加工程建设法律关系的主体享有的权利和承担的义务所共同指向的对象。一般法律关系的客体包括物、行为和精神财富,工程建设法律关系的客体也是如此。如建筑材料、建筑机械设备、建筑物等属于物客体;勘察设计、施工安装、检查验收等属于行为客体;建筑设计方案、装潢设计方案属于精神财富。

3. 工程建设法律关系的内容

工程建设法律关系的内容是指工程建设权利和工程建设义务,实质就是工程建设法律关系主体实际享有的权利和实际承担的义务。工程建设权利是指工程建设法律关系主体在法定范围内,根据国家建设管理要求和自己活动的需要有权进行各种工程建设活动。工程建设义务是指工程建设法律关系主体必须按照法律的规定或者约定实施或者不实施某种行为。

【例1-2】 在建设工程施工合同法律关系中,法律关系的客体是( )。
A. 建筑物 　　　　　　　　　　　B. 施工工程技术
C. 施工工程款 　　　　　　　　　D. 工程施工行为

【解析】 法律关系中的客体是指法律关系主体间权利和义务所指向的对象,建设工程施工合同法律关系中客体应该是合同中的建设工程,即建筑物。正确答案是 A。

1.2.3　工程建设法律关系的产生、变更和消灭

1. 工程建设法律关系产生、变更和消灭的概念

工程建设法律关系不是原本就有的,而是由于一定的法律事实发生后才产生的,并且它也可以由于一定的法律事实的发生而变更或者消灭。

(1)工程建设法律关系的产生

工程建设法律关系产生是指工程建设法律关系主体之间形成了一定的权利义务关系。如发包方和承包方签订了建设工程合同,双方就产生了相应的权利义务,工程建设法律关系即告产生。

(2)工程建设法律关系的变更

工程建设法律关系的变更是指工程建设法律关系的三个构成要素发生变化,具体包括主体变更、客体变更和内容变更。主体变更是指工程建设法律关系主体数目的增多或者减少。客体变更是指工程建设法律关系主体享有权利和承担义务共同指向的对象发生变化。内容变更是指工程建设法律关系主体权利义务的变化。

(3)工程建设法律关系的消灭

工程建设法律关系的消灭是指工程建设法律关系主体之间的权利义务不复存在,不具有约束力,具体包括自然消灭、协议消灭和违约消灭。自然消灭是指工程建设法律关系主体之间的权利义务顺利得到履行,取得了各自的利益,从而使工程建设法律关系自然终止。协议消灭是指工程建设法律关系主体通过协商解除了彼此之间的权利义务关系,致使该工程建设法律关系归于消灭。违约消灭是指工程建设法律关系主体一方违约,致使该工程建设法律关系权利主体享有的权利不能实现。

2. 工程建设法律关系产生、变更和消灭的原因

工程建设法律关系的产生、变更和消灭是由法律事实引起的,法律事实才是工程建设法律关系产生、变更和消灭的原因。

按照是否包含当事人的意志,法律事实分为两类,即事件和行为。

(1)事件

事件是指不以当事人意志为转移而产生的自然现象,如地震、台风、海啸、水灾、火灾等自然现象和战争、暴乱、国有化等社会现象。事件是工程建设法律关系的产生、变更或消灭的原因之一。如洪水灾害导致某建设工程施工延期,致使某建设施工合同不能履行。

(2)行为

行为是指人的有意识的活动,包括积极的作为和消极的不作为,都能引起工程建设法律关系的产生、变更或消灭。引起工程建设法律关系的产生、变更或消灭的行为,可以按性质划分为国家行为和当事人行为。其中,国家行为包括行政行为、立法行为和司法行为;当事人行为包括民事法律行为和违法行为。①行政行为是指国家授权机关依法行使对建设业的管理权而发生法律后果的行为。如国家建设管理机关下达基本建设计划、监督执行工程项目建设程序的行为。②立法行为是指国家机关在法定权限内通过规定的程序,制定、修改、废止工程建设法律的活动。如国家制定、颁布工程建设法律、法规、条例等行为。③司法行为是指国家司法机关适用工程建设法律的活动。它包括各级检察机构所实施的法律监督,

各级审判机构的审判、调解活动等。如人民法院对工程建设纠纷案件做出判决的行为。④民事法律行为是指基于法律规定或者当事人约定设立、变更或者终止权利义务的行为。如根据设计任务书进行初步设计的行为、依法签订工程建设承包合同的行为。⑤违法行为是指受法律禁止的侵犯其他主体的工程建设权利和工程建设义务的行为。如违反法律规定或因过错不履行工程建设合同；没有国家批准的建设、擅自动工建设等行为。

【例 1-3】 下列各项中，属于法律事实中事件的是（ ）。
A. 签订合同　　　　　　　B. 开始施工
C. 发生地震　　　　　　　D. 业主违约
【解析】 事件是指不以当事人意志为转移而产生的自然现象和社会现象。地震是一种自然现象。正确答案是 C。

1.3 工程建设法的体系

1.3.1 工程建设法体系的概念

1. 法律体系

法律体系也称法的体系，是指由一个国家现行的各个法律部门构成的有机联系的统一整体。法律部门又称部门法，是根据一定标准、原则所制定的同类法律规范的总称。

在我国，以宪法为统帅，以民商法等多个法律部门的法律为主干，由法律、行政法规、地方性法规等多个层次的法律规范构成的中国特色社会主义法律体系已经形成。目前，中国特色社会主义法律体系可划分为七个主要的法律部门，即宪法及宪法相关法、民商法、行政法、经济法、社会法、刑法、诉讼与非诉讼程序法。

2. 工程建设法体系

工程建设法的体系是工程建设法律规范性文件的构成方式，是指把已经制定的和需要制定的工程建设方面的法律、行政法规、部门规章和地方性法规、地方政府规章有机结合起来，形成的一个完整统一的体系。按其构成特点可分为纵向体系和横向体系两大类。

1.3.2 工程建设法的纵向体系

工程建设法的纵向体系，是由各级人大和政府按其立法职权制定的法律、法规、规章和规范性文件构成的。根据《立法法》有关立法权限的规定，我国工程建设法的体系由五个层次构成，即法律、行政法规、部门规章、地方性法规和地方政府规章。

1. 工程建设法律

根据制定机关的不同，法律分为两大类：一类为基本法律，即由全国人民代表大会制定颁布的有关刑事、民事、国家机构的和其他方面的规范性文件，如《刑法》《民法典》；另一类为基本法律以外的其他法律，又称非基本法律，是由全国人民代表大会常务委员会制定颁布的,如《招标投标法》《建筑法》(以下简称《建筑法》)。法律的法律地位和效力仅次于宪法,在全国范围内有效。

工程建设法律指由全国人民代表大会及其常委会制定颁布的属于国务院建设行政主管部门业务范围的各项法律,是工程建设法体系的核心,这些法律均在全国范围内有效。工程建设法律包括但不限于以下法律:《城乡规划法》《招标投标法》《民法典》《建筑法》《土地管理法》《城市房地产管理法》《安全生产法》《环境保护法》《防震减灾法》等。

2. 工程建设行政法规

行政法规是国务院依照宪法规定的权限和法定程序制定颁布的规范性法律文件。行政法规的法律地位仅次于宪法和法律,在国家生活中起着重要作用。

工程建设行政法规由国务院制定颁布的属于建设行政主管部门业务范围的各项法规,其效力低于工程建设法律。工程建设行政法规是工程建设法体系的第二个层次,一般是对工程建设法律条款的进一步细化、补充和完善,以便于法律的实施,它们在全国范围内有效。工程建设行政法规主要有:《城市房地产开发经营管理条例》《招标投标法实施条例》《建设工程勘察设计管理条例》《建设工程质量管理条例》《建设工程安全生产管理条例》《物业管理条例》《住房公积金管理条例》《安全生产许可证条例》《注册建筑师条例》等。

3. 工程建设部门规章

部门规章又称行政规章,是指各部、各委员会根据法律和国务院的行政法规、决定、命令,在各自的权限内,制定颁布的规范性文件。一方面,规章对法律、行政法规的规定进一步具体化,以使其得以更好地贯彻执行;另一方面,规章作为法律、法规的补充,为有关政府部门的行为提供依据。部门规章对有关全国行政管理部门具有约束力,但其效力低于行政法规。

工程建设部门规章是指住房和城乡建设部或国务院有关部门根据国务院规定的职责范围,依法制定并颁布的工程建设领域的各项规章。目前,大量的工程建设法都是以部门规章的方式发布的,如《建设工程勘察设计资质管理规定》《工程建设项目施工招标投标办法》《物业管理企业资质管理办法》《建设工程勘察质量管理办法》《住宅专项维修资金管理办法》《建设工程质量检测管理办法》《建筑工程施工许可管理办法》《建筑施工企业安全生产许可证管理规定》《建设工程勘察设计企业资质管理规定》等。

4. 工程建设地方性法规

地方性法规是地方人民代表大会及其常委会根据本行政区域的具体情况和实际需要,在不同宪法、法律、行政法规相抵触的情况下,制定颁布的规范性法律文件。地方性法规的效力不能及于全国,而只能在地方区域内有效。

工程建设地方性法规是指由省、自治区、直辖市人民代表大会及其常委会制定颁布的或经其批准颁布的由下一级人大或常委会制定颁布的工程建设方面的规范性法律文件。工程建设地方性法规促进了本地区建设行业发展,也为国家工程建设立法积累了成功经验。如《辽宁省建设工程质量管理条例》《山东省建筑市场管理条例》《宁夏回族自治区建设工程造价管理条例》《珠海市地下管线管理条例》《深圳经济特区物业管理条例》《上海市住房公积金管理若干规定》《合肥市城市规划管理办法》等。

5. 工程建设地方性规章

地方性规章,即地方政府规章,是指省、自治区、直辖市和较大的市的人民政府,根据法律、行政法规和本省、自治区、直辖市的地方性法规,制定颁布的规范性法律文件。省、自治区的人民政府制定的规章的效力高于本行政区域内较大的市的人民政府制定的规章。

工程建设地方性规章是指由省、自治区、直辖市人民政府制定颁布的或者经其批准颁布的,由其所在城市人民政府制定颁布的建设方面的规章。地方性法规与地方政府规章的法律地位和效力低于宪法、法律、行政法规和部门规章,只在本行政区域内有效。各地区在法定权限内制定颁布了大量工程建设地方性规章,如《辽宁省安全生产监督管理规定》《山东省工程建设标准化管理办法》《山西省建设工程造价管理办法》《浙江省建设项目安全设施监督管理办法》《江苏省建设工程勘察设计管理办法》《云南省城市建设档案管理规定》《无锡市建设工程质量监督管理办法》等。

在工程建设法体系中,工程建设法律的法律效力最高,层次越往下的法规法律效力越低,行政法规的效力高于地方性法规、规章。地方性法规的效力高于本级和下级地方政府规章,省、自治区的人民政府制定的规章的效力高于本行政区域内的设区的市、自治州的人民政府制定的规章的效力。部门规章之间、部门规章与地方政府规章之间具有同等效力,在各自的权限范围内施行。同一机关制定的法律、行政法规、地方性法规、自治条例和单行条例、规章,特别规定与一般规定不一致的,适用特别规定;新的规定与旧的规定不一致的,适用新的规定。

【例1-4】 根据法的效力等级,《建设工程质量管理条例》属于( )。
A. 法律　　　　　　　　　　　B. 部门规章
C. 行政法规　　　　　　　　　D. 单行条例

【解析】 行政法规是最高国家行政机关即国务院制定的规范性文件,如《建设工程质量管理条例》《建设工程勘察设计管理条例》《建设工程安全生产管理条例》《安全生产许可证条例》和《建设项目环境管理条例》等。行政法规的效力低于宪法和法律。正确答案是C。

1.3.3　工程建设法的横向体系

工程建设法的横向体系是由基本法、配套法和相关法组成。基本法是工程建设法体系的核心,具有纲领性和原则性的特征,但不可能对各个实施细节做出具体规定,因而需要有相应的配套法来阐明基本法有关条款的实施细则。相关法是指工程建设领域之外,与工程建设密切相关的法律、法规。

1. 工程建设基本法

工程建设基本法是指在工程建设活动中应当遵循的法律。在我国,工程建设基本法主要包括《城乡规划法》《土地管理法》《农村土地承包法》《招标投标法》《民法典》《安全生产法》《建筑法》《政府采购法》《测绘法》《环境保护法》《环境影响评价法》《节约能源法》《可再生能源法》《防震减灾法》等。

2. 工程建设配套法

法律的规定原则性强,需要用配套法规来进行细化、补充和完善,以增强法律的可操作性。在我国,工程建设配套法主要包括《建筑企业资质管理规定》《招标投标法实施条例》《建设工程勘察设计管理条例》《建设工程安全生产管理条例》《建设工程质量管理条例》《建设项目环境保护管理条例》《村庄和集镇规划建设管理条例》等。

3. 工程建设相关法

工程建设也需要资源、文物等多个密切相关领域的共同协作,这些领域的相关法律也是工程建设法体系的重要组成部分。在我国，工程建设相关法主要包括《水法》《矿产资源法》《森林法》《草原法》《渔业法》等。

1.4 工程建设相关法律制度

1.4.1 法人制度

1. 法人的概念

法人是与自然人相对应的一个法律概念，是重要的民事主体。《民法典》第五十七条规定："法人是具有民事权利能力和民事行为能力，依法独立享有民事权利和承担民事义务的组织。"

2. 法人成立的条件

只有具备以下四个条件的社会组织才能具有法人资格：①依法成立；②有必要的财产或经费；③有自己的名称、组织机构和住所；④能够独立承担民事责任。

3. 法人的分类

根据法人成立的基础为标准可以分为社团法人和财团法人。社团法人是以人的集合为成立基础，由两个以上的成员所组成，根据法律取得独立人格，如有限责任公司。财团法人是以捐赠财产为成立基础，是为一定的目的而存在的财产集合体，如基金会等。

根据法人设立的宗旨和活动性质的不同可以分为营利法人和非营利法人。营利法人是指以取得利润并分配给股东等出资人为目的成立的法人，主要是企业法人。非营利法人是指以公益为目的或者其他非营利目的成立，不向出资人、设立人或者会员分配所取得利润的法人，主要是事业单位和社会团体法人。

4. 法人的民事能力

法人作为独立的民事主体，与自然人一样，具有相应的民事权利能力、民事行为能力和民事责任能力。

（1）法人的民事权利能力

法人的民事权利能力是指法人作为民事主体，参与民事活动，享有民事权利并承担民事义务的资格。法人的民事权利能力，自法人成立时产生，至法人终止时消灭。法人权利能力的内容和范围受自身性质的限制，取决于法律、自身章程的规定。

（2）法人的民事行为能力

法人的民事行为能力是指法人通过自己的行为，为自己取得民事权利和承担民事义务的能力。法人在成立宗旨和业务范围之内具有完全民事行为能力，在成立宗旨和业务范围之外不具有民事行为能力。法人的民事行为能力和民事权利能力同时产生，同时消灭。法人一经依法成立，就同时具有民事权利能力和民事行为能力；法人一经依法撤销，其民事权利能力和民事行为能力就同时消灭。

法人的民事行为能力通过法人的法定代表人或代理人的活动来实现。法定代表人是指依照法律或者法人章程规定,能够代表法人行使民事权利、承担民事义务的主要负责人。法定代表人的行为即法人的行为,法人应承担由此产生的民事法律后果。

(3)法人的民事责任能力

法人的民事责任能力是指法人对自己实施违法行为造成的法律后果,应当承担相应民事责任的能力。一般认为,法人的民事责任能力体现在以下两个方面:

①法人须对法定代表人的行为负责。根据《民法典》第六十一条的规定,企业法人对它的法定代表人的民事活动,承担民事责任。同样,非企业法人的法定代表人的行为,也应由所代表的法人承担。法人对法定代表人所负的责任,包括越权行为的责任。根据《民法典》第五百零四条的规定,法人或者非法人组织的法定代表人、负责人超越权限订立的合同,除相对人知道或者应当知道其超越权限外,该代表行为有效。

②法人对工作人员的职务行为负责。职务行为是指法人的工作人员在执行职务期间实施的民事行为。法人不仅要对法定代表人的行为负责,还要对其他工作人员因执行法人的事务而所做的行为负责,其中包括侵权行为所致的民事责任。

【例1-5】 在某工程项目施工中,经项目经理签字的材料款,未能按时支付,则承担法律责任的主体是( )。

A.施工企业　　　　　　　　B.项目经理
C.建设单位　　　　　　　　D.项目经理部

【解析】 项目经理部不具有法人资格,不能独立承担民事责任,项目经理是施工企业法定代表人在项目上的授权代表,其在行使职权时产生的法律后果应当由施工企业承担。正确答案是A。

5. 法人的设立、变更和终止

(1)法人的设立是指依照法律的规定产生法人的行为。企业法人、社会团体法人的设立需要经过登记。

(2)法人的变更是指法人设立后,其组织、名称、住所、经营范围等重要事项发生的变化。这些事项的变更,有的可依法人意思自主决定,有的须遵守法律的强制性规定。

(3)法人的终止即法人的民事主体资格消灭,丧失民事权利能力和民事行为能力。企业法人因依法被撤销、解散、破产及其他原因而终止。

法人的清算,指法人终止后由清算组织依据职权清理并消灭法人的全部财产关系。法人的清算属于非经营性活动,在清算阶段,法人仅具有基于清算必要范围内的民事行为能力,只能进行以清算为目的的行为。法人终止,应当依法进行清算,停止清算范围外的活动。

1.4.2　代理制度

1. 代理的概念和特征

代理是指代理人在代理权限内,以被代理人的名义与第三人实施法律行为,由此产生的法律后果直接由被代理人承担的一种法律制度。

在代理关系中,有三方参加人,包括三方面的法律关系:一是被代理人与代理人之间基于委托授权或者法律直接规定而形成的代理权关系;二是代理人依据代理权与第三人之间的代理行为关系;三是被代理人与第三人之间因代理行为而形成的民事法律关系。前一种关系为代理的内部关系,后两种关系为代理的外部关系。代理的内部关系是代理的外部关系得以产生和存在的前提,而代理的外部关系则是代理的内部关系的目的和归宿。

代理具有以下特征:①代理人以被代理人的名义实施代理行为;②代理人在代理权限内实施代理行为;③代理行为是具有法律意义的行为;④代理行为的法律后果直接归属于被代理人。

【例1-6】 根据《民法典》,施工单位的项目经理属于施工单位的( )。
A. 委托代理人 B. 法定代理人
C. 指定代理人 D. 职务代理人

【解析】 项目经理是受施工单位的委派,根据施工单位的授权,对建设工程项目全面负责的项目管理者,是施工单位内部的岗位职务。正确答案是A。

2. 代理的适用范围

代理适用于民事主体之间设立、变更或终止权利义务的法律行为,同时也适用于民事法律行为之外的其他行为,如申请行为、申报行为、诉讼行为等。

尽管代理的适用范围很广,但是还是受法律规定和当事人约定的限制,具体包括以下几个方面:一是具有人身性质的民事法律行为不得代理。例如,立遗嘱、婚姻登记、收养子女、约稿、预约绘画、剧团演出等具有严格人身性质的行为,不得代理。二是被代理人无权进行的行为不能代理。内容违法的民事行为和侵权行为都不能代理,不产生代理权和代理后果。三是根据法律规定,只有某些民事主体才能发生代理的行为,他人不得代理,如代理发行证券只能由有证券承销资格的机构进行,代理保险业务只能由保险代理机构进行。四是双方当事人约定应由本人亲自实施的民事行为不得代理。在建设工程施工合同中,如果当事人约定必须由承包人亲自完成全部施工任务,那么承包人必须亲自工作而不能委托他人代为完成。

3. 代理的种类

根据《民法典》第一百六十三条的规定,代理包括委托代理和法定代理两种类型。这是按照代理产生根据的不同所做的最重要的分类。

(1)委托代理。这是基于被代理人的委托而发生的代理。被代理人的委托可以基于授权行为产生,也可以依据委托合同关系、劳动合同关系、合伙合同关系、职务关系等发生。根据《民法典》第一百三十五条的规定,委托代理可以采用书面形式、口头形式或者其他形式。法律规定采用书面形式的,应当采用书面形式。书面委托代理的授权委托书应当载明代理人的姓名或者名称、代理事项、权限和期限,并由委托人签名或者盖章。委托书授权不明的,被代理人应当向第三人承担民事责任,代理人负连带责任。

(2)法定代理。这是基于法律的直接规定而发生的代理。法定代理通常适用于被代理人是无民事行为能力人、限制民事行为能力人的情况。法定代理产生的依据是代理人与被代理人之间存在着血缘关系、婚姻关系、组织关系等。法定代理人所享有的代理权是由法律直接规定的,与被代理人的意志无关。法定代理人的主要类型有监护人、失踪人的财产代管人和清算组等。

4. 代理权的行使

代理权的行使是指代理人在代理权限内,以被代理人的名义独立、依法有效地实施民事法律行为,以达到被代理人所希望的或者客观上符合被代理人利益的法律效果。

(1)代理权行使的原则。代理人必须在代理权限范围内行使代理权,不得无权代理。代理人行使代理权必须符合被代理人的利益,不得利用代理权为自己牟取利益。代理人必须亲自行使代理权,不得任意转托他人代理。代理人必须积极行使代理权,做到勤勉尽责,以实现和保护被代理人的利益。

(2)代理权滥用的禁止。代理权滥用是指代理人行使代理权时,违背代理权的设定宗旨和代理行为的基本准则,损害被代理人的行为。各国法律一般均禁止代理权的滥用。代理权滥用的类型主要有:一是代理他人与自己进行民事行为;二是代理双方当事人进行同一民事行为;三是代理人与第三人恶意串通损害被代理人利益的行为。滥用代理权的行为,视为无效代理。代理人滥用代理权给被代理人及他人造成损害的,必须承担相应的赔偿责任。

【例 1-7】 某施工企业在异地设有分公司,分公司受其委托与材料供应商订立了采购合同。材料交货后货款未支付,供应商应以( )为被告人向人民法院起诉,要求支付材料款。

A. 监理单位　　　　　　　　　　B. 分公司
C. 建设单位　　　　　　　　　　D. 施工企业

【解析】 代理是代理人在代理权限内,以被代理人的名义实施的、其民事责任由被代理人承担的法律行为。按照本题的说明,材料供应合同的当事人应该是某施工企业和供应商,分公司只是施工企业的代理人,所以被代理人应对代理行为承担民事责任。正确答案是 D。

5. 代理权的终止

(1)委托代理的终止

根据《民法典》第一百七十三条的规定,有下列情形之一的,委托代理终止:①代理期限届满或者代理事务完成;②被代理人取消委托或者代理人辞去委托;③代理人丧失民事行为能力;④代理人或者被代理人死亡;⑤作为代理人或者被代理人的法人、非法人组织终止。

(2)法定代理的终止

根据《民法典》第一百七十一条的规定:有下列情形之一的,法定代理或者指定代理终止:①被代理人取得或者恢复民事行为能力;②被代理人或者代理人死亡;③代理人丧失民事行为能力;④指定代理的人民法院或者指定单位取消指定;⑤由其他原因引起的被代理人和代理人之间的监护关系消灭。

6. 无权代理

无权代理是指不具有代理权的当事人所实施的代理行为。无权代理通常包括以下几种形式:一是行为人没有代理权;二是行为人超越代理权;三是代理权终止后的行为。

根据《民法典》第一百七十一条第一款的规定,没有代理权、超越代理权或者代理权终止后的无权代理行为,只有经过被代理人的追认,被代理人才承担民事责任。未经追认的行为,由行为人承担民事责任。据此,被代理人对无权代理人实施的行为如果予以追认,则无权代理可转化为有权代理,产生与有权代理相同的法律效力,并不会发生代理人的赔偿责任。如果被代理人不予追认的,对被代理人不发生效力,则无权代理人需承担因无权代理行为给被代理人和善意第三人造成的损失。

【例 1-8】 甲公司委托其在某省的子公司 A 向乙纺织厂购买一批真丝印花面料。A 公司在购买真丝印花面料时,得知乙纺织厂正在对一批质量优良的真丝绣花面料进行降价促销,A 公司知道这种面料也是甲公司加工成衣所需的面料,便代甲公司签订合同一并购买了一部分。甲公司知道上述情况后,并未提出异议。请根据有关代理权的法律规定,对 A 公司代为购买真丝绣花面料的行为进行评价,并说明其行为产生的民事责任应由谁承担?

【解析】 根据《民法典》第一百七十一条的规定,A 公司代甲公司购买真丝绣花面料的行为属于超越代理权的无权代理行为。甲公司知道 A 公司的该种行为后并没有做否认表示,视为同意,因此,A 公司的行为所产生的民事责任应由甲公司承担。

7. 表见代理

表见代理是指没有代理权、超越代理权或者代理权终止后的无权代理人,以被代理人名义实施的,足以使第三人相信其有代理权的,由被代理人承担法律后果的代理行为。《民法典》第一百七十二条规定,行为人没有代理权、超越代理权或者代理权终止后仍然实施代理行为,相对人有理由相信行为人有代理权的,该代理行为有效。

表见代理依法产生有权代理的法律效力,即无权代理人与第三人之间实施的民事法律行为对于被代理人具有法律约束力。这里的第三人必须是善意的,即不知行为人的行为是无权代理行为。如果第三人是恶意的,即知道他人为无权代理行为,仍与其实施民事行为,则表见代理不能成立,由行为人与第三人承担连带责任。对此,《民法典》第一百七十一条第四款规定,相对人知道或者应当知道行为人无权代理的,相对人和行为人按照各自的过错承担责任。

1.4.3 物权制度

1. 物权的概念和特征

物权是指权利人对特定的物享有直接支配和排他的权利,包括所有权、用益物权和担保物权。物权主要反映权利人对物的静态归属和动态利用的一种法律关系。物权的客体一般是物,包括不动产和动产。不动产,是指土地以及房屋、林木等地上定着物。动产是指不动产以外的物。

物权具有以下法律特征:①物权是权利人直接支配物的权利;②物权是一种绝对权;③物权是一种财产权;④物权是排他性的权利。

2. 物权的效力

物权是权利人直接支配其标的物的排他性权利。依物权的这种性质,它当然具有优先的效力和物上请求权。

(1)物权的优先效力,又称为物权的优先权,是指同一标的物上有数个相互矛盾、冲突的权利并存时,具有较强效力的权利排斥具有较弱效力的权利的实现。

①物权相互间的优先效力。一般来说,两个性质上不能共存的物权不能同时存在于一个物上,因而后发生的物权当然不能成立,例如,在某人享有所有权的物上,他人不得再同时设立所有权。如果物权在性质上并非不能并存,则先发生的物权优先于后发生的物权,例如,就同一物上设定数个抵押权,则先发生的抵押权优于后发生的抵押权。

②物权对于债权的优先效力。在同一标的物上物权与债权并存时,物权有优先于债权的效力。例如,甲同意将 30 吨钢材出卖给乙,乙就取得了请求甲交付该 30 吨钢材的债权。后来甲又将这 30 吨钢材出卖给丙,并交付给丙,丙就取得了这已交付的 30 吨钢材的所有权,这时乙只能请求甲承担债务不履行的责任。

(2)物上请求权。物上请求权,又称为物权的请求权,是指物权人在其权利的实现上遇有某种妨害时,有权请求造成妨害事由发生的人排除此等妨害。物上请求权是物权基于其绝对权、对世权,可以对抗任何第三人的性质而发生的法律效力。物上请求权赋予物权人各种请求权,以排除对物权的享有与行使造成的各种妨害,从而恢复物权人对其标的物的原有的支配状态。

3. 物权的变动

物权的变动,是物权的设立、变更、转让和消灭的总称。从权利主体方面考察,即物权的取得、变更和丧失。

物权变动的基础通常是合同行为。我国采取物权变动与原因行为相区分的原则。《民法典》第二条规定:"当事人之间订立有关设立、变更、转让和消灭不动产物权的合同,除法律另有规定或者当事人另有约定外,自合同成立时生效;未办理物权登记的,不影响合同效力。"

(1)动产物权的变动

动产物权的变动以占有和交付为公示方法。动产物权的设立和转让,应当依照法律规定交付。动产物权的设立和转让,自交付时发生效力,但法律另有规定的除外。船舶、航空器和机动车等物权的设立、变更、转让和消灭,未经登记,不得对抗善意第三人。

(2)不动产物权的变动

不动产物权的变动以登记为公示方法。不动产物权的设立、变更、转让和消灭,应当依照法律规定登记,自记载于不动产登记簿时发生效力。经依法登记,发生效力;未经登记,不发生效力,但法律另有规定的除外。依法属于国家所有的自然资源,所有权可以不登记。不动产登记,由不动产所在地的登记机构办理。

【例1-9】 一般情况下,动产所有权和不动产所有权的转移( )。

A. 均以交付为准　　　　　　　　B. 均以登记为准

C. 分别以登记和交付为准　　　　D. 分别以交付和登记为准

【解析】 动产物权的转让,自交付时发生效力,但法律另有规定的除外。不动产物权的转让,应当依照法律规定登记,自记载于不动产登记簿时发生效力。正确答案是D。

4. 所有权

(1)所有权的概念

所有权是所有人依法对自己的不动产或者动产所享有的占有、使用、收益和处分的权利。所有权是物权中最重要也最完全的一种权利。

(2)所有权的权能

财产所有权的权能,是指所有人对其所有的财产依法享有的权利,包括占有权、使用权、收益权、处分权。①占有权是指对财产实际掌握、控制的权能。占有权是行使财产的使用权的前提条件,是所有人行使财产所有权的一种方式。②使用权是指对财产的实际利用和运用的权能。通过对财产实际利用和运用满足所有人的需要,是实现财产使用价值的基本渠道。使用权是所有人所享有的一项独立权能。③收益权是指收取由原物产生出来的新增经济价值的权能。原物新增的经济价值,包括由原物直接派生出来的果实、由原物所产生出来的租金和利息、对原物直接利用而产生的利润等。收益往往是因为使用而产生的,因而收益权也往往与使用权联系在一起。但是,收益权本身是一项独立的权能,而使用权并不能包括收益权。④处分权是指依法对财产进行处置,决定财产在事实上和法律上命运的权能。处分权的行使决定着物的归属。处分权是所有人的最基本的权利,是所有权内容的核心。

(3)土地所有权

土地所有权是国家或农民集体依法对归其所有的土地所享有的具有支配性和绝对性的

权利。我国实行土地的社会主义公有制,即全民所有制和劳动群众集体所有制。

全民所有即国家所有土地的所有权由国务院代表国家行使。农民集体所有的土地由本集体经济组织的成员承包经营,从事种植业、林业、畜牧业、渔业生产。家庭承包的耕地的承包期为30年,草地的承包期为30年至50年,林地的承包期为30年至70年。发包方和承包方应当订立承包合同,约定双方的权利和义务。承包经营土地的农民有保护和按照承包合同约定的用途合理利用土地的义务。农民的土地承包经营权受法律保护。在土地承包经营期限内,对个别承包经营者之间承包的土地进行适当调整的,必须经村民会议三分之二以上成员或者三分之二以上村民代表的同意,并报乡(镇)人民政府和县级人民政府农业行政主管部门批准。国家实行土地用途管制制度。国家编制土地利用总体规划,规定土地用途,将土地分为农用地、建设用地和未利用地。严格限制农用地转为建设用地,控制建设用地总量,对耕地实行特殊保护。城市市区的土地属于国家所有。农村和城市郊区的土地,除法律规定属于国家所有的以外,属于农民集体所有;宅基地和自留地、自留山属于农民集体所有。

5. 用益物权

(1) 用益物权的概念和特征

用益物权是对他人所有的物,在一定范围内进行占有、使用、收益的他物权。基于不同的经济制度与法律传统,各国的用益物权类型具有差异。在我国,主要有土地承包经营权、建设用地使用权、宅基地使用权、居住权、地役权。

【例1-10】 下列权利中,属于用益物权的有( )。

A. 土地承包经营权　　　　　　B. 建设用地使用权
C. 宅基地使用权　　　　　　　D. 留置权

【解析】 正确答案是ABC。

(2) 土地承包经营权

土地承包经营权是指承包人(个人或单位)因从事种植业、林业、畜牧业、渔业生产或其他生产、经营项目而在一定期限内承包使用、收益集体所有或者国家所有的土地、森林、山岭、草原、荒地、滩涂、水面的权利。

土地承包经营权的取得,有基于民事行为的,也有非基于民事行为的。①基于民事行为取得承包经营权的,包括创设取得和移转取得两种情况:土地承包经营权的创设取得,主要是指承包人与发包人通过订立承包经营合同而取得承包经营权,分为家庭承包与以招标、拍卖、公开协商等方式进行的承包。根据《民法典》第三百三十三条的规定,通过这两种方式承包的,都应当签订土地承包经营权合同,该合同自成立之日起生效,承包人于合同生效时取得土地承包经营权。登记机构应当向土地承包经营权人发放土地承包经营权证、林权证、草原使用权证,并登记造册,确认土地承包经营权。土地承包经营权的移转取得,是指在土地承包经营权的流转过程中,受让人通过转包、互换、转让等方式,依法从承包人手中取得土地承包经营权。《民法典》第三百三十四条规定:"土地承包经营权人依照法律规定,有权将土地承包经营权互换、转让。未经依法批准,不得将承包地用于非农建设。"《民法典》第三百三十五条规定:"土地承包经营权互换、转让的,当事人可以向登记机构申请登记;未经登记,不得对抗善意第三人。"《民法典》第三百四十二条还规定:"通过招标、拍卖、公开协商等方式承包农村土地,经依法登记取得权属证书的,其土地承包经营权可以依法采取出租、入股、抵押或者其他方式流转。"②非基于民事行为而取得的承包经营权。《农村土地承包法》第54条认可承包人应得的承包收益的继承,而有限地认可土地承包经营权的继承:只有通过招标、拍卖、公开协商等方式取得的土地承包经营权,该承包人死亡,其继承人可以在承包期内继续承包。

(3)建设用地使用权

建设用地使用权是通过使用国家所有的土地以保存建筑物或其他构筑物为目的的权利,只能存在于国家或集体所有的土地上,不包括集体所有的农村土地。取得建设用地使用权后,建设用地使用权人依法对国家所有的土地享有占有、使用和收益的权利,有权利用该土地建造建筑物、构筑物及其附属设施。

①建设用地使用权的设立。根据《民法典》的规定,建设用地使用权的设立,分为两种情况:一是国家所有的土地上设立的建设用地使用权。这包括出让和划拨两种情形。出让是指出让人将一定的建设用地使用权出让给建设用地使用权人使用,建设用地使用权人向出让人支付一定的出让金。出让的方式主要包括招标、拍卖和协议等。划拨是指县级以上人民政府依法批准,在建设用地使用权人缴纳补偿、安置等费用后将该土地交付其使用,或者将建设用地使用权无偿交付给建设用地使用权人使用的行为。《民法典》第三百四十七条规定,设立建设用地使用权,可以采取出让或者划拨等方式。二是集体所有的土地上设立的建设用地使用权。《民法典》第三百六十一条规定,集体所有的土地作为建设用地的,应当依照土地管理法律规定办理。

设立建设用地使用权的,应当向登记机构申请建设用地使用权登记。建设用地使用权自登记时设立。登记机构应当向建设用地使用权人发放建设用地使用权证书。建设用地使用权人应当合理利用土地,不得改变土地用途;需要改变土地用途的,应当依法经有关行政主管部门批准。

【例1-11】 建设用地使用权可以采取(　　)或者划拨等方式取得。
A.抵押　　　　　B.出让　　　　　C.出资　　　　　D.赠予
【解析】 正确答案是B。

②建设用地使用权的期限。我国法律、法规根据土地使用权种类的不同分别规定了土地使用权的期限。通过划拨及乡(镇)村建设用地程序取得的土地使用权,是无期限的。通过这种程序取得土地使用权的土地使用权人,除了法律规定的使土地使用权消灭的原因外,可以无期限地使用土地。

③建设用地使用权的流转、续期和消灭。建设用地使用权人有权将建设用地使用权转让、互换、出资、赠予或者抵押,但法律另有规定的除外。建设用地使用权人将建设用地使用权转让、互换、出资、赠予或者抵押,应当符合以下规定:a.当事人应当采用书面形式订立相应的合同。使用期限由当事人约定,但不得超过建设用地使用权的剩余期限;b.应当向登记机构申请变更登记;c.附着于该土地上的建筑物、构筑物及其附属设施一并处分。住宅建设用地使用权期间届满的,自动续期。非住宅建设用地使用权期间届满后的续期,依照法律规定办理。该土地上的房屋及其他不动产的归属,有约定的,按照约定;没有约定或者约定不明确的,依照法律、行政法规的规定办理。建设用地使用权消灭的,出让人应当及时办理注销登记。登记机构应当收回建设用地使用权证书。

(4)宅基地使用权

宅基地使用权指的是农村集体经济组织的成员依法享有的在农民集体所有的土地上建造个人住宅的权利。宅基地使用权人依法对集体所有的土地享有占有和使用的权利,有权依法利用该土地建造住宅及其附属设施。宅基地使用权的取得、行使和转让,适用土地管理的法律和国家有关规定。已经登记的宅基地使用权转让或者消灭的,应当及时办理变更登记或者注销登记。

(5) 居住权

居住权是居住权人对他人住宅的全部或者部分及其附属设施享有占有、使用的权利。居住权具有如下特征:a.在他人住宅上设立的物权;b.一种用益物权;c.为特定自然人设定的;d.为特定自然人生活居住的需要而设定的权利;e.按照合同约定对他人的住宅享有占有、使用的权利。

①居住权合同。设立居住权,当事人应当采用书面形式订立居住权合同。居住权合同一般包括下列条款:a.当事人的姓名或者名称和住所;b.住宅的位置;c.居住的条件和要求;d.居住权期限;e.解决争议的方法。

②居住权的设立。居住权一般情况下无偿设立,即居住权人无需向房屋的所有权人支付对价,但是当事人另有约定的除外。设立居住权的,应当向登记机构申请居住权登记。居住权自登记时设立。

③居住权的限制。居住权人通常只具有占有、使用的权能,不得利用房屋进行收益。根据《民法典》第三百六十九条规定:"居住权不得转让、继承。设立居住权的住宅不得出租,但是当事人另有约定的除外。"

④居住权的消灭。根据《民法典》第三百七十条的规定,居住权消灭主要包括两种情形:a.居住权期限届满。当事人可以根据自己的意思自由在居住合同中约定居住期限,居住期限届满,居住权消灭。b.居住权人死亡。当事人如果在居住合同中没有约定居住权期限,居住权一般至居住权人死亡时消灭。居住权消灭的,应当及时办理注销登记。

(6) 地役权

地役权是以他人土地供自己土地便利而使用的权利。地役权人有权按照合同约定,利用他人的不动产,以提高自己的不动产的效益。其中,他人的不动产为供役地,自己的不动产为需役地。

①地役权的设立。设立地役权,当事人应当采取书面形式订立地役权合同。地役权合同一般包括下列条款:a.当事人的姓名或者名称和住所;b.供役地和需役地的位置;c.利用目的和方法;d.利用期限;e.费用及其支付方式;f.解决争议的方法。地役权自地役权合同生效时设立。当事人要求登记的,可以向登记机构申请地役权登记;未经登记,不得对抗善意第三人。

土地所有权人享有地役权或者负担地役权的,设立土地承包经营权、宅基地使用权时,该土地承包经营权人、宅基地使用权人继续享有或者负担已设立的地役权。土地上已设立土地承包经营权、建设用地使用权、宅基地使用权等权利的,未经用益物权人同意,土地所有权人不得设立地役权。

②地役权的转让。地役权不得单独转让。土地承包经营权、建设用地使用权等转让的,地役权一并转让,但合同另有约定的除外。

地役权不得单独抵押。土地承包经营权、建设用地使用权等抵押的,在实现抵押权时,地役权一并转让。需役地以及需役地上的土地承包经营权、建设用地使用权部分转让时,转让部分涉及地役权的,受让人同时享有地役权。供役地以及供役地上的土地承包经营权、建设用地使用权部分转让时,转让部分涉及地役权的,地役权对受让人具有约束力。

③地役权的消灭。地役权人有下列情形之一的,供役地权利人有权解除地役权合同,地

役权消灭:a.违反法律规定或者合同约定,滥用地役权;b.有偿利用供役地,约定的付款期间届满后在合理期限内经两次催告未支付费用。

【例1-12】 施工单位甲想借用乙工厂的道路通行。双方约定,甲向乙支付一定的费用,乙允许甲的人员通行。这时甲取得了( )。

A. 相邻权 　　　　　　　　　　　B. 临时用地使用权
C. 地役权 　　　　　　　　　　　D. 留置权

【解析】 正确答案是 C。

1.4.4 债权制度

1. 债的概念

债是指特定当事人之间可以请求为特定行为的民事法律关系。它包括合同关系、因侵权行为引起的权利义务关系、因无因管理引起的权利义务关系、因不当得利返还产生的关系等。在债的法律关系中,享有权利的一方当事人为债权人,负有义务的一方当事人为债务人。债权人有权请求债务人为特定的行为,债务人负有满足债权人的请求而为特定行为的义务。

债权是债权人要求债务人按照合同的约定或者依照法律的规定履行义务的权利。债权与物权都是与财产有密切联系的法律关系,但它们却有着明显的不同:①债权与物权的主体不同。债权的权利主体和义务主体都是特定的,是对人权;物权的权利主体是特定的,义务主体则为不特定的,是对世权。②债权与物权的内容不同。债权的实现需要义务主体积极行为的协助,是相对权;物权的实现则不需要他人的协助,是绝对权。③债权与物权的客体不同。债权的客体可以是物、行为和智力成果;物权的客体则只能是物。

债务是根据当事人的约定或者法律规定,债务人所负担的应为特定行为的义务。

【例1-13】 在建设项目施工中,施工单位与其他主体产生合同之债的情形有( )等。

A. 施工单位与材料供应商订立合同
B. 施工现场的砖块坠落砸伤现场外的行人
C. 施工单位将本应汇给甲单位的材料款汇入了乙单位账号
D. 材料供应商向施工单位交付材料

【解析】 当事人之间通过订立合同设立的以债务为内容的民事法律关系,称为合同之债。正确答案是 AD。

2. 债的发生根据

根据《民法典》以及相关法律的规定,能够引起债的发生的法律事实,即债的发生根据主要有合同、侵权行为、不当得利和无因管理。

(1)合同。合同是指民事主体之间关于设立、变更和终止民事关系的协议。合同是引起债权债务关系发生的最主要、最普遍的根据。合同产生的债被称为合同之债。

(2)侵权行为。侵权行为是指行为人不法侵害他人的财产权或人身权的行为。侵权行为发生,侵权人有义务赔偿受害人的损失,受害人有权请求侵权人予以赔偿,双方形成债的关系。

(3)不当得利。不当得利是指没有法律或者合同根据,致使他人受有损失而取得的利益。它可能表现为得利人财产的增加,致使他人不应减少的财产减少了;也可能表现为得利人应支付的费用没有支付,致使他人应当增加的财产没有增加。不当得利一旦发生,不当得利人负有返还的义务,从而形成以不当得利返还为内容的债的关系。

(4)无因管理。无因管理是指没有法定或者约定义务而为他人管理事务。管理他人事务的人为管理人,负有将开始管理事务通知本人、适当管理、继续管理、报告及计算等义务,本人负有偿还必要费用、赔偿损失等义务。无因管理行为一经发生,便会在管理人和本人之间产生债的关系。

(5)其他发生根据。遗赠、扶养、拾得遗失物、发现埋藏物、公司的设立等,也是债的发生根据。

【例1-14】 甲建筑设备生产企业将乙施工单位订购的价值10万元的某设备错发给了丙施工单位,几天后,甲索回该设备并交付给乙,乙因丙曾使用过该设备造成部分磨损而要求甲减少价款1万元。下列关于本案中债的性质的说法,正确的有( )。

A. 甲错发设备给丙属于无因管理之债
B. 丙向甲返还设备属于不当得利之债
C. 乙向甲支付设备款属于合同之债
D. 甲向乙少收1万元货款属于侵权之债

【解析】 甲错发设备给丙,丙应予返还,甲与丙之间构成不当得利之债,故A选项错误;D选项所述应为合同之债;丙擅自使用该设备,应当对设备的物权人承担侵权责任。修改为:A. 甲错发设备给丙属于丙有不当得利,甲对丙并非无因管理之债;D. 甲向乙少收1万元货款属于合同之债(有违约)。正确答案是BC。

3. 债的消灭

债的关系为一种动态的关系,有其从发生到消灭的过程。其终点就是债的消灭。债的消灭是指债的关系在客观上不复存在。债的消灭,使债权债务关系不复存在,同时使债的担保及其他权利与义务也归于消灭。债的担保,如抵押权、质权等;其他权利与义务,如违约金债权、利息债权等。债消灭后,当事人仍应遵守诚实信用原则,根据交易习惯,履行通知、协助、保密等义务。例如,房屋的出租人在租赁合同终止后仍应允许承租人在适当位置张贴移居启事等。当事人违反上述债终止后义务(后合同义务)的,应承担损害赔偿责任。

债的消灭原因包括以下几个方面:

(1)履行。债务人履行了债务,债权人的利益得到了实现,当事人之间设立债的目的已达到,债的关系也就归于消灭。履行是债的消灭最主要、也是最常见的原因。

(2)抵销。抵销是指同类已到履行期限的对等债务,因当事人相互抵充其债务而同时消灭。用抵销方法消灭债务应符合下列的条件:①双方债权合法有效存在;②双方债权均应届履行期;③双方给付的债务必须种类、品质相同;④双方债务均非不能抵消之债。

(3)提存。提存是指由于债权人的原因,债务人无法向债权人给付合同标的物时,债务人将标的物交付提存机关而消灭债权债务关系。自提存有效成立时起,债务人对债权人的债务消灭。标的物提存后,毁损、灭失的风险由债权人承担。提存期间,标的物的孳息归债权人所有。提存费用由债权人负担。债权人享有随时领取提存物的权利,但债权人领取提存物的权利,自提存之日起五年内不行使而消灭,提存物扣除提存费用后归国家所有。

(4)混同。混同是指债权人与债务人同归于一人的事实。当债权与债务同归于一人时,债权人与债务人合二为一,没有自己对自己履行的必要,债的关系归于消灭。如两个相互订有合同的企业合并,则产生混同的法律效果。

(5)免除。免除是指债权人放弃债权,从而免除债务人所承担的义务。债务人的债务一经债权人免除,债的关系自行消灭。免除的意思表示一经做出,即发生效力,债权人不得撤回。

(6)当事人死亡。具有人身性质的合同之债,因人身关系是不可继承和转让的,如委托合同的受托人、出版合同的约稿人等死亡时,其所签订的合同也随之终止,债的关系也即消灭。

1.4.5 侵权责任制度

1. 侵权责任的概念

侵权责任是指侵权行为人侵害他人合法权益时,依法应承担的民事法律后果。根据《民法典》的规定,侵害生命权、健康权、姓名权、名誉权、荣誉权、肖像权、隐私权、婚姻自主权、监护权、所有权、用益物权、担保物权、著作权、专利权、商标专用权、发现权、股权、继承权、数据、网络虚拟财产等人身、财产权益等民事权益,应当依照该法承担侵权责任。

【例 1-15】 下列各项权利中,不应由《民法典》调整的是( )。

A. 健康权　　　　　　　　　　B. 监护权

C. 用益物权　　　　　　　　　D. 选举权

【解析】《民法典》调整的是人身权和财产权。选举权是政治权利,应由《宪法》调整。正确答案是 D。

2. 侵权责任的归责原则

侵权责任的归责原则是指确定侵权责任由行为人承担的根据。在侵权责任法中居于核心地位。

(1)过错责任原则。过错责任原则是指以行为人的主观过错作为归责根据的一种原则。过错责任原则是一般侵权责任的归责原则,在侵权责任的归责原则体系中居核心地位。

(2)过错推定原则。过错推定原则是过错责任原则适用的一种特殊情况,是指为了保护相对人或者受害人的合法权益,根据法律规定推定行为人有过错,行为人不能证明自己对所造成的损害没有过错的,应当承担侵权责任。

(3)无过错责任原则。无过错责任原则是指不论行为人主观上有无过错,都必须依照法律特别规定承担责任的一种原则。在适用无过错原则的案件中,行为人可以向法官主张法定的不承担责任或者减轻责任的事由。

【例 1-16】《民法典》规定的责任构成原则不包括( )。

A. 过错责任原则　　　　　　　B. 无过错责任原则

C. 推定过错原则　　　　　　　D. 过失责任原则

【解析】 正确答案是 D。

3. 侵权责任的构成要件

侵权责任的构成要件,是指各种侵权行为在通常情况下共同具有的因素,只有具备这些因素才构成侵权行为。一般侵权责任的构成要件包括:①行为的违法性;②损害事实的存在;③违法行为与损害后果之间的因果关系;④行为人主观上有过错。

4. 承担侵权责任的方式

承担侵权责任的方式主要有：①停止侵害；②排除妨碍；③消除危险；④返还财产；⑤恢复原状；⑥赔偿损失；⑦赔礼道歉；⑧消除影响、恢复名誉。以上承担侵权责任的方式，可以单独适用，也可以合并适用。

5. 侵权损害赔偿

侵权损害赔偿是由侵权行为发生的损害赔偿法律关系。它包括人身损害赔偿、财产损害赔偿和精神损害赔偿三种类型。

（1）人身损害赔偿。侵害他人造成人身损害的，应当赔偿医疗费、护理费、交通费、营养费、住院伙食补助费等为治疗和康复支出的合理费用，以及因误工减少的收入。造成残疾的，还应当赔偿残疾生活辅助器具费和残疾赔偿金。造成死亡的，还应当赔偿丧葬费和死亡赔偿金。因同一侵权行为造成多人死亡的，可以以相同数额确定死亡赔偿金。

（2）财产损害赔偿。侵害他人财产的，财产损失按照损失发生时的市场价格或者其他合理方式计算。侵害他人人身权益造成财产损失的，按照被侵权人因此受到的损失赔偿；被侵权人的损失难以确定，侵权人因此获得利益的，按照其获得的利益赔偿；被侵权人因此受到的损失以及侵权人因此获得的利益难以确定，被侵权人和侵权人就赔偿数额协商不一致，向人民法院提起诉讼的，由人民法院根据实际情况确定赔偿数额。

（3）精神损害赔偿。侵害自然人人身权益造成严重精神损害的，被侵权人可以请求精神损害赔偿。因故意或者重大过失侵害自然人具有人身意义的特定物造成严重精神损害的，被侵权人也有权请求精神损害赔偿。一般来说，请求精神损害赔偿的主体应当是直接遭受人身权侵害的本人。确定精神损害赔偿的数额可以考虑侵权人的主观状态、被侵权人的伤残情况和遭受精神痛苦的情形等。

【例1-17】 侵害他人造成人身损害的，不应当赔偿的是（ ）。

A. 医疗费　　　　B. 误工费　　　　C. 护理费　　　　D. 被抚养人的生活费

【解析】 正确答案是D。

6. 侵权责任的免责事由

侵权责任的免责事由，是指免除或减轻侵权责任的事由。它可以分为正当理由和外来原因两大类。侵权责任免责事由的具体情形包括：①过错相抵；②受害人故意；③第三人的过错；④不可抗力；⑤正当防卫；⑥紧急避险。

7. 共同过错侵权

共同过错侵权是一种重要的侵权形态，包括共同侵权责任和共同危险责任。

（1）共同侵权责任。共同侵权责任是指两人以上共同实施侵权行为造成他人损害所应承担的侵权责任，包括主观的共同侵权（共同故意或过失致人损害）和拟制的共同侵权（教唆、帮助致人损害）两类。两人以上共同实施侵权行为，造成他人损害的，应当承担连带责任。教唆、帮助他人实施侵权行为的，应当与行为人承担连带责任。教唆、帮助无民事行为能力人、限制民事行为能力人实施侵权行为的，应当承担侵权责任；该无民事行为能力人、限制民事行为能力人的监护人未尽到监护责任的，应当承担相应的责任。

（2）共同危险责任。两人以上实施危及他人人身、财产安全的行为，其中一人或者数人的行为造成他人损害，能够确定具体侵权人的，由侵权人承担责任；不能确定具体侵权人的，行为人承担连带责任。

8. 自甘风险

自甘风险又称自愿承受危险,是指受害人自愿承担可能的损害而将自己置于危险环境或场合,造成损害的行为人不承担责任。例如,参加拳击比赛而自愿承受可能受到的人身伤害的危险。《民法典》第一千一百七十六条规定:"自愿参加具有一定风险的文体活动,因其他参加者的行为受到损害的,受害人不得请求其他参加者承担侵权责任;但是,其他参加者对损害的发生有故意或者重大过失的除外。"文体活动组织者的责任适用《民法典》关于安全保障义务的规定。但是需要明确,有些文体活动需要组织者详细明确告知参加者各种风险;有些活动按照经验是不需要组织者告知参加者风险的。例如参加马拉松活动,正常跑步过程中的晒伤、膝关节损伤、碰撞等运动伤害,不需要组织者特别告知。固有风险之外的意外损害,如天气变化等突发情况,应当由组织者承担。

9. 自力救济

自力救济,主要是指在民事法律关系中,权利人在特殊情况下,无法及时得到国家机关的公力救济,而依法以自己的力量保护自己或他人权利的行为。《民法典》第一千一百七十七条第一款规定:"合法权益受到侵害,情况紧迫且不能及时获得国家机关保护,不立即采取措施将使其合法权益受到难以弥补的损害的,受害人可以在保护自己合法权益的必要范围内采取扣留侵权人的财物等合理措施;但是,应当立即请求有关国家机关处理。"据此,自力救济的适用需要具备如下条件:①情况紧迫且不能及时获得国家机关保护,这是前提条件;②不立即采取措施将使其合法权益受到难以弥补的损害,这是必要条件;③在保护自己合法权益的必要范围内采取扣留侵权人的财物等合理措施,这是范围条件;④应当立即请求有关国家机关处理,这是合法条件。如果受害人采取的措施不当造成了他人损害,就突破了自力救济的必要性,应当承担侵权责任。

10. 特殊侵权责任

(1)特殊侵权责任的概念

特殊侵权责任是基于法律规定而归责于行为人或者第三人的一种责任。特殊侵权责任不像一般侵权责任那样具有侵权责任的全部构成要件,并以过错责任原则为前提。在特殊侵权责任中,实行举证责任倒置,由被告承担证明某些案件事实的举证责任。

(2)特殊侵权责任的种类

根据《民法典》的规定,特殊侵权责任包括以下7类:产品责任;机动车交通事故责任;医疗损害责任;环境污染和生态破坏责任;高度危险责任;饲养动物损害责任;建筑物和物件损害责任。

1.4.6 担保制度

1. 担保概述

(1)担保的概念

担保是指对于已经成立的债权债务关系所提供的确保债权实现的保障。《民法典》第三百八十七条规定,在借贷、买卖等民事活动中,债权人需要以担保方式保障其债权实现的,可以依照该法和其他法律的规定设定担保。

(2)担保的方式

根据《民法典》的规定,担保方式主要包括保证、抵押、质押、留置和定金。第三人为债务人向债权人提供担保时,可以要求债务人提供反担保。反担保适用《民法典》和其他法律的规定。在工程建设活动中,保证是最为常用的一种担保方式。但在工程建设活动中,由于担保的标的额较大,保证人往往是银行,也有信用较高的其他担保人,如担保公司。银行出具的保证通常称为保函,其他保证人出具的书面保证一般称为保证书。

2. 保证

(1)保证的概念

保证是指保证人和债权人约定,当债务人不履行债务时,由保证人按照约定履行债务或者承担责任的担保方式。债权人既是主债的债权人,也是保证合同中的债权人。保证是保证人与债权人之间的合同关系。

(2)保证人

保证人是指具有代为清偿债务能力的法人、其他组织或者公民。

但是,以下组织不能作为保证人:①机关法人不得为保证人,但经国务院批准为使用外国政府或者国际经济组织贷款进行转贷的除外;②以公益为目的的非营利法人、非法人组织不得为保证人;③企业法人的分支机构、职能部门不得为保证人。企业法人的分支机构有法人书面授权的,可以在授权范围内提供保证。

【例1-18】 甲与乙银行签订了一份贷款合同,乙银行要求甲提供保证人。根据我国法律规定,下列主体可以作为保证人的是( )。

A. 某项目经理　　　　B. 某项目工程部　　　　C. 某建筑公司　　　　D. 某国家机关

【解析】 正确答案是C。

(3)保证合同

保证合同是指为保障债权的实现,保证人和债权人约定,当债务人不履行到期债务或者发生当事人约定的情形时,保证人履行债务或者承担责任的合同。保证合同可以是单独订立的书面合同,也可以是主债权债务合同中的保证条款。

保证合同一般包括以下内容:①被保证的主债权种类、数额;②债务人履行债务的期限;③保证的方式;④保证担保的范围;⑤保证的期间;⑥双方认为需要约定的其他事项。保证合同不完全具备以上规定内容的,可以补正。

保证合同为主债权债务合同的从合同。主合同有效成立或将要成立,保证合同才发生效力。主合同无效,保证合同无效。但保证合同无效,并不必然导致主合同无效。

(4)保证方式

保证的方式有两种:一般保证和连带责任保证。

①一般保证。当事人在保证合同中约定,债务人不能履行债务时,由保证人承担保证责任的,为一般保证。一般保证的保证人享有先诉抗辩权。先诉抗辩权,是指在主合同纠纷未经审判或仲裁,并就债务人财产依法强制执行用于清偿债务前,对债权人可拒绝承担保证责任。但是,有下列情形之一的,保证人不得行使先诉抗辩权:a. 债务人下落不明且无财产可供执行;b. 人民法院已经受理债务人破产案件;c. 债权人有证据证明债务人的财产不足以履行全部债务或者丧失履行债务能力;d. 保证人以书面形式放弃先诉抗辩权的。

②连带责任保证。当事人在保证合同中约定保证人与债务人对债务承担连带责任的,为连带责任保证。连带责任保证的保证人不享有先诉抗辩权。连带责任保证的债务人在主

合同规定的债务履行期届满没有履行债务的,债权人可以要求债务人履行债务,也可以要求保证人在其保证范围内承担保证责任。当事人对保证方式没有约定或者约定不明确的,按照一般保证承担保证责任。

(5)保证责任

①保证责任的范围。保证担保的范围包括主债权及利息、违约金、损害赔偿金和实现债权的费用。保证合同另有约定的,按照约定。当事人对保证担保的范围没有约定或者约定不明确的,保证人应当对全部债务承担责任。

②保证责任的承担。保证期间,债权人转让全部或者部分债权,未通知保证人的,该转让对保证人不发生效力。保证人与债权人约定禁止债权转让,债权人未经保证人书面同意转让债权的,保证人对受让人不再承担保证责任。

保证期间,债权人未经保证人书面同意,允许债务人转移全部或者部分债务,保证人对未经其同意转移的债务不再承担保证责任,但是债权人和保证人另有约定的除外。第三人加入债务的,保证人的保证责任不受影响。保证期间,债权人与债务人协议变更主合同的,应当取得保证人书面同意,未经保证人书面同意的主合同变更,如果减轻债务人的债务的,保证人仍应当对变更后的合同承担保证责任;如果加重债务人的债务的,保证人对加重的部分不承担责任。债权人与债务人对主合同履行期限做了变动,未经保证人书面同意的,保证期间为原合同约定的或者法律规定的期间。债权人与债务人协议变动主合同内容,但并未实际履行的,保证人仍应当承担保证责任。主合同当事人双方协议以新贷偿还旧贷,除保证人知道或者应当知道者外,保证人不承担民事责任,但是新贷与旧贷系同一保证人的除外。

(6)保证期间

①保证期间的概念。保证期间为保证责任的存续期间,是债权人向保证人行使追索权的期间。保证期间性质上属于除斥期间,不发生中止、中断和延长。债权人没有在保证期间主张权利的,保证人免除保证责任。

②保证期间的确定。当事人可以在合同中约定保证期间。如果没有约定的,保证期间为6个月。在连带责任保证的情况下,债权人有权自主债务履行期届满之日起6个月内要求保证人承担保证责任;从债权人请求保证人承担保证责任之日起,开始计算保证债务的诉讼时效;在一般保证的情况下,债权人应自主债务履行期届满之日起6个月内对债务人提起诉讼或者申请仲裁。从保证人拒绝承担保证责任的权利消灭之日起,开始计算保证债务的诉讼时效。保证合同约定的保证期间早于或者等于主债务履行期限的,视为没有约定。保证合同约定保证人承担保证责任,直至主债务本息还清时为止等类似内容的,视为约定不明,保证期间为主债务履行期届满之日起6个月。主合同对主债务履行期限没有约定或者约定不明的,保证期间自债权人请求债务人履行债务的宽限期届满之日起计算。

3. 抵押

(1)抵押的概念

抵押是指债务人或者第三人不转移对财产的占有,将该财产作为债权的担保,债务人不履行到期债务时,债权人有权依照法律规定以该财产折价或者以拍卖、变卖该财产的价款优先受偿。其中,债务人或者第三人为抵押人,债权人为抵押权人,提供担保的财产为抵押物。

(2)抵押权的设定

抵押权人享有的于债务不履行时以抵押物折价或就抵押物的价金优先受偿的权利,即为抵押权。抵押权的设定应当由双方签订抵押合同。抵押合同应当采用书面形式,内容包括：①被担保债权的种类、数额；②债务人履行债务的期限；③抵押物的名称、数量、质量、状况、所在地、所有权权属或者使用权权属；④抵押担保的范围；⑤当事人认为需要约定的其他事项。抵押合同不完全具备前款规定内容的,可以补正。

(3)抵押物

抵押物又称为抵押财产,它是抵押权的标的物,是指抵押人用以设定抵押权的财产。

根据《民法典》第三百九十五条的规定,可以作为抵押物的财产有：①建筑物和其他土地附着物；②建设用地使用权；③海域使用权；④生产设备、原材料、半成品、产品；⑤正在建造的建筑物、船舶、航空器；⑥交通运输工具；⑦法律、行政法规未禁止抵押的其他财产。抵押人可以将上述所列财产一并抵押。

根据《民法典》第三百九十九条的规定,不得作为抵押物的财产有：①土地所有权；②宅基地、自留地、自留山等集体所有土地的使用权,但是法律规定可以抵押的除外；③学校、幼儿园、医疗机构等为公益目的成立的非营利法人的教育设施、医疗卫生设施和其他公益设施；④所有权、使用权不明或者有争议的财产；⑤依法被查封、扣押、监管的财产；⑥法律、行政法规规定不得抵押的其他财产。

(4)抵押登记

抵押登记的效力有两种情形：①登记是抵押权的设立条件。以建筑物和其他土地附着物、建设用地使用权及海域使用权或者以正在建造的建筑物这四种财产设定抵押的,应当办理抵押登记。抵押权自登记时设立。抵押登记记载的内容与抵押合同约定的内容不一致的,以登记记载的内容为准。②登记为对抗第三人的效力。当事人以《民法典》规定的生产设备、原材料、半成品、产品,正在建造的船舶、航空器,交通运输工具设定抵押,或者以《民法典》规定的动产设定抵押,抵押权自抵押合同生效时设立。未经登记,不得对抗善意第三人。因此,对这些财产是否进行登记,完全由当事人自由决定。抵押权自抵押合同签订之日起设立,并对当事人产生约束力。

【例1-19】 建设单位将自己开发的房地产项目抵押给银行,订立了抵押合同,后来又办理了抵押登记。则( )。

A.项目转移给银行占有,抵押权自抵押合同生效时设立

B.项目不转移给银行占有,抵押权自抵押合同生效时设立

C.项目转移占有,抵押权自登记之日起设立

D.项目不转移占有,抵押权自登记之日起设立

【解析】 根据《民法典》的规定,抵押不转移标的物的占有,并且以建筑物抵押的,抵押权自登记之日起设立。正确答案是 D。

(5)抵押的效力

抵押担保的范围包括主债权及利息、违约金、损害赔偿金和实现抵押权的费用。当事人也可以在抵押合同中约定抵押担保的范围。

抵押人有义务妥善保管抵押物并保证其价值。抵押期间,抵押人可以转让抵押财产。当事人另有约定的,按照其约定。抵押财产转让的,抵押权不受影响。抵押人转让抵押财产的,应当及时通知抵押权人。抵押权人能够证明抵押财产转让可能损害抵押权的,可以请求抵押人将转让所得的价款向抵押权人提前清偿债务或者提存。超过债权的部分归抵押人所有,不足部分由债务人清偿。抵押人的行为足以使抵押物价值减少的,抵押权人有权要求抵押人停止其行为。抵押财产价值减少的,抵押权人有权请求恢复抵押财产的价值,或者提供

与减少的价值相应的担保。抵押人不恢复抵押财产的价值,也不提供担保的,抵押权人有权请求债务人提前清偿债务。抵押权与其担保的债权同时存在。抵押权不得与债权分离而单独转让或者作为其他债权的担保。

(6)抵押权的实现

债务履行期届满抵押权人未受清偿的,可以与抵押人协议以抵押物折价或者以拍卖、变卖该抵押物所得的价款优先受偿;协议不成的,抵押权人可以向人民法院提起诉讼,请求人民法院拍卖、变卖抵押财产。

同一财产向两个以上债权人抵押的,拍卖、变卖抵押财产所得的价款依照下列规定清偿:①抵押权已登记的,按照登记的时间先后顺序清偿;顺序相同的,按照债权比例清偿;②抵押权已登记的先于未登记的受偿;③抵押权未登记的,按照债权比例清偿;④顺序在先的抵押权与该财产的所有权归属一人时,该财产的所有权人可以以其抵押权对抗顺序在后的抵押权;⑤顺序在后的抵押权所担保的债权先到期的,抵押权人只能就抵押物价值超出顺序在先的抵押担保债权的部分受偿。

4. 质押

质押,指债务人或者第三人将其动产或权利移交债权人占有,将该财产作为债的担保,当债务人不履行债务时或者发生当事人约定的实现质权的情形,债权人有权依法以该财产变价所得优先受偿。在质押中,提供财产的人称为出质人;债权人称为质权人;担保债权的动产称为质物。抵押不要求移转抵押物的占有,质押必须移转占有,这是抵押与质押的主要区别。质押分为动产质押与权利质押。

(1)动产质押

动产抵押是指债务人或者第三人将其动产移交债权人占有,将该动产作为债权的担保。法律、行政法规禁止转让的动产不得出质。设定动产质押,出质人和质权人应当以书面形式订立质押合同。质押合同的内容应当包括:①被担保债权的种类、数额;②债务人履行债务的期限;③质物的名称、数量、质量、状况;④质押担保的范围;⑤质物交付的时间;⑥当事人认为需要认定的其他事项。质押合同不完全具备上述内容时,当事人可以事后补正。质权自质物交付给质权人占有时设立。

(2)权利质押

权利质押是指出质人将权利凭证交付质权人的担保。根据《民法典》第四百四十条的规定,可以作为权利质押的权利有:①汇票、本票、支票;②债券、存款单;③仓单、提单;④可以转让的基金份额、股权;⑤可以转让的注册商标专用权、专利权、著作权等知识产权中的财产权;⑥现有的以及将有的应收账款;⑦法律、行政法规规定可以出质的其他财产权利。

5. 留置

(1)留置的概念

留置是指债权人按照合同约定占有债务人的动产,债务人不按照合同约定的期限履行债务的,债权人有权依照法律规定留置该财产,以该财产折价或者以拍卖、变卖该财产的价款优先受偿。债权人称为留置权人,占有的财产称为留置财产。

(2)留置权的设立条件

只有在符合法律规定的条件下,债权人才能取得留置权:①债权人已经合法占有债务人的动产;②留置的动产与债权属于同一法律关系,但企业之间留置的除外;③债权已届清偿期且债务人未按规定期限履行义务。

(3)留置权的效力

留置权的效力分为两个层次:①在债务人不履行债务时,留置权人有权占有留置财产,有权收取留置财产的孳息。留置的财产为可分物的,留置物的价值应当相当于债务的金额;留置物为不可分物的,留置权人可以就其留置物的全部行使留置权。留置权人与债务人应当约定留置财产后的债务履行期间;没有约定或者约定不明确的,留置权人应当给债务人60日以上履行债务的期间,但鲜活易腐等不易保管的动产除外。②债务人超过规定的期限仍不履行其债务时,留置权人可依法以留置物折价或拍卖、变卖所得价款优先受偿。留置财产折价或者拍卖、变卖后,其价款超过债权数额的部分归债务人所有,不足部分由债务人清偿。同一动产上已设立抵押权或者质权,该动产又被留置的,留置权人优先受偿。留置权人对留置财产丧失占有或者留置权人接受债务人另行提供担保的,留置权消灭。

【例 1-20】 甲因为乙公司未按时支付修理费,留置了乙公司所有的贵重设备。该设备的价值远远高于应支付的修理费。乙公司已陷入经营困难,无法支付修理费。乙公司所有的设备在市场上很畅销,如果甲不及时处置所留置的设备,可能造成该设备贬值,大大影响乙公司利用该设备变现的能力,从而导致乙公司的资金损失。请问,乙公司该如何处理( )?

A.尽快向甲支付修理费

B.请求甲行使留置权

C.甲不行使留置权,可以请求人民法院拍卖、变卖留置财产

D.等待公司经营状况好转

【解析】 根据《民法典》第四百五十四条的规定,债务人可以请求留置权人在债务履行期限届满后行使留置权;留置权人不行使的,债务人可以请求人民法院拍卖、变卖留置财产。正确答案是BC。

6.定金

(1)定金的概念

定金,是指合同当事人以确保合同的履行为目的,依据法律规定或者当事人双方的约定,由当事人一方在合同订立时,或者订立后、合同履行前预先给付另一方的金钱或者其他代替物的法律制度。《民法典》第五百八十六条规定,当事人可以约定一方向对方给付定金作为债权的担保。第五百八十七条规定,债务人履行债务的,定金应当抵作价款或者收回。

(2)定金的成立

①定金的成立必须有书面定金合同。当事人交付留置金、担保金、保证金、订约金、押金或者定金等,但没有约定定金性质的,当事人主张定金权利的,人民法院不予支持。

②定金合同从实际交付定金之日起生效。实际交付的定金数额多于或者少于约定数额,视为变更约定的定金数额;收受定金一方提出异议并拒绝接受定金的,定金合同不生效。

③定金的有效以主合同的有效成立为前提。主合同无效或被撤销时,定金合同也无效;主合同因解除或其他原因消灭时,定金合同也消灭。但是,在主合同因违约被解除后,解除权人仍然可以依据定金罚则请求违约方承担责任。当事人约定以交付定金作为主合同成立或者生效要件的,给付定金的一方未支付定金,但主合同已经履行或者已经履行主要部分的,不影响主合同的成立或者生效。

(3)定金的效力

①给付定金一方不履行约定的债务的,无权要求返还定金;收受定金的一方不履行约定

的,应当双倍返还定金。当事人一方不完全履行合同的,应当按照未履行部分所占合同约定内容的比例,适用定金罚则。

②当事人约定的定金数额超过主合同标的额20%的,超过的部分不产生定金的效力。

③因当事人一方迟延履行或者其他违约行为,致使合同目的不能实现,可以适用定金罚则。但法律另有规定或者当事人另有约定的除外。

④不可抗力、意外事件致使主合同不能履行的,不适用定金罚则。因合同关系以外第三人的过错,致使主合同不能履行的,适用定金罚则。受定金处罚的一方当事人,可以依法向第三人追偿。

⑤如果当事人在合同中既约定违约金,又约定定金的,在一方违约时,另一方当事人只能选择适用违约金条款或者定金条款,不能同时适用两个条款。

【例1-21】 甲施工企业与乙钢材经销商签订了一份购销合同,总货值为80万元,双方在协商定金数额时发生意见分歧。根据《民法典》的规定,该定金最多为（ ）。

A. 4万元　　　　　B. 8万元　　　　　C. 16万元　　　　　D. 20万元

【解析】 根据《民法典》的规定,当事人约定的定金数额超过主合同标的额20%的,超过的部分不产生定金的效力。正确答案是C。

1.4.7 保险制度

1. 保险的概念

保险是指投保人根据合同约定,向保险人支付保险费,保险人对于合同约定的可能发生的事故因其发生所造成的财产损失承担赔偿保险金责任,或者当被保险人死亡、伤残、疾病或者达到合同约定的年龄、期限等条件时承担给付保险金责任的商业保险行为。

2. 保险合同

(1)保险合同的概念

保险合同是指投保人与保险人约定保险权利义务关系的协议。保险合同的保险人承保的危险或者约定的给付保险金的条件的发生与否均为不确定。

(2)保险合同的主体

①保险合同的当事人。保险合同的当事人是投保人和保险人。投保人是指与保险人订立保险合同,并按照保险合同负有支付保险费义务的人。保险人是指与投保人订立保险合同,并承担赔偿或者给付保险金责任的保险公司。

②保险合同的关系人。保险合同在履行中还会涉及被保险人和受益人。被保险人是指其财产或者人身受保险合同保障,享有保险金请求权的人,投保人可以为被保险人。受益人是指人身保险合同中由被保险人或者投保人指定的享有保险金请求权的人,投保人、被保险人可以为受益人。

③保险合同的辅助人。保险合同的辅助人是协助保险合同当事人办理保险合同有关事项的人。保险合同的辅助人一般包括:保险代理人和保险经纪人。保险代理人是根据保险代理合同或授权书,向保险人收取保险代理手续费,并以保险人的名义代为办理保险业务的人。保险经纪人是基于投保人的利益,为投保人与保险人订立保险合同提供中介服务,并依法收取佣金的人。保险经纪人本质上是投保人的代理人。保险代理人与保险经纪人的最大

区别是：保险代理人是受保险公司的委托，为该保险公司推销保险产品。保险经纪人则是受投保人(保险客户)的委托，根据客户的风险情况，为其设计保险方案、制订保险计划，横向比较各保险公司的保险条款优劣，帮助投保人选择适当的保险公司。

(3)保险合同种类

保险合同一般是以保险单的形式订立的。保险合同分为财产保险合同、人身保险合同。

①财产保险合同。财产保险合同是以财产及其有关利益为保险标的的保险合同。在财产保险合同中，保险合同的转让应当通知保险人，经保险人同意继续承保后，依法转让合同。在合同的有效期内，保险标的的危险程度显著增加的，被保险人应当按照合同约定及时通知保险人，保险人可以按照合同约定增加保险费或者解除合同。建筑工程一切险和安装工程一切险即为财产保险合同。

②人身保险合同。人身保险合同是以人的生命和身体为保险标的的保险合同。投保人应向保险人如实申报被保险人的年龄、身体状况。投保人于合同成立后，可以向保险人一次性支付全部保险费，也可以按照合同规定分期支付保险费。人身保险的受益人由被保险人或者投保人指定。保险人对人身保险的保险费，不得用诉讼方式要求投保人支付。

3. 保险索赔

保险索赔是指投保人、被保险人或受益人在保险标的因保险事故发生而造成财产损失或人身伤亡，或依照保险合同的约定，在一定的法律事实出现时，请求保险人赔偿损失或给付保险金的意思表示。

(1)投保人进行保险索赔须提供必要的有效的证明

保险事故发生后，依照保险合同请求保险人赔偿或者给付保险金时，投保人、被保险人或者受益人应当向保险人提供其所能提供的与确认保险事故的性质、原因、损失程度等有关的证明和资料。索赔的证据一般包括保单、建设工程合同、事故照片、鉴定报告以及保单中规定的证明文件。

(2)投保人等应当及时提出保险索赔

投保人、被保险人或者受益人知道保险事故发生后，应当及时通知保险人，这与索赔成功与否密切相关。因为，资金有时间价值，如果保险事件发生后很长时间才能取得索赔，即使是全额赔偿也不足以补偿自己的全部损失。

(3)计算损失大小

保险单上载明的保险财产全部损失，应当按照全损进行保险索赔。保险单上载明的保险财产没有全部损失，应当按照部分损失进行保险索赔。但是，财产虽然没有全部毁损或者灭失，但其损坏程度已达到无法修理，或者虽然能够修理但修理费将超过赔偿金额的，也应当按照全损进行索赔。如果一个建设工程项目同时由多家保险公司承保，则应当按照约定的比例分别向不同的保险公司提出索赔要求。

(4)索赔期限

权利人应在法律规定的期限内行使索赔权，人寿保险以外的其他保险的被保险人或者受益人，对保险人请求赔偿或者给付保险金的权利，自其知道保险事故发生之日起 2 年不行使而消灭；人寿保险的被保险人或受益人对保险人请求给付保险金的权利，自其知道保险事故发生之日起 5 年不行使而消灭。

4. 建筑工程保险

建筑工程保险是指根据投保人的要求，按保险合同所规定的条件，由专业保险公司对在建的建筑工程所发生的意外损失进行经济补偿的一种制度。建设工程活动涉及的险种较多，主要有建筑工程一切险、安装工程一切险、机器损坏险、机动车辆险、建筑职工意外伤害险、勘察设计责任保险、工程监理责任保险等。2017年9月22日，住建部与原工商总局颁布的《建设工程施工合同(示范文本)》中规定，除专用合同条款另有约定外，发包人应投保建筑工程一切险或安装工程一切险。

(1)建筑工程一切险

①建筑工程一切险的概念

建筑工程一切险是承保各类民用、工业和公用事业建筑工程项目，包括道路、桥梁、水坝、港口等，在建造过程中因自然灾害或意外事故而引起的一切损失的险种。建筑工程一切险往往还加保第三者责任险。第三者责任险是指在保险有效期内因在施工工地上发生意外事故造成在施工工地及邻近地区的第三者人身伤亡或财产损失，依法应由被保险人承担的经济赔偿责任。

②建筑工程一切险的主体

建筑工程一切险的被保险人范围较宽，所有在工程进行期间，对该项工程承担一定风险的有关各方(具有可保利益的各方)，均可作为被保险人。如果被保险人不止一家，则各家接受赔偿的权利以不超过其对保险标的的可保利益为限。

被保险人具体包括：业主或工程所有人；承包商或者分包商；技术顾问，包括业主聘用的建筑师、工程师及其他专业顾问。

③建筑工程一切险的保险责任范围

保险人对下列原因造成的损失和费用，负责赔偿：a.自然事件指地震、海啸、雷电、飓风、台风、龙卷风、风暴、暴雨、洪水、水灾、冻灾、冰雹、地崩、山崩、雪崩、火山爆发、地面下陷下沉及其他人力不可抗拒的破坏力强大的自然现象。b.意外事故指不可预料的以及被保险人无法控制并造成物质损失或人身伤亡的突发性事件，包括火灾和爆炸。保险人对下列各项原因造成的损失不负责赔偿(除外责任)：a.因设计错误引起的损失和费用；b.自然磨损、内在或潜在缺陷、物质本身变化、自燃、自热、氧化、锈蚀、渗漏、鼠咬、虫蛀、大气(气候或气温)变化、正常水位变化或其他渐变原因造成的被保险财产自身的损失和费用；c.因原材料缺陷或工艺不善引起的保险财产本身的损失以及为换置、修理或矫正这些缺点错误所支付的费用；d.非外力引起的机械或电气装置的本身损失，或施工用机具、设备、机械装置失灵造成的本身损失；e.维修保养或正常检修的费用；f.档案、文件、账簿、票据、现金、各种有价证券、图表资料及包装物料的损失；g.盘点时发现的短缺；h.领有公共运输行驶执照的，或已由其他保险予以保障的车辆、船舶和飞机的损失；i.除非另有约定，在保险工程开始以前已经存在或形成的位于工地范围内或其周围的属于被保险人的财产的损失；j.除非另有约定，在本保险单保险期限终止以前，保险财产中已由工程所有人签发完工验收证书或验收合格或实际占有或使用或接收的部分。

④赔偿金额

保险人对每次事故引起的赔偿金额以法院或政府有关部门根据现行法律裁定的应由保险人偿付的金额为准，但在任何情况下，均不得超过保险单明细表中对应列明的每次事故的赔偿限额。

⑤建筑工程一切险的保险期限

建筑工程一切险的保险责任自保险工程在工地动工或用于保险工程的材料、设备运抵工地之时起始,至工程所有人对部分或全部工程签发完工验收证书或验收合格,或工程所有人实际占用或使用或接收该部分或全部工程之时终止,以先发生者为准。但在任何情况下,保险期限的起始或终止不得超出保险单明细表中列明的保险生效日或终止日。

(2)安装工程一切险

①安装工程一切险的概念

安装工程一切险是承保安装机器、设备、储油罐、钢结构工程、起重机以及包含机械工程因素的各种安装工程的险种。安装工程一切险往往还加保第三者责任险。安装工程一切险的第三者责任险,负责被保险人在保险期限内,因发生意外事故,造成在工地及邻近地区的第三者人身伤亡、疾病或财产损失,依法应由被保险人赔偿的经济损失,以及因此而支付的诉讼费用和经保险人书面同意支付的其他费用。

②安装工程一切险的保险责任范围

保险人对因自然灾害、意外事故(具体内容与建筑工程一切险基本相同)造成的损失和费用,负责赔偿。其除外责任与建筑工程一切险的第 b、e、f、g、h、i、j 相同,不同之处主要是:a.因设计错误、铸造或原材料缺陷或工艺不善引起的保险财产本身的损失以及为换置、修理或矫正这些缺点错误所支付的费用;b.由于超负荷、超电压、碰线、电弧、漏电、短路、大气放电及其他电气原因造成电气设备或电气用具本身的损失;c.施工用机具、设备、机械装置失灵造成的本身损失。

③安装工程一切险的保险期限

安装工程一切险的保险责任自保险工程在工地动工或用于保险工程的材料、设备运抵工地之时起始,至工程所有人对部分或全部工程签发完工验收证书或验收合格,或工程所有人实际占有或使用接收该部分或全部工程之时终止,以先发生者为准。但在任何情况下,安装期保险期限的起始或终止不得超出保险单明细表中列明的安装期保险生效日或终止日。

安装工程一切险的保险期内,一般应包括一个试车考核期。试车考核期的长短一般根据安装工程合同中的约定进行确定,但不得超出安装工程保险单明细表中列明的试车和考核期限。安装工程一切险对考核期的保险责任一般不超过 3 个月,若超过 3 个月,应另行加收保险费。安装工程一切险对于旧机器设备不负考核期的保险责任,也不承担其维修期的保险责任。

【例 1-22】 某建设工程项目既含有土木建筑工程项目也含有安装工程项目,工程总造价 1.6 亿元,其中安装工程项目造价约为 0.6 亿元,则下列关于该项目投保的说法,正确的是( )。

A. 整个项目按安装工程一切险投保

B. 整个项目按建筑工程一切险投保

C. 该项目的土木建筑工程项目按建筑工程一切险投保,安装工程项目按安装工程一切险投保

D. 整个项目按安装工程一切险附加建筑工程一切险投保

【解析】 建筑工程一切险承保各类土木建筑工程,如房屋、公路、铁路、桥梁、隧道、堤坝、电站、码头、飞机场等工程,在建造过程中因自然灾害或意外事故所导致的损失。安装工程一切险则专门承保各类安装工程,如电力、石油、钢结构等机械装置和设备的安装工程,在安装和试车考核过程中因自然灾害或意外事故所导致的损失。正确答案是 B。

复习思考题

1. 简述工程建设法的特征。
2. 简述工程建设法律关系的构成要素。
3. 如何理解工程建设法的体系?
4. 法人的成立应具备哪些条件?
5. 简述债的发生根据。
6. 侵权责任的免责事由有哪些?
7. 简述建筑工程一切险的保险责任范围。
8. 试述表见代理制度对于维护市场诚信基础和信用机制建设的价值体现。
9. 试述居住权制度对于社会主义核心价值观的具体落实。

课后案例

2019年7月,甲建筑公司(以下简称甲公司)中标某大厦工程,负责施工总承包。2021年5月,甲公司将该大厦装饰工程施工分包给乙装饰公司(以下简称乙公司)。甲公司驻该项目的项目经理为张某;乙公司驻该项目的项目经理为王某。张某与王某是多年的老朋友。2021年6月,甲公司在该项目上需租赁部分架管、扣件,但资金紧张。张某听说王某与丙材料租赁公司(以下简称丙租赁公司)关系密切,便找到王某帮忙赊租架管、扣件。王某答应了张某的请求。随后,张某将盖有甲公司合同专用章的空白合同书及该单位的空白介绍信交给王某。同年7月10日,王某找到丙租赁站,出具了甲公司的介绍信(没有注明租赁的财产)和空白合同书,要求租赁脚手架。丙租赁公司经过审查,认为王某出具的介绍信与空白合同书均盖有公章,真实无误,确信其有授权,于是签订了租赁合同。丙租赁公司依约将脚手架交给王某,但王某将脚手架用到了由他负责的其他工程上。后丙租赁公司多次向甲公司催要价款无果后,将甲公司诉至人民法院。

【问题】

1. 王某的行为属无权代理还是表见代理,为什么?
2. 表见代理的法律后果是什么?

【分析】

1. 王某的行为构成表见代理。因为,王某虽然是乙公司的项目经理,向丙租赁公司租赁脚手架也超出了甲公司对其的授权范围,但他向丙租赁公司出具了甲公司的介绍信及空白合同书,使丙租赁公司相信其有权代表甲公司租赁脚手架。

2. 根据《民法典》第一百七十二条规定:"行为人没有代理权、超越代理权或者代理权终止后,仍然实施代理行为,相对人有理由相信行为人有代理权的,代理行为有效。"表见代理的后果是由被表见代理人来承担的。因此,甲公司对丙租赁公司请求的租赁费用应承担给付义务。当然,对于自己的损失,甲公司可以追究王某的侵权责任。

第 2 章

工程建设主体管理法律制度

> **课程思政要点**

通过对政府投资法律制度的讲授,理解是我国政府投资领域的第一部行政法规——《政府投资条例》颁布的重大意义,是依法规范政府投资、推进投资法治建设具有里程碑意义的大事,是深化依法治国实践的具体体现,是建设法治政府的重要成果,标志着我国形成了投资法制的完整框架。通过对建设从业单位资质的讲授,透过《建设工程企业资质管理制度改革方案》,领会大力精简企业资质类别、简化资质标准、优化审批方式、健全企业资质管理制度、放宽市场准入是工程建设领域深化"放管服"改革、优化营商环境的重要举措。通过对建筑市场信用体系建设的讲授,理解持续推进建筑市场信用体系建设,进一步完善建筑市场主体"黑名单"制度,对失信企业在资质升级、业务承揽等方面予以限制等措施。建筑市场主体应当自觉践行社会主义核心价值观,坚持爱国、敬业、诚信、友善。

2.1 政府投资工程建设法律制度

李克强总理于 2019 年 4 月 14 日签署第 712 号国务院令,公布《政府投资条例》。根据该条例,政府投资是指在中国境内使用预算安排的资金进行固定资产投资建设活动,包括新建、扩建、改建、技术改造等。与政府投资相对应的非政府投资则是指由具有独立经济利益的微观经济主体进行的投资,对非政府投资主体的投资行为国家无须做过多限制,可由市场经济自身进行调节,本章恕不赘述。

工程建设所需资金规模较大,而政府性资金又具有公共性,为提高投资效益,发挥政府投资在加强和改善宏观调控、促进经济社会全面协调可持续发展中的作用,必须加强对政府投资的管理,规范政府投资行为,建立健全科学的政府投资决策、建设和监督管理制度。

2.1.1 政府投资工程建设的特征

1. 政府投资应当严格遵守科学决策、规范管理、注重绩效、公开透明原则,体现政府经济调节、市场监管、社会管理和公共服务职能,有利于扩大就业、推进基本公共服务均等化和优化经济结构,促进经济社会全面协调可持续发展。

2. 政府投资应当与经济社会发展水平和财政收支状况相适应。政府及其有关部门不得违法违规举借债务筹措政府投资资金。

3. 政府投资资金应当投向市场不能有效配置资源的社会公益服务、公共基础设施、农业农村、生态环境保护、重大科技进步、社会管理、国家安全等公共领域的项目,以非经营性项目为主。

4. 政府采取直接投资方式、资本金注入方式投资的项目(政府投资项目),由投资主管部门或者其他有关部门对项目单位编制的项目建议书、可行性研究报告、初步设计等文件进行审批。项目单位应当对项目建议书、可行性研究报告、初步设计以及依法应当附具的其他文件的真实性负责。

5. 县级以上地方人民政府投资主管部门和其他有关部门依照《政府投资条例》和本级人民政府规定的职责分工,履行相应的政府投资管理职责。

2.1.2 政府投资工程建设的形式

政府投资资金按项目安排,以直接投资方式为主;对确需支持的经营性项目,主要采取资本金注入方式,也可以适当采取投资补助、贷款贴息等方式。要平等对待各类投资主体,不得设置歧视性条件。国家通过建立项目库等方式,加强对使用政府投资资金项目的储备。

1. 对于本级人民政府事权范围内的政权建设、公益性和公共基础设施等非经营性项目,需要政府投资占主导地位的,可以采用直接投资的方式,通过拨款投入。采用直接投资方式形成的资产属于国有资产,按照国有资产管理相关规定实施管理。

2. 对于需要发挥国有经济控制力和影响力,以及需要政府扶持的经营性项目,可以采用资本金注入方式进行投资。采用资本金注入方式投资形成的股权属于国有股权,由有关部门、国有资产监督管理机构或者其他机构依法行使出资人权利。

3. 对于需要政府扶持的项目,可以采用投资补助的方式,给予一定限额或比例的资金支持。对非经营性建设项目的投资补助以拨款方式无偿投入,对经营性建设项目的投资补助作为资本公积金管理。

4. 对于需要政府扶持的经营性项目,可以采用贴息的方式,支持项目使用银行贷款。贴息资金不形成新的权益,在建项目冲减工程成本,竣工项目冲减财务费用。

2.1.3 政府投资工程建设的决策

1. 县级以上人民政府应当根据国民经济和社会发展规划、中期财政规划和国家宏观调控政策,结合财政收支状况,统筹安排使用政府投资资金的项目,规范使用各类政府投资资金。

2.除涉及国家秘密的项目外,投资主管部门和其他有关部门应当通过投资项目在线审批监管平台(以下简称在线平台),使用在线平台生成的项目代码办理政府投资项目审批手续。

投资主管部门和其他有关部门应当通过在线平台列明与政府投资有关的规划、产业政策等,公开政府投资项目审批的办理流程、办理时限等,并为项目单位提供相关咨询服务。

3.投资主管部门或者其他有关部门应当根据国民经济和社会发展规划、相关领域专项规划、产业政策等,从下列方面对政府投资项目进行审查,做出是否批准的决定:(1)项目建议书提出的项目建设的必要性;(2)可行性研究报告分析的项目的技术经济可行性、社会效益以及项目资金等主要建设条件的落实情况;(3)初步设计及其提出的投资概算是否符合可行性研究报告批复以及国家有关标准和规范的要求;(4)依照法律、行政法规和国家有关规定应当审查的其他事项。投资主管部门或者其他有关部门对政府投资项目不予批准的,应当书面通知项目单位并说明理由。

4.对经济社会发展、社会公众利益有重大影响或者投资规模较大的政府投资项目,投资主管部门或者其他有关部门应当在中介服务机构评估、公众参与、专家评议、风险评估的基础上做出是否批准的决定。

5.经投资主管部门或者其他有关部门核定的投资概算是控制政府投资项目总投资的依据。初步设计提出的投资概算超过经批准的可行性研究报告提出的投资估算10%的,项目单位应当向投资主管部门或者其他有关部门报告,投资主管部门或者其他有关部门可以要求项目单位重新报送可行性研究报告。

2.1.4 政府投资年度计划

国务院投资主管部门、国务院其他有关部门及县级以上地方人民政府有关部门均应对其负责安排的政府投资编制政府投资年度计划。

政府投资年度计划应当明确项目名称、建设内容及规模、建设工期、项目总投资、年度投资额及资金来源等事项。政府投资年度计划应当和本级预算相衔接。财政部门应当根据经批准的预算,及时、足额办理政府投资资金拨付。

2.1.5 政府投资工程建设项目的实施

1.政府投资项目开工建设,应当符合《政府投资条例》和有关法律、行政法规规定的建设条件;不符合规定的建设条件的,不得开工建设。国务院规定应当审批开工报告的重大政府投资项目,按照规定办理开工报告审批手续后方可开工建设。

2.政府投资项目应当按照投资主管部门或者其他有关部门批准的建设地点、建设规模和建设内容实施;拟变更建设地点或者拟对建设规模、建设内容等做较大变更的,应当按照规定的程序报原审批部门审批。

3.政府投资项目所需资金应当按照国家有关规定确保落实到位,不得由施工单位垫资建设。

4. 政府投资项目建设投资原则上不得超过经核定的投资概算。因国家政策调整、价格上涨、地质条件发生重大变化等原因确需增加投资概算的,由项目单位提出调整方案及资金来源,按照规定的程序报原初步设计审批部门或者投资概算核定部门核定。

5. 政府投资项目应当按照国家有关规定合理确定并严格执行建设工期,任何单位和个人不得非法干预。

6. 政府投资项目建成后,应当按照国家有关规定进行竣工验收,并在竣工验收合格后及时办理竣工财务决算。政府投资项目结余的财政资金,应当按照国家有关规定缴回国库。

7. 投资主管部门或者其他有关部门应当按照国家有关规定选择有代表性的已建成政府投资项目,委托中介服务机构对所选项目进行后评价。后评价应当根据项目建成后的实际效果,对项目审批和实施进行全面评价并提出明确意见。

2.1.6 政府投资工程建设项目的监督管理

1. 投资主管部门和依法对政府投资项目负有监督管理职责的其他部门应当采取在线监测、现场核查等方式,加强对政府投资项目实施情况的监督检查。项目单位应当通过在线平台如实报送政府投资项目开工建设、建设进度、竣工的基本信息。

2. 投资主管部门和依法对政府投资项目负有监督管理职责的其他部门应当建立政府投资项目信息共享机制,通过在线平台实现信息共享。

3. 项目单位应当按照国家有关规定加强政府投资项目档案管理,将项目审批和实施过程中的有关文件、资料存档备查。

4. 政府投资年度计划、政府投资项目审批和实施以及监督检查的信息应当依法公开。

2.1.7 政府投资工程建设中的法律责任

1. 投资主管部门和有关部门有下列行为的,责令改正,对负有责任的领导人员和直接责任人员依法给予处分:(1)超越审批权限审批政府投资项目;(2)对不符合规定的政府投资项目予以批准;(3)未按照规定核定或者调整政府投资项目的投资概算;(4)为不符合规定的项目安排投资补助、贷款贴息等政府投资资金;(5)履行政府投资管理职责中其他玩忽职守、滥用职权、徇私舞弊的情形。

2. 有下列情形之一的,依照有关预算的法律、行政法规和国家有关规定追究法律责任:(1)政府及其有关部门违法违规举借债务筹措政府投资资金;(2)未按照规定及时、足额办理政府投资资金拨付;(3)转移、侵占、挪用政府投资资金。

3. 项目单位有下列情形之一的,责令改正,根据具体情况,暂停、停止拨付资金或者收回已拨付的资金,暂停或者停止建设活动,对负有责任的领导人员和直接责任人员依法给予处分:(1)未经批准或者不符合规定的建设条件开工建设政府投资项目;(2)弄虚作假骗取政府投资项目审批或者投资补助、贷款贴息等政府投资资金;(3)未经批准变更政府投资项目的建设地点或者对建设规模、建设内容等做较大变更;(4)擅自增加投资概算;(5)要求施工单位对政府投资项目垫资建设;(6)无正当理由不实施或者不按照建设工期实施已批准的政府投资项目。

4. 项目单位未按照规定将政府投资项目审批和实施过程中的有关文件、资料存档备查，或者转移、隐匿、篡改、毁弃项目有关文件、资料的，责令改正，对负有责任的领导人员和直接责任人员依法给予处分。

2.2　工程建设企业资质管理法律制度

2.2.1　工程建设企业成立的法定条件

1. 有符合国家规定的注册资本

注册资本反映的是企业法人的财产权，也是判断企业经济力量的依据之一。从事经营活动的企业组织，都必须具备基本的责任能力，能够承担与其经营活动相适应的财产义务。这既是法律权利与义务相一致、利益与风险相一致的反映，也是保证债权人利益的需要。因此，建筑施工企业、勘察单位、设计单位和工程监理单位的注册资本必须适应从事建筑活动的需要，不得低于一定限额。

以房屋建筑工程施工总承包企业为例，按照《建筑业企业资质标准》和《施工总承包企业特级资质标准》的规定：特级企业的注册资本金 3 亿元以上，企业净资产 3.6 亿元以上；一级企业净资产 1 亿元以上；二级企业净资产 4 000 万元以上；三级企业净资产 800 万元以上。

2. 有具有法定执业资格的专业技术人员

由于建筑活动是一种专业性、技术性很强的活动，所以从事建筑活动的建筑施工企业、勘察单位、设计单位和工程监理单位必须有足够的专业技术人员。如设计单位不仅要有建筑师，还需要有结构、水、暖、电等方面的工程师。建筑活动是一种涉及公民生命和财产安全的特殊活动，因而从事建筑活动的专业技术人员还必须有法定执业资格。这种法定执业资格必须依法通过考试和注册才能取得。建筑工程的规模和复杂程度各不相同，因此建筑施工企业、勘察单位、设计单位和工程监理单位的专业技术人员级别和数量也不同。

3. 有从事相关建筑活动所应有的技术装备

随着工程建设机械化程度的不断提高，大跨度、超高层、结构复杂的建设工程越来越多，如果没有相应的技术装备将无法从事建设工程的施工活动。因此，施工单位必须拥有与其从事施工活动相适应的技术装备。我国机械租赁市场的蓬勃发展在一定程度上提高了机械设备的使用率，降低了工程建设成本。所以，目前的企业资质标准对技术装备的要求并不多，特别是针对特级企业，更多是衡量其科技进步水平。

4. 有符合规定的已完成的工程业绩

工程建设施工活动是一项重要的实践活动。是否承担过相应工程及其业绩好坏，是衡量其实际能力和水平的重要标准。仍以房屋建筑工程施工总承包企业为例，依据《建筑业企业资质标准》和《施工总承包企业特级资质标准》的规定：

特级企业近 5 年应承担过下列 5 项工程总承包或施工总承包项目中的 3 项，且工程质量合格：(1)高度 100 米以上的建筑物；(2)28 层以上的房屋建筑工程；(3)单体建筑面积 5 万平方米以上房屋建筑工程;(4)钢筋混凝土结构单跨 30 米以上的建筑工程或钢结构单跨 36 米以上的房屋建筑工程;(5)单项建安合同额 2 亿元以上的房屋建筑工程。

一级企业近 5 年承担过下列 4 类中的 2 类工程的施工总承包或主体工程承包,工程质量合格。

(1)地上 25 层以上的民用建筑工程 1 项或地上 18~24 层的民用建筑工程 2 项;

(2)高度 100 米以上的构筑物工程 1 项或高度 80~100 米(不含)的构筑物工程 2 项;

(3)建筑面积 12 万平方米以上的建筑工程 1 项或建筑面积 10 万平方米以上的建筑工程 2 项;

(4)钢筋混凝土结构单跨 30 米以上(或钢结构单跨 36 米以上)的建筑工程 1 项或钢筋混凝土结构单跨 27~30 米(不含)[或钢结构单跨 30~36 米(不含)]的建筑工程 2 项。

二级企业近 5 年承担过下列 4 类中的 2 类工程的施工总承包或主体工程承包,工程质量合格。

(1)地上 12 层以上的民用建筑工程 1 项或地上 8~11 层的民用建筑工程 2 项;

(2)高度 50 米以上的构筑物工程 1 项或高度 35~50 米(不含)的构筑物工程 2 项;

(3)建筑面积 6 万平方米以上的建筑工程 1 项或建筑面积 5 万平方米以上的建筑工程 2 项;

(4)钢筋混凝土结构单跨 21 米以上(或钢结构单跨 24 米以上)的建筑工程 1 项或钢筋混凝土结构单跨 18~21 米(不含)[或钢结构单跨 21~24 米(不含)]的建筑工程 2 项。

5. 法律、行政法规的其他条件

建筑施工企业、勘察单位、设计单位和工程监理单位,除了应具备以上三项条件外,还必须具备从事经营活动所应具备的其他条件。按照《公司法》规定设立从事建筑活动的有限责任公司和股份有限公司,股东或发起人必须符合法定人数;股东或发起人共同制定公司章程;有公司名称,建立符合要求的组织机构;有固定的生产经营场所和必要的生产条件等。

2.2.2 工程建设企业资质

1. 建筑业企业资质

2018 年 12 月 22 日,住房和城乡建设部发布第四十五号令对《建筑业企业资质管理规定》进行第二次修订,按照该规定,建筑业企业是指从事土木工程、建筑工程、线路管道设备安装工程的新建、扩建、改建等施工活动的企业。

建筑业企业资质分为施工总承包资质、专业承包资质、施工劳务资质三个序列。取得施工总承包资质的企业可以对所承接的施工总承包工程内各专业工程全部自行施工,也可以将专业工程依法进行分包。对设有资质的专业工程进行分包时,应分包给具有相应专业承包资质的企业。施工总承包企业将劳务作业分包时,应分包给具有施工劳务资质的企业。取得施工总承包资质的企业,可以从事资质证书许可范围内的相应工程总承包、工程项目管理等业务。

取得专业承包资质的企业可以承接具有施工总承包资质的企业依法分包的专业工程或建设单位依法发包的专业工程。取得专业承包资质的企业应对所承接的专业工程全部自行组织施工,劳务作业可以分包,但应分包给具有施工劳务资质的企业。

取得施工劳务资质的企业可以承接具有施工总承包资质或专业承包资质的企业分包的劳务作业。

(1)建筑业企业的资质类别和等级

施工总承包资质、专业承包资质按照工程性质和技术特点分别划分为若干资质类别,各资质类别按照规定的条件划分为若干资质等级。施工劳务资质不分类别与等级。建筑业企业资质标准和取得相应资质的企业可以承担工程的具体范围,由《建筑业企业资质标准》规定如下:

①施工总承包序列资质标准

施工总承包序列设有12个类别,分别是:建筑工程施工总承包、公路工程施工总承包、铁路工程施工总承包、港口与航道工程施工总承包、水利水电工程施工总承包、电力工程施工总承包、矿山工程施工总承包、冶金工程施工总承包、石油化工工程施工总承包、市政公用工程施工总承包、通信工程施工总承包、机电工程施工总承包。通常每个资质类别划分为4个资质等级,即特级、一级、二级和三级。

②专业承包序列资质标准

专业承包序列设有36个类别,分别是:地基基础工程专业承包、起重设备安装工程专业承包、预拌混凝土专业承包、电子与智能化工程专业承包、消防设施工程专业承包、防水防腐保温工程专业承包、桥梁工程专业承包、隧道工程专业承包、钢结构工程专业承包、模板脚手架专业承包、建筑装修装饰工程专业承包、建筑机电安装工程专业承包、建筑幕墙工程专业承包、古建筑工程专业承包、城市及道路照明工程专业承包、公路路面工程专业承包、公路路基工程专业承包、公路交通工程专业承包、铁路电务工程专业承包、铁路铺轨架梁工程专业承包、铁路电气化工程专业承包、机场场道工程专业承包、民航空管工程及机场弱电系统工程专业承包、机场目视助航工程专业承包、港口与海岸工程专业承包、航道工程专业承包、通航建筑物工程专业承包、港航设备安装及水上交管工程专业承包、水工金属结构制作与安装工程专业承包、水利水电机电安装工程专业承包、河湖整治工程专业承包、输变电工程专业承包、核工程专业承包、海洋石油工程专业承包、环保工程专业承包、特种工程专业承包。部分类别资质分为1至3个等级,部分类别资质分为1级和2级,也有的类别资质不分等级。

③施工劳务序列资质标准

施工劳务序列不分类别和等级。

(2)建筑业企业的资质许可及管理

①建筑业企业资质许可

企业可以申请一项或多项建筑业企业资质。企业首次申请或增项申请资质,应当申请最低等级资质。

由国务院住房城乡建设主管部门许可的资质包括:施工总承包资质序列特级资质、一级资质及铁路工程施工总承包二级资质;专业承包资质序列公路、水运、水利、铁路、民航方面的专业承包一级资质及铁路、民航方面的专业承包二级资质;涉及多个专业的专业承包一级资质。

由建筑业企业工商注册所在地省、自治区、直辖市人民政府住房城乡建设主管部门许可的资质包括:施工总承包资质序列二级资质及铁路、通信工程施工总承包三级资质;专业承包资质序列一级资质(不含公路、水运、水利、铁路、民航方面的专业承包一级资质及涉及多个专业的专业承包一级资质);专业承包资质序列二级资质(不含铁路、民航方面的专业承包二级资质);铁路方面专业承包三级资质;特种工程专业承包资质。

由建筑业企业工商注册所在地设区的市人民政府住房城乡建设主管部门许可的资质包括:施工总承包资质序列三级资质(不含铁路、通信工程施工总承包三级资质);专业承包资质序列三级资质(不含铁路方面专业承包资质)及预拌混凝土、模板脚手架专业承包资质;施工劳务资质;燃气燃烧器具安装、维修企业资质。

②建筑业企业资质管理

建筑业企业资质证书有效期为5年。建筑业企业资质证书有效期届满,企业继续从事建筑施工活动的,应当于资质证书有效期届满3个月前,向原资质许可机关提出延续申请。企业发生合并、分立、重组以及改制等事项,需承继原建筑业企业资质的,应当申请重新核定建筑业企业资质等级。

2. 工程勘察和工程设计单位资质

国家对从事建设工程勘察设计活动的单位实行统一的资质管理制度,是根据建设工程勘察设计活动的特点确立的一项重要的从业资格许可制度。建设工程勘察设计单位是否具有相应的资质,决定了其是否能够成为建设工程勘察设计合同的主体。

2007年6月26日原建设部第160号令发布了《建设工程勘察设计资质管理规定》,该规定根据《行政许可法》《建筑法》《建设工程质量管理条例》和《建设工程勘察设计管理条例》等法律、行政法规制定。

(1)工程勘察设计单位资格等级

工程勘察资质分为工程勘察综合资质、工程勘察专业资质、工程勘察劳务资质。工程勘察综合资质只设甲级。取得工程勘察综合资质的企业,可以承接各专业(海洋工程勘察除外)工程勘察业务。工程勘察专业资质设甲级、乙级,根据工程性质和技术特点,部分专业可以设丙级。取得工程勘察专业资质的企业,可以承接相应等级相应专业的工程勘察业务。工程勘察劳务资质不分等级。取得工程勘察劳务资质的企业,可以承接岩土工程治理、工程钻探、凿井等工程勘察劳务业务。

工程设计资质分为工程设计综合资质、工程设计行业资质、工程设计专业资质和工程设计专项资质。工程设计综合资质只设甲级;工程设计行业资质、工程设计专业资质、工程设计专项资质设甲级、乙级。根据工程性质和技术特点,个别行业、专业、专项资质可以设丙级,建筑工程专业资质可以设丁级。取得工程设计综合资质的企业,可以承接各行业、各等级的建设工程设计业务;取得工程设计行业资质的企业,可以承接相应行业相应等级的工程设计业务及本行业范围内同级别的相应专业、专项(设计施工一体化资质除外)工程设计业务;取得工程设计专业资质的企业,可以承接本专业相应等级的专业工程设计业务及同级别的相应专项工程设计业务(设计施工一体化资质除外);取得工程设计专项资质的企业,可以承接本专项相应等级的专项工程设计业务。

(2)工程勘察设计单位资质申请和审批

申请工程勘察甲级资质、工程设计甲级资质,以及涉及铁路、交通、水利、信息产业、民航等方面的工程设计乙级资质的,应当向企业工商注册所在地的省、自治区、直辖市人民政府建设主管部门提出申请。其中,国务院国资委管理的企业应当向国务院建设主管部门提出申请;国务院国资委管理的企业下属一层级的企业申请资质,应当由国务院国资委管理的企业向国务院建设主管部门提出申请。

工程勘察乙级及以下资质、劳务资质、工程设计乙级(涉及铁路、交通、水利、信息产业、民航等方面的工程设计乙级资质的除外）及以下资质许可由省、自治区、直辖市人民政府建设主管部门实施。

从事建设工程勘察、设计活动的企业，申请资质升级、资质增项，在申请之日起前一年内存在违反相关法律、行政法规情形的，资质许可机关不予批准企业的资质升级申请和增项申请。

3. 工程监理单位资质

国家对工程监理单位实行资质许可制度。《建设工程质量管理条例》第三十四条第一款规定："工程监理单位应当依法取得相应等级的资质证书，并在其资质等级许可的范围内承担工程监理业务。"同时，该条还规定："禁止工程监理单位超越本单位资质等级许可的范围或者以其他工程监理单位的名义承担工程监理业务。禁止工程监理单位允许其他单位或者个人以本单位的名义承担工程监理业务。工程监理单位不得转让工程监理业务。"这与对勘察、设计、施工单位的规定是一样的。

根据《建筑法》《建设工程质量管理条例》，原建设部于2007年6月26日颁布了建设部令第158号《工程监理企业资质管理规定》，规定工程监理企业应当按照其拥有的注册资本、专业技术人员和工程监理业绩等资质条件申请资质，经审查合格，取得相应等级的资质证书后，方可在其资质等级许可的范围内从事工程监理活动。

(1) 工程监理单位资质等级

工程监理企业资质分为综合资质、专业资质和事务所资质。其中，专业资质按照工程性质和技术特点划分为若干工程类别。综合资质、事务所资质不分级别。专业资质分为甲级、乙级；其中，房屋建筑、水利水电、公路和市政公用专业资质可设立丙级。

(2) 工程监理单位资质申请和审批

申请综合资质、专业甲级资质的，应当向企业工商注册所在地的省、自治区、直辖市人民政府建设主管部门提出申请。省、自治区、直辖市人民政府建设主管部门应当自受理申请之日起20日内初审完毕，并将初审意见和申请材料报国务院建设主管部门，由国务院建设主管部门根据初审意见进行审批。

专业乙级、丙级资质和事务所资质由企业所在地的省、自治区、直辖市人民政府建设主管部门审批。省、自治区、直辖市人民政府建设主管部门应当自做出决定之日起10日内，将准予资质许可的决定报国务院建设主管部门备案。

取得专业资质的企业申请晋升专业资质等级或者取得专业甲级资质的企业申请综合资质的，除前款规定的材料外，还应当提交企业原工程监理企业资质证书正、副本复印件，企业《监理业务手册》及近两年已完成代表工程的监理合同、监理规划、工程竣工验收报告及监理工作总结。

工程监理企业合并的，合并后存续或者新设立的工程监理企业可以承继合并前各方中较高的资质等级，但应当符合相应的资质等级条件。

工程监理企业分立的，分立后企业的资质等级，根据实际达到的资质条件，按照本规定的审批程序核定。

(3) 工程监理单位资质管理

资质许可机关工作人员违反实体条件和程序规定做出准予工程监理企业资质许可的，资质许可机关或者其上级机关，根据利害关系人的请求或者依据职权，可以撤销工程监理企业资质。

此外，以欺骗、贿赂等不正当手段取得工程监理企业资质证书的，应当予以撤销。

4. 建设工程企业资质管理制度改革的新方向

为深化建筑业"放管服"改革，做好建设工程企业资质（包括工程勘察、设计、施工、监理企业资质，以下统称企业资质）认定事项压减工作，住房和城乡建设部制定《建设工程企业资质管理制度改革方案》（以下简称《方案》），并于2020年11月11日国务院常务会议审议通过。

《方案》对部分专业划分过细、业务范围相近、市场需求较小的企业资质类别予以合并，对层级过多的资质等级进行归并。改革后，工程勘察资质分为综合资质和专业资质，工程设计资质分为综合资质、行业资质、专业和事务所资质，施工资质分为综合资质、施工总承包资质、专业承包资质和专业作业资质，工程监理资质分为综合资质和专业资质。资质等级原则上压减为甲、乙两级（部分资质只设甲级或不分等级），资质等级压减后，中小企业承揽业务范围将进一步放宽，有利于促进中小企业发展。具体压减情况如下：

（1）工程勘察资质。保留综合资质；将4类专业资质及劳务资质整合为岩土工程、工程测量、勘探测试等3类专业资质。综合资质不分等级，专业资质等级压减为甲、乙两级。

（2）工程设计资质。保留综合资质；将21类行业资质整合为14类行业资质；将151类专业资质、8类专项资质、3类事务所资质整合为70类专业和事务所资质。综合资质、事务所资质不分等级；行业资质、专业资质等级原则上压减为甲、乙两级（部分资质只设甲级）。

（3）施工资质。将10类施工总承包企业特级资质调整为施工综合资质，可承担各行业、各等级施工总承包业务；保留12类施工总承包资质，将民航工程的专业承包资质整合为施工总承包资质；将36类专业承包资质整合为18类；将施工劳务企业资质改为专业作业资质，由审批制改为备案制。综合资质和专业作业资质不分等级；施工总承包资质、专业承包资质等级原则上压减为甲、乙两级（部分专业承包资质不分等级），其中，施工总承包甲级资质在本行业内承揽业务规模不受限制。

（4）工程监理资质。保留综合资质；取消专业资质中的水利水电工程、公路工程、港口与航道工程、农林工程资质，保留其余10类专业资质；取消事务所资质。综合资质不分等级，专业资质等级压减为甲、乙两级。

《方案》同时提出，放宽准入限制，激发企业活力。住房和城乡建设部将会同国务院有关主管部门制定统一的企业资质标准，大幅精简审批条件，放宽对企业资金、主要人员、工程业绩和技术装备等的考核要求。适当放宽部分资质承揽业务规模上限，多个资质合并的，新资质承揽业务范围相应扩大至整合前各资质许可范围内的业务，尽量减少政府对建筑市场微观活动的直接干预，充分发挥市场在资源配置中的决定性作用。

目前住房和城乡建设部已启动建设工程企业资质管理规定和资质标准等的修订工作。改革成果将有利于降低制度性交易成本，破除制约企业发展的不合理束缚，持续激发市场主体活力，促进就业创业，加快推动建筑业转型升级，实现高质量发展。

2.2.3 禁止无资质或越级承揽工程

施工单位的资质等级，是施工单位人员素质、资金数量、技术装备、管理水平、工程业绩等综合能力的体现，反映了该施工单位从事某项施工活动的资格和能力，是国家对建设市场准入管理的重要手段。为此，我国的法律规定施工单位除应具备企业法人营业执照外，还应取得相应的资质证书，并严格在其资质等级许可的经营范围内从事施工活动。

1. 禁止无资质承揽工程

《建筑法》规定,承包建筑工程的单位应当持有依法取得的资质证书,并在其资质等级许可的业务范围内承揽工程。

《建设工程质量管理条例》也规定,施工单位应当依法取得相应等级的资质证书,并在其资质等级许可的范围内承揽工程。《建设工程安全生产管理条例》进一步规定,施工单位从事建设工程的新建、扩建、改建和拆除等活动,应当具备国家规定的注册资本、专业技术人员、技术装备和安全生产等条件,依法取得相应等级的资质证书,并在其资质等级许可的范围内承揽工程。

近些年来,随着工程建设法规体系的不断完善和建设市场的整顿规范,公然以无资质的方式承揽建设工程特别是大中型建设工程的行为已极为罕见,往往是采取比较隐蔽的"挂靠"形式。所谓挂靠是指单位或个人以其他有资质的施工单位的名义承揽工程的行为。住房和城乡建设部《关于印发建筑工程施工发包与承包违法行为认定查处管理办法》中规定,没有资质的单位或个人借用其他施工单位的资质承揽工程的;有资质的施工单位相互借用资质承揽工程的,包括资质等级低的借用资质等级高的,资质等级高的借用资质等级低的,相同资质等级相互借用的;本办法第8条第1款第(三)至(九)项规定的情形,有证据证明属于挂靠的行为均为挂靠。

《建筑法》明确规定,禁止承包单位将其承包的全部建筑工程转包给他人,禁止承包单位将其承包的全部建筑工程肢解以后以分包的名义分别转包给他人。

经过2014年、2019年两次修正的《房屋建筑和市政基础设施工程施工分包管理办法》进一步规定:"分包工程承包人必须具有相应的资质,并在其资质等级许可的范围内承揽业务。严禁个人承揽分包工程业务。"但是,在专业工程分包或者劳务作业分包中仍存在着无资质承揽工程的现象。无资质承揽劳务分包工程,常见的是作为自然人的"包工头",带领一部分农民工组成的施工队,与总承包企业或者专业承包企业签订劳务合同,或者是通过层层转包、层层分包"垫底"获签劳务合同。

需要指出的是,无资质承包主体签订的专业分包合同或者劳务分包合同都是无效合同。但是,当作为无资质的"实际施工人"的利益受到侵害时,其可以向合同相对方(转包方或违法分包方)主张权利,甚至可以向建设工程项目的发包方主张权利。《最高人民法院关于审理建设工程施工合同纠纷案件适用法律问题的解释(一)》第43条规定,"实际施工人以转包人、违法分包人为被告起诉的,人民法院应当依法受理。实际施工人以发包人为被告主张权利的,人民法院应当追加转包人或者违法分包人为本案第三人,在查明发包人欠付转包人或者违法分包人建设工程价款的数额后,判决发包人在欠付建设工程价款范围内对实际施工人承担责任。"这样规定是为了在依法查处违法承揽工程的同时,也能使实际施工人的合法权益得到保障。

【例2-1】 **建筑企业违法发包、分包案例**

案例1:天津市武清区畔景庭苑B区10#楼工程,建设单位为天津远恒置业有限公司;勘察单位为中国建筑东北设计研究院有限公司;设计单位为天津丰和建筑设计有限公司;施工单位为天津市武清区建筑工程总公司;监理单位为天津天建工程管理有限公司。

主要违法违规事实:施工总承包单位将劳务分包给无资质的天津市武清区建筑工程总公司第一建筑公司,涉嫌违法分包。

案例2:河北省石家庄市春熙雅园1#住宅楼工程,建设单位为河北喜得屋房地产开发有限公司;勘察单位为河北建研建筑设计有限公司;设计单位为新中远工程设计有限公司;施工单位为河北大业城市建筑工程有限公司;监理单位为河北燕赵工程建设监理有限公司。

主要违法违规事实:建设单位将地基与基础工程单独发包,涉嫌肢解发包。

案例3:吉林省长春市力旺莲花山项目C-7#楼工程,建设单位为吉林省力旺精成房地产开发有限公司;勘察单位为吉林省林业勘察设计研究院;设计单位为福建泷澄集团设计院有限公司;施工单位为吉林省宇信建筑工程有限公司;监理单位为吉林省建信工程咨询有限公司。

主要违法违规事实:施工总承包单位将模板脚手架工程分包给不具备相应资质的劳务公司,涉嫌违法分包。

案例4:辽宁省沈阳市檀月墅二期A项目2#楼工程,建设单位为沈阳中南乐加房地产开发有限公司;勘察单位为中冶沈勘工程技术有限公司;设计单位为辽宁中远建筑设计有限公司;施工单位为浙江欣捷建设有限公司;监理单位为沈阳市工程建设监理咨询有限公司。

主要违法违规事实:建设单位将门窗、基坑支护等工程分包给不同的施工总承包或专业承包单位,涉嫌违法发包。

案例5:贵州省贵阳市天合中心2#楼工程,建设单位为贵州虹祥房地产开发有限公司;勘察单位为贵州地质工程勘察设计研究院;设计单位为贵州正业工程技术投资有限公司;施工单位为贵州桥梁建设集团有限责任公司;监理单位为贵州建工监理咨询有限公司。

主要违法违规事实:建设单位在未确定施工总承包单位前,将土石方工程直接发包给无相应承包资质的贵州桥梁建设集团有限公司,涉嫌肢解发包。

案例来源:关于全国建筑市场和工程质量安全监督执法检查违法违规典型案例的通报(一)(建质质函〔2019〕35号)

2. 禁止越级承揽工程

《建筑法》和《建设工程质量管理条例》均规定,禁止施工单位超越本单位资质等级许可的业务范围承揽工程。

同无资质承揽工程一样,随着法制的不断健全和建设市场秩序的整顿规范,以及市场竞争的加剧,建设单位对施工单位的要求也在不断提高,所以在施工总承包活动中超越资质承揽工程的现象已不多见。但是,在联合共同承包和分包工程活动中依然存在着超越资质等级承揽工程的问题。

(1)联合共同承包

《建筑法》规定,两个以上不同资质等级的单位实行联合共同承包的,应当按照资质等级低的单位的业务许可范围承揽工程。

联合共同承包是国际工程承包的一种通行的做法,一般适用于大型或技术复杂的建设工程项目。采用联合承包的方式,可以优势互补,增加中标机会,并可降低承包风险。但是,施工单位应当在资质等级范围内承包工程,同样适用于联合共同承包。就是说,联合承包各方都必须具有与其承包工程相符合的资质条件,不能超越资质等级去联合承包。如果几个联合承包方的资质等级不一样,则须以低资质等级的承包方为联合承包方的业务许可范围。这样的规定,可以有效地避免在实践中以联合承包为借口进行"资质挂靠"的不规范行为。

【例2-2】 甲、乙两个同一专业的施工单位分别具有该专业二、三级企业资质,甲、乙两个单位的项目经理数量合计符合一级企业资质要求。甲、乙两单位组成联合体参加投标,则该联合体资质等级为( )

A.一级　　　　　　B.二级　　　　　　C.三级　　　　　　D.暂定级

【解析】 联合承包各方都必须具有与其承包工程相符合的资质条件,不能超越资质等级去联合承包。如果几个联合承包方的资质等级不一样,则须以低资质等级的承包方为联合承包方的业务许可范围。正确答案是 C。

(2) 分包工程

《建筑法》规定,禁止总承包单位将工程分包给不具备相应资质条件的单位。《房屋建筑和市政基础设施工程施工分包管理办法》进一步规定,分包工程承包人必须具有相应的资质,并在其资质等级许可的范围内承揽业务。

《建设工程质量管理条例》规定了违法分包的 4 种情形,其中第一种情形就是:"本条例所称违法分包,是指下列行为:①总承包单位将建设工程分包给不具备相应资质条件的单位的……"《房屋建筑和市政基础设施工程施工分包管理办法》也规定,"禁止将承包的工程进行违法分包。下列行为,属于违法分包:①分包工程发包人将专业工程或者劳务作业分包给不具备相应资质条件的分包工程承包人的……"据此,将工程分包给无资质或超越资质等级的单位的,应当定性为违法分包。

(3) 禁止以其他企业或其他企业以本企业名义承揽工程

《建筑法》规定,禁止建筑施工企业超越本企业资质等级许可的业务范围或者以任何形式用其他建筑施工企业的名义承揽工程。禁止建筑施工企业以任何形式允许其他单位或者个人使用本企业的资质证书、营业执照,以本企业的名义承揽工程。《建设工程质量管理条例》也规定,禁止施工单位超越本单位资质等级许可的业务范围或者以其他施工单位的名义承揽工程。禁止施工单位允许其他单位或者个人以本单位的名义承揽工程。

在实践中,为在发包-承包竞争中争取到建设工程项目,一些施工单位因自身资质条件不符合发包工程所要求的资质条件,往往会采取一些手段骗取发包方的信任,包括借用其他施工单位的资质证书,以其他施工单位的名义承揽建设工程项目。这种做法,一方面扰乱了建设市场的秩序,另一方面也给建设工程留下了质量隐患。因为,借用他人名义的往往是自身资质等级不高、人员素质较差、管理水平落后的小企业或"包工头",在拿到工程后还要向出借方交纳一大笔管理费,为了赚钱就只有依靠偷工减料、以次充好等非法手段。这就势必会给工程带来隐患。因此,法律明令禁止这种违法行为,不论是借用方还是出借方,都将受到法律的惩处。

《房屋建筑和市政基础设施工程施工分包管理办法》规定,分包工程发包人没有将其承包的工程进行分包,在施工现场所设项目管理机构的项目负责人、技术负责人、项目核算负责人、质量管理人员、安全管理人员不是工程承包人本单位人员的,视同允许他人以本企业名义承揽工程。

2.2.4 工程建设企业及建设主管部门的法律责任

1. 建设工程勘察设计、建筑施工、工程监理、工程造价咨询等从业单位的违法行为和法律责任

(1) 申请企业隐瞒有关真实情况或者提供虚假材料申请建筑业企业资质的,资质许可机关不予许可,并给予警告,申请企业在 1 年内不得再次申请建筑业企业资质。

（2）企业以欺骗、贿赂等不正当手段取得建筑业企业资质的，由原资质许可机关予以撤销；由县级以上地方人民政府住房城乡建设主管部门或者其他有关部门给予警告，并处 3 万元的罚款；申请企业 3 年内不得再次申请建筑业企业资质。

（3）企业未按照本规定及时办理建筑业企业资质证书变更手续的，由县级以上地方人民政府住房城乡建设主管部门责令限期办理；逾期不办理的，可处以 1 000 元以上 1 万元以下的罚款。

（4）企业未按照本规定要求提供企业信用档案信息的，由县级以上地方人民政府住房城乡建设主管部门或者其他有关部门给予警告，责令限期改正；逾期未改正的，可处以 1 000 元以上 1 万元以下的罚款。

2. 建设主管部门及工作人员的违法行为和法律责任

县级以上人民政府住房城乡建设主管部门及其工作人员，违反本规定，有下列情形之一的，由其上级行政机关或者监察机关责令改正；对直接负责的主管人员和其他直接责任人员，依法给予行政处分；直接负责的主管人员和其他直接责任人员构成犯罪的，依法追究刑事责任：(1)对不符合资质标准规定条件的申请企业准予资质许可的；(2)对符合受理条件的申请企业不予受理或者未在法定期限内初审完毕的；(3)对符合资质标准规定条件的申请企业不予许可或者不在法定期限内准予资质许可的；(4)发现违反本规定规定的行为不予查处，或者接到举报后不依法处理的；(5)在企业资质许可和监督管理中，利用职务上的便利，收受他人财物或者其他好处，以及有其他违法行为的。

2.3 工程建设从业人员资格管理法律制度

从事建筑活动的专业技术人员，应当依法取得相应的执业资格证书，并在执业资格证书许可的范围内从事建筑活动。

2.3.1 执业资格制度的含义

执业资格制度是指对具备一定专业学历、资历的从事建筑活动的专业技术人员，通过考试和注册确定其执业的技术资格，获得相应建筑工程文件签字权的一种制度。

当前，对从事建筑活动的专业技术人员实行执业资格制度非常必要，主要体现于以下几个方面的作用：

1. 推进深化我国建筑工程管理体制改革

我国较早就对从事建筑活动的单位实行资质审查制度。这种管理制度虽然从整体上管住了单位的资格，但对专业技术人员的个人技术资格缺乏定量的评定，专业技术人员的责、权、利不明确，常常出现高资质单位承接的任务，由低水平的专业技术人员来完成的现象，影响了建筑工程质量和投资效益的提高。实行专业技术人员执业资格制度有利于克服上述种种问题，保证建筑工程由具有相应资格的专业技术人员主持完成设计、施工、监理任务。

2. 促使我国工程建设领域与国际惯例接轨，适应对外开放

当前，世界大多数发达国家对从事涉及公众生命和财产安全的建筑活动的专业技术人员都制定了严格的执业资格制度，如美国、英国、日本、加拿大等国。随着我国对外开放的不断扩大，我国的专业技术人员走向世界，其他国家和地区的专业技术人员希望进入中国建筑市场，建筑专业技术人员执业资格制度有利于对等互相承认和管理。

3. 加速人才培养，提高专业技术人员业务水平和队伍素质

执业资格制度有一套严格的考试、注册办法和继续教育的要求，这种激励机制有利于促进建筑工程质量、专业技术人员水平和从业能力的不断提高。

2.3.2 注册建造师

1. 注册建造师的概念

注册建造师是指通过考核认定或考试合格取得中华人民共和国建造师资格证书，并按照规定注册，取得中华人民共和国建造师注册证书和执业印章，担任施工单位项目负责人及从事相关活动的专业技术人员。未取得注册证书和执业印章的，不得担任大中型建设工程项目的施工单位项目负责人，不得以注册建造师的名义从事相关活动。

建立建造师执业资格制度后，一旦工程项目发生重大施工质量安全事故或出现违法违规行为，不仅可以依法追究有关单位的责任，还可以依法追究负责该项目的注册建造师的责任，视其情节予以停止执业、吊销执业资格证书和注册证书等处罚，使质量安全事故和违法违规行为的责任追究到人。因此，建立建造师执业资格制度是规范建筑市场秩序、保证工程质量安全的重要举措。

建造师分为一级建造师和二级建造师。英文分别为 Constructor 和 Associate Constructor。一级建造师具有较高的标准、较高的素质和管理水平，有利于开展国际互认。同时，考虑我国工程建设项目量大面广，工程项目的规模差异悬殊，各地经济、文化和社会发展水平有较大差异，以及不同工程项目对管理人员的要求也不尽相同，设立二级建造师可以适应施工管理的实际需求。

根据原建设部《注册建造师管理规定》第五条规定："注册建造师实行注册执业管理制度，注册建造师分为一级注册建造师和二级注册建造师。取得资格证书的人员，经过注册方能以注册建造师的名义执业。"注册证书和执业印章是注册建造师的执业凭证，由其本人保管、使用，有效期3年。期满需继续执业的，应当在注册有效期届满30日前，按规定申请延续注册，延续注册有效期仍为3年。

2. 注册建造师的主要执业岗位

建造师经注册后，有权以建造师名义担任建设工程项目施工的项目经理及从事其他施工活动的管理，但不得同时担任两个及以上建设工程施工项目负责人。发生下列情形之一的除外：(1)同一工程相邻分段发包或分期施工的；(2)合同约定的工程验收合格的；(3)因非承包方原因致使工程项目停工超过120天(含)，经建设单位同意的。

注册建造师担任施工项目负责人期间原则上不得更换。如发生下列情形之一的，应当办理书面交接手续后更换施工项目负责人：(1)发包方与注册建造师受聘企业已解除承包合同的；(2)发包方同意更换项目负责人的；(3)因不可抗力等特殊情况必须更换项目负责人的。

注册建造师担任施工项目负责人,在其承建的建设工程项目竣工验收或移交项目手续办结前,除以上规定的情形外,不得变更注册至另一企业。

建设工程合同履行期间变更项目负责人的,企业应当于项目负责人变更5个工作日内报建设行政主管部门和有关部门及时进行网上变更。

此外,注册建造师还可以从事建设工程项目总承包管理或施工管理、建设工程项目管理服务、建设工程技术经济咨询,以及法律、行政法规和国务院建设主管部门规定的其他业务。注册建造师有权以建造师的名义担任建设工程项目施工的项目经理;从事其他施工活动的管理;从事法律法规或国务院行政主管部门规定的其他业务。

【例2-3】 注册建造师可以受聘的注册企业包括( )。
A. 设计单位　　　　B. 监理单位　　　　C. 咨询单位
D. 政府机关　　　　E. 技术监督单位

【解析】 注册建造师不能在政府机关和技术监督单位注册执业。正确答案是ABC。

3. 注册建造师的权利和义务

(1)建造师的基本权利

《建造师执业资格制度暂行规定》中规定,建造师经注册后,有权以建造师名义担任建设工程项目施工的项目经理及从事其他施工活动的管理。

《注册建造师管理规定》进一步规定,注册建造师享有下列权利:①使用注册建造师名称;②在规定范围内从事执业活动;③在本人执业活动中形成的文件上签字并加盖执业印章;④保管和使用本人注册证书、执业印章;⑤对本人执业活动进行解释和辩护;⑥接受继续教育;⑦获得相应的劳动报酬;⑧对侵犯本人权利的行为进行申述。

建设工程施工活动中形成的有关工程施工管理文件,应当由注册建造师签字并加盖执业印章,签章文件作为工程竣工备案的依据。只有注册建造师签章完整的工程施工管理文件方为有效。注册建造师有权拒绝在不合格或者有弄虚作假内容的建设工程施工管理文件上签字并加盖执业印章。

(2)建造师的基本义务

《建造师执业资格制度暂行规定》中规定,建造师在工作中,必须严格遵守法律、法规及行业管理的各项规定,恪守职业道德。建造师必须接受继续教育,更新知识,不断提高业务水平。

《注册建造师管理规定》进一步规定,注册建造师应当履行下列义务:①遵守法律、法规和有关管理规定,恪守职业道德;②执行技术标准、规范和规程;③保证执业成果的质量,并承担相应责任;④接受继续教育,努力提高执业水准;⑤保守在执业中知悉的国家秘密和他人的商业、技术等秘密;⑥与当事人有利害关系的,应当主动回避;⑦协助注册管理机关完成相关工作。

注册建造师不得有下列行为:①不履行注册建造师义务;②在执业过程中,索贿、受贿或者谋取合同约定费用外的其他利益;③在执业过程中实施商业贿赂;④签署有虚假记载等不合格的文件;⑤允许他人以自己的名义从事执业活动;⑥同时在两个或者两个以上单位受聘或者执业;⑦涂改、倒卖、出租、出借、复制或以其他形式非法转让资格证书、注册证书和执业印章;⑧超出执业范围和聘用单位业务范围从事执业活动;⑨法律、法规、规章禁止的其他行为。

4. 不予注册和注册证书的失效、注销

（1）《注册建造师管理规定》第十五条规定，申请人有下列情形之一的，不予注册：①不具有完全民事行为能力的；②申请在两个或者两个以上单位注册的；③未达到注册建造师继续教育要求的；④受到刑事处罚，刑事处罚尚未执行完毕的；⑤因执业活动受到刑事处罚，自刑事处罚执行完毕之日起至申请注册之日止不满5年的；⑥因前项规定以外的原因受到刑事处罚，自处罚决定之日起至申请注册之日止不满3年的；⑦被吊销注册证书，自处罚决定之日起至申请注册之日止不满2年的；⑧在申请注册之日前3年内担任项目经理期间，所负责项目发生过重大质量和安全事故的；⑨申请人的聘用单位不符合注册单位要求的；⑩年龄超过65周岁的；⑪法律、法规规定不予注册的其他情形。

（2）《注册建造师管理规定》第十六条规定，注册建造师有下列情形之一的，其注册证书和执业印章失效：①聘用单位破产的；②聘用单位被吊销营业执照的；③聘用单位被吊销或者撤回资质证书的；④已与聘用单位解除聘用合同关系的；⑤注册有效期满且未延续注册的；⑥年龄超过65周岁的；⑦死亡或不具有完全民事行为能力的；⑧其他导致注册失效的情形。

2.3.3 注册建筑师

2019年修订的《中华人民共和国注册建筑师条例》和2008年1月29日原建设部发布的《中华人民共和国注册建筑师条例实施细则》，对注册建筑师执业资格做了具体规定。

1. 注册建筑师的概念

注册建筑师是指依法取得注册建筑师证书并从事房屋建筑设计及相关业务的人员。我国注册建筑师分为两级，即一级注册建筑师和二级注册建筑师。

注册建筑师的申请注册采取个人注册与单位统一办理手续相结合的程序。即申请注册建筑师注册，由申请注册者向注册建筑师管理委员会提出申请，由聘用的设计单位统一办理注册手续。申请者能否注册决定于其是否具备注册的条件，设计单位无权决定。经注册建筑师管理委员会审查合格后，予以注册，并发给相应等级的注册建筑师注册证明。一级注册建筑师的注册机构是全国注册建筑师管理委员会。二级注册建筑师的注册机构是省、自治区、直辖市注册建筑师管理委员会。

2. 注册建筑师的执业

（1）注册建筑师的执业范围

注册建筑师的执业范围包括建筑设计、建筑设计技术咨询、建筑物调查与鉴定、对本人主持设计的项目进行施工指导和监督，以及国务院建设行政主管部门规定的其他业务。

一级注册建筑师的业务范围与二级注册建筑师的业务范围有所不同。一级注册建筑师业务范围不受建筑规模和工程复杂程度的限制，二级注册建筑师的业务范围限定在国家规定的建筑规模和工程复杂程度范围内。

（2）执业的机构、业务的承担及收费

注册建筑师执行业务，应当加入建筑设计单位。注册建筑师执行业务应由设计单位统一接受委托并指派。注册建筑师不得私自承接业务。注册建筑师执行业务应当由设计单位统一收费，注册建筑师不得私自收费。

3. 注册建筑师的权利和义务

(1)注册建筑师的权利

①专有名称权。注册建筑师有权以注册建筑师的名义执行注册建筑师业务。非注册建筑师不得以注册建筑师的名义执行注册建筑师业务。二级注册建筑师不得以一级注册建筑师的名义执行业务,也不得超越国家规定的二级注册建筑师的执业范围执行业务。

②设计文件签字权。国家规定的一定跨度和高度以上的房屋建筑,应当由注册建筑师主持设计并在设计文件上签字。

③独立设计权。任何单位和个人修改注册建筑师的设计图纸,应当征得该注册建筑师同意;但是,因特殊情况不能征得该注册建筑师同意的除外。

(2)注册建筑师的义务

遵守法律、法规和职业道德,维护社会公共利益;保证建筑设计的质量,并在其负责的设计图纸上签字;保守在执业中知悉的单位和个人的秘密;不得同时受聘于两个以上建筑设计单位执行业务;不能准许他人以本人名义执行业务。

4. 注册建筑师的责任

因设计质量造成的经济损失,由建筑设计单位承担赔偿责任;建筑设计单位有权向签字的注册建筑师追偿。

因建筑设计质量不合格发生重大责任事故,造成重大损失的,对该建筑设计负有直接责任的注册建筑师,由县级以上人民政府建设行政主管部门责令停止执行业务;情节严重的,由全国注册建筑师管理委员会或者省、自治区、直辖市注册建筑师管理委员会吊销注册建筑师证书。

2.3.4 勘察设计注册工程师

依据2016年修订的《建设工程勘察设计企业资质管理规定》,勘察设计注册工程师,是指经考试取得中华人民共和国注册工程师资格证书,并按照本规定注册,取得中华人民共和国注册工程师注册执业证书和执业印章,从事建设工程勘察、设计及有关业务活动的专业技术人员。

未取得注册证书及执业印章的人员,不得以注册工程师的名义从事建设工程勘察、设计及有关业务活动。

1. 国家对注册工程师的管理

国务院建设主管部门对全国的注册工程师的注册、执业活动实施统一监督管理;县级以上地方人民政府建设主管部门对本行政区域内的注册工程师的注册、执业活动实施监督管理。

注册工程师实行注册执业管理制度。取得资格证书的人员,必须经过注册方能以注册工程师的名义执业,且受聘于一个具有建设工程勘察、设计、施工、监理、招标代理、造价咨询等一项或多项资质的单位,经注册后方可从事相应的执业活动。但从事建设工程勘察、设计执业活动的,应受聘并注册于一个具有建设工程勘察、设计资质的单位。

2. 注册工程师的执业

注册工程师的执业范围,包括:(1)工程勘察或者本专业工程设计;(2)本专业工程技术咨询；(3)本专业工程招标、采购咨询；(4)本专业工程的项目管理；(5)对工程勘察或者本专业工程设计项目的施工进行指导和监督；(6)国务院有关部门规定的其他业务。

建设工程勘察、设计活动中形成的勘察、设计文件由相应专业注册工程师按照规定签字盖章后方可生效。各专业注册工程师签字盖章的勘察、设计文件种类及办法由国务院建设主管部门会同有关部门规定。

修改经注册工程师签字盖章的勘察、设计文件，应当由该注册工程师进行；因特殊情况，该注册工程师不能进行修改的，应由同专业其他注册工程师修改，并签字、加盖执业印章，对修改部分承担责任。

3. 注册工程师的权利和义务

注册工程师享有下列权利：(1)使用注册工程师称谓；(2)在规定范围内从事执业活动；(3)依据本人能力从事相应的执业活动；(4)保管和使用本人的注册证书和执业印章；(5)对本人执业活动进行解释和辩护；(6)接受继续教育；(7)获得相应的劳动报酬；(8)对侵犯本人权利的行为进行申诉。

注册工程师应当履行下列义务：(1)遵守法律、法规和有关管理规定；(2)执行工程建设标准规范；(3)保证执业活动成果的质量，并承担相应责任；(4)接受继续教育，努力提高执业水准；(5)在本人执业活动所形成的勘察、设计文件上签字、加盖执业印章；(6)保守在执业中知悉的国家秘密和他人的商业、技术秘密；(7)不得涂改、出租、出借或者以其他形式非法转让注册证书或者执业印章；(8)不得同时在两个或两个以上单位受聘或者执业；(9)在本专业规定的执业范围和聘用单位业务范围内从事执业活动；(10)协助注册管理机构完成相关工作。

4. 注册工程师的责任

因建设工程勘察、设计事故及相关业务造成的经济损失，聘用单位应承担赔偿责任；聘用单位承担赔偿责任后，可依法向负有过错的注册工程师追偿。

注册工程师在执业活动中有下列行为之一的，由县级以上人民政府建设主管部门或者有关部门予以警告，责令其改正，没有违法所得的，处以1万元以下的罚款；有违法所得的，处以违法所得3倍以下且不超过3万元的罚款；造成损失的，应当承担赔偿责任；构成犯罪的，依法追究刑事责任：(1)以个人名义承接业务的；(2)涂改、出租、出借或者以其他形式非法转让注册证书或者执业印章的；(3)泄露执业中应当保守的秘密并造成严重后果的；(4)超出本专业规定范围或者聘用单位业务范围从事执业活动的；(5)弄虚作假提供执业活动成果的；(6)其他违反法律、法规、规章的行为。

2.3.5 注册结构工程师

1997年9月1日原建设部、人事部联合发布的《注册结构工程师执业资格制度暂行规定》，对注册结构工程师的执业资格做出了规定。

1. 注册结构工程师的概念

注册结构工程师是指取得中华人民共和国注册结构工程师执行资格证书和注册证书，从事房屋结构、桥梁结构及塔架结构等工程设计及相关业务的专业技术人员。

2. 注册结构工程师的执业

(1) 注册结构工程师的执业范围

注册结构工程师的执业范围包括结构工程设计，结构工程设计技术咨询，建筑物、构筑物、工程设施等调查和鉴定，对本人主持设计的项目进行施工指导和监督，住房和城乡建设部和国务院有关部门规定的其他业务。

一级注册结构工程师的执业范围不受工程规模及工程复杂程度的限制；二级注册结构工程师执业范围另行规定。

(2) 执业的机构、业务的承担及收费

注册结构工程师执行业务，应当加入一个勘察设计单位，由勘察设计单位统一接受业务并统一收费。

3. 注册结构工程师的权利和义务

(1) 注册结构工程师的权利

①名称专有权。注册结构工程师有权以注册结构工程师的名义执行注册结构工程师业务。非注册结构工程师不得以注册结构工程师的名义执行注册结构工程师业务。

②结构工程设计主持权。国家规定的一定跨度、高度以上的结构工程设计，应当由注册结构工程师主持设计。

③独立设计权。任何单位和个人修改注册结构工程师的设计图纸，应当征得该注册结构工程师同意，但是因特殊情况不能征得该注册结构工程师同意的除外。

(2) 注册结构工程师的义务

①遵守法律、法规和职业道德，维护社会公众利益；

②保证工程设计的质量，并在其负责的设计图纸上签字盖章；

③保守在执业中知悉的单位和个人的秘密；

④不得同时受聘于两个以上勘察设计单位执行业务；

⑤不得准许他人以本人名义执行业务；

⑥按规定接受必要的继续教育，定期进行业务和法规培训。

4. 注册结构工程师的责任

因结构设计质量造成的经济损失，由勘察设计单位承担赔偿责任；勘察设计单位有权向签字的注册结构工程师追偿。

2.3.6 注册监理工程师

2006年1月，原建设部令第147号《注册监理工程师管理规定》，对注册监理工程师的注册、执业、继续教育和监督管理做出了规定。

1. 注册监理工程师的概念

注册监理工程师是指经考试取得中华人民共和国监理工程师资格证书，并按照规定注册，取得中华人民共和国注册监理工程师注册执业证书和执业印章，从事工程监理及相关业务活动的专业技术人员。

注册监理工程师按专业设置岗位，一般设置建筑、土建结构、工程测量、工程地质、给水排水、采暖通风、电气、通信、城市燃气、工程机械及设备安装、焊接工艺、建筑经济等岗位。目前,我国还没有设计监理工程师,国际上很多发达国家已设立了设计监理工程师。

监理工程师一经政府注册确认,即意味着具有相应于岗位责任的签字权,监理单位任命的工程项目总监理工程师具有对外签字权。

2. 注册监理工程师执业

取得资格证书的人员,应当受聘于一个具有建设工程勘察、设计、施工、监理、招标代理、造价咨询等一项或者多项资质的单位,经注册后方可从事相应的执业活动。从事工程监理执业活动的,应当受聘并注册于一个具有工程监理资质的单位。工程监理活动中形成的监理文件由注册监理工程师按照规定签字盖章后方可生效。

3. 注册监理工程师继续教育

注册监理工程师在每一注册有效期内应当达到国务院建设主管部门规定的继续教育要求。继续教育作为注册监理工程师逾期初始注册、延续注册和重新申请注册的条件之一。

4. 注册监理工程师的权利和义务

(1) 基本权利

① 使用注册监理工程师称谓;

② 在规定范围内从事执业活动;

③ 依据本人能力从事相应的执业活动;

④ 保管和使用本人的注册证书和执业印章;

⑤ 对本人执业活动进行解释和辩护;

⑥ 接受继续教育;

⑦ 获得相应的劳动报酬;

⑧ 对侵犯本人权利的行为进行申诉。

【例 2-4】 监理工程师发现施工现场料堆偏高,有可能滑塌,存在安全事故隐患,则监理工程师应当( )。

A. 要求施工单位整改

B. 要求施工单位停止施工

C. 向安全生产监督行政主管部门报告

D. 向建设工程质量监督机构报告

【解析】 此题考查监理工程师的职责范围,监理工程师需根据施工现场情况向施工单位提出要求和建议。正确答案是 A。

(2) 注册监理工程师应当履行下列义务

① 遵守法律、法规和有关管理规定;

② 履行管理职责,执行技术标准、规范和规程;

③ 保证执业活动成果的质量,并承担相应责任;

④ 接受继续教育,努力提高执业水准;

⑤ 在本人执业活动所形成的工程监理文件上签字、加盖执业印章;

⑥ 保守在执业中知悉的国家秘密和他人的商业、技术秘密;

⑦ 不得涂改、倒卖、出租、出借或者以其他形式非法转让注册证书或者执业印章;

⑧ 不得同时在两个或者两个以上单位受聘或者执业。

⑨在规定的执业范围和聘用单位业务范围内从事执业活动；
⑩协助注册管理机构完成相关工作。

【例2-5】 王某取得监理工程师执业资格后，受总监理工程师委派，进驻某建设工程项目履行监理职责，其实施监理的依据包括：

A. 法律、法规及有关技术标准 B. 建设工程施工合同
C. 劳动用工合同 D. 工程设计文件
E. 招标公告

【解析】 劳动用工合同、招标公告与监理工程师的工作内容无关，故不选。正确答案是 ABD。

2.3.7 注册造价工程师

1. 注册造价工程师的概念

根据 2020 年修订的《注册造价工程师管理办法》，注册造价工程师，是指通过土木建筑工程或者安装工程专业造价工程师职业资格考试取得造价工程师职业资格证书或者通过资格认定、资格互认，并按照本办法注册后，从事工程造价活动的专业人员。

凡从事工程建设活动的建设、设计、施工、工程造价咨询、工程造价管理等单位和部门，必须在计价、评估、审查(核)、控制及管理等岗位配备有注册造价工程师执业资格的专业技术人员。

2. 注册造价工程师的权利与义务

(1)注册造价工程师的权利
①使用注册造价工程师名称；
②依法从事工程造价业务；
③在本人执业活动中形成的工程造价成果文件上签字并加盖执业印章；
④发起设立工程造价咨询企业；
⑤保管和使用本人的注册证书和执业印章。

(2)注册造价工程师的义务
①遵守法律、法规、有关管理规定，恪守职业道德；
②保证执业活动成果的质量；
③接受继续教育，提高执业水平；
④执行工程造价计价标准和计价方法；
⑤与当事人有利害关系的，应当主动回避；
⑥保守在执业中知悉的国家秘密和他人的商业、技术秘密。

【例2-6】 我国建筑业专业技术人员执业资格的共同点有( )。

A. 只有注册以后才能执业 B. 一次注册终生有效
C. 均需接受继续教育 D. 不得同时注册于两家不同的单位
E. 均有各自的执业范围

【解析】 我国建筑业专业技术人员执业资格的注册具有有效期，有效期满继续执业的，需按规定申请延续注册，而不是一次注册终身有效。正确答案是 ACDE。

2.3.8 注册人员及相关单位在注册中的违法行为和法律责任

1. 注册建造师、注册建筑师、注册结构工程师、注册监理工程师、注册造价工程师等注册人员的违法行为和法律责任

（1）隐瞒有关情况或者提供虚假材料申请的，审批部门不予受理，并给予警告，申请人1年之内不得再次申请注册。

（2）以欺骗、贿赂等不正当手段取得注册证书的，由负责审批的部门撤销其注册，3年内不得再次申请注册；并由县级以上人民政府建设主管部门或者有关部门处以罚款，其中没有违法所得的，处以10 000元以下的罚款；有违法所得的，处以违法所得3倍以下且不超过30 000元的罚款；构成犯罪的，依法追究刑事责任。

（3）未办理变更注册而连续执业的，由县级以上人民政府建设主管部门责令限期改正；逾期未改正的，可处以5 000元以下的罚款。

（4）注册人员或者其聘用单位未按照要求提供注册人员信用档案信息的，由县级以上地方政府建设主管部门或者其他有关部门责令改正；逾期未改正的，可处以1 000元以上10 000元以下的罚款。

（5）未取得注册建造师资格证书和执业印章，担任大中型建设工程项目施工单位项目负责人，或者以注册建造师的名义从事相关活动的，其所签署的工程文件无效，由县级以上地方人民政府建设主管部门或者其他有关部门给予警告，责令停止违法活动，并可处以10 000元以上30 000元以下的罚款。

（6）建筑师，未受聘并注册于中华人民共和国境内一个具有工程设计资质的单位，从事建筑工程设计执业活动的，由县级以上人民政府建设主管部门给予警告，责令停止违法活动，并可处以10 000元以上30 000元以下的罚款。

（7）监理工程师，未经注册，擅自以注册监理工程师的名义从事工程监理及相关业务活动的，由县级以上地方人民政府建设主管部门给予警告，责令停止违法行为，处以30 000元以下的罚款；造成损失的依法承担赔偿责任。

（8）造价工程师，未经注册而以注册造价工程师的名义从事工程造价活动的，所签署的工程造价成果文件无效，由县级以上地方人民政府主管部门或者其他有关部门给予警告，责令停止违法活动，并可处以10 000元以上30 000元以下的罚款。

（9）违反《建设工程质量管理条例》规定，注册执业人员因过错造成质量事故的，责令停止执业1年；造成重大质量事故的，吊销执业资格证书，5年内不予注册；情节特别恶劣的，终生不予注册。

2. 聘用单位的违法行为和法律责任

聘用单位为申请人提供虚假注册材料的，由县级以上地方人民政府建设主管部门或者其他有关部门给予警告，并可处以10 000元以上30 000元以下的罚款。

3. 建设主管部门的违法行为和法律责任

县级以上人民政府建设主管部门及有关部门的工作人员，在注册工程师管理工作中，有下列情形之一的，依法给予行政处分；构成犯罪的，依法追究刑事责任。

（1）对不符合法定条件的申请人颁发注册证书和执业印章的。

(2)对符合法定条件的申请人不予颁发注册证书和执业印章的。

(3)对符合法定条件的申请人未在法定期限内颁发注册证书和执业印章的。

(4)利用职务上的便利,收受他人财物或者其他好处的。

(5)不依法履行监督管理职责,或者发现违法行为不予查处的。

2.4 建筑市场信用体系建设

1. 2016年9月14日中共中央办公厅、国务院办公厅发布《关于加快推进失信被执行人信用监督、警示和惩戒机制建设的意见》,将房地产、建筑企业不依法履行生效法律文书确定的义务情况,记入房地产和建筑市场信用档案,向社会披露有关信息,对其企业资质做出限制。

2. 2016年9月修订的《注册建造师管理规定》要求,注册建造师及其聘用单位应当按照要求,向注册机关提供真实、准确、完整的注册建造师信用档案信息。注册建造师信用档案应当包括注册建造师的基本情况、业绩、良好行为、不良行为等内容。违法违规行为、被投诉举报处理、行政处罚等情况应当作为注册建造师的不良行为记入其信用档案。注册建造师信用档案信息按照有关规定向社会公示。

3. 住房和城乡建设部于2017年12月11日印发《建筑市场信用管理暂行办法》,规定县级以上住房城乡建设主管部门按照"谁处罚、谁列入"的原则,将存在下列情形的建筑市场各方主体,列入建筑市场主体"黑名单":

(1)利用虚假材料、以欺骗手段取得企业资质的;

(2)发生转包、出借资质,受到行政处罚的;

(3)发生重大及以上工程质量安全事故,或1年内累计发生2次及以上较大工程质量安全事故,或发生性质恶劣、危害性严重、社会影响大的较大工程质量安全事故,受到行政处罚的;

(4)经法院判决或仲裁机构裁决,认定为拖欠工程款,且拒不履行生效法律文书确定的义务的。

各级住房城乡建设主管部门应当将列入建筑市场主体"黑名单"和拖欠农民工工资"黑名单"的建筑市场各方主体作为重点监管对象,在市场准入、资质资格管理、招标投标等方面依法给予限制。各级住房城乡建设主管部门可以将建筑市场主体"黑名单"通报有关部门,实施联合惩戒。

4. 2018年12月修订的《建筑业企业资质管理规定》指出,资质许可机关应当建立、健全建筑业企业信用档案管理制度。建筑业企业信用档案应当包括企业基本情况、资质、业绩、工程质量和安全、合同履约、社会投诉和违法行为等情况。企业的信用档案信息要按照有关规定向社会公开。取得建筑业企业资质的企业应当按照有关规定,向资质许可机关提供真实、准确、完整的企业信用档案信息。

5. 2020年11月30日印发的《建设工程企业资质管理制度改革方案》要求,健全信用体系,发挥市场机制作用。进一步完善建筑市场信用体系,强化信用信息在工程建设各环节的应用,完善"黑名单"制度,加大对失信行为的惩戒力度。加快推行工程担保和保险制度,进一步发挥市场机制作用,规范工程建设各方主体行为,有效控制工程风险。

复习思考题

1. 简述建筑从业单位成立的法定条件。
2. 简述施工企业的资质类别和等级。
3. 简述无资质或越级承揽工程常见的几种情况。
4. 注册建造师不得实施哪些行为？
5. 注册建筑师的权利有哪些？
6. 结合近年来工程建设领域相关立法成果，谈谈建设法治政府的重要意义。
7. 结合近年来工程建设领域相关改革措施，谈谈对于"放管服"改革与"优化营商环境"的理解。

课后案例

A 公司将某工程发包给具有一级施工资质的 B 公司，并签订了《建设工程施工合同》，工程暂估价款为 1 亿，B 公司承包后，又与具有三级施工资质的 C 公司签订了转包协议，将该工程全部转包给 C 公司，工程暂估价款为 8 000 万。

C 公司完成部分工程的施工后被 A 公司通知停工，已经建设的部分工程均验收合格。A 公司将 B 公司和 C 公司作为共同被告诉至法院，要求：

(1) 解除 A 公司与 B 公司签订的施工合同；
(2) 确认 B 公司与 C 公司转包合同无效；
(3) B 公司赔偿 A 公司各项损失合计 7 500 万，C 公司与 B 公司承担连带赔偿责任。

【解析】

裁判主旨：

1. 承包人将其承包的全部建设工程转包给第三人，构成非法转包，发包人可以据此要求解除与承包人之间签订的建设工程合同。但鉴于合同具有相对性，不宜直接请求法院确认分包合同无效，也不能基于合同关系要求第三人承担违约责任。

2. 承包人违法将全部工程转包给第三人的，应当按照实际施工的第三人的资质等级据实计算工程款。

法院主要观点：

1. A 公司与 B 公司签订的建设工程施工合同意思表示真实，不违反法律法规强制性规定，合同有效。

2. B 公司将工程全部转包给 C 公司违反了《建筑法》第二十八条和《民法典》第七百九十一条的规定，为无效合同。但是，鉴于 A 公司提起的诉讼为建设工程合同之诉，而 C 公司并非 A 公司与 B 公司之间合同的当事人，C 公司也未在本案中提出任何的诉讼请求，因此不宜直接认定 B 公司与 C 公司签订的合同无效。

3. 项目的实际施工人为 C 公司，应当按照 C 公司的资质等级计算工程款，而不应当按照 B 公司的资质等级计算工程款，符合"任何人不得从其非法行为中获得利益"的一般原则。

4. A 公司未能提交其遭受的经济损失的证据，而且由于 A 公司在施工过程中变更设计图纸，拖延支付工程进度款，材料供应不及时等是工期延误的主要原因，因此 A 公司所提出的因工期延误遭受的损失由 B 公司承担无事实和法律依据。C 公司不是合同的当事人，与 B 公司承担连带责任亦无法律依据。

第3章

城乡规划法律制度

课程思政要点

通过对新区开发和旧区改造内容的讲述,了解保护自然资源和生态环境的重要性,防止对城乡环境造成二次污染,实现生态文明,领会习近平"绿水青山就是金山银山"的科学论断;通过讲授城乡规划各个阶段的公众参与,了解和体会全过程民主的内涵和做法;通过讲授征收农民集体土地和农村村民住宅的建设项目必须给予被征收人公平、合理的补偿,保障被征地农民原有生活水平不降低、长远生计有保障,理解如何实现国家层面的和谐、社会层面的公正以及公民层面的友善。

3.1 城乡规划概述

3.1.1 城乡规划法及相关概念

1. 城乡规划法

城乡规划法是指调整城乡规划活动中发生的各种社会关系的法律规范的总称。具体调整对象包括城乡规划的制定、实施管理、修改、监督检查等活动中的各种社会关系。

从形式意义上看,城乡规划法是指全国人大常委会2007年10月28日通过的2008年1月1日实施的《中华人民共和国城乡规划法》(以下简称《城乡规划法》)这部法律。根据《城乡规划法》的规定,城乡规划方面的法律法规将由之前的"一法一条例"扩展为"一法三条例"。"法"由《城市规划法》演变为《城乡规划法》;"三条例"则是在《村庄和集镇规划建设管理条例》之外，增加了《风景名胜区条例》和《历史文化名城名镇名村保护条例》。此后根据2015年4月24日第十二届全国人民代表大会常务委员会第十四次会议进行了第一次修正，根据2019年4月23日第十三届全国人民了代表大会常务委员会第十次会议进行了第二次修正。制定和实施城乡规划，在规划区内进行建设活动，必须遵守《城乡规划法》。

2. 城乡规划

城乡规划是指有权力的国家机关，为了满足城乡建设的现实需要与可持续发展的要求，综合考虑土地、人口等自然资源以及历史文化传统等因素，对城乡未来建设活动所做出的具有法律效力的预先安排与要求。

城乡规划是政府调控城市空间资源、指导城乡发展与建设、维护社会公平、保障公共安全和公众利益的重要公共政策之一。《城乡规划法》第二条中所称的城乡规划，包括城镇体系规划、城市规划、镇规划、乡规划和村庄规划。城市规划、镇规划分为总体规划和详细规划。详细规划分为控制性详细规划和修建性详细规划。《城乡规划法实施细则》第二条规定，城乡规划包括城镇体系规划、城市规划、镇规划、乡规划、村庄规划和特定地区规划。城镇体系规划分为省域城镇体系规划和城镇群协调发展规划。

3. 规划区

该法所称的规划区，是指城市、镇和村庄的建成区以及因城乡建设和发展需要，必须实行规划控制的区域。规划区的具体范围由有关人民政府在组织编制的城市总体规划、镇总体规划、乡规划和村庄规划中，根据城乡经济社会发展水平和统筹城乡发展的需要划定。

4. 特定地区

《城乡规划法实施细则》第二条规定，特定地区是指经国家或者省人民政府批准设置的开发区、产业园区以及其他成片开发地区。

3.1.2 城乡规划的基本原则

1. 依法规划原则

《城乡规划法》所确定的法定城乡规划体系，体现了一个突出特点，即一级政府、一级规划、一级事权，下位规划不得违反上位规划的原则。

《城乡规划法》规定，制定和实施城乡规划，在规划区内进行建设活动，必须遵守本法。城市和镇应当依照本法制定城市规划和镇规划。城市、镇规划区内的建设活动应当符合规划要求。

在规划区内进行建设活动，应当遵守土地管理、自然资源和环境保护等法律、法规的规定。

县级以上地方人民政府应当根据当地经济社会发展的实际，在城市总体规划、镇总体规划中合理确定城市、镇的发展规模、步骤和建设标准。经依法批准的城乡规划，是城乡建设和规划管理的依据，未经法定程序不得修改。

2. 城乡统筹、先规划后建设原则

《城乡规划法》规定，城乡规划包括城镇体系规划、城市规划、镇规划、乡规划和村庄规划。

制定和实施城乡规划，应当遵循城乡统筹、合理布局、节约土地、集约发展和先规划后建设的原则,改善生态环境,促进资源、能源节约和综合利用,保护耕地等自然资源和历史文化遗产,保持地方特色、民族特色和传统风貌,防止污染和其他公害,并符合区域人口发展、国防建设、防灾减灾和公共卫生、公共安全的需要。

3. 规划公开原则

各级人民政府应当将城乡规划的编制和管理经费纳入本级财政预算。《城乡规划法实施细则》第七条规定,各级人民政府应当将城乡规划的编制和管理经费纳入本级财政预算。村庄规划编制和管理经费应当在县级以上人民政府预算中安排。

城乡规划组织编制机关应当及时公布经依法批准的城乡规划。但是,法律、行政法规规定不得公开的内容除外。

城乡规划报送审批前,组织编制机关应当依法将城乡规划草案予以公告,并采取论证会、听证会或者其他方式征求专家和公众的意见。公告的时间不得少于30日。

《城乡规划法实施细则》第二十四条在此基础上进一步规定,城乡规划批准前,审批机关可以委托承担规划编制任务以外的具有城乡规划编制资质的机构,对规划草案进行技术审查。

经批准的城乡规划,应当在政府网站、新闻媒体或者专门场所公告,并在政府网站长期公布。村庄规划的主要内容应当由村民委员会保存并在村庄公共场所公布,以供村民查阅咨询。

未经公布的城乡规划,不得作为规划管理和城乡建设的依据。

4. 公众参与原则

确保社会公众对城乡规划的知情权。任何单位和个人都应当遵守经依法批准并公布的城乡规划,服从规划管理,并有权就涉及其利害关系的建设活动是否符合规划的要求向城乡规划主管部门查询。

确保社会公众对城乡规划的监督权。任何单位和个人都有权向城乡规划主管部门或者其他有关部门举报或者控告违反城乡规划的行为。城乡规划主管部门或者其他有关部门对举报或者控告,应当及时受理并组织核查、处理。

确保社会公众对城乡规划参与权。城乡规划报送审批前,组织编制机关应当依法将城乡规划草案予以公告,并采取论证会、听证会或者其他方式征求专家和公众的意见。组织编制机关应当充分考虑专家和公众的意见,并在报送审批的材料中附具意见采纳情况及理由。

省域城镇体系规划、城市总体规划、镇总体规划的组织编制机关,应当组织有关部门和专家定期对规划实施情况进行评估,并采取论证会、听证会或者其他方式征求公众意见。

修改控制性详细规划的,组织编制机关应当对修改的必要性进行论证,征求规划地段内利害关系人的意见,并向原审批机关提出专题报告,经原审批机关同意后,方可编制修改方案。

3.2 城乡规划的制定

城乡规划的制定是指有关主体依照法定的职权及授权编制和确定城乡规划的活动。城乡规划的制定可分为两大阶段:第一是编制阶段,第二是确定阶段。城乡规划的编制是由组织编制主体按照法定程序组织编制单位编制城乡规划草案,而城乡规划的确定是由有关主体按照法定的职权和程序对编制完成的城乡规划草案进行审查,做出同意与否的决定。

3.2.1 城乡规划强制性内容的确定

编制城乡体系规划、城市规划和镇规划,都必须明确强制性内容。城乡规划主管部门提供规划设计条件,审查建设项目,不得违背强制性内容。

1. 确定规划强制性内容的原则

(1)强制性内容必须落实上级政府规划管理的约束性要求;
(2)强制性内容应该根据各地具体情况和实际需要,实事求是地加以确定;
(3)强制性内容的表述必须明确、规范,符合国家标准。

2. 规划强制性内容的范围

城乡规划强制性内容的范围主要通过《城乡规划法》的相关规定体现。《城乡规划法》规定,规划区范围、规划区内建设用地规模、基础设施和公共服务设施用地、水源地和水系、基本农田和绿化用地、环境保护、自然与历史文化遗产保护以及防灾减灾等内容,应当作为城市总体规划、镇总体规划的强制性内容。

省域城镇体系规划的内容应当包括:城镇空间布局和规模控制,重大基础设施的布局,为保护生态环境、资源等需要严格控制的区域。

城市总体规划、镇总体规划的内容应当包括:城市、镇的发展布局,功能分区,用地布局,综合交通体系,禁止、限制和适宜建设的地域范围,各类专项规划等。

3.2.2 城乡规划组织制定的依据

1. 党和国家的方针政策

制定城乡规划关系到国民经济发展和社会生活的方方面面,制定城乡规划必须从实际出发,并遵循党和国家及城乡政府根据现阶段国民经济和社会发展制定的有关方针政策,以及城乡规划行政主管部门根据政府行政要求提出的有关意见。一些重大规划问题的解决必须以国家有关方针政策为依据。城乡政府制定的城乡社会、经济发展的长远计划已经充分体现了政府对城乡长远发展的指导意见,应当作为规划制定的依据。此外,上级人民政府对下级政府制定城乡规划有责任提出指导性意见。上级政府的城乡规划主管部门亦可根据城乡规划编制情况的需要,对规划的边界条件、规划的内容深度、技术要求等提出具体的指导意见,这些都应作为规划制定的依据。

2. 城乡规划法律法规

以城乡规划相关法律、法规和技术标准为编制依据。城乡规划依法编制,就是以与城乡规划有关的法律、法规、技术标准进行编制。从目前我国城乡规划有关法律、法规情况来看,这些法律、法规主要有:《城乡规划法》与《城市规划编制办法》及实施细则、《城镇体系规划编制审批办法》,以及与城市规划有关的国家、部级标准和规范。如《城市用地分类与规划建设用地标准》《城市居住区规划设计规范》《城市道路交通规划设计规范》《城市工程管线综合规划规范》，以及城乡防洪、给水、电力等规划编制方面的规范。还有各省、自治区、直辖市颁布的地方性城乡规划法规及其有关的城乡规划编制技术规定，也是城乡规划组织编制的依据。

3. 经批准的上一层次规划

以上一层次的城市规划为依据，具体来说，就是城市的总体规划必须以全国和所在省、自治区的区域城镇体系规划为依据；城市详细规划必须以所在城市的总体规划和分区规划为依据，其中修建性详细规划必须以控制性详细规划为依据。

以上一层次的城市规划为依据，前提是这项规划必须是依法批准并有效的，两者缺一不可。未经依法批准的规划没有法律效力，不能指导规划编制；因超过规划期限或因现实情况已经发生了变化，上一层次规划必须做调整的，也不能指导下一层次的规划编制。

4. 城乡现状条件

以城乡或地区的现状条件和自然、地理、历史特点等为编制依据。城乡规划编制的重点内容是，对城乡规划区域内的各种物质要素进行统筹安排，使其保持合理的结构和布局，但不能脱离该城乡的自然、地理、历史特点等，应对这些情况进行充分调查研究，综合分析。同时，一个城乡不是孤立存在，城乡中的一个地区更不能孤立存在，城乡和地区的周边条件对拟规划城乡和地区会发生联系，产生影响，应作为编制规划的依据。

3.2.3 我国城乡规划制定体系

在这里所讲的城乡规划制定的体系是指按城乡规划等级层次及先后阶段划分而形成一系列具体的城乡规划。城乡规划阶段是指在城乡规划编制过程中按次序以及等级而形成的不同部分。根据《城乡规划法》，城市规划、镇的规划、风景名胜区规划的编制一般分总体规划、详细规划两个阶段进行。对于全国城镇体系规划、省域城镇体系规划、村庄规划、历史文化名城的规划，《城乡规划法》不要求细分总体规划和详细规划。根据《城乡规划法》及相关法律文件，城乡规划阶段及层次划分具体如图3-1所示。

1. 总体规划

总体规划是指对一定时期内规划区域的性质、发展目标、发展规模、土地利用、空间布局以及各项建设的综合部署和实施措施。总体规划要求综合研究和确定某区域的性质、规模和空间发展形态，统筹安排区域内各项建设用地，合理配置城市各项基础设施，处理好远期发展与近期建设的关系，指导该区域合理发展。

2. 详细规划

详细规划是以总体规划为依据，详细规划建设用地的各项控制指标和其他规划管理要求，或者直接对建设做出具体的安排和规划设计。可分为控制性详细规划和修建性详细规划。

控制性详细规划是以总体规划为依据，确定建设地区的土地使用性质和使用强度的控制指标、道路和工程管线控制性位置以及空间环境控制的规划要求。

修建性详细规划是以总体规划、控制性详细规划为依据，制定用以指导各项建筑和工程设施的设计和施工的规划设计。

工程建设法学

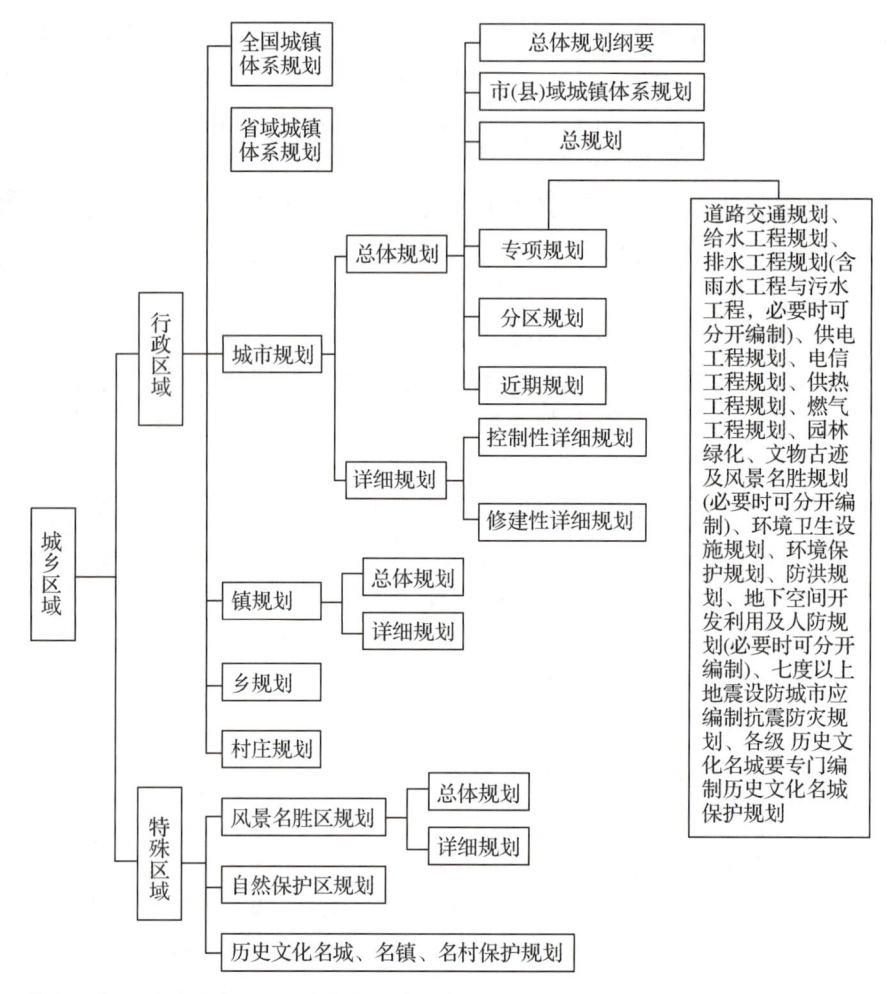

[图示内容：城乡规划阶段及层次划分结构图]

城乡区域
- 行政区域
  - 全国城镇体系规划
  - 省域城镇体系规划
  - 城市规划
    - 总体规划
      - 总体规划纲要
      - 市(县)域城镇体系规划
      - 总规划
      - 专项规划
      - 分区规划
      - 近期规划
    - 详细规划
      - 控制性详细规划
      - 修建性详细规划
  - 镇规划
    - 总体规划
    - 详细规划
  - 乡规划
  - 村庄规划
- 特殊区域
  - 风景名胜区规划
    - 总体规划
    - 详细规划
  - 自然保护区规划
  - 历史文化名城、名镇、名村保护规划

专项规划：道路交通规划、给水工程规划、排水工程规划(含雨水工程与污水工程，必要时可分开编制)、供电工程规划、电信工程规划、供热工程规划、燃气工程规划、园林绿化、文物古迹及风景名胜规划(必要时可分开编制)、环境卫生设施规划、环境保护规划、防洪规划、地下空间开发利用及人防规划(必要时可分开编制)、七度以上地震设防城市应编制抗震防灾规划、各级 历史文化名城要专门编制历史文化名城保护规划

特殊区域还包括旅游度假区、经济技术开发区、高新技术产业开发区、保税区、黄河、长江，等等；另外按专项划分还有特殊的国防建设方面的规划。《城乡规划法》对这些规划没有规定。

图 3-1　城乡规划阶段及层次划分

3. 分区规划

在总体规划的基础上，对局部地区的土地利用、人口分布、公共设施、城乡基础设施的配置等方面所做的进一步安排。

4. 近期建设规划

根据城市总体规划、镇总体规划、土地利用总体规划和年度计划以及国民经济和社会发展规划，对短期内建设目标、发展布局和主要建设项目的实施所做的安排。

5. 专项规划

专项规划是在总体规划的指导下，为更有效实施规划意图，对城乡建设要素中系统性强、关联度大的内容或对城乡整体长期发展影响巨大的建设项目进行的规划。

【例 3-1】《城乡规划法》所称城乡规划，包括城镇体系规划、城市规划、镇规划和（　　）。

　　A. 乡村规划　　　　　　　　　　B. 村庄规划
　　C. 乡规划　　　　　　　　　　　D. 乡规划和村庄规划

【解析】　根据《城乡规划法》的规定，正确答案是 D。

【例 3-2】 城乡规划、镇规划分为（ ）和（ ）。
A. 控制性详细规划,修建性详细规划   B. 总体规划,建设规划
C. 总体规划,详细规划   D. 分区规划和详细规划

【解析】 根据《城乡规划法》的规定,正确答案是 C。

3.2.4 城乡规划的制定主体

根据城乡规划的制定阶段及主体的权利和义务,可以将城乡规划制定主体分为编制主体和确定主体。

1. 城乡规划的编制主体

城乡规划的编制主体是指按照法定权限和程序组织或参与城乡规划编制的组织或个人。

(1) 城镇体系规划组织编制主体

全国和省、自治区、直辖市的城镇体系规划分别由国务院城乡规划行政主管部门和省、自治区、直辖市人民政府组织编制,用以指导城乡规划的编制。直辖市域、其他市域和县城城镇体系规划,由直辖市、市、县或自治县、旗或自治旗人民政府结合城乡总体规划组织编制。

(2) 城市总体规划组织编制主体

直辖市和城市总体规划是由城市人民政府负责组织编制。县级以上人民政府所在地镇的总体规划,由县级人民政府负责组织编制。

(3) 城市详细规划组织编制主体

城市人民政府城市规划主管部门根据城市总体规划的要求,组织编制城市的控制性详细规划。

镇人民政府根据镇总体规划的要求,组织编制镇的控制性详细规划。

县人民政府所在地镇的控制性详细规划,由县人民政府城市规划主管部门根据镇总体规划的要求组织编制。

城市、县人民政府城市规划主管部门和镇人民政府可以组织编制重要地块的修建性详细规划。

(4) 乡、村庄规划组织编制主体

乡、镇人民政府组织编制乡规划、村庄规划。

从表 3-1 来看,我国的城乡规划编制基本由各级政府组织,是典型的行政运行模式。

表 3-1　　　　　　　　　　我国城乡规划的编制主体

城乡规划体系		组织编制主体
全国城镇体系规划		国务院城乡规划主管部门会同国务院有关部门组织编制
省域城镇体系规划		省、自治区人民政府组织编制
城市规划	总体规划	城市人民政府负责组织编制城市总体规划(具体编制组织由城市人民政府城乡规划主管部门承担)

(续表)

城乡规划体系			组织编制主体
城市规划	详细规划	控制性详细规划	由城市人民政府城乡规划主管部门依据已经批准的城市总体规划组织编制
		修建性详细规划	城市、县人民政府城乡规划主管部门可以组织编制重要地块的修建性详细规划。修建性详细规划由建设单位负责编制
镇规划	总体规划		县人民政府组织编制县人民政府所在地镇的总体规划。其他镇的总体规划由镇人民政府组织编制
	详细规划	控制性详细规划	镇人民政府根据镇总体规划的要求,组织编制镇的控制性详细规划。县人民政府所在地镇的控制性详细规划,由县人民政府城乡规划主管部门根据镇总体规划的要求组织编制
		修建性详细规划	镇人民政府可以组织编制重要地块的修建性详细规划。修建性详细规划由建设单位负责编制
乡规划			乡、镇人民政府组织编制
村庄规划			乡、镇人民政府组织编制
风景名胜区规划			国家级风景名胜区规划由省、自治区人民政府建设主管部门或者直辖市人民政府风景名胜区主管部门组织编制。省级风景名胜区规划由县级人民政府组织编制
历史文化名城、名镇、名村保护规划			历史文化名城人民政府应当组织编制历史文化名城保护规划。历史文化名镇、名村批准公布后,所在地县级人民政府应当组织编制历史文化名镇、名村保护规划
自然保护区规划			国务院环境保护行政主管部门应当会同国务院有关自然保护区行政主管部门,在对全国自然环境和自然资源状况进行调查和评价的基础上,拟定国家自然保护区发展规划。自然保护区管理机构或者该自然保护区行政主管部门应当组织编制自然保护区的建设规划

【例3-3】 县级人民政府所在地镇的总体规划,由( )负责组织编制,报( )审批。
A. 县级人民政府、上一级人民政府
B. 镇人民政府、县级人民政府
C. 镇人民政府、县人民政府城乡规划主管部门
D. 县人民政府、城乡规划主管部门
【解析】 根据《城乡规划法》的规定,正确答案是A。

2. 城乡规划的确定主体

城乡规划的确定主体是指按照法定权限和程序对已经编制完成的城乡规划草案进行审查,决定其是否具有法定效力的法定主体。在我国,城乡规划的确定主体包括审议主体、审查主体和审批主体。审议主体是指对已完成的城乡规划草案在报批前审议的有关国家权力机关(人大和人大常委会);审查主体是指对已完成的城乡规划草案在报批前审查的有关政府机关;审批主体是指对已编制完成的城乡规划草案进行审查,决定其是否具有最终法定效力的法定主体。根据《城乡规划法》,我国城乡规划的确定主体体系见表3-2所示。

表3-2　　　　　　　　　城乡规划的确定主体

城乡规划体系	审议主体	审查主体	审批主体
全国城镇体系规划	无	无	国务院城乡规划主管部门报国务院审批

（续表）

城乡规划体系			审议主体	审查主体	审批主体
省域城镇体系规划			先经本级人民代表大会常务委员会审议	无	国务院审批
城市规划	总体规划		城市、县人民政府组织编制的总体规划，在报上一级人民政府审批前，应当先经本级人民代表大会常务委员会审议	省、自治区人民政府所在地的城市以及国务院确定的城市的总体规划，由省、自治区人民政府审查同意	直辖市的城市总体规划由直辖市人民政府报国务院审批。省、自治区人民政府所在地的城市以及国务院确定的城市的总体规划，报国务院审批。其他城市的总体规划由城市人民政府报省、自治区人民政府审批
城市规划	详细规划	控制性详细规划	无	无	经本级人民政府批准
城市规划	详细规划	修建性详细规划	无	无	需要建设单位编制修建性详细规划的建设项目，还应当提交修建性详细规划。对符合控制性详细规划和规划条件的，由城市、县人民政府城乡规划主管部门或者省、自治区、直辖市人民政府确定的镇人民政府核发建设工程规划许可证
镇规划	总体规划		先经镇人民代表大会审议	无	镇人民政府组织编制的镇总体规划，报上一级人民政府审批
镇规划	详细规划	控制性详细规划	无	无	报镇人民政府上一级人民政府审批
镇规划	详细规划	修建性详细规划	无	无	需要建设单位编制修建性详细规划的建设项目，还应当提交修建性详细规划。对符合控制性详细规划和规划条件的，由城市、县人民政府城乡规划主管部门或者省、自治区、直辖市人民政府确定的镇人民政府核发建设工程规划许可证
乡规划			无	无	报乡镇上一级人民政府审批
村庄规划			无	无	报乡镇上一级人民政府审批
风景名胜区规划	总体规划		无	国家级风景名胜区的总体规划由省、自治区、直辖市人民政府审查	国家级风景名胜区的总体规划，报国务院审批；省级风景名胜区的总体规划，由省、自治区、直辖市人民政府审批
风景名胜区规划	详细规划		无	无	国家级风景名胜区的详细规划由省、自治区人民政府建设主管部门或者直辖市人民政府风景名胜区主管部门报国务院建设主管部门审批；省级风景名胜区的详细规划，由省、自治区人民政府建设主管部门或者直辖市人民政府风景名胜区主管部门审批
历史文化名城、名镇、名村保护规划			无	无	历史文化名城保护规划由省、自治区、直辖市人民政府审批；历史文化名镇、名村保护规划由省、自治区、直辖市人民政府审批
自然保护区规划			无	国家自然保护区发展规划经国务院计划部门综合平衡	国家自然保护区发展规划，经国务院计划部门综合平衡后，报国务院批准实施。自然保护区管理机构或者该自然保护区行政主管部门应当组织编制自然保护区的建设规划，按照规定的程序纳入国家的、地方的或者部门的投资计划，并组织实施

通过表 3-2 的归纳,可以看出,我国的审批主体基本是以国家各级政府为主,部分规划需要国家权力机关——人民代表大会或其常委会的审议。总的来说,我国城乡规划实行的是行政审批体制。

3. 城乡规划专业人员——城乡规划师

《城乡规划法》第二十四条规定,城乡规划编制单位经国务院城乡规划主管部门或者省、自治区、直辖市人民政府城乡规划主管部门依法审查合格,取得相应等级的资质证书后,方可在资质等级许可的范围内从事城乡规划编制工作。从事城乡规划编制工作的单位应当具备下列条件:(1)有法人资格;(2)有规定数量的经相关行业协会注册的规划师;(3)有规定数量的相关专业技术人员;(4)有相应的技术装备;(5)有健全的技术、质量、财务管理制度。

为实施《城乡规划法》的规定,国务院或城乡规划行政主管部门必然要出台相应的行政法规或规章来规范城乡规划编制资质,在统一的城乡规划编制资质法律规范实施以前,建设部于 2001 年颁布、2012 年修改的《城市规划编制单位资质管理规定》继续有效。

城乡规划师是从事城乡规划工作的专业人士。城乡规划师是接受城乡规划编制组织主体委托,进行城乡规划编制的独立主体,是城乡规划制定主体的法定组成人员。原人事部、建设部 1999 年颁布的《注册城市规划师执业资格制度暂行规定》已经被废止,为加强城乡规划专业技术人才队伍建设,人力资源社会保障部、住房城乡建设部 2017 年制定了《注册城乡规划师职业资格制度规定》和《注册城乡规划师职业资格考试实施办法》,新办法取消了原相关规定。《注册城市规划师执业资格制度暂行规定》第十七条规定:"注册城市规划师对所经办的城市规划工作成果的图件、文本以及建设用地和建设工程规划许可文件有签名盖章权,并承担相应的法律和经济责任。"2017 年发布的《注册城乡规划师职业资格制度规定》第二十七条规定,注册城乡规划师在执业活动中,须对所签字的城乡规划编制成果中的图件、文本的图文一致、标准规范的落实等负责,并承担相应责任。从规划原理的角度,注册规划师作为专业人士,从专业主导城乡规划的编制和确定,据此,作为主要的专业人员,应该在法律上享有或承担特殊的权利或义务。虽然他不是城乡规划制定的独立主体,但享有一定独立权利或义务,关于此内容,本书不做专门介绍。

3.2.5 城乡规划制定的程序

城乡规划制定的基本程序包括编制程序和审批程序。《城乡规划法》只在第二十五、二十六、二十七条中对城乡规划的程序做了概略的规定。

1. 城乡规划组织编制的程序

综合法律规定及各地实践,一般按以下步骤进行。

(1)拟定编制计划

规划编制工作应当有条不紊地、有序地开展。特别是在城市控制性详细规划的编制中,更要强调编制工作的计划性,避免规划编制工作的重复和随意性。规划编制计划要适应城乡建设的发展和城乡规划实施管理的需要,还要考虑城市总体规划实施的要求。

(2)制定规划编制要求

城乡规划的编制要求一般包括:城乡规划的目标、指导思想、基本原则以及技术要求,如编制内容深度、成果要求等。城乡规划组织编制部门应当根据上一层次规划对拟规划区域的各项要求，以及上级政府或上级城乡规划主管部门的具体指导意见，制定规划编制要求。

(3)确定编制单位

城乡规划组织编制机关应当委托具有相应资质等级的单位承担城乡规划的具体编制工作。组织编制单位应当根据城乡规划设计单位资质管理规定，对于不同层次的规划，委托具有相应资质的城乡规划设计单位进行编制。

(4)评审规划中间成果

对于一些重要的城乡规划一般在编制的中间阶段，由城乡规划组织编制部门召集有关部门及专家进行中间阶段的初步评审，并根据情况征求市民代表的意见，推进公众参与，以利于规划编制得科学、合理，对规划的初步成果存在的问题及早进行修正。必要时，需进行多方案的比较论证。

(5)验收规划成果

一项城乡规划由规划设计单位编制完成以后，组织编制单位要依照规划编制的要求对规划成果进行验收，主要是审核成果的指导思想是否正确、内容是否完备、深度是否合适等。

(6)申报规划成果

验收合格后，由组织编制单位依照法定程序，向法定的城乡规划审批机关提出审批该城乡规划的申请。同时，对于在审批过程中，审批机关提出的对规划的修改意见，组织编制单位应责成承担该规划项目的规划设计单位进行相应的修改。

2. 城镇体系规划的审批程序

(1)省域城镇体系规划的审批程序

《城乡规划法》第十二条、十三条、十六条、二十七条和四十六条规定了省域城镇体系规划由国务院审批，并明确了省域城镇体系规划的报批程序。

首先，规划在上报国务院前，须经本级人民代表大会常务委员会审议，审议意见和根据审议意见修改规划的情况应随上报审查的规划一并报送。其次，规划上报国务院后，由国务院授权国务院城乡规划主管部门负责组织相关部门和专家进行审查。为了做好审查工作，国务院城乡规划主管部门将组织专家组在规划上报前先期介入规划编制过程，一方面依据《全国城镇体系规划》，明确国家对相应地方城镇发展布局的要求，另一方面依据《城镇体系规划编制审批办法》等部门规章指导地方在编制过程中科学合理地把握规划的内容、深度，按规定的程序做好规划的协调。专家组将在规划的大纲阶段和规划成果阶段，就规划内容和组织工作进展情况向相应的地方政府提出书面审查意见。在国务院审批省域城镇体系规划时，这些意见将作为重要的参考依据。再次，规划编制需有公众参与。省域城镇体系规划报送审批前，组织编制机关应当依法将规划草案予以公告，采取论证会、听证会或者其他方式征求专家和公众的意见，并在报送审批的材料中附具意见采纳情况及理由。最后，主管机关按国务院制定的审查规则执行，并予以公示。

(2)城市总体规划审批程序

①论证规划方案。城市总体规划方案编制完成以后，由城市规划行政主管部门会同有关主管部门及专家对规划的内容进行初步论证，并将有关论证意见报请城市人民政府审核。

②城市政府组织审核。城市人民政府组织更大范围的审核，经修改后、审核通过。

③报请人大审议。城市人民政府报请同级人民代表大会或其常务委员会审议并通过。

④批准总体规划。同级人民代表大会或其常务委员会通过后，城市人民政府按法定程

序报有权审批该城市总体规划的上级人民政府批准。

⑤公布批准的规划。该城市总体规划一经批准,即由该城市人民政府予以公布,并付诸实施。在公布时要删略需要保密的内容,方式也可选用适当的方式公布。

(3)城市详细规划审批程序

①申报规划成果。法定的城市详细规划组织编制单位,将已经编制完成的城市详细规划成果(包括图纸和文本)报法定的审批机关审批。

②会审规划成果。审批机关收到报批的规划以后,一般先组织该详细规划所涉及的相关管理部门和单位、规划的组织编制申报部门、有关专家对规划进行联合审查,并协调有关问题,提出审核意见。确需修改的,由组织编制部门会同规划设计单位进行修改,直至达到要求。

③批准详细规划。审批机关根据有关法律、法规以及有关部门的审核意见进行审查,并予以正式批准。对于一些城市发展敏感的地区,可以在批准规划前,以召开座谈会或征求书面意见的形式,充分听取规划所在地区单位和群众的意见,使规划的审批公开和公正。对于详细规划审批中的"公众参与",要视条件积极、稳妥地推进。

④公布批准的规划。审批机关根据有关规定,以一定的形式向社会公众公布批准的规划,公布规划的内容,可以是全部内容或部分主要内容,接受公众对规划实施的监督。

(4)城市专业规划的审批程序

城市的专业规划一般是纳入城市总体规划一并报批。确因特殊情况,也可以单独编制和报批(除单独编制的城市人防建设规划和国家级历史文化名城的保护规划外)。由于专业规划与城市总体规划关系密切,单独编制的专业规划,一般由当地的城市规划行政主管部门会同专业主管部门,根据城市总体规划要求进行编制,报城市人民政府审批。

单独编制的城市人防建设规划,直辖市要报国家人民防空委员会和建设部审批;一类人防重点城市中的省会城市,要经省、自治区人民政府和大军区人民防空委员会审查同意后,报国家人民防空委员会和建设部审批;一类人防重点城市中的非省会城市及二类人防重点城市需报省、自治区人民政府审批,并报国家人民防空委员会、建设部备案;三类人防重点城市报人民政府审批,并报省、自治区人民防空办公室、建委(建设厅)备案。

单独编制的国家级历史文化名城的保护规划,如果是由国务院审批其总体规划的城市,报建设部、国家文物局审批;其他国家级历史文化名城的保护规划报省、自治区人民政府审批,并报建设部、国家文物局备案;省、自治区、直辖市级历史文化名城的保护规划由省、自治区、直辖市人民政府审批。

【例3-4】 城市、县人民政府城乡规划主管部门或者省人民政府确定的镇人民政府应当依法将经审定的修建性详细规划( )予以公布。

A. 建设工程设计方案的总平面图

B. 规划条件通知书

C. 建设用地规划许可证

D. 建设工程施工图

【解析】 根据《城乡规划法》的规定,正确答案是 A。

3.3 城乡规划的实施与修改

城乡规划实施,是指城乡规划行政主管部门依据城乡规划法律规范和已批准的城乡规划,对城乡规划区内各项建设用地和建设活动进行规划审查,并核发规划许可的行政行为。它是以实施城乡规划为目标,行使行政权力的过程和形式。

3.3.1 城乡规划实施的依据

城乡规划主管部门在实施城乡规划时,必须坚持依法行政,贯彻执行与《城乡规划法》相关的法律规范,坚持先规划后建设。《城乡规划法》是按照国家立法程序所制定的关于城乡规划编制、审批和实施管理的法律、行政法规、部门规章、地方法规和地方规章的总称。以2007年10月28日十届全国人大常委会通过的并经2015年和2019年两次修改的《城乡规划法》为核心法,以相关法律、行政法规和部门规章,地方性法规和技术规范为内容的城乡规划法规体系,包括:与城乡规划相关的法律规范、已制定的城乡规划、技术标准依据和政策,均为城乡规划实施的主要依据。

1. 法律与相关法律规范

我国近年已经颁布并修订了一系列有关城乡规划的法律、行政法规、部门规章、地方性法规、地方政府规章以及规范性文件,包括《城乡规划法》(2019年)、《土地管理法》(2019年)、《环境保护法》(2014年)、《文物保护法》(2017年)、《风景名胜区条例》(2016年)、《历史文化名城名镇名村保护条例》(2017年)、《城市规划编制办法》(2005年)、《建制镇规划建设管理办法》(2011年)等,以及《国务院关于加强城乡规划监督管理的通知(国发〔2002〕13号)》等,都是城乡规划实施的依据。

为使城乡规划基本法所规定的基本原则和程序具体化,国家部委和地方均陆续制定或修改配套的行政法规、部门规章和地方法规、规章等,对已有的法律制度进行必要的补充。国务院《风景名胜区条例》(国务院令第474号)已于2016年2月修订,《城乡规划法》施行后,《历史文化名城名镇名村保护条例》(国务院令第524号)于2008年7月施行后又于2017年10月7日国务院令第687号修订。

2. 已制定的城乡规划

《城乡规划法》的颁行标志着我国新的城乡规划体系的建立,不仅体现了一级政府、一级规划、一级事权的规划编制要求,而且还明确了规划的强制性内容,突出了近期建设规划的地位,强调了规划编制责任。城乡规划的实施必须以依法制定的各类城乡规划为依据,才能够真正贯彻实施城乡规划。

《城乡规划法》第七条规定:"经依法批准的城乡规划,是城乡建设和规划管理的依据,未经法定程序不得修改。"第九条规定:"任何单位和个人都应当遵守经依法批准并公布的城乡规划,服从规划管理,并有权就涉及其利害关系的建设活动是否符合规划的要求向城乡规划主管部门查询。任何单位和个人都有权向城乡规划主管部门或者其他有关部门举报或者控告违反城乡规划的行为。城乡规划主管部门或者其他有关部门对举报或者控告,应当及时受理并组织核查、处理。"作为实施依据的城乡规划包括:城镇体系规划、城市规划、镇规划、乡规划和村庄规划。城市规划、镇规划分为总体规划和详细规划(包括控制性详细规划和修建性详细规划),以及近期建设规划、历史文化名城名镇名村保护规划、风景名胜区规划、地下空间开发与利用规划、城乡规划主管部门提出的规划条件、经审定的建设工程设计方案的总平面图等,以及总体规划、专项规划、在规划实施过程中由城乡规划主管部门核发的选址意见书、建设用地规划许可证和乡村建设规划许可证等。

3. 技术标准依据

基于城乡规划管理具有较强的科学性和技术性,编制和实施城乡规划必须遵守国家有关标准,国务院及各省城乡规划管理部门制定了有关城乡规划的技术标准和技术规范。国家在城乡规划建设方面所制定的经济技术定额指标和经济技术规范,以及城乡规划主管部门提出的经济技术要求等,理应是城乡规划实施管理的依据,尤其是城乡规划技术标准和技术规范中的强制性条文,必须严格遵守,不得突破和任意篡改。主要包括国家规范与标准、行业规范与标准和工程建设标准强制性条文等。

4. 政策

城乡规划的管理也离不开政策依据,各级人民政府为依法行政的需要,根据实际情况在本辖区范围内所依法制定的各项有关政策,同样是城乡规划实施管理的依据。基于社会发展而产生不同利益的社会集团,其以各种方式影响参与城乡规划的制定和实施,这就要求城乡规划部门在制定和实施城乡规划的过程中,不仅要考虑技术因素,同时也要考虑政策因素,主要考虑经济政策、社会政策和环境政策。

3.3.2 城乡规划的实施要求

1. 考虑当地经济社会发展水平

《城乡规划法》第二十八条规定:"地方各级人民政府应当根据当地经济社会发展水平,量力而行,尊重群众意愿,有计划、分步骤地组织实施城乡规划。"

2. 公共设施优先建设

《城乡规划法》第二十九条规定,城市的建设和发展,应当优先安排基础设施以及公共服务设施的建设,妥善处理新区开发与旧区改建的关系,统筹兼顾进城务工人员生活和周边农村经济社会发展、村民生产与生活的需要。

镇的建设和发展,应当结合农村经济社会发展和产业结构调整,优先安排供水、排水、供电、供气、道路、通信、广播电视等基础设施和学校、卫生院、文化站、幼儿园、福利院等公共服务设施的建设,为周边农村提供服务。

乡、村庄的建设和发展,应当因地制宜、节约用地,发挥村民自治组织的作用,引导村民合理进行建设,改善农村生产、生活条件。

3. 新区开发科学合理

《城乡规划法》第三十条规定,城市新区的开发和建设,应当合理确定建设规模和时序,充分利用现有市政基础设施和公共服务设施,严格保护自然资源和生态环境,体现地方特色。

在城市总体规划、镇总体规划确定的建设用地范围以外，不得设立各类开发区和城市新区。

4. 有计划改造旧城区

《城乡规划法》第三十一条规定，旧城区的改建，应当保护历史文化遗产和传统风貌，合理确定拆迁和建设规模，有计划地对危房集中、基础设施落后等地段进行改建。

历史文化名城、名镇、名村的保护以及受保护建筑物的维护和使用，应当遵守有关法律、行政法规和国务院的规定。

5. 依法保护、合理利用风景名胜区资源

《城乡规划法》第三十二条规定，城乡建设和发展，应当依法保护和合理利用风景名胜资源，统筹安排风景名胜区及周边乡、镇、村庄的建设。

风景名胜区的规划、建设和管理，应当遵守有关法律、行政法规和国务院的规定。

6. 统筹安排、合理利用地下空间

《城乡规划法》第三十三条规定，城市地下空间的开发和利用，应当与经济和技术发展水平相适应，遵循统筹安排、综合开发、合理利用的原则，充分考虑防灾减灾、人民防空和通信等需要，并符合城市规划，履行规划审批手续。

7. 近期规划按规划进行

《城乡规划法》第三十四条规定，城市、县、镇人民政府应当根据城市总体规划、镇总体规划、土地利用总体规划和年度计划以及国民经济和社会发展规划，制定近期建设规划，报总体规划审批机关备案。

近期建设规划应当以重要基础设施、公共服务设施和中低收入居民住房建设以及生态环境保护为重点内容，明确近期建设的时序、发展方向和空间布局。近期建设规划的规划期限为五年。

8. 特殊用地保护禁止擅自改变用途

《城乡规划法》第三十五条规定，城乡规划确定的铁路、公路、港口、机场、道路、绿地、输配电设施及输电线路走廊、通信设施、广播电视设施、管道设施、河道、水库、水源地、自然保护区、防汛通道、消防通道、核电站、垃圾填埋场及焚烧厂、污水处理厂和公共服务设施的用地以及其他需要依法保护的用地，禁止擅自改变用途。

3.3.3 城乡规划许可制度

城乡规划许可是城乡规划行政主管部门，应建设单位或个人的申请，通过颁发规划许可证等形式，依法赋予该单位或个人在城乡规划区内获取土地使用权、进行建设活动的行政行为。

我国城镇规划实施制度经历了从城市实行一书两证和乡村实行一书一证的城乡分离到一书三证城乡统筹、融合的转变。"一书三证"分别为"建设项目选址意见书""建设项目规划许可证""建设工程规划许可证""乡村建设规划许可证"。"一书三证"构成了我国城乡规划实施的主要法定手段和形式。

1. 建设项目选址意见书

建设项目选址意见书，指的是在建设工程前期可行性研究阶段，由城市规划行政主管部门依已被批准的城市规划对工程选址和布局做出要求的法定文件。

(1) 建设项目选址意见书的适用范围

按照国家规定需要有关部门批准或者核准的建设项目,以划拨方式提供国有土地使用权的,建设单位在报送有关部门批准或者核准前,应当向城乡规划主管部门申请核发选址意见书。

前款规定以外的建设项目不需要申请选址意见书。

按照国家规划需要有关部门批准或者核准的建设项目,是指列入《社科院投资体制的决定》之中的项目,包括法律的规定、行政法规的规定、国务院及国务院有关的规定。

根据《城市房地产管理法》(2019年)规定,划拨土地主要用于保障社会公共事业用地,包括国家机关用地和军事用地,城市基础设施和公益事业用地,国家重点扶持的能源、交通、水利等基础设施用地,以及法律法规规定的其他用地。

根据《城乡规划法》第三十八条的要求,在城市、镇规划区内以出让方式提供国有土地使用权的,在国有土地使用权出让前,城市、县人民政府城乡规划主管部门应当依据控制性详细规划,提出出让地块的位置、使用性质、开发强度等规划条件,作为国有土地使用权出让合同的组成部分。未确定规划条件的地块,不得出让国有土地使用权。

以出让方式取得国有土地使用权的建设项目,建设单位在取得建设项目批准、核准、备案文件和签订国有土地使用权出让合同后,向城市、县人民政府城乡规划主管部门领取建设用地规划许可证。

城市、县人民政府城乡规划主管部门不得在建设用地规划许可证中,擅自改变作为国有土地使用权出让合同组成部分的规划条件。

可见,有偿出让地块的建设项目不再需要城乡规划主管部门进行建设项目的选址。不需要核发选址意见书的,城乡规划行政主管部门则直接核发建设用地规划许可证。

(2) 建设项目选址意见书的内容

根据相关规定,建设项目选址意见书应当包括下列内容:

① 建设项目的基本情况

主要是根据经批准的建设项目建议书,了解建设项目的名称、性质、规模,对市政基础设施的供水、能源的需求量,采取的运输方式和运输量等,以便掌握建设项目选址的要求。

② 建设项目与城乡规划布局的协调

建设项目的选址必须按照经批准的城乡规划进行。按照土地使用相符和相容的原则安排建设项目的选址才能保证城乡布局的合理。

③ 建设项目与城乡交通、通信、能源、市政、防灾规划和用地现状条件的衔接与协调

建设项目一般都有一定的交通运输要求、能源供应要求和市政公用配套设施要求等。在选址时,要充分考虑拟使用土地是否具备这些条件,以及能否按规划配合建设的可能性,这是保证建设项目发挥效益的前提。

④ 建设项目配套的生活设施与城乡居住区及公共服务设施规划的衔接与协调

一般建设项目特别是大中型建设项目都有生活配套设施的要求。同时,征收农村土地、拆迁宅基地的建设项目还有安排被动迁的农民、居民的生活设施的问题。这些生活设施,不论是依托旧区还是另行安排,都有与交通配合和公共生活设施的衔接与协调的问题。建设项目选址时必须考虑周到,使之有利生产,方便生活。

⑤ 建设项目要与城乡环境保护规划相协调

建设项目应防止对城乡环境造成的污染或破坏,与城乡环境保护规划和风景名胜、文物

古迹保护规划、城乡历史风貌区保护规划等相协调。

⑥交通和市政设施选址的特殊要求

某些建设项目的选址工作具有特殊的要求，涉及专业化的行业对接，例如，港口的建设不仅要考虑内地的交通运输，而且要考虑岸线的吃水深度等专业问题。因此，港口设施的建设必须综合考虑城乡岸线的功能合理。

⑦综合有关管理部门对建设项目用地的意见和要求

根据建设项目的性质和规模以及所处区位，对涉及的环境保护、卫生防疫、消防、交通、绿化、河港、铁路、航空、气象、防汛、军事、国家安全、文物保护、建筑保护、农田水利等方面的管理要求，必须符合有关规定并征求有关管理部门的意见，作为建设项目选址的依据。

(3)建设项目选址规划的程序

建设项目选址审批应遵循一定的程序和操作要求进行，遵循以建设单位提出申请为前提，法定程序为主线，审查为重点的工作原则。

①申请

以行政划拨取得土地使用权的，建设单位在报送有关部门批准或者核准前，应当向审批建设项目同级的城乡规划行政主管部门提出规划选址申请。

建设单位应向城乡规划行政主管部门提供下列资料：已经批准的项目建议书；建设单位建设项目选址意见书申请报告；该项目有关的基本情况和建设技术条件要求、环境影响评价报告等文件。

②选址审查

城乡规划行政主管部门受理建设单位的选址申请后必须慎重、仔细地审理建设项目选址要求，并应在法定工作日之内完成审理，提出审理意见。经审核同意的发给建设项目选址意见书；经审核不同意的，也应予以书面答复，并说明理由。

③核发选址意见书

对于行政划拨的，如经城乡规划行政主管部门审核同意，则向建设单位核发建设项目选址意见书及其附件，并按下列操作要求进行：对于符合城乡规划选址的，应当颁发建设项目选址意见书；对于不符合城乡规划的选址，应当说明理由，给予书面答复；对于重大项目选址应要求做出选址比较论证后，重新申请建设项目选址意见书；在地形图上按审核结论，划定示意建设项目的规划设计范围和有关控制线，并加盖公章，作为建设项目选址意见书的附件，发送建设单位及相关部门。

2. 建设用地规划许可制度

建设用地规划许可证，指的是建设单位在向土地管理部门申请征收、划拨土地前，经城乡规划行政主管部门确认建设项目位置和范围符合城乡规划的法定凭证，是建设单位用地的法律凭证。

(1)法定的划拨用地的建设用地规划许可证办理

《城乡规划法》第三十七条规定，在城市、镇规划区内以划拨方式提供国有土地使用权的建设项目，经有关部门批准、核准、备案后，建设单位应当向城市、县人民政府城乡规划主管部门提出建设用地规划许可申请，由城市、县人民政府城乡规划主管部门依据控制性详细规划核定建设用地的位置、面积、允许建设的范围，核发建设用地规划许可证。

建设单位在取得建设用地规划许可证后，方可向县级以上地方人民政府土地主管部门申请用地，经县级以上人民政府审批后，由土地主管部门划拨土地。

(2)以出让方式获得土地使用权项目的建设用地规划许可证办理

《城乡规划法》第三十八条规定,在城市、镇规划区内以出让方式提供国有土地使用权的,在国有土地使用权出让前,城市、县人民政府城乡规划主管部门应当依据控制性详细规划,提出出让地块的位置、使用性质、开发强度等规划条件,作为国有土地使用权出让合同的组成部分。未确定规划条件的地块,不得出让国有土地使用权。

以出让方式取得国有土地使用权的建设项目,建设单位在取得建设项目批准、核准、备案文件和签订国有土地使用权出让合同后,向城市、县人民政府城乡规划主管部门领取建设用地规划许可证。

城市、县人民政府城乡规划主管部门不得在建设用地规划许可证中,擅自改变作为国有土地使用权出让合同组成部分的规划条件。

(3)申请需要的材料

申请建设用地规划许可证一般须提交如下材料:

①建设用地规划许可证申请表;

②建设项目选址意见书和规划设计条件;

③划拨土地批文或《国有土地使用权出让合同》(以出让取得国有土地使用权的建设项目);

④建设用地项目涉及投资许可、消防、环保、市政、绿化、文物、产权、安全监督等部门的,应附有关部门审核意见;

⑤经城市规划技术服务部门论证通过的修建性详细规划设计方案(或总图)及其电子文件各一份;

⑥控制性详细规划,修建性详细规划方案(或总图)专家论证意见书;

⑦其他有关材料。

关于建设用地规划许可证制度,《城乡规划法》第四十二条还有限制性条款:城乡规划主管部门不得在城乡规划确定的建设用地范围以外做出规划许可。

3. 建设工程规划许可制度

建设工程规划许可证,是指在城市、镇规划区内进行建筑物、构筑物、道路、管线和其他工程建设的建设单位或者个人,依照规定向城市、县人民政府城乡规划主管部门或者省、自治区、直辖市人民政府确定的镇人民政府申请领取建设工程的法律凭证。建设工程规划许可证是有关建设工程符合城乡规划要求的法律凭证,是建设单位建设工程的法律凭证,是建设活动接受监督检查时的法定依据。没有此证的建设项目,属于违法建设,其工程建筑是违章建筑,不能领取房地产权属证件。

《城乡规划法》第四十条明确了我国建设工程规划许可制度,其中规定:"在城市、镇规划区内进行建筑物、构筑物、道路、管线和其他工程建设的,建设单位或者个人应当向城市、县人民政府城乡规划主管部门或者省、自治区、直辖市人民政府确定的镇人民政府申请办理建设工程规划许可证。"

建设工程规划许可证的办理程序一般为:

(1)建设单位或个人申请

申请办理建设工程规划许可证,应当提交使用土地的有关证明文件、建设工程设计方案等材料。需要建设单位编制修建性详细规划的建设项目,还应当提交修建性详细规划。对符合控制性详细规划和规划条件的,由城市、县人民政府城乡规划主管部门或者省、自治区、直辖市人民政府确定的镇人民政府核发建设工程规划许可证。

(2)审批机关的审查决定

城市、县人民政府城乡规划主管部门收到建设单位或个人申请后,应在法定期限内对申请人的申请及提交的资料进行审核。

对符合控制性详细规划和规划条件的,由城市、县人民政府城乡规划主管部门或者省、自治区、直辖市人民政府确定的镇人民政府核发建设工程规划许可证。

城市、县人民政府城乡规划主管部门或者省、自治区、直辖市人民政府确定的镇人民政府应当依法将经审定的修建性详细规划、建设工程设计方案的总平面图予以公布。

(3)审批之后的公布

城市、县人民政府城乡规划主管部门或者省、自治区、直辖市人民政府确定的镇人民政府应当依法将经审定的修建性详细规划、建设工程设计方案的总平面图予以公布。

4. 乡村建设规划许可制度

《城乡规划法》实施后,乡村规划实施"一证制",改变了《城乡规划法》实施前在乡村规划区建设需要向规划主管部门领取村镇规划选址意见书和村镇规划建设许可证,即所谓的"一书一证"制度。

《城乡规划法》规定,在乡、村庄规划区内进行乡镇企业、乡村公共设施和公益事业建设的,建设单位或者个人应当向乡、镇人民政府提出申请,由乡、镇人民政府报城市、县人民政府城乡规划主管部门核发乡村建设规划许可证。

在乡、村庄规划区内使用原有宅基地进行农村村民住宅建设的规划管理办法,由省、自治区、直辖市制定。

在乡、村庄规划区内进行乡镇企业、乡村公共设施和公益事业建设以及农村村民住宅建设,不得占用农用地;确需占用农用地的,应当依照《土地管理法》有关规定办理农用地转用审批手续后,由城市、县人民政府城乡规划主管部门核发乡村建设规划许可证。

建设单位或者个人在取得乡村建设规划许可证后,方可办理用地审批手续。

3.3.4 城乡规划的修改

《城乡规划法》用专章规定了城乡规划的修改,从立法上明确了严格的规划修改制度,防止随意修改法定规划,目的在于促进城乡建设的可持续发展。

在"城乡规划的修改"一章中,《城乡规划法》第四十六条、四十七条、四十八条、四十九条、五十条规定了修改规划的前提条件和审批、备案等法定程序;确定了因规划修改给当事人合法权益造成损失的补偿原则;明确了未按照法定程序随意修改规划的政府和相关责任人的法律责任等。

所谓城乡规划的修改,是指城乡人民政府根据城乡经济建设和社会发展所产生的新情况和新问题,按照实际需要,对已经批准的城乡规划所规定的空间布局和各项内容进行局部的或重大的变更。城乡规划的修改,同样需要按照法定的程序进行审批。

1. 城乡规划的修改条件

《城乡规划法》四十七条规定,发生下列情形之一的,组织编制机关方可按照规定的权限和程序修改省域城镇体系规划、城乡总体规划、镇总体规划:

(1)上级人民政府制定的城乡规划发生变更,提出修改规划要求的;

(2)行政区划调整确需修改规划的;

(3)因国务院批准重大建设工程确需修改规划的;

(4)经评估确需修改规划的;

(5)城乡规划的审批机关认为应当修改规划的其他情形。

2. 城乡规划修改的主体

《城乡规划法》在规范修改城乡规划程序的同时,扩大了城乡规划的参与主体,规定在修改省域城镇体系规划、城市总体规划、镇总体规划时,组织编制机关应该组织有关部门和专家定期对规划实施情况进行评估,并采取论证会、听证会或者其他方式征求公众意见,向本级人大常委会、乡镇人民代表大会和原审批机关提出评估报告时应附具征求意见的情况。在修改控制性详细规划、修建性详细规划和建设工程设计方案的总平面图时,城乡规划主管部门应该征求规划地段内利害关系人的意见。

3. 城乡规划的修改程序

《城乡规划法》第七条明确规定:"经依法批准的城乡规划,是城乡建设和规划管理的依据,未经法定程序不得修改。"根据《城乡规划法》的相关规定,其修改程序为:

(1)省域城镇体系规划、城市总体规划、镇总体规划的组织编制机关,应当组织有关部门和专家定期对规划实施情况进行评估,并采取论证会、听证会或者其他方式征求公众意见。组织编制机关应当向本级人民代表大会常务委员会、镇人民代表大会和原审批机关提出评估报告并附具征求意见的情况。

(2)修改省域城镇体系规划、城市总体规划、镇总体规划前,组织编制机关应当对原规划的实施情况进行总结,并向原审批机关报告;修改涉及城市总体规划、镇总体规划强制性内容的,应当先向原审批机关提出专题报告,经同意后,方可编制修改方案。修改后的省域城镇体系规划、城市总体规划、镇总体规划,应当依照原审批程序报批。

(3)修改控制性详细规划的,组织编制机关应当对修改的必要性进行论证,征求规划地段内利害关系人的意见,并向原审批机关提出专题报告,经原审批机关同意后,方可编制修改方案。修改后的控制性详细规划,应当依照原审批程序报批。控制性详细规划修改涉及城市总体规划、镇总体规划的强制性内容的,应当先修改总体规划。

修改乡规划、村庄规划的,应当依照原审批程序报批。

(4)城市、县、镇人民政府修改近期建设规划时,应当将修改后的近期建设规划报总体规划审批机关备案。

(5)在选址意见书、建设用地规划许可证、建设工程规划许可证或者乡村建设规划许可证发放后,因依法修改城市规划给被许可人合法权益造成损失的,应当依法给予补偿。

经依法审定的修建性详细规划、建设工程设计方案的总平面图不得随意修改;确需修改的,城市规划主管部门应当采取听证会等形式,听取利害关系人的意见;因修改给利害关系人合法权益造成损失的,应当依法给予补偿。

【例3-5】 经依法审定的修建性详细规划、建设工程设计方案的总平面图不得随意修改;确需修改的,城乡规划主管部门应当采取( )等形式,听取利害关系人的意见;因修改给( )合法权益造成损失的,应当依法给予补偿。

A. 座谈会 建设单位　　　　B. 座谈会 本地居民

C. 听证会 被许可人　　　　D. 听证会 利害关系人

【解析】 根据《城乡规划法》的规定,正确答案是D。

3.4 城乡规划监督检查制度和法律责任

改革开放以来,我国城乡建设发展很快,城乡面貌发生显著变化。但近年来,在城市规划和建设中出现了一些不容忽视的问题,一些地方不顾当地经济发展水平和实际需要,盲目扩大城市建设规模;在城市建设中互相攀比,急功近利,搞脱离实际、劳民伤财的所谓"形象工程"或"政绩工程";对历史文化名城和风景名胜区重开发、轻保护;在建设管理方面违反城乡规划管理有关规定,擅自批准开发建设等。这些问题严重影响了城乡建设的健康发展。城乡规划体系建设是社会主义现代化建设的重要组成部分,关系到国民经济持续快速健康发展的全局。为进一步强化城乡规划对城乡建设的引导和调控作用,应进一步健全城乡规划建设的监督管理制度,完善违反《城乡规划法》的法律责任体系,促进城乡建设健康有序发展。

《城乡规划法》第5章和第6章分别规定城乡规划的监督检查制度和违法相关规定应该承担的法律责任。

3.4.1 城乡规划监督检查制度

《城乡规划法》中的监督检查制度主要包括城乡规划工作的行政监督和城乡规划的立法监督以及城乡规划的公众监督。

1. 城乡规划的行政监督

《城乡规划法》第五十一条规定了城乡规划的行政监督,即县级以上人民政府及其城乡规划主管部门应当加强对城乡规划编制、审批、实施、修改的监督检查。

(1)城乡规划的行政监督的主体

我国城乡规划的行政监督的主体是县级以上人民政府及其城乡规划主管部门。包括国务院和各级人民政府以及国务院建设行政主管部门、县级以上地方人民政府城乡规划行政主管部门。国务院及其城乡规划行政主管部门主管全国的城乡规划工作;县级以上地方人民政府及其城乡规划行政主管部门主管本行政区域内的城乡规划工作。

(2)城乡规划的行政监督主体的权限来源

县级以上人民政府及其城乡规划行政主管部门监督检查权的取得主要有以下途径:一是通过国家权力机关制定的法律,赋予其监督检查权,二是通过国家最高行政机关确定的职能和职责行使监督检查权。

《城乡规划法》第五十一条规定:"县级以上人民政府及其城乡规划主管部门应当加强对城乡规划编制、审批、实施、修改的监督检查。"该条规定,县级以上人民政府及其城乡规划行政主管部门对城乡规划的编制、审批、实施、修改的行为进行监督检查,是法律赋予县级以上人民政府及其城乡规划行政主管部门的职权。县级以上人民政府及其城乡规划行政主管部门依法行使职权受法律保护,不受其他行政部门、社会团体和个人的干涉。县级以上人民政府及其城乡规划行政主管部门依法行使职权不影响其按照国务院确定的职能履行行政监督管理职责。

(3)城乡规划的行政监督的内容

在《城乡规划法》中,对于城乡规划管理主体行政监督检查的内容涉及两个层面的内容:

① 政府层级监督检查

政府层级监督检查是指县级以上人民政府及其城乡规划主管部门对县级人民政府及其城乡规划主管部门执行城乡规划编制、审批、实施、修改的情况的监督检查。

为了保证政府层级监督检查的顺利进行,《城乡规划法》在"城乡规划的制定"和"城乡规划的修改"中都规定了城乡规划制定和修改的审批制度。如第十二条规定:"国务院城乡规划主管部门会同国务院有关部门组织编制全国城镇体系规划,用于指导省域城镇体系规划、城市总体规划的编制。全国城镇体系规划由国务院城乡规划主管部门报国务院审批。"第十三条规定:"省、自治区人民政府组织编制省域城镇体系规划,报国务院审批。"第十四条第二款规定:"直辖市的城市总体规划由直辖市人民政府报国务院审批。省、自治区人民政府所在地的城市以及国务院确定的城市的总体规划,由省、自治区人民政府审查同意后,报国务院审批。其他城市的总体规划,由城市人民政府报省、自治区人民政府审批。"第十五条规定:"县人民政府组织编制县人民政府所在地镇的总体规划,报上一级人民政府审批。其他镇的总体规划由镇人民政府组织编制,报上一级人民政府审批。"等等。

② 对管理相对人的监督检查

对管理相对人的监督检查是指县级以上人民政府城乡规划主管部门对城乡规划实施情况进行的监督检查。对城乡规划行政许可落实情况进行检查,具体而言,包括严格验证土地使用和建设申请的申报条件是否符合法定要求,有无弄虚作假;复验有关用地的坐标、面积等与建设用地规划许可证是否相符;对已领取建设工程规划许可证并放线的建设工程,履行验线手续,检查其坐标、标高、平面布局等是否与建设工程规划许可证相符等等。对建设工程竣工规划验收和竣工档案资料报送的检查,《城乡规划法》第四十五条规定:"县级以上地方人民政府城乡规划主管部门按照国务院规定对建设工程是否符合规划条件予以核实。未经核实或者经核实不符合规划条件的,建设单位不得组织竣工验收。建设单位应当在竣工验收后六个月内向城乡规划主管部门报送有关竣工验收资料。"

2. 城乡规划的立法监督

《城乡规划法》第五十二条规定:"地方各级人民政府应当向本级人民代表大会常务委员会或者乡、镇人民代表大会报告城乡规划的实施情况,并接受监督。"

根据《城乡规划法》第五十二条,地方各级人民政府必须向本级人民代表大会及其常务委员会报告城乡规划的实施情况,可根据实际需要进行主动报告,也可根据人大及其常委会的要求进行报告,以充分运用听取和审议政府专项工作报告这一基本形式,接受人民代表大会及其常委会的检查和监督。此外,根据宪法和有关法律的规定,地方各级人民政府还应当接受本级人民代表大会常务委员和乡、镇人民代表大会依法对城乡规划实施情况的其他形式的监督,如接受本级人民代表大会常务委员会组成人员和本级人民代表大会代表对城乡规划工作进行视察;对《城乡规划法》实施情况进行制发检查;人民代表大会及其常委会通过接受人民群众的申诉、控告等,责成人民政府依法进行处理;人民代表大会及其常委会对特定问题进行调查、询问和质询等。具体而言:

(1)监督的主体是县级以上人民代表大会常务委员会或者乡、镇人民代表大会。需要注意的是,乡镇因为没有常委会,因而监督的主体为乡、镇人民代表大会。

(2)监督的对象是地方各级人民政府。县级以上人民代表大会常务委员会或者乡、镇人民代表大会监督检查的是本级人民政府。

（3）监督的内容主要是各种规划性法律文件的效力情况和地方各级人民政府对城乡规划的实施情况。

（4）监督的方式包括法律监督和工作监督。

3. 城乡规划的公众监督

（1）公众监督的前提——政府信息公开

《城乡规划法》第五十四条规定："监督检查情况和处理结果应当依法公开,供公众查阅和监督。"可见将监督检查情况和处理结果进行公开既是城乡规划监督检查机关的义务,也是社会公众对城乡规划进行监督检查的前提。

①公开的主体。监督检查情况和处理结果应当依法公开的主体是县级以上城乡规划主管部门。

②公开的对象。这里讲到的公开并非是行政机关实施具体行政行为过程中对特定的行政相对人的信息公开,而是广义的行政公开,其对象包括一切社会公众,并非仅仅局限于与监督检查事项有关的单位和人员。

③公开的内容。城乡规划主管部门依法应当公开的事项内容不仅包括处理结果,还包括监督检查的情况。这就意味着城乡规划的主管部门不仅要公开监督检查的结果,而且还需要公开监督检查的过程;同时还意味着城乡规划主管部门依法对有关单位和人员进行监督检查时,应当将监督检查的情况和处理结果予以记录,并由监督检查人员签字后归档。

④公开的方式和程序。行政机关应当及时向国家档案馆、公共图书馆提供主动公开的政府信息。行政机关制作的政府信息,由制作该政府信息的行政机关负责公开;行政机关从公民、法人或者其他组织获取的政府信息,由保存该政府信息的行政机关负责公开。法律、法规对政府信息公开的权限另有规定的,从其规定。属于主动公开范围的政府信息,应当自该政府信息形成或者变更之日起20个工作日内予以公开。法律、法规对政府信息公开的期限另有规定的,从其规定。

（2）公众监督的方式——公众享有查阅权、监督权

增加城乡规划工作的透明度,是这次制定《城乡规划法》的一个重要特色。《城乡规划法》在增加城乡规划工作的透明度方面做了许多规定。根据《城乡规划法》第五十四条规定,监督检查情况和处理结果应当依法公开,供公众查阅和监督。公众监督的方式主要是公众享有查阅权、监督权。社会公众有权查阅和监督城乡规划主管部门依法公开的监督检查情况和处理结果。查阅权是知情权的核心,知情权能否有效行使,取决于查阅权能否充分行使。

3.4.2 违反城乡规划的法律责任

法律责任是指违反法律的规定而必须承担的法律后果。法律责任是法律的重要组成部分。法律责任按违法行为的性质不同可以分为民事法律责任、行政法律责任和刑事法律责任三大类。违反城乡规划法强制性规定和有关民事、刑事法律规定的,即构成城乡规划法规定的法律责任。《城乡规划法》规定的法律责任包括民事法律责任、行政法律责任和刑事法律责任。

1. 构成《城乡规划法》规定的法律责任的行为主体及违法行为

（1）有关人民政府及其人员

依法应当编制城乡规划而未组织编制，或者未按法定程序编制、审批、修改城乡规划，或者委托不具有相应资质等级的单位编制城乡规划的。具体分析如下：

①对依法应当编制城乡规划而未组织编制的

编制城乡规划是各级政府的职责，各级政府应当依照本法的规定编制城乡规划。按照本法有关规定，城市和镇应当依照本法制定城市规划和镇规划。城市、镇规划区内的建设活动应当符合规划要求。县级以上地方人民政府根据本地农村经济社会发展水平，按照因地制宜、切实可行的原则，确定应当制定乡规划、村庄规划的区域。在确定区域内的乡、村庄，应当依照本法制定规划，规划区内的乡、村庄建设应当符合规划要求。有关人民政府依法应当编制城乡规划而未组织编制的，应当承担法律责任。

②未按法定程序编制、审批、修改城乡规划的

《城乡规划法》对全国城镇体系规划、省域城镇体系规划、城市总体规划、镇总体规划和乡规划、村庄规划的编制、审批程序和征求意见做了规定。对城市、镇的控制性详细规划、修建性详细规划以及近期建设规划的编制、审批程序也做了规定。对省域城镇体系规划、城市总体规划、镇总体规划和控制性详细规划、修建性详细规划、近期建设规划的修改程序都做了规定。各级政府是城乡规划编制、修改的主体，上级政府是城乡规划审批的主体，有关人民政府必须严格依照本法规定的职权和程序编制、审批、修改城乡规划。有关人民政府未按法定程序编制、审批、修改城乡规划的，应承担法律责任。

（2）城乡规划组织编制机关

各级人民政府是组织编制城乡规划的机关，但承担具体城乡规划编制工作的机构需要有专业技术知识，这种专业技术机构要具备一定的资质才能被许可从事城乡规划编制工作。根据本法有关规定，城乡规划组织编制机关应当委托具有相应资质等级的单位承担城乡规划的具体编制工作。从事城乡规划编制工作的单位应当有法人资格，有规定数量的经相关行业协会注册的规划师，有规定数量的相关专业技术人员，有相应的技术装备，有健全的技术、质量、财务管理制度。并经国务院城乡规划主管部门或者省、自治区、直辖市人民政府城乡规划主管部门依法审查合格，取得相应等级的资质证书后，方可在资质等级许可的范围内从事城乡规划编制工作。城乡规划组织编制机关委托不具有相应资质等级的单位承担城乡规划的具体编制工作的，应当承担法律责任。

（3）镇人民政府或者县级以上人民政府城乡规划主管部门

①未依法组织编制城市的控制性详细规划、县人民政府所在地镇的控制性详细规划的。

《城乡规划法》规定，城市人民政府城乡规划主管部门根据城市总体规划的要求，组织编制城市的控制性详细规划，经本级人民政府批准后，报本级人民代表大会常务委员会和上一级人民政府备案。镇人民政府根据镇总体规划的要求，组织编制镇的控制性详细规划，报上一级人民政府审批。县级人民政府所在地镇的控制性详细规划，由县人民政府城乡规划主管部门根据镇总体规划的要求组织编制，经县人民政府批准后，报本级人民代表大会常务委员会和上一级人民政府备案。

城市人民政府城乡规划主管部门未组织编制城市的控制性详细规划、县人民政府城乡规划主管部门未组织编制县人民政府所在地镇的控制性详细规划的，应当承担本条规定的法律责任。

②超越职权或者对不符合法定条件的申请人核发选址意见书、建设用地规划许可证、建设工程规划许可证、乡村建设规划许可证的。

核发选址意见书、建设用地规划许可证、建设工程规划许可证、乡村建设规划许可证必须符合法定条件。根据本法的有关规定，按照国家规定需要有关部门批准或者核准的建设项目，以划拨方式提供国有土地使用权的，建设单位在报送有关部门批准或者核准前，应当向城乡规划主管部门申请核发选址意见书。在城市、镇规划区内以划拨方式提供国有土地使用权的建设项目，经有关部门批准、核准、备案后，建设单位应当向城市、县人民政府城乡规划主管部门提出建设用地规划许可申请，由城市、县人民政府城乡规划主管部门依据控制性详细规划核定建设用地的位置、面积、允许建设的范围，核发建设用地规划许可证。在城市、镇规划区内以出让方式取得国有土地使用权的建设项目，建设单位在取得建设项目批准、核准、备案文件和签订国有土地使用权出让合同后，到城市、县人民政府城乡规划主管部门领取建设用地规划许可证。在城市、镇规划区内进行建筑物、构筑物、道路、管线和其他工程建设的，建设单位或者个人应当向城市、县人民政府城乡规划主管部门或者省、自治区、直辖市人民政府确定的镇人民政府申请办理建设工程规划许可证。城乡规划主管部门不得在城乡规划确定的建设用地范围以外做出规划许可。

③对符合法定条件的申请人未在法定期限内核发选址意见书、建设用地规划许可证、建设工程规划许可证、乡村建设规划许可证的。

根据《行政许可法》的有关规定，行政机关对行政许可申请进行审查后，应当在法定期限内按照规定程序做出行政许可决定。除可以当场做出行政许可决定的外，行政机关应当自受理行政许可申请之日起20日内做出行政许可决定。20日内不能做出决定的，经本行政机关负责人批准，可以延长10日，并应当将延长期限的理由告知申请人。法律、法规另有规定的，依照其规定。行政许可采取统一办理或者联合办理、集中办理的，办理的时间不得超过45日；45日内不能办结的，经本级人民政府负责人批准，可以延长15日，并应当将延长期限的理由告知申请人。行政机关做出准予行政许可的决定，应当自做出决定之日起10日内向申请人颁发、送达行政许可证件。镇人民政府或者县级以上人民政府城乡规划主管部门对符合法定条件的申请人未在法定期限内核发选址意见书、建设用地规划许可证、建设工程规划许可证、乡村建设规划许可证的，也要承担相应的法律责任。

④未依法对经审定的修建性详细规划、建设工程设计方案的总平面图予以公布；同意修改修建性详细规划、建设工程设计方案的总平面图前未采取听证会等形式听取利害关系人的意见的。

《城乡规划法》规定，城市、县人民政府城乡规划主管部门或者省、自治区、直辖市人民政府确定的镇人民政府应当依法将经审定的修建性详细规划、建设工程设计方案的总平面图予以公布。经依法审定的修建性详细规划、建设工程设计方案的总平面图不得随意修改；确需修改的，城乡规划主管部门应当采取听证会等形式，听取利害关系人的意见。这些都是保障公众行使对城乡规划的监督权的重要手段。未依法对经审定的修建性详细规划、建设工程设计方案的总平面图予以公布，或者同意修改修建性详细规划、建设工程设计方案的总平面图前未采取听证会等形式听取利害关系人的意见，即构成违法，应当承担法律责任。

⑤发现未依法取得规划许可或者违反规划许可的规定在规划区内进行建设的行为，而不予查处或者接到举报后不依法处理的。

这是城乡规划主管部门的行政不作为行为，即城乡规划主管部门应当履行自己的职责而不予履行的行为。行政不作为在很大程度上影响了政府职能的正常发挥。行政不作为虽然没有超越职权、滥用职权的行政违法行为的表现形式明显,但是其危害性却不可低估,应当追究法律责任。本法赋予了城乡规划主管部门查处城乡规划违法行为的职权,根据本法的规定,县级以上人民政府城乡规划主管部门对城乡规划的实施情况进行监督检查,有权要求有关单位和人员提供与监督事项有关的文件、资料,并进行复制;有权要求有关单位和人员就监督事项涉及的问题做出解释和说明,并根据需要进入现场进行勘测;有权责令有关单位和人员停止违反城乡规划法律、法规的行为。同时,本法规定,任何单位和个人都有权向城乡规划主管部门或者其他有关部门举报或者控告违反城乡规划的行为。城乡规划主管部门或者其他有关部门对举报或者控告,应当及时受理并组织核查、处理。如果城乡规划主管部门在监督检查中,发现未依法取得规划许可或者违反规划许可的规定在规划区内进行建设的行为,而不予查处或者接到举报后不依法处理的,就要承担法律责任。

(4)县级以上人民政府有关部门

①对未依法取得选址意见书的建设项目核发建设项目批准文件的

根据本法有关规定,按照国家规定需要有关部门批准或者核准的建设项目,以划拨方式提供国有土地使用权的,建设单位在报送有关部门批准或者核准前,应当向城乡规划主管部门申请核发选址意见书。这里讲的核发建设项目批准文件的部门,是指除城乡规划主管部门外主要负责有关建设项目审批的部门。

②未依法在国有土地使用权出让合同中确定规划条件或者改变国有土地使用权出让合同中依法确定的规划条件的

按照本法的规定,在城市、镇规划区内以出让方式提供国有土地使用权的,在国有土地使用权出让前,城市、县人民政府城乡规划主管部门应当依据控制性详细规划,提出出让地块的位置、使用性质、开发强度等规划条件,作为国有土地使用权出让合同的组成部分。未确定有关规划条件的地块,不得出让国有土地使用权。规划条件未纳入国有土地使用权出让合同的,该国有土地使用权出让合同无效。有关主管部门未依法在国有土地使用权出让合同中依法确定规划条件的,应该追究其法律责任。

③对未依法取得建设用地规划许可证的建设单位划拨国有土地使用权

按照本法的规定,建设单位在取得建设用地规划许可证后,方可向县级以上地方人民政府土地主管部门申请用地,经县级以上人民政府审批后,由土地主管部门划拨土地。对未取得建设用地规划许可证的建设单位批准用地的,由县级以上人民政府撤销有关批准文件;占用土地的,应当及时退回;给当事人造成损失的,应当依法给予赔偿。土地主管部门对未依法取得建设用地规划许可证的建设单位划拨国有土地使用权的,应当追究其法律责任。

(5)城乡规划编制单位

①超越资质等级许可的范围的

资质等级是指城乡规划主管部门根据从事城乡规划编制工作的单位应当具备的条件和有关城乡规划编制资质管理的办法,按照一定的标准,对城乡规划编制单位进行评定等级。从事城乡规划编制工作的单位只能承揽其资质等级范围内允许的城乡规划编制工作,这样规定可以避免一些自身条件达不到要求的城乡规划编制单位任意承揽规划编制工作,保证城乡规划编制的质量。城乡规划编制单位未按照城乡规划主管部门审核的资质等级规定的范围从事城乡规划编制工作的,应当承担法律责任。

②违反国家有关标准编制城乡规划的

《城乡规划法》规定，编制城乡规划必须遵守国家有关标准。违反国家有关标准编制城乡规划的，城乡规划编制单位要承担法律责任。

③未依法取得资质证书的

只有取得资质证书才能承揽城乡规划编制工作，对城乡规划编制单位资质证书的规定有利于城乡规划主管部门对从事城乡规划编制工作的单位进行管理，规范规划编制市场，保证城乡规划的质量。城乡规划编制单位取得资质证书后，经原发证机关检查不再符合本法规定的相应的资质条件，不得继续承揽城乡规划编制工作或者按原资质等级许可的范围承揽城乡规划编制工作。

④以欺骗手段取得资质证书承揽城乡规划编制工作或者违反国家有关标准编制城乡规划的

以欺骗手段取得资质证书承揽城乡规划编制工作，即城乡规划编制单位因为其自身条件达不到本法规定的条件或者因为其他原因，无法通过城乡规划主管部门的资质审查获得资质证书，而采用不正当手段欺骗城乡规划主管部门，骗取城乡规划编制资质证书的行为，必然要受到法律的追究。

(6)建设单位或个人

根据《城乡规划法》规定，建设单位和个人有下列行为之一的承担法律责任。

①未取得建设工程规划许可证或者未按照建设工程规划许可证的规定进行建设的；

②未经批准进行临时建设的；

③未按照批准内容进行临时建设的；

④临时建筑物、构筑物超过批准期限不拆除的；

⑤建设单位未在建设工程竣工验收后6个月内向城乡规划主管部门报送有关竣工验收资料的；

⑥城乡规划主管部门做出责令停止建设或者限期拆除的决定后，当事人不停止建设或者逾期不拆除的。

2. 违反《城乡规划法》应承担的法律责任

违反《城乡规划法》的法律责任大多是行政法律责任。行政法律责任是指违法行为人因实施违法行为而引起的，由行政机关依法给予制裁的，并且是必须承担的法律后果。行政法律责任分为行政处罚和行政处分。除了行政责任之外，还有部分民事责任，违反刑律的，要承担刑事责任。

(1)行政处分

行政处分是指国家机关、企事业单位依法给犯有轻微违法行为人员的一种制裁性处理。处分对象是违法部门的直接负责的主管人员和其他直接责任人员，即在单位违法行为中负有直接领导责任的人员，包括违法行为的决策人，事后对单位违法行为予以认可和支持的领导人员。《城乡规划法》规定对行政机关及其工作人员如下违法行为给予行政处分：

①对依法应当编制城乡规划而未组织编制，或者未按法定程序编制、审批、修改城乡规划的，由上级人民政府责令改正，通报批评；对有关人民政府负责人和其他直接责任人员依法给予处分。

②城乡规划组织编制机关委托不具有相应资质等级的单位编制城乡规划的，由上级人民政府责令改正，通报批评；对有关人民政府负责人和其他直接责任人员依法给予处分。

③镇人民政府或者县级以上人民政府城乡规划主管部门有下列行为之一的,由本级人民政府、上级人民政府城乡规划主管部门或者监察机关依据职权责令改正,通报批评;对直接负责的主管人员和其他直接责任人员依法给予处分:第一,未依法组织编制城市的控制性详细规划、县人民政府所在地镇的控制性详细规划的;第二,超越职权或者对不符合法定条件的申请人核发选址意见书、建设用地规划许可证、建设工程规划许可证、乡村建设规划许可证的;第三,对符合法定条件的申请人未在法定期限内核发选址意见书、建设用地规划许可证、建设工程规划许可证、乡村建设规划许可证的;第四,未依法对经审定的修建性详细规划、建设工程设计方案的总平面图予以公布的;第五,同意修改修建性详细规划、建设工程设计方案的总平面图前未采取听证会等形式听取利害关系人的意见的;第六,发现未依法取得规划许可或者违反规划许可的规定在规划区内进行建设的行为,而不予查处或者接到举报后不依法处理的。

④县级以上人民政府有关部门有下列行为之一的,由本级人民政府或者上级人民政府有关部门责令改正,通报批评;对直接负责的主管人员和其他直接责任人员依法给予处分:第一,对未依法取得选址意见书的建设项目核发建设项目批准文件的;第二,未依法在国有土地使用权出让合同中确定规划条件或者改变国有土地使用权出让合同中依法确定的规划条件的;第三,对未依法取得建设用地规划许可证的建设单位划拨国有土地使用权的。

(2)行政处罚

行政处罚是指有行政处罚权的行政机关或者法律、法规授权的组织,对违反行政法律规范、依法应当给予处罚的行政相对人所实施的法律制裁行为。根据《行政处罚法》的规定,行政处罚有以下7种:警告;罚款;没收违法所得、没收非法财物;责令停产停业;暂扣或者吊销许可证、暂扣或者吊销执照;行政拘留;法律、行政法规规定的其他行政处罚。

《城乡规划法》第六十二条、六十三条、六十四条、六十七条、六十八条规定了给予行政处罚的有:

①城乡规划编制单位有下列行为之一的,由所在地城市、县人民政府城乡规划主管部门责令限期改正,处合同约定的规划编制费1倍以上2倍以下的罚款;情节严重的,责令停业整顿,由原发证机关降低资质等级或者吊销资质证书;造成损失的,依法承担赔偿责任:第一,超越资质等级许可的范围承揽城乡规划编制工作的;第二,违反国家有关标准编制城乡规划的;未依法取得资质证书承揽城乡规划编制工作的,由县级以上地方人民政府城乡规划主管部门责令停止违法行为,依照前款规定处以罚款;造成损失的,依法承担赔偿责任;以欺骗手段取得资质证书承揽城乡规划编制工作的,由原发证机关吊销资质证书,依照本条第一款规定处以罚款;造成损失的,依法承担赔偿责任。

②城乡规划编制单位取得资质证书后,不再符合相应的资质条件的,由原发证机关责令限期改正;逾期不改正的,降低资质等级或者吊销资质证书。

③未取得建设工程规划许可证或者未按照建设工程规划许可证的规定进行建设的,由县级以上地方人民政府城乡规划主管部门责令停止建设;尚可采取改正措施消除对规划实施的影响的,限期改正,处建设工程造价5%以上10%以下的罚款;无法采取改正措施消除影响的,限期拆除,不能拆除的,没收实物或者违法收入,可以并处建设工程造价10%以下的罚款。

④建设单位未在建设工程竣工验收后6个月内向城乡规划主管部门报送有关竣工验收资料的,由所在地城市、县人民政府城乡规划主管部门责令限期补报;逾期不补报的,处1万

元以上5万元以下的罚款。

⑤城乡规划主管部门做出责令停止建设或者限期拆除的决定后,当事人不停止建设或者逾期不拆除的,建设工程所在地县级以上地方人民政府可以责成有关部门采取查封施工现场、强制拆除等措施。

(3)民事赔偿

《城乡规划法》只在第六十四条规定了民事赔偿责任。赔偿的主体也仅限于城乡规划编制单位。只有第六十四条规定的违法行为造成损失的,城乡规划编制单位应依法承担赔偿责任。赔偿责任可以由城乡规划主管部门以调解的方式要求违法行为人承担,受害人也可以提起民事诉讼,请求人民法院判决违法行为人承担赔偿责任。未取得建设工程规划许可证或者未按照建设工程规划许可证的规定进行建设的,由县级以上地方人民政府城乡规划主管部门责令停止建设;尚可采取改正措施消除对规划实施的影响的,限期改正,处建设工程造价5%以上10%以下的罚款;无法采取改正措施消除影响的,限期拆除,不能拆除的,没收实物或者违法收入,可以并处建设工程造价10%以下的罚款。

(4)刑事责任

《城乡规划法》第六十九条规定:"违反本法规定,构成犯罪的,依法追究刑事责任。"

实践中违法建设的情况比较复杂,有的可以通过采取补救措施予以改正;有的需要全部拆除,有的需要部分拆除,有的改正或者拆除难度较大、社会成本较高,因此要综合考虑,区分不同情况。但对违法建设的处罚必须坚持让违法成本高,使违法者无利可图的原则,这样才能保障城乡规划的顺利实施。

复习思考题

1. 城乡规划的概念是什么?
2. 城乡规划的原则是什么?
3. 如何理解城乡规划制定主体之间的关系?
4. 如何理解城乡规划的实施?城乡规划实施的基本条件是什么?
5. 我国城镇规划审查许可制度实行"一书两证"规划制度的具体内容是什么?
6. 城乡规划监督检查的措施有哪些?
7. 新区开发和改造旧城区时如何贯彻习近平的绿水青山就是金山银山的理念?
8. 结合"民主不是装饰品,不是用来做摆设的,而是要用来解决人民需要解决的问题的"论断,解读城乡规划法中是如何设计公众参与制度来实现全过程民主的?

课后案例

位于武昌和平大道18号的华润凤凰城,曾被评为武汉市最美的100个楼盘之一,十几栋33层高的红色楼宇环绕着精致的园林绿化,典雅整齐的泰式园林景观成为武昌江边的一道风景,而在2010年这里却遭遇了一场劫难。

2010年5月28日,一纸拆迁通告打破了凤凰城的安宁。通知告知6月3日前,凤凰城二期西侧将被地铁穿过,小区内部面临严重破坏。

按照武汉市佳园拆迁公司的公示，地铁 2 号线从积玉桥站出来后，要向东南方向转弯到螃蟹甲站，转弯位置正好在凤凰城下，这意味着 2006 年刚建好的凤凰城二期被占用接近一半空间，10 号楼下的商铺将被拆除，11 号楼位置要挖一个大坑，拔出地下深埋的桩基，深度可能达到几十米。此外内部五分之一的绿地要被占用，小区地下车库要去掉十分之一，施工围挡长达两年……

凤凰城居民陈述，当初买房时，地铁车站就是华润置地宣传的重要卖点，按照规划，凤凰城西侧的积玉桥站就是纵贯武昌的地铁 2 号线起始站，计划 2012 年建成通车。除了方便的交通位置，买房人从开发商华润置地处得知，地铁建好后，小区前面是个街心公园，不会再建高楼遮挡小区。大量购房者不惜花每平方米 1 万多元的高价购置凤凰城。

他们万万没想到的是，期待中的地铁却成了小区的杀手。

除了施工造成的直接影响，地铁最近离 33 层高的 10 号楼只有 2.7 米，与附近 9 号楼、1 号楼、2 号楼的距离也非常近，住户担心这些高达 100 米的楼房，楼板本就比较脆弱，很难经受地铁建成后的震动。

武汉大学城市学院一位学者认为：2003 年 8 月 1 日实施的《地铁设计规范》规定：对于 2 类区（居住、商业、工业混合区），地铁线路轨道中心与建筑的控制距离应在 30~35 米；4 类区（交通干线道路两侧）控制距离为 30 米以上。这个规定是有一定科学依据的，但在实际过程中通常不被遵守。

业主们最想知道的是，在这期间地铁规划有没有发生变更，到底是华润建房在先，还是地铁规划在先，是谁冲撞了谁。

经从武昌区政府了解两个项目的时间：2004 年 4 月，华润集团通过挂牌方式获得积玉桥项目用地，当时地铁 2 号线规划设计方案尚未形成。2005 年，市规划局核发华润凤凰城建筑工程规划许可证。2007 年 12 月，市规划局根据国家发改委正式批复的地铁 2 号线一期工程可行性报告，向武汉地铁集团核发 2 号线的选址意见书和用地规划许可证。也就是说地铁规划获批时，华润凤凰城已经建好了。武昌区政府在给业主的宣传单上写着"根据专家反复比选论证形成的方案，地铁 2 号线需下穿华润凤凰城临街商业用房，局部地下停车场和 11 号楼 3 单元"。

关于地铁是否影响 1、9、10 号楼安全的问题，武昌区区政府表示，今年 3 月已经组织市地铁集团、铁四院、华润置地（武汉）公司专门就地铁下穿华润凤凰城相关问题进行了三次技术对接，地铁隧道与 1 号楼距离最近点为 25 米，根据该段隧道埋深，地铁施工影响范围、地质条件以及 1 号楼采用桩基等情况，地铁对 1 号楼无影响。

【分析】

经了解，华润凤凰城建筑具备《建设项目选址意见书》《建设用地规划许可证》《建设工程规划许可证》等"一书两证"。

根据我国当时《物权法》第七十六条规定，改建、重建建筑物及其附属设施，应当经专有部分占建筑物总面积三分之二以上的业主且占总人数三分之二以上的业主同意，而有关部门在拆迁通知之前并没有和凤凰城业主沟通过。《城乡规划法》第五十条规定："在选址意见书、建设用地规划许可证、建设工程规划许可证或者乡村规划许可证发放后，因依法修改城乡规划给被许可人合法权益种造成损失的，应当依法给予补偿。经依法审定的修建性详细规划、建设工程设计方案的总平面图不得随意修改；确需修改的，城乡规划主管部门应当采取听证等形式，听取利害关系人的意见；因修改给利害关系人合法权益造成损失的，应当依法给予补偿。"业主表示,他们理解地铁是个利民工程,如果确实需要为地铁让路,他们希望有关部门考虑小区实际情况,以合法程序举行听证。

一位在地产界工作多年的人士认为:无论是华润凤凰城还是地铁的规划都是经过审批的,如果规划局改变方案需要有公示,但现在只出一个最后通牒一样的通告,要求7天内拆迁,这样的做法已经违规了。

经从武汉市地图集团公司了解到,《武汉市轨道交通建设规划》已正式上报国家发改委审批,2020年前武汉将投资1 205亿元,建成8条、总长230千米的地铁线路,使武汉迎来"地铁时代"。大规模的地铁建设,使得地铁线路将穿越三镇闹市区的许多建筑。

这些事件发生后,规划部门汲取了教训,并决定赋予地铁集团更大的权力,所有在地铁规划线路旁边建设的项目,必须征求地铁集团的意见,地铁集团同意了才允许规划和建设。地铁集团一位高层对记者表示,有很多拆迁本是可以避免的损失,只是原来划地和开发时,都没有考虑到地铁规划。

案例来源:

[1] 江夏. 一次奢侈的拆迁. 经济观察报,2010-06-30

[2] 规划撞车　武汉华润凤凰城将"拆楼让路". 大洋网,2010-06-19

第4章 招投标法律制度

课程思政要点

从鲁布革工程到鲁布革经验看我国招投标制度的建立、完善，坚定不移贯彻"对外开放"基本国策。通过学习《招标投标法》《政府采购法》《招标投标法实施条例》《工程建设项目勘察设计招标投标办法》等相关招投标法律制度，一方面学生要充分掌握招投标操作流程和规范，积累工程实践所需的专业知识，具备团队协作能力、冲突协调能力和公平公正的职业理念；另一方面通过了解法律法规调整的原因，培养学生对中国社会治理能力提升的"制度自信"，进一步培养学生爱党爱国精神、法治意识和诚信守信的价值观。

4.1 招标法律制度

4.1.1 招标范围和招标规模

1.《招标投标法》对招标范围的规定

根据《招标投标法》(主席令第 86 号)第三条规定，凡在中华人民共和国境内进行下列工程建设项目，包括项目的勘察、设计、施工、监理以及与工程建设有关的重要设备、材料等的采购，必须进行招标：

(1)大型基础设施、公用事业等关系社会公共利益、公众安全的项目。

(2)全部或者部分使用国有资金投资或国家融资的项目。

(3)使用国际组织或者外国政府贷款、援助资金的项目。

根据《招投投标法》第三条的规定,2018年6月施行的《必须招标的工程项目规定》(发展和改革委员会令第16号)对必须招标的工程项目进行了具体规定:

(1)全部或者部分使用国有资金投资或者国家融资的项目包括:

①使用预算资金200万元人民币以上,并且该资金占投资额10%以上的项目;

②使用国有企业事业单位资金,并且该资金占控股或者主导地位的项目。

(2)使用国际组织或者外国政府贷款、援助资金的项目包括:

①使用世界银行、亚洲开发银行等国际组织贷款、援助资金的项目;

②使用外国政府及其机构贷款、援助资金的项目。

(3)不属于(1)、(2)规定情形的大型基础设施、公用事业等关系社会公共利益、公众安全的项目,必须招标的具体范围由国务院发展改革部门会同国务院有关部门按照确有必要、严格限定的原则制定,报国务院批准。

(4)属于(1)、(2)、(3)规定范围内的项目,其勘察、设计、施工、监理以及与工程建设有关的重要设备、材料等的采购达到下列标准之一的,必须招标:

①施工单项合同估算价在400万元人民币以上;

②重要设备、材料等货物的采购,单项合同估算价在200万元人民币以上;

③勘察、设计、监理等服务的采购,单项合同估算价在100万元人民币以上。

同一项目中可以合并进行的勘察、设计、施工、监理以及与工程建设有关的重要设备、材料等的采购,合同估算价合计达到前款规定标准的,必须招标。

而对于必须招标的基础设施和公用事业项目范围,国家发展计划委员会也重新做出了规定,规定已于2018年6月6日起施行。根据《招标投标法》和《必须招标的工程项目规定》制定了《必须招标的基础设施和公用事业项目范围规定》(国家发展计划委员会令第3号)。规定如下:

不属于《必须招标的工程项目规定》第二条、第三条规定情形的大型基础设施、公用事业等关系社会公共利益、公众安全的项目,必须招标的具体范围包括:

①煤炭、石油、天然气、电力、新能源等能源基础设施项目;

②铁路、公路、管道、水运,以及公共航空和A1级通用机场等交通运输基础设施项目;

③电信枢纽、通信信息网络等通信基础设施项目;

④防洪、灌溉、排涝、引(供)水等水利基础设施项目;

⑤城市轨道交通等城建项目。

2. 必须招标项目的例外情形

《招标投标法》规定,涉及国家安全、国家秘密、抢险救灾或者属于利用扶贫资金实行以工代赈、需要使用农民工等特殊情况,不适宜进行招标的项目,按照国家有关规定可以不进行招标。

3. 可以不招标的工程建设项目

《工程建设项目施工招标投标办法》(九部委令第23号)关于可以不招标的项目的规定需要审批的工程项目,有下列情形之一的,经有关审批部门批准,可以不招标。

(1)涉及国家安全、国家秘密、抢险救灾或者属于利用扶贫资金实行以工代赈、需要使用农民工等特殊情况,不适宜进行招标;

(2)施工主要技术采用不可替代的专利或者专有技术;

(3)已通过招标方式选定的特许经营项目投资人依法能够自行建设;

(4)采购人依法能够自行建设;

(5)在建工程追加的附属小型工程或者主体加层工程,原中标人仍具备承包能力,并且其他人承担将影响施工或者功能配套要求;

(6)国家规定的其他情形。

除《招标投标法》第六十六条规定的可以不进行招标的特殊情况外,有下列情形之一的,可以不进行招标:

(1)需要采用不可替代的专利或者专有技术;

(2)采购人依法能够自行建设、生产或者提供;

(3)已通过招标方式选定的特许经营项目投资人依法能够自行建设、生产或者提供;

(4)需要向原中标人采购工程、货物或者服务,否则将影响施工或者功能配套要求;

(5)国家规定的其他特殊情形。

对于招标的资金范围,条例增加了相应的规定:以暂估价形式包括在总承包范围内的工程、货物、服务属于依法必须进行招标的项目范围且达到国家规定规模标准的,应当依法进行招标。

【例 4-1】 下列不属于《工程建设项目招标范围和规模标准规定》的关系社会公共利益、公众安全的基础设施项目的是( )。

A. 煤炭、石油、天然气、电力、新能源等能源项目

B. 铁路、公路、管道、水运、航空等交通运输项目

C. 商品住宅,包括经济适用住房

D. 生态环境保护项目

【解析】 根据《工程建设项目招标范围和规模标准规定》,选项 C 不属于关系社会公共利益、公众安全的基础设施项目。

【例 4-2】 《工程建设项目招标范围和规模标准规定》中规定施工单项合同估算价在( )万元人民币以上的,必须进行招标。

A. 400   B. 300   C. 200   D. 250

【解析】 根据《工程建设项目招标范围和规模标准规定》,正确答案是 A。

4.1.2 招标方式

1. 从竞争程度进行分类

从竞争程度进行分类,招标方式可以分为公开招标和邀请招标。这是《招标投标法》规定的一种主要分类。

(1)公开招标。公开招标是指招标人通过报刊、广播或电视等公共传播媒介介绍、发布招标公告或信息而进行招标,是一种无限制的竞争方式。公开招标的优点是招标人有较大的选择范围,可在众多的投标人中选定报价合理、工期较短、信誉良好的承包商,有助于打破垄断,实行公平竞争。

(2)邀请招标。邀请招标是指招标人以投标邀请书的方式邀请特定的法人或者其他组织投标。招标人采用邀请招标方式的,应当向三个以上具备承担招标项目的能力、资信良好的特定的法人或者其他组织发出投标邀请书。邀请招标虽然也能够邀请到有经验和资信可

靠的投标者投标,保证履行合同,但限制了竞争范围,可能会失去技术上和报价上有竞争力的投标者。因此,在我国建设市场中应大力推行公开招标。一般国际上把公开招标称为无限竞争性招标,把邀请招标称为有限竞争性招标。

《招标投标法实施条例》中规定国有资金占控股或者主导地位的依法必须进行招标的项目,应当公开招标。但有下列情形之一的,可以邀请招标:

①技术复杂、有特殊要求或者受自然环境限制,只有少量潜在投标人可供选择;

②采用公开招标方式的费用占项目合同金额的比例过大。

2. 从招标的范围进行分类

从招标的范围进行分类可以分为国际招标和国内招标。国际招标是指符合招标文件规定的国内、国外法人或其他组织,单独或联合其他法人或者其他组织参加投标,并按招标文件规定的币种结算的招标活动。国内招标是指符合招标文件规定的国内法人或其他组织,单独或联合其他国内法人或其他组织参加投标,并用人民币结算的招标活动。

3. 从招标的组织形式进行分类

从招标的组织形式进行分类可以分为招标人自行招标和招标人委托招标机构代理招标。

(1)招标人自行招标。《招标投标法》规定,招标人具有编制招标文件和组织评标能力,且进行招标项目的相应资金或资金来源已经落实,可以自行办理招标事宜:

①有专门的施工招标组织机构;

②有与工程规模、复杂程度相适应并具有同类工程施工招标经验、熟悉有关工程施工招标法律法规的工程技术、概预算及工程管理的专业人员。

不具备上述条件的,招标人应当委托具有相应资格的工程招标代理机构代理施工招标。

(2)招标人委托招标机构代理招标。自行办理招标事宜的招标人,未经主管部门核准的,招标人应委托招标机构代理招标。招标代理机构代理招标业务,应当遵守《招标投标法》和《招标投标法实施条例》(国务院令第709号)关于招标人的规定。招标代理机构不得在所代理的招标项目中投标或者代理投标,也不得为所代理的招标项目的投标人提供咨询。

招标人应当与被委托的招标代理机构签订书面委托合同,合同约定的收费标准应当符合国家有关规定。

4.1.3 建设工程招标的种类

1. 建设工程项目总承包招标

建设工程项目总承包招标又叫建设项目全过程招标,在国外称之为"交钥匙"承包方式。它是指从项目建议书开始,包括可行性研究报告、勘察设计、设备材料询价与采购、工程施工、生产设备、投料试车,直到竣工投产、交付使用全面实行招标。工程总承包企业根据建设单位提出的工程使用要求,对项目建议书、可行性研究报告、勘察设计、设备询价与选购、材料订货、工程施工、职工培训、试生产、竣工投产等实行全面投标报价。

2. 建设工程勘察招标

建设工程勘察招标是指招标人就拟建工程的勘察任务发布公告,以法定方式吸引勘察单位参加竞争,经招标人审查获得投标资格的勘察单位按照招标文件的要求,在规定的时间内向招标人填报标书,招标人从中选择条件优越者完成勘察任务。

3. 建设工程设计招标

建设工程设计招标是指招标人就拟建工程的设计任务发布公告,以法定方式吸引设计单位参加竞争,经招标人审查获得投标资格的设计单位按照招标文件的要求,在规定的时间内向招标人填报标书,招标人从中择优确定中标单位来完成工程设计任务。设计招标主要是设计方案招标,工业项目可进行可行性研究方案招标。

4. 建设工程施工招标

建设工程施工招标是指招标人就拟建的工程发布公告,以法定方式吸引施工企业参加竞争,招标人从中选择条件优越者完成工程建设任务的法律行为。施工招标是建设项目招标中最有代表性的一种,后文如不加确指,招标均指施工招标。

5. 建设工程监理招标

建设工程监理招标是指招标人为了委托监理任务的完成发布公告,以法定方式吸引监理单位参加竞争,招标人从中选择条件优越者的法律行为。

6. 建设工程材料设备招标

建设工程材料设备招标是指招标人就拟购买的材料设备发布公告,以法定方式吸引建设工程材料设备供应商参加竞争,招标人从中选择条件优越者购买其材料设备的法律行为。

4.1.4 招标程序

工程项目招标是一项非常规范的管理活动,包括招标准备、招标实施、评标定标三个阶段。其中,招标准备阶段和实施阶段的流程如图 4-1 所示。

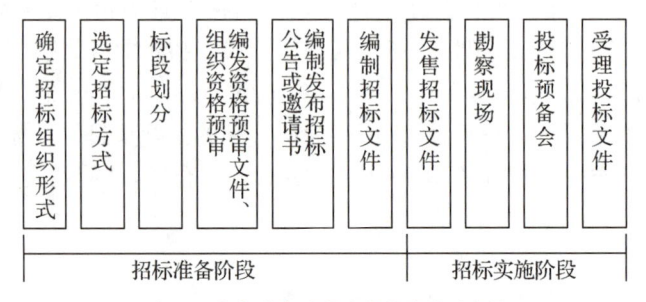

招标准备阶段	招标实施阶段
确定招标组织形式 → 选定招标方式 → 标段划分 → 组织资格预审文件、编制发布资格预审文件、公告或邀请书 → 编制招标文件	发售招标文件 → 勘察现场 → 投标预备会 → 受理投标文件

图 4-1 招标准备阶段和实施阶段示意图

以施工项目公开招标为例,一般应遵循以下流程,如图 4-2 所示。

1. 招标活动的准备工作

建设项目施工招标前,招标人应当办理有关的审批手续、确定招标方式以及划分标段等工作。

(1)招标必须具备的基本条件

按照《工程建设项目施工招标投标办法》的规定,依法必须招标的工程建设项目,应当具备下列条件:

①招标人已经依法成立。

②初步设计及概算应当履行审批手续的,已经批准。

③招标范围、招标方式和招标组织形式等应当履行核准手续的,已经核准。

④有相应资金或资金来源已经落实。

⑤有招标所需的设计图纸及技术资料。

(2)确定招标方式

对于公开招标和邀请招标两种方式,按照《工程建设项目施工招标投标办法》的规定,国务院发展计划部门确定的国家重点建设项目和各省、市、自治区、直辖市人民政府确定的地方重点项目,以及全部使用国有资金投资或者国有资金投资占控股或者主导地位的工程建设项目,应当公开招标。有下列情况之一的,经批准可以进行邀请招标:

①项目技术复杂或有特殊要求,只有少量几家潜在投标人可供选择的。

②受自然地域环境限制的。

③涉及国家安全、国家秘密或者抢险救灾,适宜招标但不宜公开招标的。

④拟公开招标的费用与项目的价值相比,不值得的。

⑤法律、法规规定不宜公开招标的。

由此可知,《工程建设项目施工招标投标办法》和《招标投标实施条例》(见 4.1.2 节内容)对于邀请招标的适用范围本质是相同的。

(3)标段的划分

招标项目需要划分标段的,招标人应当合理划分标段。一般情况下,一个项目应当作为一个整体进行招标。但是,对于大型的项目,作为一个整体进行招标将大大降低招标的竞争性,因为符合招标条件的潜在投标人数量太少,这样就应当将招标项目划分成若干个标段分别进行招标。但也不能将标段划分得太小,太小的标段将失去对实力雄厚的潜在投标人的吸引力。如建设项目的施工招标,一般可以将一个项目分解为单位工程及特殊专业工程分别招标,但不允许将单位工程肢解为分部、分项工程进行招标。标段的划分是招标活动中较为复杂的一项工作,应当综合考虑以下因素:

①招标项目的专业要求。如果招标项目的几部分内容专业要求接近,则该项目可以考虑作为一个整体进行招标。如果该项目的几部分内容专业要求相距甚远,则可考虑划分为不同的标段分别招标,如对于一个项目中的土建和设备安装两部分内容则可考虑分别招标。

②招标项目的管理要求。有时一个项目的各部分内容相互之间干扰不大,方便招标人进行统一管理,这时就可以考虑对各部分内容分别进行招标;反之,如果各个独立的承包商之间的协调管理是十分困难的,则应当考虑将整个项目发包给一个承包商,由该承包商进行分包后统一协调管理。

③对工程投资的影响。标段划分对工程投资也有一定的影响,这种影响是由多方面因素造成的。如一个项目作为一个整体招标,则承包商需要进行分包,分包的价格在一般情况下不如直接发包的价格低;但一个项目作为一个整体招标,有利于承包商的统一管理,人工、机械设备、临时设施等可以统一使用,又能降低费用。因此,应当具体情况具体分析。

④工程各项工作的衔接。在划分标段时还应当考虑到项目在建设过程中的时间和空间的衔接,应当避免产生平面或立面交接工作责任不清的情况。如果建设项目的各项工作的衔接、交叉和配合少,责任清楚,则可考虑分别发包;反之,则应考虑将项目作为一个整体发包给一个承包商,因为此时由一个投标人进行协调管理容易做好衔接工作。

《招标投标法实施条例》规定:招标人对招标项目划分标段的,应当遵守《招标投标法》的有关规定,不得利用划分标段限制或者排斥潜在投标人。依法必须进行招标的项目的招标人不得利用划分标段规避招标。

2. 资格预审公告或招标公告的编制与发布

招标公告是指采用公开招标方式的招标人(包括招标代理机构)向所有潜在的投标人发出的一种广泛的通告。招标公告的目的是使所有潜在的投标人都具有公平的投标竞争机会。招标人采用公开招标方式的,应当发布招标公告。根据《标准施工招标文件》(九部委令第56号)的规定,若在公开招标过程中采用资格预审程序,可用资格预审公告代替招标公告,资格预审后不再单独发布招标公告。

依法必须进行招标的项目的资格预审公告和招标公告,应当在国务院发展改革部门依法指定的媒介发布。在不同媒介发布的同一招标项目的资格预审公告或者招标公告的内容应当一致。指定媒介发布依法必须进行招标的项目的境内资格预审公告、招标公告,不得收取费用。招标人应当按照资格预审公告、招标公告或者投标邀请书规定的时间、地点发售资格预审文件或者招标文件。资格预审文件或者招标文件的发售期不得少于5日(5个日历天,非工作日)。

招标人发售资格预审文件、招标文件收取的费用应当限于补偿印刷、邮寄的成本支出,不得以营利为目的。

(1)资格预审公告和招标公告的内容

按照《招标公告和公示信息发布管理办法》(国家发展和改革委员会令第10号)的规定,资格预审公告具体包括以下内容:

①招标项目名称、内容、范围、规模、资金来源;
②投标资格能力要求,以及是否接受联合体投标;
③获取资格预审文件或招标文件的时间、方式;
④递交资格预审文件或投标文件的截止时间、方式;
⑤招标人及其招标代理机构的名称、地址、联系人及联系方式;
⑥采用电子招标投标方式的,潜在投标人访问电子招标投标交易平台的网址和方法;
⑦其他依法应当载明的内容。

(2)资格预审公告和招标公告发布的要求

为规范招标公告和公示信息发布活动,保证各类市场主体和社会公众平等、便捷、准确地获取招标信息,自2018年1月1日起生效实施的《招标公告和公示信息发布管理办法》(国家发展和改革委员会令第10号),对招标公告的发布做出了明确规定,资格预审公告的发布可参照此规定。

①对招标公告发布的要求。招标公告应当根据招标投标法律法规,以及国家发展改革委会同有关部门制定的标准文件编制,实现标准化、格式化。且应当在"中国招标投标公共服务平台"或者项目所在地省级电子招标投标公共服务平台发布。

依法必须招标项目的招标公告和公示信息鼓励通过电子招标投标交易平台录入后交互至发布媒介核验发布,也可以直接通过发布媒介录入并核验发布。按照电子招标投标有关数据规范要求交互招标公告和公示信息文本的,发布媒介应当自收到起12小时内发布。采用电子邮件、电子介质、传真、纸质文本等其他形式提交或者直接录入招标公告和公示信息文本的,发布媒介应当自核验确认起1个工作日内发布。核验确认最长时限不得超过3个工作日。

招标人或其招标代理机构应当对其提供的招标公告和公示信息的真实性、准确性、合法性负责。发布媒介和电子招标投标交易平台应当对所发布的招标公告和公示信息的及时

第 4 章 招投标法律制度

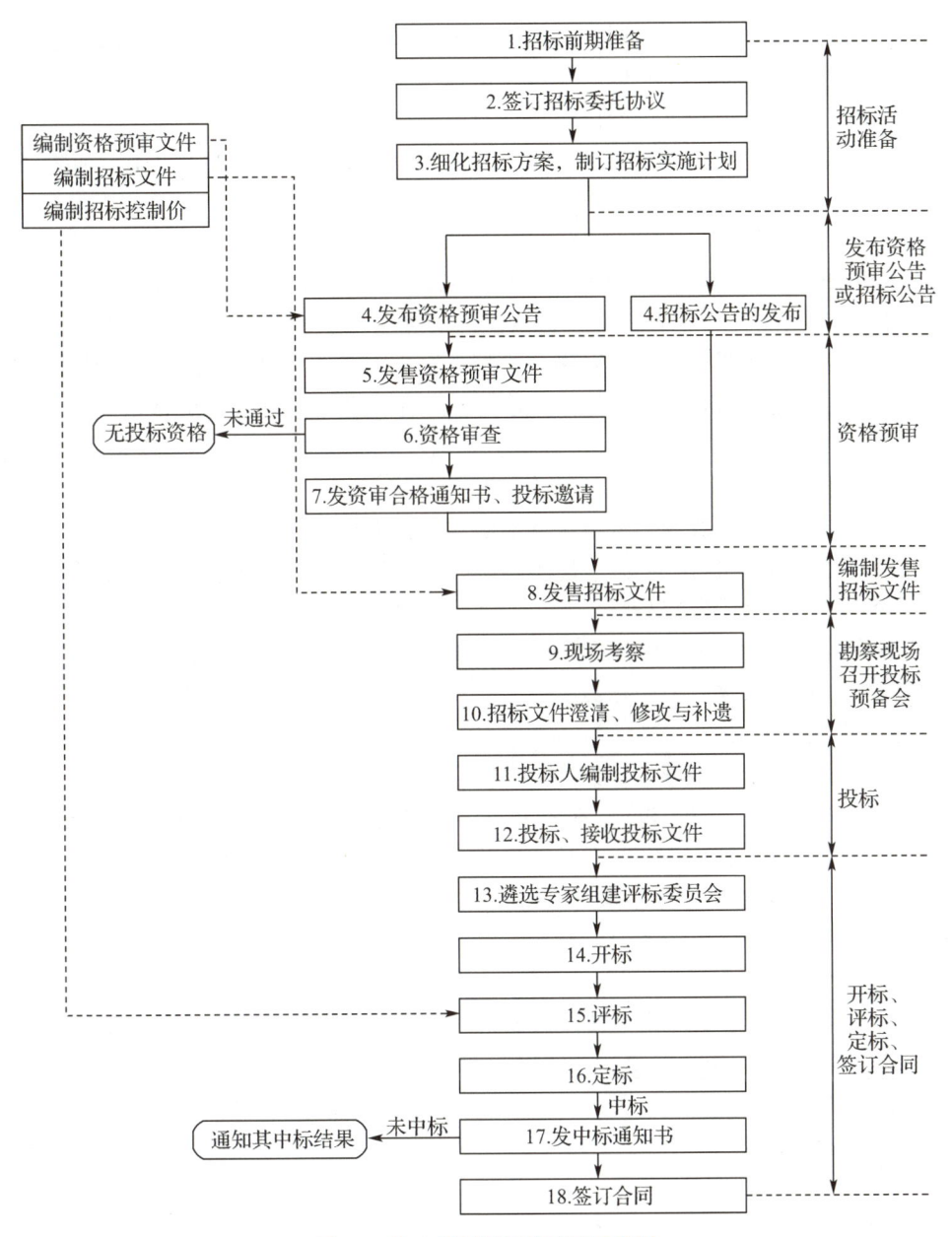

```
招标活动准备:
  1. 招标前期准备
  2. 签订招标委托协议
  3. 细化招标方案,制订招标实施计划

编制资格预审文件 / 编制招标文件 / 编制招标控制价

发布资格预审公告或招标公告:
  4. 发布资格预审公告    4. 招标公告的发布

资格预审:
  5. 发售资格预审文件
  6. 资格审查 —(未通过)→ 无投标资格
  7. 发资审合格通知书、投标邀请

编制发售招标文件:
  8. 发售招标文件

勘察现场召开投标预备会:
  9. 现场考察
  10. 招标文件澄清、修改与补遗

投标:
  11. 投标人编制投标文件
  12. 投标、接收投标文件

开标、评标、定标、签订合同:
  13. 遴选专家组建评标委员会
  14. 开标
  15. 评标
  16. 定标 —(未中标)→ 通知其中标结果
  17. 发中标通知书
  18. 签订合同
```

图 4-2 施工项目公开招标程序示意图

性、完整性负责。发布媒介应当按照规定采取有效措施,确保发布招标公告和公示信息的数据电文不被篡改、不遗漏和至少 10 年内可追溯。

②对招标人的要求。拟发布的招标公告和公示信息文本应当由招标人或其招标代理机构盖章,并由主要负责人或其授权的项目负责人签名。采用数据电文形式的,应当按规定进行电子签名。招标人或其招标代理机构发布招标公告和公示信息,应当遵守招标投标法律法规关于时限的规定。

招标人或其招标代理机构发布招标公告和公示信息,应当遵守招标投标法律法规关于时限的规定。

③拟发布的招标公告文本有下列情形之一的,有关媒介可以要求招标人或其委托的招

标代理机构及时予以改正、补充或调整：a.招标公告载明的事项不符合对招标公告和招标人发布的要求；b.在两家以上媒介发布的同一招标项目的招标公告和公示信息内容不一致；c.招标公告和公示信息内容不符合法律法规规定。

指定媒介发布的招标公告的内容与招标人或其委托的招标代理机构提供的招标公告文本不一致，并造成不良影响的，应当及时纠正，重新发布。

3. 资格审查

招标人可以根据招标项目本身的特点和需要，要求潜在投标人或者投标人提供满足其资格要求的文件，对潜在投标人或者投标人进行资格审查。资格审查可以分为资格预审和资格后审。资格预审是指在投标前对潜在投标人进行的资质条件、业绩、信誉、技术、资金等多方面情况进行资格审查，而资格后审是指在开标后对投标人进行的资格审查。采取资格预审的，招标人应当在资格预审文件中载明资格预审的条件、标准和方法；采取资格后审的，招标人应当在招标文件中载明对投标人资格要求的条件、标准和方法。招标人不得改变载明的资格条件或者以没有载明的资格条件对潜在投标人或者投标人进行资格审查。除招标文件另有规定外，进行资格预审的，一般不再进行资格后审。资格预审和后审的内容与标准是相同的，此处主要介绍资格预审。

资格预审的目的是为了排除那些不合格的投标人，进而降低招标人的采购成本，提高招标工作的效率。资格预审的程序是：

（1）发出资格预审文件

发出资格预审公告后，招标人向申请参加资格预审的申请人出售资格预审文件。

资格预审文件的内容主要包括：资格预审公告、申请人须知、资格审查办法、资格预审申请文件格式、项目建设概况等内容，同时还包括关于资格预审文件澄清和修改的说明。

（2）投标人提交资格预审申请文件

资格预审申请文件应包括下列内容：

①资格预审申请函。

②法定代表人身份证明或附有法定代表人身份证明的授权委托书。

③联合体协议书（如工程接受联合体投标）。

④申请人基本情况表。

⑤近年财务状况表。

⑥近年完成的类似项目情况表。

⑦正在施工和新承接的项目情况表。

⑧近年发生的诉讼及仲裁情况。

⑨其他材料。

（3）对投标申请人的审查和评定

国有资金占控股或者主导地位的依法必须进行招标的项目，招标人应当组建资格审查委员会审查资格预审申请文件。资格审查委员会及其成员应当遵守招标投标法和《招投标法实施条例》有关评标委员会及其成员的规定。

招标人组建的资格审查委员会在规定时间内，按照资格预审文件中规定的标准和方法，对提交资格预审申请文件的潜在投标人资格进行审查。

①投标申请人应当符合的条件。资格预审的内容包括基本资格审查和专业资格审查两部分。基本资格审查是指对申请人合法地位和信誉等进行的审查，专业资格审查是指对已

经具备基本资格的申请人履行拟定招标采购项目能力的审查,具体地说,投标申请人应当符合下列条件:a.具有独立订立合同的权利。b.具有履行合同的能力,包括专业、技术资格和能力,资金、设备和其他物质设施状况,管理能力,经验,信誉和相应的从业人员。c.没有处于被责令停业,投标资格被取消,财产被接管、冻结、破产状态。d.在最近三年内没有骗取中标和严重违约及重大工程质量问题。e.法律、行政法规规定的其他资格条件。

②对于投标人的限制性规定。根据《标准施工招标资格预审文件》的规定,投标申请人不得存在下列情形之一:a.为招标人不具有独立法人资格的附属机构(单位)。b.为本标段前期准备提供设计或咨询服务的,但设计施工总承包的除外。c.为本标段的监理人。d.为本标段的代建人。e.为本标段提供招标代理服务的。f.与本标段的监理人或代建人或招标代理机构同为一个法定代表人的。g.与本标段的监理人或代建人或招标代理机构相互控股或参股的。h.与本标段的监理人或代建人或招标代理机构相互任职或工作的。i.不按审查委员会要求澄清或说明的。j.在资格预审过程中弄虚作假、行贿或有其他违法违规行为的。

③资格审查办法。资格审查办法主要有合格制审查办法和有限数量制审查办法。a.合格制审查办法。投标申请人凡符合初步审查标准和详细审查标准的,均可通过资格预审。i.初步审查的要素、标准包括:申请人名称与营业执照、资质证书、安全生产许可证一致,有法定代表人或其委托代理人签字或加盖单位章,申请文件格式填写符合要求,联合体申请人已提交联合体协议书,并明确联合体牵头人(如有)。ii.详细审查的要素、标准包括:具备有效的营业执照,具备有效的安全生产许可证,资质等级、财务状况、类似项目业绩、信誉、项目经理资格、其他要求及联合体申请人等,均符合有关规定。无论是初步审查还是详细审查,其中有一项因素不符合审查标准的,均不能通过资格预审。b.有限数量制审查办法。审查委员会依据规定的审查标准和程序,对通过初步审查和详细审查的资格预审申请文件进行量化打分,按得分由高到低的顺序确定通过资格预审的申请人。通过资格预审的申请人不得超过规定的数量。该方法除保留了合格制审查办法下的初步审查、详细审查的要素、标准外,还增加了评分环节,主要的评分标准包括财务状况、类似项目业绩、信誉和认证体系等。评分中,通过详细审查的申请人不少于3个且没有超过规定数量的,均通过资格预审。如超过规定数量的,审查委员会依据评分标准进行评分,按得分由高到低顺序排列。上述两种方法中,如通过详细审查申请人的数量不足3个的,招标人重新组织资格预审或不再组织资格预审而直接招标。

(4)发出通知与申请人确认

招标人在规定的时间内,以书面形式将资格预审结果通知申请人,并向通过资格预审的申请人发出投标邀请书。通过资格预审的申请人收到投标邀请书后,应在规定的时间内以书面形式明确表示是否参加投标。在规定时间内未表示是否参加投标或明确表示不参加投标的,不得再参加投标。因而造成潜在投标人数量不足3个的,招标人重新组织资格预审或不再组织资格预审而直接招标。

4. 编制和发售招标文件

按照《招标投标法》的规定,招标文件应当包括招标项目的技术要求,对投标人资格审查的标准、投标报价要求和评标标准等所有实质性要求和条件以及拟签合同的主要条款。建设项目施工招标文件是由招标人(或其委托的咨询机构)编制,由招标人发布的,既是投标单位编制投标文件的依据,也是招标人与将来中标人签订工程承包合同的基础,招标文件中提出的各项要求,对整个招标工作乃至承发包双方都有约束力。

（1）施工招标文件的编制内容

①招标公告（或投标邀请书）。当未进行资格预审时，招标文件中应包括招标公告，招标公告的内容前文已经介绍，此处不再赘述。当进行资格预审时，招标文件中应包括投标邀请书，该邀请书可代替资格预审通过通知书，以明确投标人已具备了在某具体项目某具体标段的投标资格，其他内容包括招标文件的获取、投标文件的递交等。

②投标人须知。主要包括对于项目概况的介绍和招标过程的各种具体要求，在正文中的未尽事宜可以通过在投标人须知前附表进行进一步明确，由招标人根据招标项目具体特点和实际需要编制和填写，但无须与招标文件的其他章节相衔接，并不得与投标人须知正文的内容相抵触，否则抵触内容无效。a. 总则。主要包括项目概况、资金来源和落实情况、招标范围、计划工期和质量要求的描述，对投标人资格要求的规定，对费用承担、保密、语言文字、计量单位等内容的约定，对踏勘现场、投标预备会的要求，以及对分包和偏离问题的处理。项目概况中主要包括项目名称、建设地点以及招标人和招标代理机构的情况等。b. 招标文件。主要包括招标文件的构成以及澄清和修改的规定。c. 投标文件。主要包括投标文件的组成，投标报价编制的要求，投标有效期和投标保证金的规定，需要提交的资格审查资料，是否允许提交备选投标方案，以及投标文件标识所应遵循的标准格式要求。d. 投标。主要规定投标文件的密封和标识、递交、修改及撤回的各项要求。在此部分中应当确定投标人编制投标文件所需要的合理时间，即投标准备时间，是指自招标文件开始发出之日起至投标人提交投标文件截止之日止，最短不得少于 20 天。e. 开标。规定开标的时间、地点和程序。f. 评标。说明评标委员会的组建方法，评标原则和采取的评标办法。g. 合同授予。说明拟采用的定标方式，中标通知书的发出时间，要求承包人提交的履约担保和合同的签订时限。h. 重新招标和不再招标。规定重新招标和不再招标的条件。i. 纪律和监督。主要包括对招标过程各参与方的纪律要求。j. 需要补充的其他内容。

③评标办法。评标办法可选择经评审的最低投标价法和综合评估法，具体的评标方法将在后文予以介绍。

④合同条款及格式。包括本工程拟采用的通用合同条款、专用合同条款以及各种合同附件的格式。

⑤工程量清单（最高投标限价）。工程量清单指根据《建设工程工程量清单计价规范》（GB50500－2013）编制的，表现拟建工程实体性项目、非实体性项目和其他项目名称和相应数量的明细清单，以满足工程项目具体量化和计量支付的需要。工程量清单是招标人编制招标控制价和投标人编制投标价的重要依据。

如按照规定应编制最高投标限价的项目，其最高投标限价也应在招标时一并公布。

⑥图纸。图纸是指由招标人提供的用于计算招标控制价和投标人计算投标报价所必需的各种详细程度的图纸。

⑦技术标准和要求。招标文件规定的各项技术标准应符合国家强制性规定。招标文件中规定的各项技术标准均不得要求或标明某一特定的专利、商标、名称、设计、原产地或生产供应者，不得含有倾向或者排斥潜在投标人的其他内容。如果必须引用某一生产供应商的技术标准才能准确或清楚地说明拟招标项目的技术标准时，则应当在参照后面加上"或相当于"的字样。

⑧投标文件格式。提供各种投标文件编制所应依据的参考格式。

⑨规定的其他材料。如需要其他材料，应在投标人须知前附表中予以规定。

(2)招标文件的发售、澄清与修改

①招标文件的发售。招标文件一般发售给通过资格预审、获得投标资格的投标人。投标人在收到招标文件后,应认真核对,核对无误后应以书面形式予以确认。招标文件的价格一般等于编制、印刷这些招标文件的成本,招标活动中的其他费用(如发布招标公告等)不应打入该成本。投标人购买招标文件的费用,不论中标与否都不予退还。其中的图纸,招标人可以酌收押金。对于开标后将图纸退还的,招标人应当退还押金(不计利息)。

②招标文件的澄清。投标人应仔细阅读和检查招标文件的全部内容。如发现缺页或附件不全,应及时向招标人提出,以便补齐。如有疑问,应在规定的时间前以书面形式(包括信函、电报、传真等可以有形地表现所载内容的形式),要求招标人对招标文件予以澄清。

招标文件的澄清将在规定的投标截止时间 15 天前以书面形式发给所有购买招标文件的投标人,但不指明澄清问题的来源。如果澄清发出的时间距投标截止时间不足 15 天,相应推后投标截止时间。

投标人在收到澄清后,应在规定的时间内以书面形式通知招标人,确认已收到该澄清。投标人收到澄清后的确认时间,可以采用一个相对的时间,如招标文件澄清发出后 12 小时以内;也可以采用一个绝对的时间,如 2015 年 4 月 6 日 12:00 以前。

(3)招标文件的修改。招标人对已发出的招标文件进行必要的修改,应当在投标截止时间 15 天前,招标人可以书面形式修改招标文件,并通知所有已购买招标文件的投标人。如果修改招标文件的时间距投标截止时间不足 15 天,相应推后投标截止时间。投标人收到修改内容后,应在规定的时间内以书面形式通知招标人,确认已收到该修改文件。

5. 踏勘现场与召开投标预备会

(1)踏勘现场

招标人根据招标项目的具体情况,可以组织投标人踏勘项目现场,向其介绍工程场地和相关环境的有关情况。招标人不得单独或者分别组织任何一个投标人进行现场踏勘。

①招标人组织投标人进行踏勘现场的目的在于了解工程场地和周围环境情况,以获取投标人认为有必要的信息。为便于投标人提出问题并得到解答,踏勘现场一般安排在投标预备会前的 1~2 天。

②投标人在踏勘现场中如有疑问,问题应在投标预备会前以书面形式向招标人提出,但应给招标人留有解答的时间。

③招标人应向投标人介绍有关现场的以下情况:施工现场是否达到招标文件规定的条件;施工现场的地理位置和地形、地貌;施工现场的地质、土质、地下水位、水文等情况;施工现场气候条件,如气温、湿度、风力、年雨雪量等;现场环境,如交通、饮水、污水排放、生活用电、通信等;工程在施工现场中的位置或布置;临时用地、临时设施搭建等。

④《标准施工招标文件》规定,招标人按招标文件中规定的时间、地点组织投标人踏勘项目现场;投标人踏勘现场发生的费用自理;除招标人的原因外,投标人自行负责在踏勘现场中所发生的人员伤亡和财产损失;招标人在踏勘现场中介绍的工程场地和相关的周边环境情况,供投标人在编制投标文件时参考,招标人不对投标人据此做出的判断和决策负责。

(2)召开投标预备会

投标人在领取招标文件、图纸和有关技术资料及踏勘现场后提出的疑问,招标人可通过以下方式进行解答。

①收到投标人提出的疑问后,应以书面形式进行解答,并将解答同时送达所有获得招标

文件的投标人。

②收到提出的疑问后,通过投标预备会进行解答,并以书面形式同时送达所有获得招标文件的投标人。召开投标预备会的目的在于澄清招标文件中的疑问,解答投标人对招标文件和勘查现场中所提出的疑问。召开投标预备会有以下注意事项:a.招标人按招标文件中规定的时间和地点召开投标预备会,澄清投标人提出的问题。b.投标人应在规定的时间前,以书面形式将提出的问题送达招标人,以便招标人在会议期间澄清。c.投标预备会后,招标人在规定的时间内,将对投标人所提问题的澄清以书面方式通知所有购买招标文件的投标人。该澄清内容为招标文件的组成部分。

结合有关招标程序及活动的时间要求,各项招标活动应符合图4-3所示的时间要求。

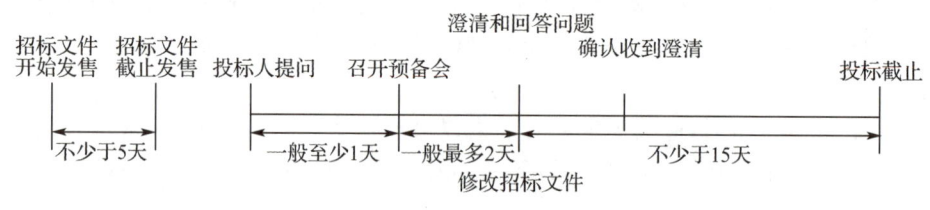

图4-3 招标活动的时间要求

【例4-3】某国有资金投资办公楼建设项目,业主委托某造价咨询机构编制该项目的最高投标限价,并采用邀请招标方式进行项目施工招标。招标投标过程中发生以下事件:招标代理人确定的自招标文件出售之日起至停止出售之日止的时间为10个工作日;应潜在投标人的请求,招标人组织最具竞争力的一个潜在投标人踏勘项目现场,并在现场口头解答了该潜在投标人提出的疑问。评析以上做法有哪些不妥之处。

【解析】第一,采用邀请招标方式不妥,该项目为国有资金投资项目,按照《招标投标法》规定,国有资金投资项目应该采用公开招标方式,只有在"技术复杂、有特殊要求或者受自然环境限制,只有少量潜在投标人可供选择;采用公开招标方式的费用占项目合同金额的比例过大"这两种情况下才可以采用邀请招标方式。

第二,"招标人组织最具竞争力的一个潜在投标人踏勘项目现场"不妥,根据《招标投标法实施条例》不得组织单个或者部分潜在投标人踏勘项目现场。

第三,"在现场口头解答了该潜在投标人提出的疑问"不妥,应以书面形式或召开投标预备会方式向所有购买招标文件的潜在投标人解答提出的疑问。

4.2 投标法律制度

4.2.1 投标人的资格与投标文件的撤回

1. 投标人的资格

投标人是响应招标、参加投标竞争的法人或者其他组织。投标人参加依法必须进行招标的项目的投标,不受地区或者部门的限制,任何单位和个人不得非法干涉。

不具独立法人资格的附属机构(单位),或者为招标项目的前期准备、监理工作提供设计、咨询服务的任何法人及其任何附属机构(单位),都无资格参加该招标项目的投标。具体要求可参见招标人资格预审的有关要求。

2. 投标文件的撤回

投标人撤回已提交的投标文件,应当在投标截止时间前书面通知招标人。招标人已收取投标保证金的,应当自收到投标人书面撤回通知之日起5日内退还。

4.2.2 投标文件的编制与递交

1. 投标文件的内容

投标人应当按照招标文件的要求编制投标文件。以施工项目为例,投标文件应当包括下列内容:

(1)投标函及投标函附录。
(2)法定代表人身份证明或附有法定代表人身份证明的授权委托书。
(3)联合体协议书(如工程允许采用联合体投标)。
(4)投标保证金。
(5)已标价工程量清单。
(6)施工组织设计。
(7)项目管理机构。
(8)拟分包项目情况表。
(9)资格审查资料。
(10)规定的其他材料。

2. 投标文件编制应遵循的规定

(1)投标文件应按"投标文件格式"进行编写,如有必要,可以增加附页,作为投标文件的组成部分。其中,投标函附录在满足招标文件实质性要求的基础上,可以提出比招标文件要求更有利于招标人的承诺。

(2)投标文件应当对招标文件有关工期、投标有效期、质量要求、技术标准和要求、招标范围等实质性内容做出响应。

(3)投标文件应由投标人的法定代表人或其委托代理人签字或盖单位章。委托代理人签字的,投标文件应附法定代表人签署的授权委托书。投标文件应尽量避免涂改、行间插字或删除。如果出现上述情况,改动之处应加盖单位章或由投标人的法定代表人或其授权的代理人签字确认。

(4)投标文件正本一份,副本份数按招标文件有关规定。正本和副本的封面上应清楚地标记"正本"或"副本"的字样。投标文件的正本与副本应分别装订成册,并编制目录。当副本和正本不一致时,以正本为准。

(5)除招标文件另有规定外,投标人不得递交备选投标方案。允许投标人递交备选投标方案的,只有中标人所递交的备选投标方案方可予以考虑。评标委员会认为中标人的备选投标方案优于其按照招标文件要求编制的投标方案的,招标人可以接受该备选投标方案。

3. 投标文件的递交

投标人应当在招标文件规定的提交投标文件的截止时间前,将投标文件密封送达投地点。招标人收到投标文件后,应当向投标人出具标明签收人和签收时间的凭证,在开标前任何单位和个人不得开启投标文件。在招标文件要求提交投标文件的截止时间后送达或未送达指定地点的投标文件,为无效的投标文件,招标人不予受理。有关投标文件的递交还应注意以下问题:

(1)投标人在递交投标文件的同时,应按规定的金额、担保形式和投标保证金格式递交投标保证金,并作为其投标文件的组成部分。联合体投标的,其投标保证金由牵头人递交,并应符合规定。投标保证金除现金外,可以是银行出具的银行保函、保兑支票、银行汇票或现金支票。投标保证金的数额不得超过招标项目估算价的 2%。投标人不按要求提交投标保证金的,其投标文件作废标处理。招标人与中标人签订合同后 5 日内,向未中标的投标人和中标人退还投标保证金。出现下列情况的,投标保证金将不予返还:

①投标人在规定的投标有效期内撤销或修改其投标文件。

②中标人在收到中标通知书后,无正当理由拒签合同协议书或未按招标文件规定提交履约担保。

(2)投标有效期。投标有效期从投标截止时间起开始计算,主要用作组织评标委员会评标招标人定标、发出中标通知书以及签订合同等工作,一般考虑以下因素:

①组织评标委员会完成评标需要的时间。

②确定中标人需要的时间。

③签订合同需要的时间。

一般项目投标有效期为 60～90 天,大型项目为 120 天左右。投标保证金的有效期应与投标有效期保持一致。

出现特殊情况需要延长投标有效期的,招标人以书面形式通知所有投标人延长投标有效期。投标人同意延长的,应相应延长其投标保证金的有效期,但不得要求或被允许修改或撤销其投标文件;投标人拒绝延长的,其投标失效,但投标人有权收回其投标保证金。

(3)投标文件的密封和标识。投标文件的正本与副本应分开包装,加贴封条,并在封套上清楚标记"正本"或"副本"字样,于封口处加盖投标人单位章。

(4)投标文件的修改与撤回。在规定的投标截止时间前,投标人可以修改或撤回已递交的投标文件,但应以书面形式通知招标人。在招标文件规定的投标有效期内,投标人不得要求撤销或修改其投标文件。

(5)费用承担与保密责任。投标人准备和参加投标活动发生的费用自理。参与招标投标活动的各方应对招标文件和投标文件中的商业和技术等秘密保密,违者应对由此造成的后果承担法律责任。

4.2.3 联合体投标

两个以上法人或者其他组织可以组成一个联合体,以一个投标人的身份共同投标。联合体投标需遵循以下规定:

(1)联合体各方应按招标文件提供的格式签订联合体协议书,明确联合体牵头人和各方权利义务,牵头人代表联合体成员负责投标和合同实施阶段的主办、协调工作,并应当向招标人提交由所有联合体成员法定代表人签署的授权书。

(2)联合体各方签订共同投标协议后,不得再以自己名义单独投标,也不得组成新的联合体或参加其他联合体在同一项目中投标。资格预审后联合体增减、更换成员的,其投标无效。

(3)联合体各方应具备承担本施工项目的资质条件、能力和信誉,通过资格预审的联合体,其各方组成结构或职责,以及财务能力、信誉情况等资格条件不得改变。

(4)由同一专业的单位组成的联合体,按照资质等级较低的单位确定资质等级。

(5)联合体投标的,应当以联合体各方或者联合体中牵头人的名义提交投标保证金。以联合体中牵头人名义提交的投标保证金,对联合体各成员具有约束力。

4.2.4 串通投标与歧视投标人的界定

1. 串通投标的界定

有下列情形之一的,属于投标人相互串通投标:

(1)投标人之间协商投标报价等投标文件的实质性内容。

(2)投标人之间约定中标人。

(3)投标人之间约定部分投标人放弃投标或者中标。

(4)属于同一集团、协会、商会等组织成员的投标人按照该组织要求协同投标。

(5)投标人之间为牟取中标或者排斥特定投标人而采取的其他联合行动。

有下列情形之一的,视为投标人相互串通投标:

(1)不同投标人的投标文件由同一单位或者个人编制。

(2)不同投标人委托同一单位或者个人办理投标事宜。

(3)不同投标人的投标文件载明的项目管理成员为同一人。

(4)不同投标人的投标文件异常一致或者投标报价呈规律性差异。

(5)不同投标人的投标文件相互混装。

(6)不同投标人的投标保证金从同一单位或者个人的账户转出。

禁止招标人与投标人串通投标。有下列情形之一的,属于招标人与投标人串通投标:

(1)招标人在开标前开启投标文件并将有关信息泄露给其他投标人。

(2)招标人直接或者间接向投标人泄露标底、评标委员会成员等信息。

(3)招标人明示或者暗示投标人压低或者抬高投标报价。

(4)招标人授意投标人撤换、修改投标文件。

(5)招标人明示或者暗示投标人为特定投标人中标提供方便。

(6)招标人与投标人为谋求特定投标人中标而采取的其他串通行为。

投标人有下列情形之一的,属于《招标投标法》第三十三条规定的以其他方式弄虚作假的行为:

(1)使用伪造、变造的许可证件。

(2)提供虚假的财务状况或者业绩。

(3)提供虚假的项目负责人或者主要技术人员简历、劳动关系证明。

(4)提供虚假的信用状况。

(5)其他弄虚作假的行为。

2. 歧视投标人的界定

在《招标投标法实施条例》中,规定了招标人不得以不合理的条件限制、排斥潜在投标人或者投标人。

招标人有下列行为之一的,属于以不合理条件限制、排斥潜在投标人或者投标人:

(1)就同一招标项目向潜在投标人或者投标人提供有差别的项目信息。

(2)设定的资格、技术、商务条件与招标项目的具体特点和实际需要不相适应或者与合同履行无关。

(3)依法必须进行招标的项目以特定行政区域或者特定行业的业绩、奖项作为加分条件或者中标条件。

(4)对潜在投标人或者投标人采取不同的资格审查或者评标标准。

(5)限定或者指定特定的专利、商标、品牌、原产地或者供应商。

(6)依法必须进行招标的项目非法限定潜在投标人或者投标人的所有制形式或者组织形式。

(7)以其他不合理条件限制、排斥潜在投标人或者投标人。

4.3 开标、评标与定标

在工程项目招投标中,开标、评标和定标是招标程序中极为重要的环节。只有做出客观公正的评标、定标,才能最终选择最合适的承包人,从而顺利进入到建设项目具体实施阶段。我国相关法规中,对于开标的时间和地点、出席开标会议的一系列规定、开标的顺序以及废标等,对于评标原则和评标委员会的组建、评标程序和方法,对于定标的条件与做法,均做出了明确而清晰的规定。选定中标单位后,也应在规定的时限内与其完成合同的签订工作。

4.3.1 开标

1. 开标的时间和地点

《招标投标法》规定,开标应当在招标文件确定的提交投标文件截止时间的同一时间公开进行。这样的规定是为了避免投标中的舞弊行为。出现以下情况时征得建设行政主管部门的同意后,可以暂缓或者推迟开标时间:

(1)招标文件发售后对原招标文件做了变更或者补充。

(2)开标前发现有影响招标公正性的不正当行为。

(3)出现突发事件等。

开标地点应当为招标文件中投标人须知前附表中预先确定的地点。

2. 出席开标会议的规定

开标由招标人主持,并邀请所有投标人的法定代表人或其委托代理人准时参加。招标人可以在投标人须知前附表中对此做进一步说明,同时明确投标人的法定代表人或其委托代理人不参加开标的法律后果,通常不应以投标人不参加开标为由将其投标作废标处理。

3. 开标程序

根据《标准施工招标文件》的规定,主持人按下列程序进行开标:

(1)宣布开标纪律。

(2)公布在投标截止时间前递交投标文件的投标人名称,并点名确认投标人是否派人到场。

(3)宣布开标人、唱标人、记录人、监标人等有关人员姓名。

(4)按照投标人须知前附表规定检查投标文件的密封情况。

(5)按照投标人须知前附表的规定确定并宣布投标文件开标顺序。

(6)设有标底的,公布标底。

(7)按照宣布的开标顺序当众开标,公布投标人名称、标段名称、投标保证金的递交情况、投标报价、质量目标、工期及其他内容,并记录在案。

(8)投标人代表、招标人代表、监标人、记录人等有关人员在开标记录上签字确认。

(9)开标结束。

4. 招标人不予受理的投标

投标文件有下列情形之一的,招标人不予受理:

(1)逾期送达的或者未送达指定地点的。

(2)未按招标文件要求密封的。

4.3.2 评标

1. 评标的原则以及保密性和独立性

评标活动应遵循公平、公正、科学、择优的原则,招标人应当采取必要的措施,保证评标在严格保密的情况下进行。评标是招标投标活动中一个十分重要的阶段,如果对评标过程不进行保密,则有可能发生影响公正评标的不正当行为。

评标委员会成员名单一般应于开标前确定,而且该名单在中标结果确定前应当保密。评标委员会在评标过程中是独立的,任何单位和个人都不得非法干预、影响评标过程和结果。

2. 评标委员会的组建与对评标委员会成员的要求

(1)评标委员会的组建。评标委员会由招标人负责组建,负责评标活动,向招标人推荐中标候选人或者根据招标人的授权直接确定中标人。

评标委员会由招标人或其委托的招标代理机构熟悉相关业务的代表,以及有关技术、经济等方面的专家组成,成员人数为五人以上的单数,其中技术、经济等方面的专家不得少于成员总数的三分之二。评标委员会设负责人的,负责人由评标委员会成员推举产生或者由招标人确定,评标委员会负责人与评标委员会的其他成员有同等的表决权。

评标委员会的专家成员应当从省级以上人民政府有关部门提供的专家名册或者招标代理机构专家库内的相关专家名单中确定。确定评标专家,可以采取随机抽取或者直接确定的方式。一般项目可采取随机抽取的方式;技术特别复杂、专业性要求特别高或者国家有特殊要求的招标项目,采取随机抽取方式确定的专家难以胜任的,可以经过规定的程序由招标人直接确定。

(2)对评标委员会成员的要求。

评标委员会中的专家成员应符合下列条件:

①从事相关专业领域工作满八年并具有高级职称或者同等专业水平。

②熟悉有关招标投标的法律法规,并具有与招标项目相关的实践经验。

③能够认真、公正、诚实、廉洁地履行职责。

④身体健康,能够承担评标工作。

有下列情形之一的,不得担任评标委员会成员,应当回避:

①招标人或投标人主要负责人的近亲属。

②项目主管部门或者行政监督部门的人员。

③与投标人有经济利益关系,可能影响对投标公正评审的。

④曾因在招标、评标以及其他与招标投标有关活动中从事违法行为而受过行政处罚或刑事处罚的。

3. 评标的准备与初步评审

(1)评标的准备。评标委员会成员应当编制供评标使用的相应表格,认真研究招标文件,至少应了解和熟悉以下内容:

①招标的目标。

②招标项目的范围和性质。

③招标文件中规定的主要技术要求、标准和商务条款。

④招标文件规定的评标标准、评标方法和在评标过程中考虑的相关因素。

招标人或者其委托的招标代理机构应当向评标委员会提供评标所需的重要信息和数据。

评标委员会应当根据招标文件规定的评标标准和方法,对投标文件进行系统的评审和比较。招标文件中没有规定的标准和方法不得作为评标的依据。因此,评标委员会成员还应当了解招标文件规定的评标标准和方法,这也是评标的重要准备工作。

(2)初步评审。根据《评标委员会和评标方法暂行规定》及《标准施工招标文件》的规定,我国目前评标中主要采用的方法包括经评审的最低中标价法和综合评估法,两种评标方法在初步评审的内容和标准上基本是一致的。

①初步评审标准,包括以下四方面:a.形式评审标准:包括投标人名称与营业执照、资质证书、安全生产许可证一致;投标函上有法定代表人或其委托代理人签字或加盖单位章;投标文件格式符合要求;联合体投标人已提交联合体协议书,并明确联合体牵头人(如有);报价唯一,即只能有一个有效报价,等等。b.资格评审标准:如果是未进行资格预审的,应具备有效的营业执照,具备有效的安全生产许可证,并且资质等级、财务状况、类似项目业绩、信誉、项目经理、其他要求、联合体投标人等,均符合规定。如果是已进行资格预审的,仍按前文所述"资格审查办法"中详细审查标准来进行。c.响应性评审标准:主要的投标内容包括投标报价校核,审查全部报价数据计算的正确性,分析报价构成的合理性,并与招标控制价进行对比分析,还有工期、工程质量、投标有效期、投标保证金、权利义务、已标价工程量清单、技术标准和要求等,均应符合招标文件的有关要求。也就是说,投标文件应实质上响应招标文件的所有条款、条件,无显著的差异或保留。所谓显著的差异或保留包括以下情况:

对工程的范围、质量及使用性能产生实质性影响;偏离了招标文件的要求,而对合同中规定的招标人的权利或者投标人的义务造成实质性的限制;纠正这种差异或者保留将会对提交了实质性响应要求的投标书的其他投标人的竞争地位产生不公正影响。d. 施工组织设计和项目管理机构评审标准:主要包括施工方案与技术措施、质量管理体系与措施、安全管理体系与措施、环境保护管理体系与措施、工程进度计划与措施、资源配备计划、技术负责人、其他主要人员、施工设备、试验、检测仪器设备等,符合有关标准。

②投标文件的澄清和说明。评标委员会可以书面方式要求投标人对投标文件中含意不明确的内容做必要的澄清、说明或补正,但是澄清、说明或补正不得超出投标文件的范围或者改变投标文件的实质性内容。对招标文件的相关内容做出澄清、说明或补正,其目的是有利于评标委员会对投标文件的审查、评审和比较。澄清、说明或补正包括投标文件中含义不明确、对同类问题表述不一致或者有明显文字和计算错误的内容。但评标委员会不得向投标人提出带有暗示性或诱导性的问题,或向其明确投标文件中的遗漏和错误。同时,评标委员会不接受投标人主动提出的澄清、说明或补正。

投标文件不响应招标文件的实质性要求和条件的,招标人应当拒绝,并不允许投标人通过修正或撤销其不符合要求的差异或保留,使之成为具有响应性的投标。

评标委员会对投标人提交的澄清、说明或补正有疑问的,可以要求投标人进一步澄清、说明或补正,直至满足评标委员会的要求。

③投标报价有算术错误的,评标委员会按以下原则对投标报价进行修正,修正的价格经投标人书面确认后具有约束力。投标人不接受修正价格的,其投标作废标处理。a. 投标文件中的大写金额与小写金额不一致的,以大写金额为准;b. 总价金额与依据单价计算出的结果不一致的,以单价金额为准修正总价,但单价金额小数点有明显错误的除外。此外,如对不同文字文本投标文件的解释发生异议的,以中文文本为准。

④经初步评审后作为废标处理的情况。评标委员会应当审查每一投标文件是否对招标文件提出的所有实质性要求和条件做出了响应。未能在实质上响应的投标,应作废标处理。具体情形包括:a. 不符合招标文件规定"投标人资格要求"中任何一种情形的;b. 投标人以他人名义投标、串通投标、弄虚作假或有其他违法行为的;c. 不按评标委员会要求澄清、说明或补正的;d. 评标委员会发现投标人的报价明显低于其他投标报价或者在设有标底时明显低于标底,使得其投标报价可能低于其个别成本的,应当要求该投标人做出书面说明并提供相关证明材料。投标人不能合理说明或者不能提供相关证明材料的,由评标委员会认定该投标人以低于成本报价竞标,其投标应作废标处理;e. 投标文件无单位盖章并无法定代表人或单位负责人签字或盖章的;f. 投标文件未按规定的格式填写,内容不全或关键字迹模糊、无法辨认的;g. 投标人递交两份或多份内容不同的投标文件,或在一份投标文件中对同一招标项目报有两个或多个报价,且未声明哪一个有效。按招标文件规定提交备选投标方案的除外;h. 投标人名称或组织机构与资格预审时不一致的;i. 未按招标文件要求提交投标保证金的;j. 联合体投标未附联合体各方共同投标协议的。

4. 详细评审方法

经初步评审合格的投标文件,评标委员会应当根据招标文件确定的评标标准和方法,对其技术部分和商务部分做进一步评审、比较。详细评审的方法包括经评审的最低投标价法和综合评估法两种。

(1)经评审的最低投标价法。经评审的最低投标价法是指评标委员会对满足招标文件实质要求的投标文件,根据详细评审标准规定的量化因素及量化标准进行价格折算,按照经评审的投标价由低到高的顺序推荐中标候选人,或根据招标人授权直接确定中标人,但投标报价低于其成本的除外。经评审的投标价相等时,投标报价低的优先;投标报价也相等的,由招标人自行确定。

①经评审的最低投标价法的适用范围。按照《评标委员会和评标方法暂行规定》的规定,经评审的最低投标价法一般适用于具有通用技术、性能标准或者招标人对其技术、性能没有特殊要求的招标项目。

②详细评审标准及规定。采用经评审的最低投标价法的,评标委员会应当根据招标文件中规定的量化因素和标准进行价格折算,对所有投标人的投标报价以及投标文件的商务部分做必要的价格调整。根据《标准施工招标文件》的规定,主要的量化因素包括单价遗漏和付款条件等,招标人可以根据项目具体特点和实际需要,进一步删减、补充或细化量化因素和标准。另外如世界银行贷款项目采用此种评标方法时,通常考虑的量化因素和标准包括:一定条件下的优惠(借款国国内投标人有7.5%的评标优惠);工期提前的效益对报价的修正;同时投多个标段的评标修正等。所有的这些修正因素都应当在招标文件中有明确的规定。对同时投多个标段的评标修正,一般的做法是,如果投标人的某一个标段已被确定为中标,则在其他标段的评标中按照招标文件规定的百分比(通常为4%)乘以报价额后,在评标价中扣减此值。

根据经评审的最低投标价法完成详细评审后,评标委员会应当拟定一份"价格比较一览表",连同书面评标报告提交招标人。"价格比较一览表"应当载明投标人的投标报价、对商务偏差的价格调整和说明以及已评审的最终投标价。

(2)综合评估法。不宜采用经评审的最低投标价法的招标项目,一般应当采取综合评估法进行评审。综合评估法是指评标委员会对满足招标文件实质性要求的投标文件,按照规定的评分标准进行打分,并按得分由高到低顺序推荐中标候选人,或根据招标人授权直接确定中标人,但投标报价低于其成本的除外。综合评分相等时,以投标报价低的优先;投标报价也相等的,由招标人自行确定。

根据综合评估法完成评标后,评标委员会应当拟定一份"综合评估比较表",连同书面评标报告提交招标人。"综合评估比较表"应当载明投标人的投标报价、所做的任何修正、对商务偏差的调整、对技术偏差的调整、对各评审因素的评估以及对每一投标的最终评审结果。

5. 评标结果

除招标人授权直接确定中标人外,评标委员会按照经评审的价格由低到高的顺序推荐中标候选人。评标委员会完成评标后,应当向招标人提交书面评标报告,并抄送有关行政监督部门。评标报告应当如实记载以下内容:

(1)基本情况和数据表。

(2)评标委员会成员名单。

(3)开标记录。

(4)符合要求的投标一览表。

(5)废标情况说明。

(6)评标标准、评标方法或者评标因素一览表。

(7)经评审的价格或者评分比较一览表。

(8)经评审的投标人排序。

(9)推荐的中标候选人名单与签订合同前要处理的事宜。
(10)澄清、说明、补正事项纪要。

评标报告由评标委员会全体成员签字。对评标结论持有异议的评标委员会成员可以书面方式阐述其不同意见和理由。评标委员会成员拒绝在评标报告上签字且不陈述其不同意见和理由的,视为同意评标结论。评标委员会应当对此做出书面说明并记录在案。

4.3.3 定标

1. 中标候选人的确定

除招标文件中特别规定了授权评标委员会直接确定中标人外,招标人应依据评标委员会推荐的中标候选人确定中标人,评标委员会推荐中标候选人的人数应符合招标文件的要求,一般应当限定在1~3人,并标明排列顺序。

中标人的投标应当符合下列条件之一:
(1)能够最大限度满足招标文件中规定的各项综合评价标准。
(2)能够满足招标文件的实质性要求,并且经评审的投标价格最低,但是投标价格低于成本的除外。

对使用国有资金投资或者国家融资的项目,招标人应当确定排名第一的中标候选人为中标人。排名第一的中标候选人放弃中标、因不可抗力提出不能履行合同,或者招标文件规定应当提交履约保证金而在规定的期限内未能提交的,招标人可以确定排名第二的中标候选人为中标人。排名第二的中标候选人因上述同样原因不能签订合同的,招标人可以确定排名第三的中标候选人为中标人。

招标人可以授权评标委员会直接确定中标人。

招标人不得向中标人提出压低报价、增加工作量、缩短工期或其他违背中标人意愿的要求,以此作为发出中标通知书和签订合同的条件。

2. 中标公示

招标人收到评标委员会的评标结果,应在3日内公示中标候选人。依法必须招标项目的中标候选人公示应当载明以下内容:
(1)中标候选人排序、名称、投标报价、质量、工期(交货期),以及评标情况;
(2)中标候选人按照招标文件要求承诺的项目负责人姓名及其相关证书名称和编号;
(3)中标候选人响应招标文件要求的资格能力条件;
(4)提出异议的渠道和方式;
(5)招标文件规定公示的其他内容。

依法必须招标项目的中标结果公示应当载明中标人名称。

3. 发出中标通知书并订立书面合同

(1)中标通知。中标人确定后,招标人应当向中标人发出中标通知书,并同时将中标结果通知所有未中标的投标人。中标通知书对招标人和中标人具有法律效力。中标通知书发出后,招标人改变中标结果,或者中标人放弃中标项目的,应当依法承担法律责任。依据《招标投标法》的规定,依法必须进行招标的项目,招标人应当自确定中标人之日起15日内,向有关行政监督部门提交招标投标情况的书面报告。书面报告中至少应包括下列内容:

①招标范围。

②招标方式和发布招标公告的媒介。

③招标文件中投标人须知、技术条款、评标标准和方法、合同主要条款等内容。

④评标委员会的组成和评标报告。

⑤中标结果。

(2)履约担保。在签订合同前,中标人以及联合体的中标人应按招标文件有关规定的金额、担保形式和招标文件规定的履约担保格式,向招标人提交履约担保。履约担保有现金、支票、履约担保书和银行保函等形式,可以选择其中的一种作为招标项目的履约担保,一般采用银行保函和履约担保书。履约担保金额一般为中标价的10%。中标人不能按要求提交履约担保的,视为放弃中标,其投标保证金不予退还,给招标人造成的损失超过投标保证金数额的,中标人还应当对超过部分予以赔偿。中标后的承包人应保证其履约担保在发包人颁发工程接收证书前一直有效。发包人应在工程接收证书颁发后28天内把履约担保退还给承包人。

(3)签订合同。招标人和中标人应当自中标通知书发出之日起30天内,根据招标文件和中标人的投标文件订立书面合同。中标人无正当理由拒签合同的,招标人取消其中标资格,其投标保证金不予退还;给招标人造成的损失超过投标保证金数额的,中标人还应当对超过部分予以赔偿。发出中标通知书后,招标人无正当理由拒签合同的,招标人向中标人退还投标保证金;给中标人造成损失的,还应当赔偿损失。招标人与中标人签订合同后5个日内,应当向中标人和未中标的投标人退还投标保证金。

(4)履行合同。中标人应当按照合同约定履行义务,完成中标项目。中标人不得向他人转让中标项目,也不得将中标项目肢解后分别向他人转让。中标人按照合同约定或者经招标人同意,可以将中标项目的部分非主体、非关键性工程分包给他人完成。接受分包的人应当具备相应的资格条件,并不能再次分包。中标人应当就分包项目向招标人负责,接受分包的人就分包项目承担连带责任。招标人发现中标人转包或违法分包的,应当要求中标人改正;拒不改正的,可终止合同,并报请有关行政监督部门查处。

4. 重新招标和不再招标

(1)重新招标。有下列情形之一的,招标人将重新招标:

①投标截止时间止,投标人少于3个的;

②经评标委员会评审后否决所有投标的。

(2)不再招标。《标准施工招标文件》规定,重新招标后投标人仍少于3个或者所有投标被否决的,属于必须审批或核准的工程建设项目,经原审批或核准部门批准后不再进行招标。

复习思考题

1.《招标投标法实施条例》中规定有哪些情形可以不进行招标?

2. 工程建设招标项目的规模是如何规定的?

3. 公开招标与邀请招标的适应范围、优缺点分别是什么?

4. 招标的活动有哪些?

5. 投标文件应包括哪些内容？
6. 哪些行为属于以不合理的条件限制、排斥潜在投标人或投标人？
7. 中标人应符合哪些要求？
8. 从公平公正的视角阐释"招标控制价与经评审的合理最低价评标配合，能促使投标人加快技术革新和提高管理水平"这句话。

课后案例

某国有资金投资的大型建设项目，建设单位采用公开招标方式进行施工招标。建设单位委托具有相应资质的招标代理机构编制了招标文件，招标文件包括如下规定：

(1)招标人设有最高投标限价和最低投标限价，高于最高投标限价或低于最低投标限价的投标人报价均按废标处理。

(2)招标人将在投标截止日后的90日内完成评标和公布中标候选人工作。

投标和评标过程中发生如下事件：

事件1：投标人A对工程量清单中某分项工程工程量的准确性有异议，并于投标截止时间15日前向招标人书面提出了澄清申请。

事件2：投标人B在投标截止时间前10分钟以书面形式通知招标人撤回已递交的投标文件，并要求招标人5日内退还已递交的投标保证金。

事件3：在评标过程中，投标人D主动对自己的投标文件向评标委员会提出了书面澄清、说明。

事件4：在评标过程中，评标委员会发现投标人E和投标人F的投标文件中载明的项目管理成员中有一人为同一人。

【问题】

(1)招标文件中，除了投标人须知、图纸、技术标准和要求、投标文件格式外，还应包括哪些内容？

(2)分析招标代理机构编制的招标文件中(1)(2)项规定是否妥当，并分别说明理由。

(3)针对事件1和事件2，招标人应如何处理？

(4)针对事件3和事件4，评标委员会应如何处理？

【分析】

(1)招标文件还应当包括工程量清单、评标标准和方法、施工合同条款。

(2)"招标人设有最高投标限价，高于最高投标限价的投标人报价按废标处理"妥当。《招标投标法实施条例》规定招标人可以设定最高投标限价；且根据《建设工程工程量清单计价规范》规定，国有资金投资建设项目必须编制招标控制价(最高投标限价)，高于招标控制价的投标人报价按废标处理。

"招标人设有最低投标限价"不妥，《招标投标法实施条例》规定招标人不得规定最低投标限价。

"招标人将在投标截止日后的90日内完成评标和公布中标候选人工作"妥当，我国招标投标相关法规规定，招标人根据项目实际情况(规模、技术复杂程度等)合理确定评标时间，本案例中招标文件对评标和公布中标候选人工作时间的规定，并未违反相关限制性规定。

（3）针对事件1，招标人应受理投标人A的书面澄清申请，并在复核工程量后做出书面回复。同时招标人应将书面回复送达所有投标人。

针对事件2，招标人应允许投标人B撤回投标文件，并应在收到投标人书面撤回通知之日起5日内退还已收取的投标保证金。

（4）针对事件3，评标委员会不得接受投标人D主动提出的澄清和说明。

针对事件4，评标委员会应视为投标人E和投标人F相互串通投标，投标人E和投标人F的投标均按废标处理。

第 5 章

工程建设勘察设计法律制度

> **课程思政要点**
>
> 通过对中国古代能工巧匠及诸多建筑遗产的介绍,弘扬传统文化,坚定文化自信。通过对当代中国建筑工程伟大成就的讲解,坚定道路自信、制度自信,培养爱国主义精神、家国情怀。通过对建设地点的地形地貌、土层土壤岩性、地质构造、水文条件等勘察内容的讲解,树立"青山绿水"的可持续发展观,培育工匠精神;通过对勘察设计文件编制各参数及其意义的讲解和比较,培养精益求精、开拓创新的精神。通过对勘察设计文件知识产权保护内容的讲解,树立良好的职业道德,培育法治精神。通过对建设工程勘察设计合同权利义务的讲解,弘扬契约精神和诚信精神。

5.1 工程建设勘察设计法律制度概述

5.1.1 工程建设勘察设计的概念

工程建设勘察设计是建设工程勘察和建设工程设计的总称。在工程建设活动中,勘察设计是工程建设前期的关键环节,关乎工程建设的质量和投资效益。勘察是设计的基础依据,设计是工程建设的主导环节。从事任何工程建设项目都必须坚持先勘察、后设计、再施工的原则。

1. 建设工程勘察

建设工程勘察是指根据建设工程的要求,查明、分析、评价建设场地的地质地理环境特征和岩土工程条件,编制建设工程勘察文件的活动。其基本内容是工程测量、水文地质勘察和工程地质勘察。

勘察任务在于查明工程项目建设地点的地形地貌、地层土壤岩性、地质构造、水文条件等自然地质条件资料,做出鉴定和综合评价,为建设项目的选址、工程设计和施工提供科学可靠的依据。

2. 建设工程设计

建设工程设计是指根据建设工程的要求,对建设工程所需的技术、经济、资源、环境等条件进行综合分析、论证,编制建设工程设计文件的活动。在建设项目的选址和设计任务书已定的情况下,工程设计直接决定着建设项目的技术先进性和经济合理性。

按我国现行规定,一般建设项目按初步设计和施工图设计两个阶段进行。对于技术复杂而又缺乏经验的项目,经主管部门指定,需增加技术设计阶段,对一些大型联合企业、矿区和水利枢纽,为解决总体部署和开发问题,还需进行总体规划设计或总体设计。

5.1.2 工程建设勘察设计法律制度

工程建设勘察设计法律制度是指调整建设工程勘察设计活动中所产生的各种社会关系的法律规范的总称。

为保证建设工程勘察、设计活动有法可依、有章可循,保证勘察、设计的质量,切实维护人民生命和财产安全,国务院和国家建设行政主管部门先后颁发了多部法规和规章。现行有效的规范建设工程勘察、设计活动的规范性法律文件主要有:

1. 规范勘察设计市场管理的法律法规

国家计委于1983年10月4日施行的《基本建设设计工作管理暂行办法》和《基本建设勘察工作管理暂行办法》;

国务院于2000年9月25日施行的《建设工程勘察设计管理条例》(2017年10月7日已修订);

国家发改委等八部委于2003年8月1日施行的《工程建设项目勘察设计招标投标办法》(2013年3月11日已修订);

原建设部和国家知识产权局于2003年10月22日施行的《工程勘察设计咨询业知识产权保护与管理导则》等。

2. 规范勘察设计资质管理的法律法规

原建设部于2005年4月1日施行的《勘察设计注册工程师管理规定》(2016年10月20日已修订);

原建设部于2007年9月1日施行的《建设工程勘察设计资质管理规定》(2015年5月4日已修订);

住建部于2008年3月15日施行的《中华人民共和国注册建筑师条例实施细则》等。

3. 规范勘察设计质量管理的法律法规

国务院于2000年1月30日施行的《建设工程质量管理条例》(2019年4月23日已修订);

原建设部于2000年2月17日施行的《建筑工程施工图设计文件审查暂行办法》;

原建设部于2000年8月25日施行的《实施工程建设强制性标准监督规定》;

原建设部于 2003 年 2 月 1 日施行的《建设工程勘察质量管理办法》(2021 年 4 月 1 日已修订)；

住建部于 2009 年 1 月 1 日施行的《建筑工程设计文件编制深度规定》(2008 年版)；

住建部于 2013 年 8 月 1 日施行的《房屋建筑和市政基础设施工程施工图设计文件审查管理办法》(2018 年 12 月 29 日已修订)等。

5.1.3 工程建设勘察设计法律制度的调整对象

1. 行政管理关系

国家对从事建设工程勘察设计活动的单位实行资质管理制度，对从事该活动的专业技术人员实行执业资格注册管理制度。国务院建设行政主管部门对全国的建设工程勘察设计活动实施统一监督管理；县级以上地方人民政府建设行政主管部门负责对本行政区域内的建设工程勘察设计活动实施监督管理。

2. 合同关系

建设单位与建设工程勘察设计单位之间的经济合同关系受《民法典合同编》《建筑法》《招标投标法》《建设工程勘察设计管理条例》等相关法律和行政法规的调整。

3. 内部管理关系

依据各种建设技术规范、执业制度、操作规程，规范建设工程勘察设计单位内部的计划、技术、质量等管理，以及实施各种形式的经济责任制过程中形成的内部管理关系。

5.2 工程建设勘察设计文件的编制与实施

5.2.1 编制建设工程勘察设计文件的依据

勘察设计是工程建设的主导环节，对工程建设的质量、投资效益起着决定性的作用。设计的好坏影响着整个工程的质量，为保证建设工程设计的质量和水平，使建设工程设计与社会经济发展水平相适应，真正做到经济效益、社会效益和环境效益相统一，《建设工程勘察设计管理条例》规定，编制建设工程勘察设计文件，应当以下列文件和规定为依据。

1. 项目批准文件

建设工程勘察设计工作应该以建设工程项目的批准文件为依据。建设工程项目的批准文件包括项目建议书、建设项目可行性研究报告、设计任务书以及选址意见书等，但应以可行性研究报告为主要依据。

2. 城乡规划

城乡规划是进行城乡建设和城乡规划管理的依据，是确定城乡性质、规模和布局，指导城乡长远发展，具体部署城乡当前各项建设的有关城乡发展综合部署的法律文件。城乡规划包括城镇体系规划、城市规划、镇规划、乡规划和村庄规划。城市规划、镇规划分为总体规划和详细规划。详细规划又分为控制性详细规划和修建性详细规划。

3. 工程建设强制性标准

工程建设标准是对基本建设中各类工程的勘察、规划、设计、施工安装、验收等需要协调统一的事项所制定的标准。它可以保证工程建设的质量及安全生产,全面提高工程建设的经济效益、社会效益和环境效益。从其执行效力上划分,工程建设标准可以分为强制性标准和推荐性标准。工程建设强制性标准是指直接涉及工程质量、安全、卫生及环境保护等方面的工程建设标准强制性条文。国家工程建设标准强制性条文由国务院建设行政主管部门会同国务院有关行政主管部门确定,是必须执行的具有法律约束性的标准。

4. 国家规定的建设工程勘察设计深度要求

根据不同的勘察设计阶段,其勘察设计要求的深度也不同,原原建设部发布的《建筑工程设计文件编制深度规定》中规定了分阶段设计所应达到的设计深度和应包含的设计内容。

铁路、交通、水利等专业建设工程还应当以专业规划的要求为依据。项目建议书(亦称计划任务书或设计任务书)是编制建设工程勘察设计文件的主要依据。

建设工程勘察设计业务必须严格执行先勘察后设计、先设计后施工的程序。没有批准的计划任务书、资源报告、厂址选择报告,不能提供初步设计文件,更不能进行设计审批,没有批准的初步设计,不能提供设备订货清单和施工图纸。

【例 5-1】 在编制建设工程勘察、设计文件时,应当以下列( )所包含的规定为依据。

A. 项目批准文件,城乡规划,工程建设强制性标准,设计提出的要求

B. 项目批准文件,城乡规划,地区性规范,国家规定的建设工程勘察设计深度要求

C. 可行性报告,上级批准文件,国家规范,设计人提供的勘察要求

D. 项目批准文件,城乡规划,工程建设强制性标准,国家规定的建设工程勘察设计深度要求

【解析】 根据《建设工程勘察设计管理条例》的规定,在编制建设工程勘察设计文件时,应当以项目批准文件、城乡规划、工程建设强制性标准、国家规定的建设工程勘察设计深度要求为依据。正确答案是 D。

5.2.2 建设工程勘察设计文件的编制要求

1. 工程勘察文件的编制要求

《建设工程勘察设计管理条例》规定,编制建设工程勘察文件,应当真实、准确,满足建设工程的规划、选址、设计、岩土治理和施工的需要。按照工程勘察的不同内容,其任务和文件编制要求如下:

(1)工程测量。包括平面控制测量、高程控制测量、地形测量、摄影测量、线路测量和绘图复制等工作。工程测量的任务是为建设项目的选址(选线)、设计和施工提供有关地形地貌的科学依据。

(2)水文地质勘察。一般包括水文地质测绘、地球物理勘探、钻探、抽水试验、地下水动态观测、水文地质参数计算、地下水资源保护等方面的工作。水文地质勘察的任务是为建设项目的设计提供有关地下水源的详细资料。

(3)工程地质勘察。其任务是为建设项目的选址(选线)、设计和施工提供工程地质方面的详细资料。勘察阶段一般分为选址勘察、初步勘察、详细勘察以及施工勘察。

选址勘察阶段对拟选地址的稳定性和适宜性做出工程地质评价,以确定是否符合选址要求。初步勘察阶段对场地内建筑地段的稳定性做出评价,并为确定建筑总平面布置和各主要建筑物地基基础工程方案以及对不良地质现象的防治工程方案,提供地质资料,以满足初步设计的要求。详细勘察阶段对建筑地质做出工程地质评价,并为地基基础设计、地基处理与加固和不良地质条件的防治工程,提供工程地质资料,以满足施工图设计的要求。施工勘察是为深基础、地基处理和加固的设计与施工提供勘察依据。

工程地质勘察工作结束后,应及时按规定编写勘察报告,绘制各种图表。勘察报告的内容一般包括:任务要求和勘察工作概况、工程地理位置、地形地貌、地质构造、不良地质现象、地层成长条件、岩石和土的物理力学性质、场地的稳定性和适宜性、岩石和土的均匀性及允许承载力、地下水的影响、土的最大冻结深度、地震基本烈度,以及由工程建设可能引起的工程地质问题、供水水源的水质水量评价、供水方案、水源的污染及发展趋势、不良地质现象和特殊地质现象的处理和防治等方面的结论意见、建议和措施等。

2. 工程设计文件的编制要求

根据建设项目的复杂程度,一般建设项目的设计可按初步设计和施工图设计两个阶段进行。技术上复杂的建设项目,可将施工图设计阶段分解为技术设计和施工图设计两个阶段,即按初步设计、技术设计、施工图设计三个阶段进行。一些牵涉面广的项目,如大型矿区、油田、林区等,存在总体开发部署等重大问题,在进行一般设计前还需进行总体规划设计或总体设计。

根据《建设工程勘察设计管理条例》的规定,编制方案设计文件,应当满足编制初步设计文件和控制概算的需要。编制初步设计文件,应当满足编制施工招标文件、主要设备材料订货和编制施工图设计文件的需要。编制施工图设计文件,应当满足设备材料采购、非标准设备制作和施工的需要,并注明建设工程合理使用年限。具体来说,《建筑工程设计文件编制深度规定》(2008年版)对各个阶段设计文件编制深度做了更加细致的规定。

(1)总体设计

总体设计一般由文字说明和图纸两部分组成。其内容包括:建设规模、产品方案、原料来源、工艺流程概况、主要设备配备、主要建筑物及构筑物、公用和辅助工程、"三废"治理及环境保护方案、占地面积估计、总图布置及运输方案、生活区规划、生产组织和劳动定员估计、工程进度和配合要求、投资估算等。

总体设计的深度应满足开展下述工作的要求:初步设计、主要大型设备、材料的预安排、土地征用谈判。

(2)初步设计

初步设计一般应包括以下有关文字说明和图纸:设计依据、设计指导思想、产品方案、各类资源的用量和来源、工艺流程、主要设备选型及配置、总图运输、主要建筑物和构筑物、公用及辅助设施、新技术采用情况、主要材料用量、外部协作条件、占地面积和土地利用情况、综合利用和"三废"治理、生活区建设、抗震和人防措施、生产组织和劳动定员、各项技术经济指标、建设顺序和期限、总概算等。

初步设计的深度应满足以下要求:设计方案的比选和确定、主要设备材料订货、土地征用、基建投资的控制、施工招标文件的编制、施工图设计的编制、施工组织设计的编制、施工准备和生产准备等。

(3) 技术设计

技术设计的内容,由有关部门根据工程的特点和需要,自行制定。其深度应能满足确定设计方案中重大技术问题和有关实验、设备制造等方面的要求。

(4) 施工图设计

施工图设计应根据已获批准的初步设计进行。

其深度应能满足以下要求:设备材料的安排和非标准设备的制作与施工、施工图预算的编制、施工要求等,并应注明建设工程合理使用年限。

5.2.3 建设工程设计文件的审批

我国建设项目设计文件的审批,实行"分级管理、分级审批"的原则。根据《设计文件的编制和审批办法》的规定,设计文件具体审批权限规定如下:

(1) 大型建设项目的初步设计和概算,由国务院主管部门或省、自治区、直辖市组织审查,提出审查意见,报国家计委批准;特大、特殊项目,由国务院批准。技术设计,按隶属关系,由国务院主管部门或省、自治区、直辖市审批。

(2) 中型建设项目的初步设计和总概算及技术设计,在国务院主管部门备案,由省、自治区、直辖市审批。

(3) 小型建设项目初步设计的审批权限,由主管部门或省、自治区、直辖市自行规定。

(4) 总体规划设计(或总体设计)的审批权限与初步设计的审批权限相同。

(5) 各部直接代管的下放项目的初步设计,以国务院主管部门为主,会同有关省、自治区、直辖市审查或批准。

(6) 施工图设计除主管部门规定要审查者外,一般不再审批,设计单位要对施工图的质量负责,并向生产、施工单位进行技术交底,听取意见。

5.2.4 建设工程勘察设计文件的修改

建设工程勘察设计文件是工程建设的主要依据,经批准后,就具有一定的严肃性,不得任意修改和变更,如必须修改,则须经有关部门批准,其批准权限,视修改的内容所涉及的范围而定。根据《设计文件的编制和审批办法》及《建设工程勘察设计管理条例》的相关规定,修改设计文件应遵守以下规定:

(1) 凡涉及计划任务书的主要内容,如建设规模、产品方案、建设地点、主要协作关系等方面的修改,须经原计划任务书审批机关批准。

(2) 凡涉及初步设计的主要内容,如总平面布置、主要工艺流程、主要设备、建筑面积、建筑标准、总定员、总概算等方面的修改,须经原设计审批机关批准,修改工作须由原设计单位负责进行。

(3) 施工图的修改,须经原设计单位同意。

(4) 建设单位、施工单位、监理单位均无权修改建设工程勘察设计文件。确实需要修改的,应由原勘察设计单位进行。经原勘察设计单位同意,建设单位也可委托其他具有相应资质的建设工程勘察设计单位修改,修改单位对修改的勘察设计文件承担相应责任。

（5）施工、监理单位发现勘察设计文件不符合工程建设强制性标准、合同约定的质量要求的，应报告建设单位，建设单位有权要求勘察设计单位进行补充、修改。

随着我国经济体制改革的深化和社会主义市场经济体制的建立，政府职能转化，投资主体多元化，我国勘察设计文件的审批和修改必将进一步改革，政府对设计文件的审批内容将侧重于规划、安全、职业卫生、环境保护等内容（属国家投资的项目，审批内容中应有投资规模），其他内容将由建设单位自行审查。

【例 5-2】 某建设工程项目，建设单位委托飞达监理公司负责施工阶段工程监理，目前正在施工。监理工程师在施工准备阶段组织了施工图纸的会审，施工过程中发现由于施工图的错误，造成承包商停工 2 天，业主代表认为监理工程师对图纸会审监理不力，提出要扣监理费 1000 元。请问：监理工程师有责任吗？

【解析】 监理工程师只对监理合同委托范围内的工程质量负责。施工图设计的问题虽然在施工阶段发现，但是图纸的问题在设计阶段就已存在，图纸的质量不是监理合同的监理范围，图纸有问题是设计和设计审查的责任，监理没有责任。监理工程师在施工准备阶段组织的施工图纸会审，目的是解决施工方看图、识图过程中的设计问题。监理工程师对施工图纸的会审，不能免除设计院对图纸质量的责任，谁有错谁就应该承担责任。

5.2.5　建设工程勘察设计文件的实施

根据《建设工程勘察设计管理条例》的相关规定，建设工程勘察设计单位应当在建设工程施工前，向施工单位和监理单位说明建设工程勘察设计意图，解释建设工程勘察设计文件。工程施工中出现勘察设计问题时，勘察设计单位应及时予以解决。

勘察设计文件中规定采用新技术、新材料可能影响工程质量和安全，又没有国家技术标准的，应当经国家认可的检测机构进行试验、论证、出具检测报告，并经政府有关部门组织的建设工程技术专家委员会审定后，方可使用。

5.3　施工图设计文件的审查

5.3.1　施工图设计文件审查概述

国家施行施工图设计文件（含勘察文件，以下简称施工图）审查制度。施工图审查是指国务院建设行政主管部门和省、自治区、直辖市人民政府建设行政主管部门依法认定的设计审查机构，根据国家的法律、法规、技术标准与规范，对施工图涉及公共利益、公众安全和工程建设强制性标准的内容进行的审查。它是政府主管部门对建筑工程勘察设计质量监督管理的重要环节，是基本建设必不可少的程序，工程建设各方必须认真贯彻执行。

《房屋建筑和市政基础设施工程施工图设计文件审查管理办法》（以下简称《管理办法》），对施工图审查的要求做出了明确规定。

5.3.2　施工图审查的内容概述

1. 施工图审查的内容与范围

《管理办法》规定,建设单位应当将施工图送审查机构审查,但审查机构不得与所审查项目的建设单位、勘察设计企业有隶属关系或者其他利害关系。审查机构应当对施工图审查如下内容:

(1)是否符合工程建设强制性标准;

(2)地基基础和主体结构的安全性;

(3)消防安全性;

(4)人防工程(不含人防指挥工程)防护安全性;

(5)是否符合民用建筑节能强制性标准,对执行绿色建筑标准的项目,还应当审查是否符合绿色建筑标准;

(6)勘察设计企业和注册执业人员以及相关人员是否按规定在施工图上加盖相应的图章和签字;

(7)法律、法规、规章规定必须审查的其他内容。

施工图审查应当有经各专业审查人员签字的审查记录。审查记录、审查合格书、审查意见告知书等有关资料应当归档保存。

2. 施工图审查应提供的资料

《管理办法》规定,建设单位应当向审查机构提供下列资料并对所提供资料的真实性负责。

(1)作为勘察设计依据的政府有关部门的批准文件及附件。

(2)全套施工图。

(3)其他应当提交的材料。

3. 施工图审查的范围

施工图审查的目的是保护国家财产和人民生命安全,维护社会公众利益,因此,施工图审查主要涉及社会公共利益、公众安全方面的问题以及工程建设强制性标准的执行情况。至于设计方案在经济上是否合理、技术上是否保守、设计方案是否可以改进等这些主要涉及业主利益的问题,不属于施工图审查的范围。当然,审查机构就此类问题也可以给出建议,由业主自行决定是否进行修改。

5.3.3　施工图审查机构

1. 施工图审查机构的分级管理

国务院住房城乡建设主管部门负责对全国的施工图审查工作实施指导、监督。

省、自治区、直辖市人民政府住房城乡建设主管部门应当会同有关主管部门按照本办法规定的审查机构条件,结合本行政区域内的建设规模,确定相应数量的审查机构,逐步推行以政府购买服务方式开展施工图设计文件审查。具体办法由国务院住房城乡建设主管部门另行规定。

县级以上地方人民政府住房城乡建设主管部门负责对本行政区域内的施工图审查工作实施监督管理。

2. 施工审查机构承接业务范围分类

审查机构是专门从事施工图审查业务,不以营利为目的的独立法人。根据《管理办法》的规定,审查机构按承接业务范围分两类:一类机构承接房屋建筑、市政基础设施工程的施工图审查,业务范围不受限制;二类机构可以承接中型及以下房屋建筑、市政基础设施工程的施工图审查。

3. 施工图审查机构设立的条件

根据《管理办法》的规定,两类审查机构设立的条件如下。

一类审查机构应当具备下列条件:

(1)有健全的技术管理和质量保证体系。

(2)审查人员应当有良好的职业道德;有15年以上所需专业勘察设计工作经历;主持过不少于5项大型房屋建筑工程、市政基础设施工程相应专业的设计或者甲级工程勘察项目相应专业的勘察;已实行执业注册制度的专业,审查人员应当具有一级注册建筑师、一级注册结构工程师或者勘察设计注册工程师资格,并在本审查机构注册;未实行执业注册制度的专业,审查人员应当具有高级工程师职称;近5年内未因违反工程建设法律法规和强制性标准受到行政处罚。

(3)在本审查机构专职工作的审查人员数量:从事房屋建筑工程施工图审查的,结构专业审查人员不少于7人,建筑专业审查人员不少于3人,电气、暖通、给排水、勘察等专业审查人员各不少于2人;从事市政基础设施工程施工图审查的,所需专业的审查人员不少于7人,其他必须配套的专业审查人员各不少于2人;专门从事勘察文件审查的,勘察专业审查人员不少于7人。

承担超限高层建筑工程施工图审查的,还应当具有主持过超限高层建筑工程或者100米以上建筑工程结构专业设计的审查人员不少于3人。

(4)60岁以上的审查人员不超过该专业审查人员规定数的1/2。

(5)注册资金不少于300万元。

二类审查机构应当具备下列条件:

(1)有健全的技术管理和质量保证体系。

(2)审查人员应当有良好的职业道德;有10年以上所需专业勘察设计工作经历;主持过不少于5项中型以上房屋建筑工程、市政基础设施工程相应专业的设计或者乙级以上工程勘察项目相应专业的勘察;已实行执业注册制度的专业,审查人员应当具有一级注册建筑师、一级注册结构工程师或者勘察设计注册工程师资格,并在本审查机构注册;未实行执业注册制度的专业,审查人员应当具有高级工程师职称;近5年内未因违反工程建设法律法规和强制性标准受到行政处罚。

(3)在本审查机构专职工作的审查人员数量:从事房屋建筑工程施工图审查的,结构专业审查人员不少于3人,建筑、电气、暖通、给排水、勘察等专业审查人员各不少于2人;从事市政基础设施工程施工图审查的,所需专业的审查人员不少于4人,其他必须配套的专业审查人员各不少于2人;专门从事勘察文件审查的,勘察专业审查人员不少于4人。

(4)60岁以上的审查人员不超过该专业审查人员规定数的1/2。

(5)注册资金不少于100万元。

4. 对施工图审查机构的监督检查

《管理办法》对县级以上建设主管部门对审查机构的监督检查做出了具体规定，包括：(1)是否符合规定的条件；(2)是否超出范围从事施工图审查；(3)是否使用不符合条件的审查人员；(4)是否按规定的内容进行审查；(5)是否按规定上报审查过程中发现的违法违规行为；(6)是否按规定填写审查意见告知书；(7)是否按规定在审查合格书和施工图上签字盖章；(8)是否建立健全审查机构内部管理制度；(9)审查人员是否按规定参加继续教育。

县级以上建设主管部门实施监督检查时，有权要求被检查的审查机构提供有关施工图审查的文件和资料，并将监督检查结果向社会公布。

涉及消防安全性、人防工程(不含人防指挥工程)防护安全性的，由县级以上人民政府有关部门按照职责分工实施监督检查和行政处罚，并将监督检查结果向社会公布。

5.3.4 施工图审查结果

1. 审查时限

《管理办法》规定，施工图审查原则上不超过下列时限：

(1)大型房屋建筑工程、市政基础设施工程为15个工作日，中型及以下房屋建筑工程、市政基础设施工程为10个工作日。

(2)工程勘察文件，甲级项目为7个工作日，乙级及以下项目为5个工作日。

以上时限不包括施工图修改时间和审查机构的复审时间。

2. 审查后的处理

施工图审查机构对施工图进行审查后，应当根据下列情况分别做出处理。

(1)审查合格的，审查机构应当向建设单位出具审查合格书，并在全套施工图上加盖审查专用章。审查合格书应当有各专业的审查人员签字，经法定代表人签发，并加盖审查机构公章。审查机构应当在出具审查合格书后5个工作日内，将审查情况报工程所在地县级以上地方人民政府住房城乡建设主管部门备案。

(2)审查不合格的，审查机构应当将施工图退还建设单位并出具审查意见告知书，并说明不合格原因。同时，应当将审查意见告知书及审查中发现的建设单位、勘察设计企业和注册执业人员违反法律、法规和工程建设强制性标准的问题，报告给工程所在地县级以上地方人民政府住房城乡建设主管部门。施工图退还建设单位后，建设单位应当要求原勘察设计企业进行修改，并将修改后的施工图送原审查机构复审。

3. 审查后施工图的修改

任何单位或者个人不得擅自修改审查合格的施工图；确需修改的，凡涉及审查机构审查内容的，建设单位应当将修改后的施工图送原审查机构审查。

5.3.5 施工图审查责任

1. 勘察设计企业承担的责任

勘察设计企业应当依法进行建设工程勘察设计，严格执行工程建设强制性标准，并对建设工程勘察设计的质量负责。

建设单位违反规定,有下列行为之一的,由县级以上建设主管部门责令改正,处3万元罚款;情节严重的,予以通报:①压缩合理审查周期的;②提供不真实送审资料的;③对审查机构提出不符合法律、法规和工程建设强制性标准要求的。

建设单位为房地产开发企业的,还应当依照《房地产开发企业资质管理规定》进行处理。

2. 审查机构承担的责任

审查机构对施工图审查工作负责,承担审查责任。施工图经审查合格后,仍有违反法律、法规和工程建设强制性标准的问题,给建设单位造成损失的,审查机构依法承担相应的赔偿责任。

审查机构违反规定,有下列行为之一的,由县级以上建设主管部门责令改正,处3万元罚款,并记入信用档案;情节严重的,省、自治区、直辖市建设主管部门不再将其列入审查机构名录:①超出范围从事施工图审查的;②使用不符合条件审查人员的;③未按规定的内容进行审查的;④未按规定上报审查过程中发现的违法违规行为的;⑤未按规定填写审查意见告知书的;⑥未按规定在审查合格书和施工图上签字盖章的;⑦已出具审查合格书的施工图,仍有违反法律、法规和工程建设强制性标准的。

审查机构列入名录后不再符合规定条件的,省、自治区、直辖市建设主管部门应当责令其限期改正;逾期不改的,不再将其列入审查机构名录。

审查机构出具虚假审查合格书的,审查合格书无效,县级以上建设主管部门处3万元罚款,省、自治区、直辖市建设主管部门不再将其列入审查机构名录。

审查人员在虚假审查合格书上签字的,终身不得再担任审查人员;对于已实行执业注册制度的专业的审查人员,还应当依照《建设工程质量管理条例》《建设工程安全生产管理条例》相关规定予以处罚。

依照《管理办法》规定,给予审查机构罚款处罚的,对机构的法定代表人和其他直接责任人员处机构罚款数额5%以上10%以下的罚款,并记入信用档案。

3. 建设主管部门承担的责任

县级以上建设主管部门应当及时受理对施工图审查工作中违法、违规行为的检举、控告和投诉。对审查机构报告的建设单位、勘察设计企业、注册执业人员的违法违规行为,应当依法进行查处。

省、自治区、直辖市建设主管部门未按照《管理办法》确定审查机构的,国务院建设主管部门责令改正。

国家机关工作人员在施工图审查监督管理工作中玩忽职守、滥用职权、徇私舞弊,构成犯罪的,依法追究刑事责任;尚不构成犯罪的,依法给予行政处分。

【例5-3】 新盛建筑设计事务所承揽了某校办公楼的勘察设计任务,随后又承揽到另一项投资更大的住宅小区整体设计,于是将某校办公楼的全部设计中途私下委托给相熟的业务关系单位鼎立建筑设计事务所。鼎立建筑设计事务所完成全部施工设计图时已临近办公楼预定的开工日期,于是,某校立即开始进行施工单位的招标,保证了按期施工。请问,本案例存在什么样的问题。

【解析】 1.非法转包。根据相关法律的规定,工程勘察设计可将整个项目发包给一家勘察设计单位,也可分别发包给几个勘察设计单位。还可以经发包方书面同意,将除建设工程主体部分外的其他部分的勘察设计分包给具有相应资质等级的其他勘察设计单位。但是,工程建设勘察设计单位不得将承包的建设工程勘察设计进行转包。

本案中，新盛建筑设计事务所将承揽的项目转包给其他单位，是错误的。根据《建设工程勘察设计管理条例》的规定，建设工程勘察设计单位将所承揽的工程进行转包的，责令改正，没收其违法所得，处合同约定勘察费、设计费25%以上50%以下的罚款，还可责令其停业整顿、降低资质等级，情节严重，吊销其资质证书。

2. 施工图未经审查。《建筑工程施工图设计文件审查暂行办法》规定，凡属建筑工程设计等级分级标准的各类新建、改建、扩建的建设工程项目均须进行施工图审查。

《建设工程质量管理条例》中规定："建设单位应当将施工图设计文件报县级以上人民政府建设行政主管部门或其他有关部门审查"，"县级以上人民政府建设行政主管部门或交通、水利等有关部门应对施工图设计文件中涉及公共利益、公共安全、工程建设强制性标准的内容进行审查。未经审查批准的施工图设计文件，不得使用。"本案鼎立建筑设计事务所完成的施工设计图未经审查便交付施工，是错误的。

5.4 工程建设勘察设计文件知识产权保护

我们常常看到此类事件：一个工程建设项目设计招标，不少设计院精心制作了方案去投标，结果一个中标的企业都没有，而业主却把这些落选方案综合起来，形成自己需要的方案拿去建设；又如，某高校要建设一批图书馆、教学楼等公共设施，某市领导提出，要把近年来在世界上获奖的建筑设计方案拿来建在校园里。类似这样的侵权案例在工程勘察设计咨询业内时有发生。这些侵权行为无疑严重影响了业内人员创新的积极性，加剧了行业内混乱无序的恶意竞争，阻碍了企业和行业的健康发展。

为了保护与管理勘察设计咨询企业的知识产权，鼓励技术创新和发明创造，丰富与发展原创性智力成果，增加企业自主知识产权的数量并提高其质量，增强企业自主创新能力和市场竞争力，同时尊重并合法利用他人的知识产权，根据国家有关知识产权的法律、法规，建设部和国家知识产权局于2003年10月23日颁发了《工程勘察设计咨询业知识产权保护与管理导则》(以下简称《导则》)。《导则》对工程勘察设计咨询业知识产权所涉及的范围和归属做了详尽而明确的界定；对勘察设计咨询企业的知识产权保护与管理工作提出若干要求；同时，还明确了各种侵权行为的形式和处理方法，并提出了相关的奖励与处罚措施。

5.4.1 知识产权一般概况

工程勘察、设计、咨询是富有创造性的智力劳动。工程技术人员利用工程勘察设计理论、技术与实践经验所完成的每项工程勘察设计咨询成果都凝结着他们的心血、智慧和创新精神。对这种原创或创新性智力劳动成果的保护，是对工程技术人员创新与发展的鼓励，有助于工程勘察设计咨询业的技术进步，同时也符合建设单位(业主)和公众的利益。

我国已经加入世界贸易组织(WTO)。作为WTO的三大支柱之一，知识产权保护问题越来越突出。面对日益激烈的市场竞争，我国勘察设计咨询业迫切需要增强自身知识产权保护意识,同时承认并尊重他人的知识产权及合法权益。《导则》制定的目的是指导全行业增强知识产权保护意识,做好知识产权保护工作,提高市场竞争能力。

《导则》所称的知识产权所包括的内容:①著作权及与著作权有关的权利(后者以下简称邻接权);②专利权;③专有技术(又称技术秘密)权;④商业秘密权;⑤商标专用权(以下简称商标权)及相关识别性标志权;⑥依照国家法律、法规规定,或者由合同约定由企业享有的其他知识产权。

《导则》中所称的勘察设计咨询,包括工程勘察、工程设计和工程咨询。工程咨询是指运用工程技术、科学技术、经济管理和法律法规等方面的知识,为工程建设项目决策和管理提供的咨询活动,包括前期立项阶段咨询、勘察设计阶段咨询、施工阶段咨询、投产或交付使用后的评价等工作。工程勘察、工程设计的含义前文已涉及,此处不再赘述。

5.4.2 知识产权的范围

1. 著作权

勘察设计咨询业的著作权主要包括在勘察、设计、咨询活动和科研活动中形成的,以各种载体所表现的文字作品、图形作品、模型作品、建筑作品、试听资料、计算机软件等勘察设计咨询作品的著作权。勘察设计咨询作品包括以下内容:

(1)工程勘察投标方案、专业工程设计投标方案、建筑工程设计投标方案(包括创意或概念性投标方案)、工程咨询投标方案等;

(2)工程勘察和工程设计阶段的原始资料、计算书、工程设计图及说明书、技术文件和工程总结报告等;

(3)工程咨询的项目建议书、可行性研究报告、专业性评价报告、工程评估书、监理大纲等;

(4)科研活动的原始数据、设计图及说明书、技术总结和科研报告等;

(5)企业自行编制的计算机软件、企业标准、导则、手册、标准设计等;

(6)工程设计图、示意图等图形作品和模型作品。

2. 专利权

勘察设计咨询业的专利权是指获得授权并有效的发明专利权、实用新型专利权和外观设计专利权,包括各种具有新颖性、创造性和实用性的新工艺、新设备、新材料、新结构等新技术和新设计,以及对原有技术的新改进、新组合等的专利权。

3. 专有技术权

勘察设计咨询业的专有技术权是指对没有申请专利,具有实用性,能为企业带来利益,并采取了保密措施不为公众所知悉的技术享有的权利,包括各种新工艺、新设备、新材料、新结构、新技术、产品配方、各种技术诀窍及方法等。

4. 商业秘密权

勘察设计咨询业技术秘密以外的其他商业秘密是指具有实用性,能为企业带来利益,并采取了保密措施不为公众所知悉的经营信息和技术信息,包括生产经营、企业管理、科技档案、客户名单、财务账册、统计报表等。

5. 商标权及相关识别性标志权

勘察设计咨询业的商标权及相关识别性标志权是指企业名称、商品商标、服务标志以及依照法定程序取得的各种资质证明等依法享有的权利。

6. 其他

勘察设计咨询业其他受国家法律、法规保护的知识产权。

5.4.3 知识产权的归属

1. 著作权及邻接权的归属

（1）执行勘察设计咨询企业的任务或主要利用企业的物质技术条件完成的，并由企业承担责任的工程勘察、设计、咨询的投标方案和各类文件等职务作品，其著作权及邻接权归企业所有。直接参加投标方案和文件编制的自然人（包括企业职工和临时聘用人员，下同）享有署名权。

建设单位（业主）按照国家规定支付勘察、设计、咨询费后所获取的工程勘察、设计、咨询的投标方案或各类文件，仅获得在特定建设项目上的一次性使用权，其著作权仍属于勘察设计咨询企业所有。

（2）勘察设计咨询企业自行组织编制的计算机软件、企业标准、导则、手册、标准设计等是职务作品，其著作权及邻接权归企业所有。直接参加编制的自然人享有署名权。

（3）执行勘察设计咨询企业的任务或主要利用企业的物质技术条件完成的，并由企业承担责任的科技论文、技术报告等职务作品，其著作权及邻接权归企业所有。直接参加编制的自然人享有署名权。

（4）勘察设计咨询企业职工的非职务作品的著作权及邻接权归个人所有。

2. 专利权和专有技术权的归属

（1）执行勘察设计咨询企业的任务，或主要利用本企业的物质技术条件所完成的发明创造或技术成果，属于职务发明创造或职务技术成果，其专利申请权和专利的所有权、专有技术的所有权以及专利和专有技术的使用权、转让权归企业所有。直接参加专利或专有技术开发、研制等工作的自然人依法享有署名权。

（2）勘察设计咨询企业职工的非职务专利或专有技术权归个人所有。

3. 商业秘密权的归属

勘察设计咨询企业在科研、生产、经营、管理等工作中所形成的，能为企业带来经济利益的，采取了保密措施不为公众所知悉的技术、经营、管理信息等商业秘密属于企业所有。

4. 商标权及相关识别性标志权的归属

勘察设计咨询企业的名称、商品商标、服务标志以及依法定程序取得的各种资质证明等的权利为企业所有。

5. 基于合作与委托产生的知识产权归属

勘察设计咨询企业与其他企事业单位合作所形成的著作权及邻接权、专利权、专有技术权等知识产权，为合作各方所共有，合同另有规定的按照约定确定其权属。

勘察设计咨询企业接受国家、企业、事业单位的委托，或者委托其他企事业单位所形成的著作权及邻接权、专利权、专有技术权等知识产权，按照合同确定其权属。没有合同约定的，其权属归完成方所有。

6. 企业的人员在离开企业期间形成的知识产权归属

（1）企业派遣出国开展合作设计、访问、进修、留学等或者派遣到其他企事业单位短期工作的人员,在企业尚未完成的勘察、设计、咨询、科研等项目,在国外或其他单位完成而可能获得知识产权的,企业应当与派遣人员和接受派遣人员的单位共同签订协议,明确其知识产权的归属。

(2)企业的离休、退休、停薪留职、调离、辞退等人员,在离开企业1年内形成的且与其在原企业承担的工作或任务有关的各类知识产权归原企业所有。

(3)勘察设计咨询企业接收的培训、进修、借用或临时聘用等人员,在接收企业工作或学习期间形成的职务成果的知识产权,按照接收企业与派出方的协议确定归属,没有协议的其权利属于接收企业。

5.4.4 知识产权的保护与管理

勘察设计咨询企业应当重视知识产权保护与管理工作,明确归口管理部门,配备专职或兼职的工作人员,负责知识产权保护与管理工作。《导则》对勘察设计咨询企业及其职工对知识产权保护与管理做了具体规定。

1. 勘察设计咨询企业的职工在知识产权保护与管理中的权利和义务

(1)职工对本企业的知识产权保护与管理工作有监督权和建议权。

(2)职工对自己直接参加工作形成的职务发明创造、职务技术成果、职务作品等企业知识产权,依法享有署名权。

(3)职工在开发和保护知识产权工作中做出贡献的,有获得报酬和奖励的权利。

(4)职工有遵守国家知识产权法律、法规,遵守企业知识产权保护与管理的规章制度,保护本企业知识产权的义务。

(5)根据企业有关规定,职工有与企业签订知识产权保护协议书、保密协议、竞业限制协议的义务。

2. 勘察设计咨询企业知识产权保护与管理的措施

(1)勘察设计咨询企业应当建立健全知识产权保护与管理的规章制度。制定本企业著作权、专利和专有技术、商标及商业秘密管理办法。企业的生产经营、科技开发、档案管理、保密管理等规章制度中应有知识产权保护和管理方面的内容。

(2)勘察设计咨询企业可根据实际情况,与本企业职工签署知识产权保护协议书,或者在与职工签署的劳动合同(聘用合同)中增加知识产权保护的内容。

(3)勘察设计咨询企业应与关键岗位的专业技术人员和经营管理人员以及对本企业的技术、经济权益有重要影响的人员签订竞业限制协议,明确竞业限制的具体范围、期限及违约责任等。勘察设计咨询企业应与离休、退休、停薪留职、调离、辞退等人员中仍对本企业的技术、经济权益有重要影响的人员达成保密协议,明确保密事项、期限及违约责任等。

(4)勘察设计咨询企业应当规范和加强有关知识产权合同的签订、审核和管理工作。在签订勘察设计咨询合同、技术开发合同、技术引进合同、技术转让合同时,应当明确知识产权的归属以及相应的权利、义务等内容。

(5)勘察设计咨询企业的档案管理部门应当对涉及知识产权的档案作为特殊档案妥善管理。未经许可,任何人不得私自保留或向外扩散。

(6)勘察设计咨询企业要加强生产经营和科技开发中的保密工作,对涉及专有技术和其他商业秘密的勘察设计咨询文件、技术方案、科研成果、经营信息等，均应在显著位置明示"专有技术"或"商业秘密"等标识，采取严格的保密措施，认真保护，严格管理。勘察设计咨询企业的职工在开展国内外技术交流与合作中，对不属于交流与合作范围的本企业的其他专有技术和商业秘密要严格保密。

（7）勘察设计咨询企业在勘察设计咨询工作中要做好以下知识产权的保护与管理工作。

①勘察设计咨询企业应当在投标文件中书面提出保护企业知识产权的要求，除招标文件中有特别约定外，企业应当及时索回未中标的投标方案，整理归档，防止企业知识产权流失。

②勘察设计咨询项目执行过程中，项目负责人对该项目知识产权的保护与管理负责，落实企业知识产权管理制度，杜绝企业知识产权的流失，同时防止侵犯他人的知识产权。

③勘察设计咨询项目完成后，项目负责人负责将该工程项目的勘察设计文件、设计图及其说明书、计算书、原始记录、修改通知单、工程总结报告等收集、整理交档案管理部门归档。

（8）勘察设计咨询企业在科研工作中要做好以下知识产权的保护与管理工作。

①在科研工作立项、技术与产品开发前，要进行相关技术专利文献的检索和分析，确立研发对策；研发过程中要进行专利文献跟踪，避免重复研发或涉及他人专利保护范围。

②在科研、技术开发、产品开发过程中，应当认真填写科研日记，详细记录进展情况、存在问题及启发和构想等。

③科研工作完成后，项目负责人应当将合同书、背景资料、科研记录、试验数据、科研总结等与科研项目有关的资料收集、整理交档案管理部门归档。

④科研工作完成后，企业知识产权管理部门应当及时组织科研成果的审查、鉴定。对其中符合专利申请条件的，应当在科研成果鉴定前办理专利申请手续；对不适宜申请专利但具有商业价值的技术诀窍，应作为专有技术加以保护。

⑤直接或间接参加科研工作的人员，未经企业许可，不得在国内外刊物、学术或技术交流会上发表企业科研成果，不得擅自组织和参加技术鉴定会。

（9）建设项目需引进技术或设备时，凡涉及专利或专有技术的，勘察设计咨询企业应当建议并协助建设单位（业主）进行专利法律状况或专有技术情况的调查，提供相关的技术服务。

（10）勘察设计咨询企业将具有自主知识产权的新设备用于建设项目时，新设备制造文件只能提供给签有保密协议的制造厂，对没有签订保密协议的建设单位（业主）只提供总装图、易损件图和使用说明书。建设单位（业主）要求自行制造的，应当在签订专利、专有技术许可或转让合同以及专有技术保密协议后再提供新设备制造文件。

（11）勘察设计咨询企业自行开发的计算机软件，应在软件内设置版权保护声明，并采取相应的保护措施，必要时办理软件登记注册。勘察设计咨询企业应当定期检查监督企业外购及使用中的软件，防止使用盗版软件等侵权事件的发生。

（12）勘察设计咨询企业选派职工出国或到外单位学习、进修、工作、科研6个月以上者以及企业临时聘用人员，在离开企业前须将工作中涉及知识产权的技术资料交回企业有关部门，不得私自留存或擅自复制、发表、泄露、使用、转让。

（13）勘察设计咨询企业职工在申请非职务专利、登记非职务计算机软件、转让或许可非职务技术成果或非职务作品前，凡与企业经营有关的，应向本企业知识产权管理部门申报，接受审核。对符合非职务条件的，企业应当出具相应的证明。企业职工对外发表与本职工作有联系的科技论文、作品,参加学术交流会等,应当经企业知识产权管理部门审查,企业知识产权管理部门对不宜公开的技术资料要严格把关。

(14)勘察设计咨询企业要加强对本企业知识产权的管理,随时掌握企业自主知识产权的变化情况。勘察设计咨询企业以知识产权作价投资入股、合资创办企业,或进行知识产权转让、许可使用的,应当对其进行资产评估。

(15)勘察设计咨询企业应当把知识产权保护法规制度纳入企业教育培训计划,加强对知识产权专业人员的培养,定期开展对企业各级领导和全体职工的培训教育。

(16)勘察设计咨询企业应保证知识产权工作经费,用于知识产权管理、培训教育,专利申请、审查与维持,商标注册与续展,知识产权诉讼及竞业限制等项开支。

5.4.5 侵权与处理

1. 侵犯著作权的行为

著作权及邻接权的权利人依法享有著作人身权和财产权,即发表权、署名权、修改权、保护作品完整权、复制权、发行权、改编权、信息网络传播权等。他人未经著作权人同意,不得发表、修改和使用其作品。发生以下行为或情况的为侵犯或者侵占他人的著作权:

(1)勘察设计咨询企业或工程技术人员不遵守行业道德和从业公约,抄袭、剽窃他人的勘察、设计、咨询文件(设计图)及其作品的。

(2)勘察设计咨询企业的职工未经许可擅自将本企业的勘察设计文件(设计图)、工程技术资料、科研资料等复制、摘录、转让给其他单位或个人的。

(3)勘察设计咨询企业的职工将职务作品或计算机软件作为非职务成果进行登记注册或转让的。

(4)勘察设计咨询企业的职工未经审查许可,擅自发表、出版本企业业务范围内的科技论文、作品,或许可他人发表的。

(5)任何单位或个人未经著作权人同意或超出勘察设计咨询合同的规定,擅自复制、超范围使用、重复使用、转让他人的工程勘察设计咨询文件(设计图)及其他作品等。

2. 侵犯专利权和专有技术权的行为

专利权人对其发明创造享有独占权。任何单位或个人未经专利权人许可不得进行以生产经营为目的制造、使用、许诺销售、销售和进口其专利产品,或者未经专利权人许可为生产经营目的使用其专利方法以及使用、许诺销售、销售和进口依照其专利方法直接获得的产品。

专有技术是受国家法律保护的具备法定条件的技术秘密,任何单位或个人不得以不正当手段获取、使用他人的技术秘密,不得以任何形式披露、转让他人的技术秘密。

发生以下情况为侵犯或者侵占他人的专利权或专有技术权:

(1)勘察设计咨询企业的职工违反规定,在工程项目或科研工作完成后,不按时将有关勘察设计文件、设计图、技术资料等归档,私自保留、据为己有的。

(2)勘察设计咨询企业的职工违反规定,将应属于单位的职务发明创造和科技成果申请为非职务专利,或者将其据为己有的。

(3)勘察设计咨询企业的职工,擅自转让本企业或他人的专利或专有技术的。

(4)勘察设计咨询企业或工程技术人员,未经权利人允许,擅自在工程勘察设计中使用他人具有专利权或专有技术权的新工艺、新设备、新技术的。

(5)任何单位或个人,采用盗窃、利诱、胁迫或者其他不正当手段获取、使用或者披露他人含有专有技术标识的文件、设计图及说明的。

(6)任何单位或个人,违反双方保密约定,将含有专有技术标识的文件、设计图及说明转让给第三方,以及第三方明知是他人的保密文件、设计图及说明仍擅自使用等。

3. 侵犯商标权及相关识别性标志权的行为

商标权的所有人对其注册商标依法享有专用权。他人未经商标权人的同意,不得在经营活动中擅自使用。发生以下行为或情况的为侵犯他人的商标及相关识别性标志权:

(1)勘察设计咨询企业擅自在其勘察设计咨询文件上使用其他勘察设计咨询企业的名称、注册商标、资质证明、图签、出图专用章等企业标识的。

(2)任何单位或个人,未经勘察设计咨询企业授权,以勘察设计咨询企业的名义进行生产经营活动或其他活动的。

4. 侵犯他人商业秘密权的行为

国家依法保护公民和法人的商业秘密。发生以下行为或情况的为侵犯他人的商业秘密:

(1)勘察设计咨询企业的职工,私自将与本企业签有正式业务合同的客户介绍给其他企业,给企业造成损失的。

(2)勘察设计咨询企业的职工,违反企业保守商业秘密的要求,泄露或私自许可他人使用其所掌握商业秘密的。

(3)第三人明知或应知有本条第(1)(2)款所述的违法行为,仍获取、使用或者披露他人的商业秘密等。

5. 其他侵犯知识产权的行为

(1)勘察设计咨询企业的离休、退休、离职、停薪留职人员将离开企业1年内形成的,且与其在原企业承担的工作或任务有关的知识产权视为己有或转让给他人的,均为侵犯了企业的知识产权。

(2)勘察设计咨询企业的离休、退休、离职、停薪留职人员泄露在职期间知悉的企业商业秘密的,均为侵犯了企业的商业秘密权。

发生侵犯或侵占知识产权行为的,权利人在获得确切的证据后,可以直接向侵权者发出信函,要求其停止侵权,并说明侵权的后果。双方当事人可就赔偿等问题进行协商,达成协议的按照协议解决;达不成协议的,可以采取调解、仲裁或诉讼等方式解决。

【例5-4】2000年4月,陶某根据自己在部队多年从事地基工程施工的经验积累,完成了"在流沙、地下水、坍孔等地质条件下成孔、成桩工艺的方案",并将该技术方案完整汇集在自己几十年来专门记载技术资料的笔记本上。但该技术方案未经试验。2000年7月,陶某调入某构件厂工作,多次向构件厂的领导讲解和演示该技术方案。同年9月,北京市某大楼地基工程施工遇到困难,请陶某帮助解决。2001年1月,构件厂按照陶某的技术方案,从河南省某厂购买了钻孔机,运至大楼施工工地,并按陶某的技术方案打了两根桩,经检验完全合格,陶某的技术方案首次应用成功。之后,该技术方案在保密的情况下多次被应用。后来该技术申请了专利,专利名称为"钻孔压浆成桩法"。问题:该技术方案申请专利的权利属于谁?为什么?

【解析】 该发明创造申请专利的权利属于陶某。因为该发明的创造属于非职务发明。陶某提供的"在流沙、地下水、坍孔等地质条件下成孔、成桩工艺的方案"与后来申请专利的"钻孔压浆成桩法"技术方案相同,而陶某技术方案的完成时间为 2000 年 4 月,此时陶某尚未进入单位。而 2001 年利用单位物质条件从事的工作是实施该技术方案,因此该发明创造属于非职务发明。依照《专利法》及《导则》的相关规定,只有在发明人主要是利用本单位的物质条件"完成"发明创造时,才属于职务发明创造;如果只是利用本单位的物质条件"实施"的发明创造,则不属于职务发明创造。故此后实施技术方案的行为,不能作为认定该方案属于职务发明创造的依据。

为加大对知识产权严重侵权行为的打击,遏制侵权行为,充分补偿权利人,2020 年修正的《专利法》和《著作权法》等知识产权部门法均增加了惩罚性赔偿条款,2021 年 1 月实施的《民法典》第一千一百八十五条规定"故意侵害他人知识产权,侵权严重的,被侵权人有权请求相应的惩罚性赔偿",标志着惩罚性赔偿在知识产权领域实现全覆盖。2021 年 3 月实施的《最高人民法院关于审理侵害知识产权民事案件适用惩罚性赔偿的解释》对故意侵害知识产权、情节严重、惩罚性赔偿数额计算基数的确定等做了详细规定。

5.5 建设工程勘察设计合同

5.5.1 建设工程勘察设计合同概念和特点

1. 概念

建设工程勘察设计合同,简称勘察设计合同,是指建设单位或有关单位为完成一定的勘察设计任务,明确双方权利、义务的协议。建设单位或有关单位称委托方或委托人,勘察设计单位称承包方或勘察人、设计人。根据勘察设计合同,承包方完成委托方委托的勘察设计项目,委托方接受符合约定要求的勘察设计成果,并给付报酬。

2. 特点

(1)勘察设计合同的当事人双方应具有法人资格。合同的当事人双方应当为具有民事权利能力和民事行为能力的法人单位。作为发包方,一般情况下,必须是国家批准的建设项目,落实投资计划的企事业单位,社会组织;作为承包方,应当是具有国家批准的勘察设计许可证,具有经有关部门核准的资质等级的勘察设计单位。

(2)勘察设计合同的质量责任的特殊性。勘察设计单位必须按照工程建设强制性标准进勘察设计,并对其勘察设计的质量负责。例如,设计单位在设计文件中选用的建筑材料、建筑构配件和设备,应当注明规格、型号、性能等技术指标,其质量要求必须符合国家规定的标准。

(3)勘察设计合同计价模式的特殊性。按照国家计委、建设部颁布的《工程勘察设计收费管理规定》的规定,工程勘察和工程设计收费根据建设项目投资额的不同情况,分别实行政府指导价和市场调节价。建设项目总投资估算额 500 万元及以上的,收费实行政府指导价;建设项目总投资估算额 500 万元以下的,实行市场调节价。

5.5.2 建设工程勘察设计合同示范文本

1. 勘察合同示范文本

为指导建设工程勘察合同当事人的签约行为，维护合同当事人的合法权益，依据《民法典》《建筑法》《招标投标法》等相关法律法规的规定，住房和城乡建设部、国家工商行政管理总局联合发布了《建设工程勘察合同(示范文本)》(GF—2016—0203)(简称《示范文本》)，于2016年12月1日起执行。

《示范文本》由合同协议书、通用合同条款和专用合同条款三部分组成，适用于岩土工程勘察、岩土工程设计、岩土工程物探/测试/检测/监测、水文地质勘察及工程测量等工程勘察活动，岩土工程设计也可使用《建设工程设计合同示范文本(专业建设工程)》(GF—2015—0210)。

2. 设计合同示范文本

为规范工程设计市场秩序，维护工程设计合同当事人的合法权益，住房城乡建设部、工商总局两部门联合发布了《建设工程设计合同示范文本(房屋建筑工程)》(GF—2015—0209)、《建设工程设计合同示范文本(专业建设工程)》(GF—2015—0210)，于2015年7月1日起执行。

(1)《建设工程设计合同示范文本(房屋建筑工程)》(GF—2015—0209)

《建设工程设计合同示范文本(房屋建筑工程)》(GF—2015—0209)由合同协议书、通用合同条款和专用合同条款三部分组成，适用于方案设计招投标、队伍比选等形式下的合同订立。其适用于建设用地规划许可证范围内的建筑物构筑物设计、室外工程设计、民用建筑修建的地下工程设计及住宅小区、工厂厂前区、工厂生活区、小区规划设计及单体设计等，以及所包含的相关专业的设计内容(总平面布置、竖向设计、各类管网管线设计、景观设计、室内外环境设计及建筑装饰、道路、消防、智能、安保、通信、防雷、人防、供配电、照明、废水治理、空调设施、抗震加固等)等工程设计活动。

(2)《建设工程设计合同示范文本(专业建设工程)》(GF—2015—0210)

《建设工程设计合同示范文本(专业建设工程)》(GF—2015—0210)由合同协议书、通用合同条款和专用合同条款三部分组成，适用于房屋建筑工程以外各行业建设工程项目的主体工程和配套工程(含厂/矿区内的自备电站、道路、专用铁路、通信、各种管网管线和配套的建筑物等全部配套工程)以及与主体工程、配套工程相关的工艺、土木、建筑、环境保护、水土保持、消防、安全、卫生、节能、防雷、抗震、照明工程等工程设计活动。

5.5.3 勘察设计合同的签订程序

(1)资格审查。对当事人资格的审查，不仅是为了保证合同有效，受法律保护，而且保证合同能得到有效地实施。这是合同签订前必不可少的工作。主要包括：

①资格审查。例如，审查设计单位是否属于按法律规定组成的法人组织，有无法人章程和营业执照，本合同是在章程或营业执照规定的范围内。同时还要审查签订合同的有关人员是否是法定代表人或法人委托的代理人，以及代理人的活动是否越权等。

②资信审查。例如,审查建设单位的资信,企业的生产经营状况和银行信用情况。

③履约能力审查。主要审查勘察设计单位的专业业务能力。可以通过审查勘察设计单位的勘察设计证书,了解它的级别、业务规格和专业范围。同时还应了解该勘察设计单位以往的工程实绩。建设单位应审查其建设资金的落实情况及支付能力。

(2) 委托方提出勘察、设计的要求。主要包括勘察、设计的期限、进度、质量等要求。

(3) 承包方确定取费标准和进度。承包方根据委托勘察设计的要求和资料,研究并确定取费金额、付款办法和进度。

(4) 双方当事人协商。签订勘察设计合同的当事人双方进行协商,就合同的各项条款取得一致意见。

(5) 签订勘察设计合同。对于大型工程也可以用勘察设计招标的办法选择勘察设计单位,签订合同。

5.5.4 勘察合同的主要内容

通常勘察合同主要包括以下主要内容。

1. 总述

勘察合同主要说明建设工程名称、规模、建设地点、委托方和承包方的概况。

2. 委托方的义务

在勘察工作开展前,委托方应向承包方提交由设计单位提供,经建设单位同意的勘察范围的地形图和建筑平面布置图各一份,提交由建设单位委托、设计单位填写的勘察技术要求及附图。委托方应负责勘察现场的水电供应、道路平整、现场清理等工作,以保证勘察工作的顺利开展。在勘察人员进入现场作业时,委托方应负责提供必要的工作和生活条件。

3. 承包方的义务

勘察单位应按照规定的标准、规范、规程和技术条例进行工程测量,工程地质、水文地质等勘察工作,并按合同规定的进度、质量要求提供勘察成果。

4. 勘察费

勘察工作的取费标准是按照勘察工作的内容决定的。勘察费用一般按实际完成的工作量收取,我国有规定的勘察工作量计算方法。勘察合同生效后,委托方应向承包方支付不超过勘察费用总额20%的定金;全部勘察工作结束后,承包方按合同规定向委托方提交勘察报告和图纸;委托方在收取勘察成果资料后规定的期限内,按实际勘察工作量付清勘察费。属于特殊工程的勘察工作收费办法,原则上按勘察工程总价加收20%~40%的勘察费。特殊工程指自然地质条件复杂、技术要求高、勘察手段超出现行规范,特别重大、紧急、有特殊要求的工程,或特别小的工程等。

5. 违约责任

(1) 若委托方不履行合同,则无权要求返还定金;若承包方不履行合同,则应双倍偿还定金。

(2) 如果委托方变更计划,提供不准确的资料,未按合同规定提供勘察设计工作必需的资料或工作条件,或修改设计,造成勘察设计工作的返工、停工、窝工,委托方应按承包方实际消耗的工作量增付费用。因委托方责任而造成重大返工或重新进行勘察设计的,应另增加勘察设计费。

（3）勘察设计的成果按期、按质、按量交付后，委托方要按期、按量支付勘察设计费。若委托方超过合同规定的日期付费，则应偿付逾期违约金。

（4）因勘察设计质量低劣引起返工，或未按期提出勘察设计文件，拖延工程工期造成委托方损失的，应由承包方继续完善勘察、完成设计，并视造成的损失、浪费的多少，减收或免收勘察设计费。

（5）对因勘察设计错误而造成工程重大质量事故的，承包方除免收损失部分的勘察设计费外，还应支付与该部分勘察设计费相当的赔偿金。

6. 争执的处理

建设工程勘察设计合同在实施中发生争执的，双方应及时协商解决；若协商不成，双方又同属一个部门的，可由上级主管部门调解；调解不成或双方不属于同一个部门的，可按合同向仲裁委员会申请仲裁，也可直接向人民法院起诉。

7. 其他规定

（1）合同的生效和失效日期。通常勘察合同在全部勘察工作验收合格后失效，设计合同在全部设计任务完成后失效。

（2）勘察设计合同的未尽事宜，需经双方协商，做出补充规定。补充规定与原合同具有同等效力，但不得与原合同内容冲突。

（3）附件是勘察设计合同的组成部分。勘察合同的附件包括测量任务和质量要求表、工程地质勘察任务和质量要求表等。设计合同的附件一般包括委托设计任务书、工程设计取费表、补充协议书等。

5.5.5 设计合同的主要内容

1. 总述

设计合同包括建设工程名称、规模、投资、地点、合同双方的简单介绍等。

2. 委托方的义务

（1）如果委托初步设计，委托方应在规定的日期内向承包方提供经过批准的设计任务书（或可行性研究报告）、选择建设地址的报告以及原料、燃料、水电、运输等方面的协议文件和能满足初步设计要求的勘察资料，经科研取得的技术资料等。

（2）如果委托施工图设计，委托方应在规定日期内向承包方提供经过批准的初步设计文件和能满足施工图设计要求的勘察资料、施工条件以及有关设备的技术资料等。

（3）委托方应负责及时地向有关部门办理各阶段设计文件的审批工作。

（4）明确设计范围和深度。

（5）如果委托设计中有配合引进项目的设计，则在引进过程中，从询价、对外谈判、国内外技术考察直到完成投产的各个阶段，都应通知承担有关设计任务的单位参加。

（6）在设计人员进入施工现场工作时，委托方应提供必要的工作和生活条件。

（7）委托方要按照国家有关规定付给承包方勘察设计费，维护承包方的勘察成果和设计文件，不得擅自修改，也不得转让给第三方重复使用，否则便侵犯了承包方的智力成果权。

3. 承包方的义务

(1)承包方要根据批准的设计任务书(或可行性研究报告)或上阶段设计的批准文件,以及有关设计的技术经济文件、设计标准、技术规范、规程、定额等提出勘察技术要求并进行设计,按合同规定的进度和质量要求提交设计文件(包括概预算文件、材料设备清单)。

(2)初步设计经上级主管部门审查后,在原定任务书范围内的必要修改,由承包方承担。

(3)承包方对所承担设计任务的建设项目应配合施工,进行施工前技术交底,解决施工中的有关设计问题,负责设计变更和修改预算,参加隐蔽工程验收和工程竣工验收。

4. 设计的修改和停止

(1)设计文件批准后,就具有一定的严肃性,不能任意修改和变更。如果需要修改,必须经有关部门批准,其批准权限视修改的内容所涉及的范围而定:如果修改的部分属于初步设计的内容(如总平面布置图、工艺流程、设备、面积、建筑标准、定员、概算等),须经设计的原批准单位批准;如果修改部分属于设计任务书的内容(如建设规模、产品方案、建设地点及主要协作关系等),则须经设计任务书的原批准单位批准;施工图设计的修改,须经设计单位的同意。

(2)委托方因故要求修改工程设计的,经承包方同意后,除设计文件的提交时间另订外,委托方还应按承包方实际返工修改的工作量增付设计费。

(3)原定设计任务书或初步设计如有重大变更而需要重作或修改时,须经设计任务书的批准机关或初步设计批准机关同意,并经双方当事人协商后另订合同。委托方负责支付已经进行了的设计费用。

(4)委托方因故要求中途停止设计的,应及时书面通知承包方,已付的设计费不退,并按该阶段实际耗用工作日,增付和结清设计费,同时结束合同关系。

5. 设计费

设计工作的取费,一般应根据工程种类、建设规模和工程的简繁程度确定,执行我国建设主管部门颁发的工程设计收费标准。

6. 违约责任

违约责任的条款同勘察合同要求。

7. 争执解决

争执解决的条款同勘察合同的要求。

8. 其他条款

其他条款同勘察合同要求。

【例 5-5】 甲公司同时与乙、丙建筑公司签订了建设工程承包合同,在合同中规定了开工日期。不料,后来乙单位迟迟不能提交勘察设计文件。丙建筑公司按建设工程承包合同的约定做好了开工准备,如期进驻施工场地。在甲公司的再三催促下,乙单位迟延36天提交勘察设计文件。此时,丙公司已窝工18天。在施工期间,丙公司又发现设计图纸中的多处错误,不得不停工等候甲公司请乙单位对设计图纸进行修改。丙公司由于窝工、停工要求甲公司赔偿损失,否则不再继续施工。甲公司将乙单位起诉到法院,要求乙单位赔偿损失。请问:本案应该如何处理?

【解析】 该案中乙单位不仅没有按照合同的约定提交勘察设计文件,致使甲公司的建设工期受到延误,造成丙公司的窝工,而且勘察设计的质量也不符合要求,致使承建单位丙公司因修改设计图纸而停工、窝工。根据《中华人民共和国合同法》规定："勘察、设计的质量不符合要求或者未按照期限提交勘察、设计文件拖延工期,造成发包人损失的,勘察人、设计人应当继续完善勘察、设计,减收或者免收勘察、设计费并赔偿损失。"乙单位的上述违约行为已给甲公司造成损失,应负减收或者免收勘察、设计费并赔偿甲公司损失的责任。

复习思考题

1. 什么是工程勘察?什么是工程设计?
2. 编制建设工程勘察设计文件的依据是什么?
3. 工程设计分几阶段进行?其内容和深度都有什么要求?
4. 什么是施工图设计文件的审查?施工图设计文件审查的内容是什么?
5. 简述建设工程勘察设计合同的特点。
6. 习近平曾强调"创新是引领发展的第一动力,保护知识产权就是保护创新",请谈谈如何对工程建设勘察设计文件实施知识产权保护?
7. 2016年国土资源部颁布《绿色勘察行动宣言》,倡议地勘行业要大力推进绿色勘察,探寻金山银山,留住绿水青山,为实现资源开发利用和生态环境保护协调发展做出更大的贡献。请你从工程勘察设计法律的角度谈谈,如何实现绿色勘察?

课后案例

某厂新建一车间,分别与市设计院和市建某公司签订设计合同和施工合同。工程竣工后厂房北侧墙壁发现裂缝,为此该厂向法院起诉市建某公司。经勘察,裂缝是由于地基不均匀沉降引起的,结论是结构设计图纸所依据的地质资料不准确,于是该厂又起诉市设计院。市设计院答辩称,设计院是根据该厂提供的地质资料设计的,不应承担事故责任。经法院查证:该厂提供的地质资料不是新建车间的地质资料,事故前设计院也不知道该情况。那么,本案的事故责任由谁承担?

【分析】

在本案中,该设计合同的主体是某厂和市设计院,施工合同的主体是某厂和市建某公司。根据案情,由于设计图纸所依据的资料不准确,使地基不均匀沉降,最终导致墙壁裂缝事故,所以,事故所涉及的是设计合同的责权关系,而与施工合同无关,所以市建某公司没有责任。在设计合同中,提供准确的资料是委托方的义务之一,而且要对资料的可靠性负责,所以委托方提供假地质资料是事故的根据,委托方是事故的责任者之一;市设计院按对方提供的资料设计,似乎没有过错,但是直到事故发生前设计院仍不知道资料虚假,说明在整个设计过程中,设计院并未对地质资料进行认真审查,使得虚假资料滥竽充数,导致事故发生,所以设计院也是责任者之一。故在此事件中,某厂作为委托方应是事故直接责任人,应负主要责任;设计院作为承接方,应负间接责任,是次要责任人。

第 6 章

工程建设施工法律制度

课程思政要点

通过具体工程看我国建筑业改革开放 40 多年的伟大成就:"两山医院"的建设从方案设计、建设施工到交付使用仅用了 10 天左右,体现出建筑行业资源供给能力、协同管理能力、高效的运输投放能力、完整的制造业产业链、施工单位团队管理经验,深刻认识党领导下的中国特色社会主义制度优势,毫不动摇,始终坚持党的领导。通过港珠澳大桥工程地理位置特殊性和"一国两制"的背景体会该工程建设的重要作用,深刻领会习近平坚定中国特色社会主义道路自信、理论自信、制度自信、文化自信的论述,生发爱国情怀与民族自信心。通过讲授建设工程施工合同订立过程中遵循的平等、自愿、公平、诚信、守法和公序良俗原则,领会社会主义核心价值观中社会层面的价值取向和公民个人层面的价值准则。

6.1 施工许可证管理制度

6.1.1 申请施工许可证的主体与申领范围

建设工程施工许可制度是指建设行政主管部门根据建设单位的申请,依法对建设工程是否具备施工条件进行审查,符合条件者准许该建设工程开始施工并颁发施工许可证的一种制度。

为了加强对建筑活动的监督管理,维护建筑市场秩序,保证建筑工程的质量和安全,根据《中华人民共和国建筑法》(以下简称《建筑法》),2014 年 6 月 25 日中华人民共和国住房与城乡建设部第 18 号发布《建筑工程施工许可管理办法》,共 20 条,自 2014 年 10 月 25 日起施行。

1. 申请主体

根据《建筑法》第七条第一款:"建筑工程开工前,建设单位应当按照国家有关规定向工程所在地县级以上人民政府建设行政主管部门申请领取施工许可证;但是,国务院建设行政主管部门确定的限额以下的小型工程除外。"的规定,施工许可证申请主体为建设单位(又称业主或项目法人),非施工单位或其他单位。

在开工前建设单位应当按计划批准的开工项目,向工程所在地的县级以上地方人民政府住房城乡建设主管部门(发证机关)申请领取施工许可证。建筑工程施工许可证由国务院住房城乡建设主管部门制定格式,由各省、自治区、直辖市人民政府住房城乡建设主管部门统一印制,分为正本和副本,正本和副本具有同等法律效力,复印的施工许可证无效。

应当申请领取施工许可证的建筑工程未取得施工许可证的,一律不得开工。任何单位和个人不得将应当申请领取施工许可证的工程项目分解为若干限额以下的工程项目,规避申请领取施工许可证。

2. 申领范围

根据《建筑工程施工许可管理办法》相关规定,凡在中华人民共和国境内从事各类房屋建筑及其附属设施的建造、装修装饰和与其配套的线路、管道、设备的安装,以及城镇市政基础设施工程的施工,建设单位在开工前,均应当申请领取施工许可证,法律另有规定的除外。

下列建设工程项目不需要办理施工许可证:

(1)已批准开工报告的工程

《建筑法》规定,按照国务院规定的权限和程序批准开工报告的建筑工程,不再领取施工许可证。1979 年设立开工报告制度,1984 年将其简化,1988 年又恢复该制度,开工报告和施工许可证不需要重复办理。《政府投资条例》规定,国务院规定应当审批开工报告的重大政府投资项目,按照规定办理开工报告审批手续后方可开工建设。

(2)限额以下的小型工程

工程投资额在 30 万元以下或者建筑面积在 300 m^2 以下的建筑工程,可以不申请办理施工许可证。省、自治区、直辖市人民政府住房城乡建设主管部门可以根据当地的实际情况,对限额进行调整,并报国务院住房城乡建设主管部门备案。

(3)抢险救灾等工程

《建筑工程施工许可管理办法》规定,抢险救灾及其他临时性房屋建筑和农民自建低层住宅的建筑活动,不适用本办法。

(4)另有规定的工程

军事房屋建筑工程施工许可的管理,按国务院、中央军事委员会制定的办法执行。

6.1.2 申请施工许可证的法定条件与程序

1. 申请施工许可证的法定条件

《建筑法》第八条规定,申请领取施工许可证,应当具备下列条件:(1)已经办理该建筑工程用地批准手续;(2)依法应当办理建设工程规划许可证的,已经取得建设工程规划许可证;

(3)需要拆迁的,其拆迁进度符合施工要求;(4)已经确定建筑施工企业;(5)有满足施工需要的资金安排、施工图纸及技术资料;(6)有保证工程质量和安全的具体措施。"

《建筑工程施工许可管理办法》进一步规定,建设单位申请领取施工许可证,应当具备下列条件,并提交相应的证明文件:

(1)依法应当办理用地批准手续的,已经办理该建筑工程用地批准手续。

(2)依法应当办理建设工程规划许可证的,已经取得建设工程规划许可证。

(3)施工场地已经基本具备施工条件,需要征收房屋的,其进度符合施工要求。

(4)已经确定施工企业。按照规定应当招标的工程没有招标,应当公开招标的工程没有公开招标,或者肢解发包工程,以及将工程发包给不具备相应资质条件的企业的,所确定的施工企业无效。

(5)有满足施工需要的资金安排、施工图纸及技术资料,建设单位应当提供建设资金已经落实承诺书,施工图设计文件已按规定审查合格。

(6)有保证工程质量和安全的具体措施。施工企业编制的施工组织设计中有根据建筑工程特点制订的相应的质量、安全技术措施。建立工程质量安全责任制并落实到人。专业性较强的工程项目编制了专项质量、安全施工组织设计,并按照规定办理了工程质量、安全监督手续。

(7)法律、行政法规规定的其他条件。

县级以上地方人民政府住房城乡建设主管部门不得违反法律法规规定,增设办理施工许可证的其他条件。

【例6-1】 根据《建筑工程施工许可管理办法》,下列建设工程开工前建设单位应当申请领取施工许可证的是( )。

A. 投资额为25万元的公共厕所

B. 建筑面积为600 m^2 的地铁临时办公室

C. 建筑面积为325 m^2 的公园管理用房

D. 农民自建低层住宅

【解析】 不需要办理施工许可证的工程:已批准开工报告的工程;限额以下的小型工程(工程投资额在30万元以下或者建筑面积在300 m^2 以下的建筑工程);抢险救灾及其他临时性房屋建筑和农民自建低层住宅的建筑;另有规定的工程。正确答案是C。

2. 申请施工许可证的法定程序

申请办理施工许可证,应当按照下列程序进行:

(1)领表。建设单位向发证机关领取《建筑工程施工许可证申请表》。

(2)提出申请。建设单位持加盖单位及法定代表人印鉴的《建筑工程施工许可证申请表》,并附上符合法定申请条件的证明文件,向发证机关提出申请。

(3)审批发证。发证机关在收到建设单位报送的《建筑工程施工许可证申请表》和所附证明文件后,对于符合条件的,应当自收到申请之日起7日内颁发施工许可证;对于证明文件不齐全或者失效的,应当当场或者5日内一次告知建设单位需要补正的全部内容,审批时间可以自证明文件补正齐全后做相应顺延;对于不符合条件的,应当自收到申请之日起7日内书面通知建设单位,并说明理由。

建筑工程在施工过程中,建设单位或者施工单位发生变更的,应当重新申请领取施工许可证。建设单位申请领取施工许可证的工程名称、地点、规模,应当与依法签订的施工承包合同一致。施工许可证应当放置在施工现场备查,并按规定在施工现场公开,施工许可证不得伪造和涂改。

发证机关应当将办理施工许可证的依据、条件、程序、期限以及需要提交的全部材料和申请表示范文本等,在办公场所和有关网站予以公示。发证机关做出的施工许可决定,应当予以公开,公众有权查阅。

6.1.3 施工许可证的时间效力与中止施工

1. 施工许可证的时间效力

《建筑工程施工许可管理办法》规定:建设单位应当自领取施工许可证之日起3个月内开工。因故不能按期开工的,应当在期满前向发证机关申请延期,并说明理由;延期以两次为限,每次不超过3个月。既不开工又不申请延期或者超过延期次数、时限的,施工许可证自行废止。

2. 中止施工与恢复施工

施工许可证废止后,建设单位需按规定重新领取施工许可证,方可开工。

(1)中止施工

中止施工是指建筑工程开工后,在施工过程中,因发生地震、洪水等不可抗力;宏观调控,压缩基建规模,停建缓建建筑工程等特殊情况的发生而中途停止施工的一种行为。

在建的建筑工程因故中止施工的,建设单位应当自中止施工之日起1个月内向发证机关报告,报告内容包括中止施工的时间、原因、在施部位、维修管理措施等,并按照规定做好建筑工程的维护管理工作。

(2)恢复施工

恢复施工是指建筑工程中止施工后,造成中断施工的情况消除,而继续进行施工的一种行为。恢复施工时,应当向发证机关报告,中止施工不满1年的,建设单位应当向该建筑工程颁发施工许可证的建设行政主管部门报告恢复施工的有关情况;中止施工满1年的,建筑工程恢复施工之前,建设单位应当报发证机关核验施工许可证。

建设行政主管部门对中止施工满1年的建筑工程进行审查,确认是否具备组织施工的条件,符合条件的,应允许恢复施工,施工许可证继续有效;对不符合条件的,不允许恢复施工,施工许可证收回,待具备条件后,建设单位重新申领施工许可证。

6.1.4 法律责任

发证机关应当建立颁发施工许可证后的监督检查制度,对取得施工许可证后条件发生变化、延期开工、中止施工等行为进行监督检查,发现违法违规行为及时处理。

1. 未取得施工许可证或规避办理施工许可证的法律责任

对于未取得施工许可证或者为规避办理施工许可证将工程项目分解后擅自施工的,由有管辖权的发证机关责令停止施工,限期改正,对建设单位处工程合同价款1%以上2%以下罚款;对施工单位处3万元以下罚款。

2. 采用不正当手段取得施工许可证的法律责任

建设单位采用欺骗、贿赂等不正当手段取得施工许可证的,由原发证机关撤销施工许可证,责令停止施工,并处1万元以上3万元以下罚款;构成犯罪的,依法追究刑事责任。

3. 骗取施工许可证的法律责任

建设单位隐瞒有关情况或者提供虚假材料申请施工许可证的,发证机关不予受理或者不予许可,并处1万元以上3万元以下罚款;构成犯罪的,依法追究刑事责任。

4. 伪造或者涂改施工许可证的法律责任

建设单位伪造或者涂改施工许可证的,由发证机关责令停止施工,并处1万元以上3万元以下罚款;构成犯罪的,依法追究刑事责任。

5. 单位的主管人员和其他直接责任人员的法律责任

给予单位罚款处罚的,对单位直接负责的主管人员和其他直接责任人员处单位罚款数额5%以上10%以下罚款。单位及相关责任人受到处罚的,作为不良行为记录予以通报。

6. 发证机关及其工作人员的法律责任

发证机关及其工作人员,有下列情形之一的,由其上级行政机关或者监察机关责令改正;情节严重的,对直接负责的主管人员和其他直接责任人员,依法给予行政处分:

(1)对不符合条件的申请人准予施工许可的。

(2)对符合条件的申请人不予施工许可或者未在法定期限内做出准予许可决定的。

(3)对符合条件的申请不予受理的。

(4)利用职务上的便利,收受他人财物或者牟取其他利益的。

(5)不依法履行监督职责或者监督不力,造成严重后果的。

6.2 建设工程施工合同

6.2.1 建设工程施工合同的概念与特征

1. 建设工程施工合同概述

建设工程施工合同,简称施工合同,是发包人(建设单位)和承包人(也称承包商或施工单位)之间,为完成商定的建筑安装工程,明确相互权利、义务关系的协议。

《民法典》规定,建设工程合同是承包人进行工程建设,发包人支付价款的合同。包括工程勘察、设计、施工合同。可见,建设工程施工合同是建设工程合同的一种。按照合同的分类,建筑工程施工合同与其他建设工程合同一样属于双务合同、有偿合同、有名合同、诺成合同、要式合同和主合同。

发包人、承包人遵守自愿、公平、诚实信用的原则,具备相应资质条件和履行施工合同的能力方可签订施工合同。

2. 建设工程施工合同的特点

由于建筑产品是特殊的商品,建筑产品的单件性、建设周期长、施工生产和技术复杂、工

程付款和质量论证具有阶段性、受外界自然条件影响大等特点,决定了施工合同不同于其他合同,具有自身的特点:

(1)施工合同的标的物仅限于建设工程

施工合同的"标的物"是特定建筑产品,不同于其他一般商品。建设工程施工合同的标的物仅限于土木、建筑、线路管道和设备安装、装修等工程。

(2)施工合同履行时间长

由于建筑产品体积庞大、结构复杂、施工工期少则几个月,一般都是几年甚至十几年,在合同实施过程中不确定影响因素多,受到地区、环境、气候、地质、市场等因素变化的影响,合同履行具有多变性,以及与此相伴的风险性。

(3)施工合同内容庞杂

由于建设工程本身的特殊性和施工生产的复杂性,决定了施工合同条款较多,《民法典》第七百九十五条规定:"施工合同的内容一般包括工程范围、建设工期、中间交工工程的开工和竣工时间、工程质量、工程造价、技术资料交付时间、材料和设备供应责任、拨款和结算、竣工验收、质量保修范围和质量保证期、相互协作等条款。"

此外,关于索赔、专利技术使用、发现地下障碍和文物、工程分包、不可抗力、工程保险、合同生效与终止等也是施工合同的重要内容。

(4)施工合同涉及面广

在一个建设工程中,涉及发包人、勘察设计单位、施工单位、监理单位、材料设备供应商等多个单位。工程总包单位、施工总包单位、专业承包单位、劳务分包单位等,合同主体之间法律关系错综复杂,一旦出现工程法律责任,往往出现连带责任。同时,施工过程中要接受规划、环保等相关部门的监督、管理。

(5)施工合同中的施工主体必须具备相应资质

由于建设工程施工合同是通过施工者的劳动,按照法律法规、施工合同和图纸要求,完成施工任务,并向发包人交付施工成果,它具有投资大、建设周期长、质量要求高、技术力量要求全面等特点,作为公民个人(自然人)是不能独立完成的。因此,我国法律规定,从事建筑活动的建筑施工企业,按照其拥有的注册资金、专业技术人员、技术装备和已完工的建筑工程业绩等资质条件,划分为不同的资质等级,经资质审查合格,取得相应等级资质的资格证书后,方可在其资质等级许可范围内从事建筑活动。

6.2.2 建设工程施工合同的订立

1. 合同订立与订立原则

合同订立是合法当事人之间通过法定程序和形式签订合同的过程。

合同订立应遵循以下原则:

(1)平等原则

《民法典》第四条规定:"民事主体在民事活动中的法律地位一律平等。"即享有民事权利和承担民事义务的资格是平等的,在订立建设工程施工合同中双方当事人意思表示必须是完全自愿的,不能是在强迫和压力下做出非自愿的意思。该原则有三个含义:一是,当事人法律地位一律平等;二是,合同中权利与义务对等;三是,当事人就合同条款充分协商取得一致,合同方成立。

(2)自愿原则

《民法典》第五条规定:"民事主体从事民事活动,应当遵循自愿原则,按照自己的意思设立、变更、终止民事法律关系。"自愿是指合同当事人有权决定是否订立合同、与谁订立合同、有权拟定合同条款、有权以书面或者口头的形式订立合同。只要不违背足以影响合同效力的法律、法规强制性规定和公序良俗,合同当事人有权自愿决定,任何单位、个人不得非法干预。

(3)公平原则

《民法典》第六条规定:"民事主体从事民事活动,应当遵循公平原则,合理确定各方的权利和义务。"合同当事人应当遵循公平原则确定各方的权利和义务。在合同的订立和履行中,合同当事人应当正当行使合同权利和履行合同义务,兼顾他人利益,使当事人的利益能够均衡。显失公平的合同,属于可变更或者可撤销的合同。该原则主要包括三个含义:一是,根据公平原则确定当事人的权利和义务,不得欺诈或假借订立合同恶意磋商;二是,根据公平原则确定风险的合理分配;三是,根据公平原则确定违约责任。

(4)诚实信用原则

《民法典》第七条规定:"民事主体从事民事活动,应当遵循诚信原则,秉持诚实,恪守承诺。"建设工程合同当事人行使权利、履行义务应当遵循诚实信用原则。这是经济活动中形成的道德规则,它要求人们在交易活动(订立和履行合同)中讲究信用,恪守诺言,诚实不欺。不论是发包人还是承包人,在行使权利时都应充分尊重他人和社会的利益,对约定的义务要忠实地履行。

(5)遵守法律法规和公序良俗原则

《民法典》第八条规定:"民事主体从事民事活动,不得违反法律,不得违背公序良俗。"建设工程施工合同的当事人一方面应当遵守《城乡规划法》《建筑法》《民法典》《招标投标法》《建设工程质量管理条例》《建设工程安全生产管理条例》等法律法规;另一方面应当尊重社会公德,不得扰乱社会经济秩序,损害社会公共利益。法律不可能穷尽所有事务,如果出现了现行法律未能规定的情况或者按现行法律处理会损害社会公共利益,法官可据此原则进行价值补充。

(6)绿色原则

《民法典》第九条规定:"民事主体从事民事活动,应当有利于节约资源、保护生态环境。"建设工程合同当事人在订立、履行建设工程合同过程中要兼顾社会环境公益,有利于节约资源,保护生态环境,牢固树立"绿水青山就是金山银山"的理念。

2. 合同订立的一般程序——要约与承诺

(1)要约

《民法典》第四百七十一条规定:"当事人订立合同,可以采取要约、承诺方式或者其他方式。"可见,合同的订立一般要经过要约和承诺两阶段。

①概念和构成条件

要约,是指希望同他人订立合同的意思表示,在此,要区分好同样为意思表示的要约邀请。所谓要约邀请,是指希望他人向自己发出要约的意思表示,又称要约引诱,对双方当事人均无法律约束力。要约却不同,要约一旦发出,就对双方当事人均有拘束力,要约人不得随意撤回、撤销或限制、变更、扩张要约内容;受要约人若想承诺,则必须在要约确定的有效期限内做出答复。如何判断该意思表示为要约还是要约邀请,从以下几点把握,即要约构成具备的条件:a.要约内容具体、确定,要约内容决定未来合同的内容,要约人所发要约的内容必须使受要约人足以了解将来可能成立合同的必要条款;b.表明要约人受该意思表示的约束,即以订立合同为主观目的。

②要约的生效、撤回、撤销和失效

《民法典》对要约的生效采用"到达主义"即"要约到达受要约人时生效"。根据《民法典》第一百三十七条规定:"以对话方式作出的意思表示,相对人知道其内容时生效。以非对话方式作出的意思表示,到达相对人时生效。以非对话方式作出的采用数据电文形式的意思表示,相对人指定特定系统接收数据电文的,该数据电文进入该特定系统时生效;未指定特定系统的,相对人知道或者应当知道该数据电文进入其系统时生效。当事人对采用数据电文形式的意思表示的生效时间另有约定的,按照其约定。"

要约人在要约生效之前采取的取消要约行为称为"要约撤回",要约撤回的通知要先于要约或与要约同时到达受要约人。要约人在要约生效之后,受要约人承诺之前使要约归于消灭的行为称为"要约撤销",要约撤销通知应在受要约人发出承诺之前到达。要约人确定了承诺期限或明示要约不可撤销以及受要约人有理由认为该要约不可撤销的,并已经为合同履行做了准备工作的要约为不可撤销的要约。

下列情形之一的,要约失效:a.要约被拒绝;b.要约人依法撤销要约;c.承诺期届满,受要约人未做出承诺;d.受要约人对要约内容做出实质性变更。

(2)承诺

①概念和构成条件

承诺,是指受要约人同意要约的意思表示。承诺的内容应当与要约的内容一致,受要约人对要约内容做出实质性变更的,为新要约。有关合同主要内容如标的、数量、质量、价款或报酬、履行期限、履行地点和方式、违约责任和解决争议方法等变更,是对要约内容的实质性变更。

一项意思表示构成承诺应具备以下条件:a.由受要约人做出;b.对要约的肯定答复,即与要约内容一致;c.须在规定期限内到达要约人。受要约人超过承诺期限发出承诺,为新要约,除非要约人及时通知受要约人表示有效;受要约人在承诺期限发出承诺,通常情形能及时到达,却因其他原因导致承诺迟到,该承诺有效,除非要约人及时通知受要约人表示拒绝。

②承诺的生效、撤回

根据《民法典》相关规定,承诺应以通知的方式做出,书面、口头、数据电文均可。通知到达要约人时生效。承诺不需要通知的,根据交易习惯或要约的要求做出承诺行为时生效。

承诺不存在撤销问题,但同要约一样可以撤回。受要约人可以在承诺到达之前或同时将撤回承诺通知送达要约人,使该承诺被撤回而不发生法律效力。

(3)合同成立

承诺生效时合同成立,但是法律另有规定或者当事人另有约定的除外。以通知方式做出的承诺,生效时间适用《民法典》第一百三十七条的规定。承诺不需要通知的,根据交易习惯或者要约的要求做出承诺的行为时生效。

依法成立的合同,自成立时生效。法律、法规规定应当办理批准、登记等手续生效的,依其规定。当事人可以约定合同生效的条件或附生效期限,当条件成就或期限界至时合同生效。

采用合同书形式订立合同的,自当事人均签名、盖章或者按指印时合同成立。在签名、盖章或者按指印之前,当事人一方已经履行主要义务,对方接受时,该合同成立。法律、行政法规规定或者当事人约定采用书面形式订立合同,当事人未采用书面形式但一方已经履行主要义务,对方接受的,该合同成立。书面形式是合同书、信件、电报、电传、传真等可以有形地表现所载内容的形式。以电子数据交换、电子邮件等方式能够有形地表现所载内容,并可以随时调取查用的数据电文,视为书面形式。当事人采用信件、数据电文等形式订立合同要求签订确认书的,签订确认书时合同成立。

当事人一方通过互联网等信息网络发布的商品或者服务信息符合要约条件的,对方选择该商品或者服务并提交订单成功时合同成立,但是当事人另有约定的除外。

承诺生效的地点为合同成立的地点。采用数据电文形式订立合同的,收件人的主营业地为合同成立的地点;没有主营业地的,其住所地为合同成立的地点。当事人另有约定的,按照其约定。

当事人采用合同书形式订立合同的,最后签名、盖章或者按指印的地点为合同成立的地点,但是当事人另有约定的除外。

建设工程施工合同应采用书面形式,因此,建设工程施工合同自当事人签字、盖章或者按指印时成立,签字、盖章或者按指印的地点就是合同成立地点。

【例 6-2】 甲企业于5月1日向乙企业发出采购80吨钢材的要约,乙企业于5月5日发出同意出售的承诺信函。5月8日,信件寄至甲企业,适逢其总经理外出。5月9日,总经理知悉信件内容,遂于5月10日发邮件告知乙企业收到承诺。问合同是否成立?何时成立?如果乙企业于5月5日发出同意出售的信函同时将数量改为100吨,合同关系成立吗?

【解析】 承诺到达时合同成立,本案承诺到达时间是5月8日,双方于5月8日形成合同关系。如果将数量改为100吨,属于对要约内容的实质性变化,该回复信函为新要约,合同不成立。

3. 建设工程施工合同订立——招标、投标

招标、投标是一种民事行为。招标、投标的目的是签订合同,或者说招标、投标仅仅是合同订立过程中的环节。

一般认为,招标是要约邀请,而投标则是要约,中标通知书是承诺。

我们认为,招标缺少合同成立的重要条件——价格。在招标中,项目成交的价格是有待于投标者提出的。因而,招标不具备要约的条件,不是要约。它实际上是邀请其他人(投标人)来对其提出要约(报价),是一种要约邀请。《民法典》第四百七十三条规定:"要约邀请是希望他人向自己发出要约的表示。拍卖公告、招标公告、招股说明书、债券募集办法、基金招募说明书、商业广告和宣传、寄送的价目表等为要约邀请。商业广告和宣传的内容符合要约条件的,构成要约。"

投标是一种要约。投标符合要约的所有条件:①它具有缔结合同的主观目的;②一旦中标,投标人将受到投标书的约束;③投标书的内容具有足以使合同成立的主要条件。

招标人向中标人发出的中标通知书是招标人的承诺,即招标人同意接受该投标人的要约的意思表示。

综上,招标是要约邀请,投标是要约,中标通知书是承诺。

为了更清晰地表述建设工程施工合同招投标过程的性质,我们将《民法典》和《招标投标法》进行了相关对比,见表6-1。

表 6-1　　　　　　　《民法典》与《招标投标法》中要约与承诺的比较

	《民法典》	《招标投标法》
要约	要约到达要约人时生效	投标书为要约,在招标文件规定的截止时间前,效力处于待定状态,投标人作为要约人具有处分投标书的权力
	要约可以撤回,但未规定要约可以补充、修改	投标人在招标文件要求提交投标文件的截止时间前,可以补充、修改、替代或撤回已提交的投标文件,并书面通知招标人。补充修改的内容为投标文件的组成部分
承诺	承诺通知到达时生效	中标通知书作为承诺发出后即发生法律效力
	承诺可以撤回	不能撤回承诺,中标通知书发出后,招标人改变中标结果的或中标人放弃中标项目的,承担法律责任
	承诺生效时合同成立	中标通知书发出后,承诺虽发生法律效力,但在书面合同订立前,合同尚未成立。中标通知书发出之日起 30 日内,签订书面合同

6.2.3 建设工程施工合同的效力

1. 建设工程施工合同的生效

(1)合同生效时间

《民法典》第五百零二条第一款规定:"依法成立的合同,自成立时生效。但是法律另有规定或者当事人另有约定的除外。"

(2)附条件与附期限的合同

当事人对合同的效力可以约定附条件,但是根据其性质不得附条件的除外。附生效条件的合同,自条件成就时生效。附解除条件的合同,自条件成就时失效。当事人为自己的利益不正当地阻止条件成就的,视为条件已成就;不正当地促成条件成就的,视为条件不成就。

当事人对合同的效力可以约定附期限。附生效期限的合同,自期限届至时生效。附终止期限的合同,自期限届满时失效。

(3)未办理批准手续合同的处理规则

依照法律、行政法规的规定,合同应当办理批准等手续的,依照其规定。未办理批准等手续影响合同生效的,不影响合同中履行报批等义务条款以及相关条款的效力。应当办理申请批准等手续的当事人未履行义务的,对方可以请求其承担违反该义务的责任。依照法律、行政法规的规定,合同的变更、转让、解除等情形应当办理批准等手续的,同样按此规则处理。

2. 建设工程施工合同的无效

(1)无效合同

无效合同是指合同内容或形式违反了法律、行政法规的强制性规定和社会公共利益,因而不能产生法律约束力,不受法律保护的合同。《民法典》规定,一个有效民事法律行为必须同时具备三个条件:行为人具有相应的民事行为能力;意思表示真实;不违反法律、行政法规的强制性规定,不违背公序良俗。因此,下列民事行为均为无效:①无民事行为能力人实施的民事法律行为无效,但是,限制民事行为能力人实施的纯获利益的民事法律行为或者与其年龄、智力、精神健康状况相适应的民事法律行为有效。实施的其他民事法律行为经法定代理人同意或者追认后有效。②行为人与相对人以虚假的意思表示实施的民事法律行为无效。③违反法律、行政法规的强制性规定的民事法律行为无效。但是,该强制性规定不导致该民事法律行为无效的除外。违背公序良俗的民事法律行为无效。④行为人与相对人恶意串通,损害他人合法权益的民事法律行为无效。

下列免责条款无效:①造成对方人身伤害的;②因故意或者重大过失造成对方财产损失的。

(2)无效合同的法律后果

无效合同因其违法性和不可履行性,自始就无法律效力。《民法典》规定,无效的合同或者被撤销的合同自始没有法律约束力。合同部分无效,不影响其他部分效力的,其他部分仍然有效。合同无效、被撤销或者终止的,不影响合同中独立存在的有关解决争议方法的条款的效力。

合同无效或者被撤销后,因该合同取得的财产,应当予以返还;不能返还或者没有必要返还的,应当折价补偿。有过错的一方应当赔偿对方因此所受到的损失,双方都有过错的,应当各自承担相应的责任。当事人恶意串通,损害国家、集体或者第三人利益的,因此取得的财产收归国家所有或者返还集体、第三人。

(3)建设工程施工合同无效情形

《最高人民法院关于审理建设工程施工合同纠纷案件适用法律问题的解释(一)》(以下简称《解释(一)》)规定,建设工程施工合同具有下列情形之一的,应当根据《民法典》第一百五十三条第一款的规定(违反法律、行政法规的强制性规定),认定无效:①承包人未取得建筑业企业资质或者超越资质等级的;②没有资质的实际施工人借用有资质的建筑施工企业名义的;③建设工程必须进行招标而未招标或者中标无效的。

此外,承包人非法转包、违法分包建设工程或者没有资质的实际施工人借用有资质的建筑施工企业名义与他人签订建设工程施工合同和发包人未取得建设工程规划许可证等规划审批手续而签订建设工程施工合同的行为无效。

需要注意的是,承包人超越资质等级许可的业务范围签订建设工程施工合同,在建设工程竣工前取得相应资质等级,发包人在起诉前取得建设工程规划许可证等规划审批手续的,当事人请求按照无效合同处理的,不予支持。

(4)建设工程施工合同无效的法律后果

建设工程施工合同无效,但建设工程经竣工验收合格,承包人请求参照合同约定折价补偿承包人。建设工程施工合同无效,且建设工程经竣工验收不合格的,按照以下情形分别处理:①修复后的建设工程经竣工验收合格,发包人可以请求承包人承担修复费用的;②修复后的建设工程经竣工验收不合格,承包人无权请求参照合同关于工程价款的约定折价补偿。

发包人对因建设工程不合格造成的损失有过错的,应当承担相应的责任。

承包人非法转包、违法分包建设工程或者没有资质的实际施工人借用有资质的建筑施工企业名义与他人签订建设工程施工合同的行为无效。人民法院可以收缴当事人已经取得的非法所得。

《解释(一)》第六条规定:"建设工程施工合同无效,一方当事人请求对方赔偿损失的,应当就对方过错、损失大小、过错与损失之间的因果关系承担举证责任。损失大小无法确定,一方当事人请求参照合同约定的质量标准、建设工期、工程价款支付时间等内容确定损失大小的,人民法院可以结合双方过错程度、过错与损失之间的因果关系等因素作出裁判。"

《解释(一)》第二十四条规定:"当事人就同一建设工程订立的数份建设工程施工合同均无效,但建设工程质量合格,一方当事人请求参照实际履行的合同关于工程价款的约定折价补偿承包人的,人民法院应予支持。实际履行的合同难以确定,当事人请求参照最后签订的合同关于工程价款的约定折价补偿承包人的,人民法院应予支持。"

3. 可撤销合同

可撤销合同是指基于法定原因,合同当事人有权请人民法院或仲裁机构予以撤销的合同,也称相对无效的合同。

(1)可撤销合同情形

《民法典》规定:下列合同,当事人一方有权请求人民法院或者仲裁机构变更或者撤销:①因重大误解订立的;②以欺诈手段订立合同的;③以胁迫手段订立合同的;④乘人之危致使合同成立时显失公平的。

(2)撤销权的行使

《民法典》规定下列情形之一的,撤销权消灭:①当事人自知道或者应当知道撤销事由之日起1年内,重大误解的当事人自知道或者应当知道撤销事由之日起90日内没有行使撤销权;②当事人受胁迫,自胁迫行为终止之日起1年内没有行使撤销权;③当事人知道撤销事由后明确表示或者以自己的行为表明放弃撤销权。

当事人自民事法律行为发生之日起5年内没有行使撤销权的,撤销权消灭。

合同一旦被撤销法律后果同无效合同,即自始无效。行为人因该行为取得的财产,应当予以返还;不能返还或者没有必要返还的,应当折价补偿。有过错的一方应当赔偿对方由此所受到的损失;各方都有过错的,应当各自承担相应的责任。法律另有规定的,依照其规定。

4. 效力待定合同

效力待定合同是指合同虽已成立,但因其不完全符合有关合同生效的要件,致使其效力能否发生尚未确定,需事后经权利人表示承认才能生效的合同。效力待定合同有以下三类:

(1)限制行为能力人订立的合同

限制民事行为能力人订立的合同,经法定代理人追认后,该合同有效,但纯获利益的合同或者与其年龄、智力、精神健康状况相适应而订立的合同,不必经法定代理人追认。

相对人可以催告法定代理人在1个月内予以追认。法定代理人未作表示的,视为拒绝追认。合同被追认之前,善意相对人有撤销的权利。撤销应当以通知的方式做出。

(2)无权代理人订立的合同

行为人没有代理权、超越代理权或者代理权终止后以被代理人名义订立的合同,未经被代理人追认,对被代理人不发生效力,由行为人承担责任。相对人可以催告被代理人在1个月内予以追认。被代理人未做表示的,视为拒绝追认。合同被追认之前,善意相对人有撤销的权利。撤销应当以通知的方式做出。行为人实施的行为未被追认的,善意相对人有权请求行为人履行债务或者就其受到的损害请求行为人赔偿。但是,赔偿的范围不得超过被代理人追认时相对人所能获得的利益。相对人知道或者应当知道行为人无权代理的,相对人和行为人按照各自的过错承担责任。

无权代理的例外:①行为人没有代理权、超越代理权或者代理权终止后以被代理人名义订立合同,相对人有理由相信行为人有代理权的,该代理行为有效。该情形也称为表见代理。②法人或者其他组织的法定代表人、负责人超越权限订立的合同,除相对人知道或者应当知道其超越权限的以外,该代理行为有效。

司法实践中,项目经理越权或无权的民事行为构成表见代理后,其法律后果由企业承担。

5. "黑白"建设工程施工合同的效力

建设工程"黑白合同"又称"阴阳合同",它是指建设工程施工合同的当事人就同一建设工程签订的两份或两份以上实质性内容相异的合同。通常把经过招标投标的正式合同称为"白合同",把实际履行的协议或补充协议称为"黑合同"。"黑合同"往往违反了《招标投标法》《民法典》《建筑法》的有关规定,极易造成建筑工程质量隐患,并产生纠纷和带来诉讼。

(1)认定依据

我国目前对建设工程"黑白合同"效力认定的法律依据主要体现在《招标投标法》和最高人民法院的司法解释中。具体为《招标投标法》第四十三条规定:"在确定中标人前,招标人不得与投标人就投标价格、投标方案等实质性内容进行谈判。"第四十六条规定:"招标人和中标人应当自中标通知书发出之日起三十日内,按照招标文件和中标人的投标文件订立书面合同,招标人和中标人不得再行订立背离合同实质性内容的其他协议。"《招标投标法实施条例》第五十七条规定:"招标人和中标人应当依照招标投标法和本条例的规定签订书面合同,合同的标的、价款、质量、履行期限等主要条款应当与招标文件和中标人的投标文件的内容一致。招标人和中标人不得再行订立背离合同实质性内容的其他协议。"《解释(一)》第二十二条规定:"招标人和中标人另行签订的建设工程施工合同约定的工程范围、建设工期、工程质量、工程价款等实质性内容,与中标合同不一致,一方当事人请求按照中标合同确定权利义务的,人民法院应予支持。招标人和中标人在中标合同之外就明显高于市场价格购买承建房产、无偿建设住房配套设施、让利、向建设单位捐赠财物等另行签订合同,变相降低工程价款,一方当事人以该合同背离中标合同实质性内容为由请求确认无效的,人民法院应予支持。"当事人签订的建设工程施工合同与招标文件、投标文件、中标通知书载明的工程范围、建设工期、工程质量、工程价款不一致,一方当事人请求将招标文件、投标文件、中标通知书作为结算工程价款的依据的,人民法院应予支持。它为我国建设领域中"黑白合同"的效力认定提供了法律依据。

(2)"黑白"建设工程施工合同法律效力的认定

"黑白合同"因其违反了《招标投标法》《招标投标法实施条例》《解释(一)》等强制性规定,为无效合同。在黑白建设工程施工合同法律效力认定中注意以下几点:

①正确区分是"黑合同"还是"补充协议"。在招投标过程中,中标人与招标人达成一致的实质性内容主要限于工程价款、工期等,而双方未就工程款支付方式、违约责任和解决争议方法等实质性内容达成一致,事后才对工程质量、结算办法、违约责任和解决争议方法等进行了约定,而该约定仅为"白合同"内容的细化,这种情形下的补充协议不应被视为"黑合同"。即使是存在两个版本的合同,私下协议实质是对招标合同的有益补充,因此此种私下协议是有效的。

②"白合同"有效是认定"黑合同"无效的前提。因招投标过程中的违法行为导致中标无效的,当事人就同一工程项目签订的合同均为"黑合同",属无效合同。此时,应当按照《民法典》规定的无效合同过错责任原则、公平原则和诚实信用原则来处理。

③准确把握"实质性内容"。在"黑白合同"认定过程中,考察其是否背离中标合同的实质性内容,实质上是要考察其是否背离了招投标过程中当事人明确达成一致的实质性内容。何为"实质性内容",及如何判断施工合同的"实质性内容"是否背离招标文件和中标文件,根据《解释(一)》第二条,可以看出"实质性内容"为工程范围、建设工期、工程质量、工程价款

等。同时将中标人在中标合同之外以明显高于市场价格购买承建房产等变相降低工程价款的四种典型形式作为背离中标合同实质内容,确认无效。

④明确"白合同"必须是中标合同,与是否备案无关。2001年6月原建设部颁布的《房屋建筑和市政基础设施工程招标投标管理办法》第四十七条第一款规定,订立书面合同后7日内,中标人应当将合同送工程所在地的县级以上人民政府建设行政主管部门备案。这一行政规章是建设工程施工合同备案的依据。2018年9月修改该办法,正式取消建设工程施工合同备案制度。

⑤不属于必须招标建设工程的当事人签订与中标合同实质性背离的合同,不能一律按"黑合同"处理。《解释(一)》第二十三条规定:"发包人将依法不属于必须招标的建设工程进行招标后,与承包人另行订立的建设工程施工合同背离中标合同的实质性内容,当事人请求以中标合同作为结算建设工程价款依据的,人民法院应予支持,但发包人与承包人因客观情况发生了在招标投标时难以预见的变化而另行订立建设工程施工合同的除外。"此处但书条款,在客观情况发生了难以预见的变化可以以另行订立的合同作为结算工程价款的依据,这种情况下当事人另行订立的合同不能称之为"黑合同"而是属于合同变更。

6.2.4 建设工程施工合同的履行

1. 合同的履行与履行原则

(1)合同的履行

合同的履行是指合同依法成立后当事人双方按照合同约定的标的、质量、数量、价格或者报酬、履行期限、履行地点、履行方式等内容,全面地完成各自承担的义务,从而使合同的权利义务得到全部实现的整个行为过程。

(2)合同履行的原则

《民法典》第五百零九条规定:"当事人应当按照约定全面履行自己的义务。当事人应当遵循诚信原则,根据合同的性质、目的和交易习惯履行通知、协助、保密等义务。"当事人在履行合同过程中,应当避免浪费资源、污染环境和破坏生态。

合同的履行应当遵守实际履行、全面履行和绿色原则。

①实际履行原则

实际履行原则是指合同当事人按照有效合同规定的标的履行合同义务。除非不可抗力,签订合同当事人应交付和接受的标的,不得任意降低标的物的标准、变更标的物或以货币代替实物。

建设工程施工合同的标的就是建设工程项目的建设行为,这些项目包括:工业、公路、铁路、水利、石油、林业、一般民用建筑项目等。由于建设工程项目是特定的不动产产品,具有不可替代的特点,因此建设工程施工合同签订后,合同当事人就必须按照合同规定的内容和范围实际履行,承包方应按期、保质地交付建设工程,发包方则应及时给付工程价款。

②全面履行原则

全面履行又称适当履行、正确履行是指合同当事人必须按照合同规定的标的、质量和数量、履行地点、履行价格、履行时间和履行方式等全面地完成各自应当履行的义务。

建设工程施工合同的全面履行包括:工程项目的建设行为、履行工程工期、工程所在地、工程造价等。同时,对建设工程施工合同全面履行的检验,须经过工程竣工、验收和竣工决算三个步骤。

③绿色原则

合同履行过程中应当节约资源,保护环境,坚决杜绝以牺牲环境为代价换取经济效益。绿色原则统摄绿色条款,有利于弥补法律漏洞。

2. 合同履行中的抗辩权

抗辩权是指当事人一方依法对抗对方要求和权利主张的权利。合同履行中的抗辩权,就是在双务合同中,在满足一定法定条件时,合同当事人一方可以对抗对方当事人的履行要求,暂时拒绝履行合同约定义务的权利。合同履行中的抗辩权主要有三种。

(1)同时履行抗辩权

《民法典》第五百二十五条规定:"当事人互负债务,没有先后履行顺序的,应当同时履行。一方在对方履行之前有权拒绝其履行要求。一方在对方履行债务不符合约定时,有权拒绝其相应的履行要求。"

同时履行抗辩权发生的要件包括:①必须是双务合同中互负债务应当同时履行,这是当事人享有同时履行抗辩权的前提;②必须是一方未履行或者履行不符合约定。

(2)先履行抗辩权

《民法典》第五百二十六条的规定:"当事人互负债务,有先后履行顺序,先履行一方未履行的,后履行一方有权拒绝其履行请求。先履行一方履行债务不符合约定的,后履行一方有权拒绝其相应的履行请求。"如建筑工程施工合同双方约定,合同签订7日内发包人支付工程预付款,承包人收到该款7日内组织开工。如发包人未按约定支付应当支付的款项,承包人就可以行使先履行抗辩权不组织开工。发包人应当为此承担违约责任,并应当顺延工程期限。

先履行抗辩权发生的要件包括:①必须是双务合同互负债务,必须有先后履行顺序;②必须是先履行一方未履行债务或者履行债务不符合约定;③必须是后履行一方对于对方不符合约定的履行尚未受领,或者标的物尚未转移。

(3)不安抗辩权

《民法典》第五百二十七条规定:应当先履行债务的当事人,有确切证据证明对方有下列情形之一的,可以中止履行:①经营状况严重恶化;②转移财产、抽逃资金,以逃避债务;③丧失商业信誉;④有丧失或者可能丧失履行债务能力的其他情形。当事人没有确切证据中止履行的,应当承担违约责任。

当事人中止履行的,应当及时通知对方。对方提供适当担保时,应当恢复履行。中止履行后,对方在合理期限内未恢复履行能力并且未提供适当担保的,中止履行的一方可以解除合同。

【例6-3】 甲公司与乙公司签订的采购合同约定,6月5日甲公司向乙公司支付50万元预付款,7月5日乙公司将采购物品送至甲公司处。但在6月3日,甲公司获取确切证据证明乙公司届时将不能履行合同,6月5日乙公司要求甲公司支付预付款,此时甲公司可以行使( )。

A. 后履行抗辩权　　　　　　　　B. 同时履行抗辩权
C. 撤销权　　　　　　　　　　　D. 不安抗辩权

【解析】 甲为先履行义务的当事人,但甲在其履行义务之前已有确切证据证明乙公司届时将不能履行合同,甲可以依法行使不安抗辩权。正确答案是D。

3. 情势变更

情势变更是指合同有效成立后,因当事人不可预见的事情发生(或不可归责于双方当事人的原因发生情势变更),导致合同的基础动摇或丧失,若继续维持合同原有的效力有悖于诚实信用原则(显失公平)时,则应允许变更合同内容或者解除合同。情势变更原则是诚实信用原则的具体运用,目的在于消除合同因情势变更所产生的不公平后果。

《民法典》五百三十三条规定:"合同成立后,合同的基础条件发生了当事人在订立合同时无法预见的、不属于商业风险的重大变化,继续履行合同对于当事人一方明显不公平的,受不利影响的当事人可以与对方重新协商;在合理期限内协商不成的,当事人可以请求人民法院或者仲裁机构变更或者解除合同。人民法院或者仲裁机构应当结合案件的实际情况,根据公平原则变更或者解除合同。"

4. 合同履行中的保全

合同的保全是指法律为防止合同债务人的财产不当减少,维护其财产状况,允许合同的债权人向债务人行使一定权利的制度。《民法典》所设立的合同保全有两种:代位权和撤销权。

(1)代位权

代位权是指因债务人怠于行使其到期债权,对债权人造成损害的,债权人可以向人民法院请求以自己的名义代位行使债务人的债权的权利。但是,该债权专属于债务人自身的除外,如劳动报酬、退休金、养老金等。代位权的行使范围以债权人的债权为限。债权人行使代位权的必要费用,由债务人负担。

"债务人怠于行使其到期债权,对债权人造成损害的",是指债务人不履行其对债权人的到期债务,又不以诉讼方式或者仲裁方式向其债务人主张其享有的具有金钱给付内容的到期债权,致使债权人的到期债权未能实现。次债务人(债务人的债务人)不认为债务人有怠于行使其到期债权情况的,应当承担举证责任。《解释(一)》第四十四条规定:实际施工人依据《民法典》第五百三十五条规定,以转包人或者违法分包人怠于向发包人行使到期债权或者与该债权有关的从权利,影响其到期债权实现,提起代位权诉讼的,人民法院应予支持。

(2)撤销权

撤销权是指因债务人放弃其到期债权或者无偿转让财产,对债权人造成损害的,债权人可以请求人民法院撤销债务人的行为。债务人以明显不合理的低价转让财产,对债权人造成损害,并且受让人知道该情形的,债权人也可请求人民法院撤销债务人的行为。

撤销权的行使范围以债权人的债权为限。债权人行使撤销权的必要费用,由债务人负担。撤销权自债权人知道或者应当知道撤销事由之日起1年内行使。自债务人的行为发生之日起5年内没有行使撤销权的,该撤销权消灭。上述时间段为除斥期间,不发生中断和延长情况,除斥期满撤销权即消灭。

5. 建设工程施工合同履行中的几个问题

(1)垫资与工程欠款

①垫资。《解释(一)》第二十五条规定:当事人对垫资和垫资利息有约定,承包人请求按照约定返还垫资及其利息的,应予支持,但是约定的利息计算标准高于垫资时的同类贷款利率或者同期贷款市场报价利率的部分除外。当事人对垫资没有约定的,按照工程欠款处理。

当事人对垫资利息没有约定,承包人请求支付利息的,不予支持。

该条规定原则上承认了垫资合法化,对垫资利息在法定范围内予以保护。从而确立了垫资既不同于拆借资金,又不同于一般工程欠款的处理原则。在垫资合同或者合同中的垫资条款中对垫资本金及利息有明确约定的,如双方发生纠纷,应按照合同的约定处理本金及利息的问题;如果仅对垫资本金有约定,对利息没有约定,则承包人请求返还利息的请求不应支持;如果虽有垫资的行为,但合同中没有关于垫资的约定,则发生纠纷后,已经发生的垫资按照一般的工程欠款处理。《政府投资条例》规定:政府投资项目所需资金应当按照国家有关规定确保落实到位,不得由施工单位垫资建设,违反该规定的,责令改正,根据具体情况,暂停、停止拨付资金或者收回已拨付的资金,暂停或者停止建设活动,对负有责任的领导人员和直接责任人员依法给予处分。

②工程欠款。《解释(一)》第二十六条、二十七条规定:当事人对欠付工程价款利息计付标准有约定的,按照约定处理;没有约定的,按照同期同类贷款利率或者同期贷款市场报价利率计息。利息从应付工程价款之日计付。当事人对付款时间没有约定或者约定不明的,下列时间视为应付款时间:a. 建设工程已实际交付的,为交付之日;b. 建设工程没有交付的,为提交竣工结算文件之日;c. 建设工程未交付,工程价款也未结算的,为当事人起诉之日。

垫资是承包人先代发包人垫付的工程价款,其本质也是工程价款,与工程欠款区别在于垫资是承包人自愿的,而欠付工程价款则是发包人的违约行为。故垫资无利息约定的,承包人请求支付利息不予支持,而工程欠款利息无论是否有约定均可主张利息,其标准有约定按约定,无约定按同期同类贷款利率或者同期贷款市场报价利率计息。

《解释(一)》第四十三条同时还规定:"实际施工人以转包人、违法分包人为被告起诉的,人民法院应当依法受理。实际施工人以发包人为被告主张权利的,人民法院应当追加转包人或者违法分包人为本案第三人,在查明发包人欠付转包人或者违法分包人建设工程价款的数额后,判决发包人在欠付建设工程价款范围内对实际施工人承担责任。"发包人与实际施工人并无合同关系,实际施工人仍可向发包人主张权利,体现了《解释(一)》对实际施工人利益的保护。

(2)工程价款优先受偿权

《民法典》第八百零七条规定:"发包人未按照约定支付价款的,承包人可以催告发包人在合理期限内支付价款。发包人逾期不支付的,除按照建设工程的性质不宜折价、拍卖的以外,承包人可以与发包人协议将该工程折价,也可以申请人民法院将该工程依法拍卖。建设工程的价款就该工程折价或者拍卖的价款优先受偿。"该条款创设了建筑工程款优先受偿权制度。

《解释(一)》第三十五条至四十二条规定:①与发包人订立建设工程施工合同的承包人,可以依据《民法典》第八百零七条的规定请求其承建工程的价款就工程折价或者拍卖的价款优先受偿。②承包人根据《民法典》第八百零七条规定享有的建设工程价款优先受偿权优于抵押权和其他债权。③装饰装修工程具备折价或者拍卖条件,装饰装修工程的承包人可以请求工程价款就该装饰装修工程折价或者拍卖的价款优先受偿。④建设工程质量合格,承包人有权请求其承建工程的价款就工程折价或者拍卖的价款优先受偿。⑤未竣工的建设工程质量合格,承包人有权请求其承建工程的价款就其承建工程部分折价或者拍卖的价款优先受偿。⑥承包人建设工程价款优先受偿的范围依照国务院有关行政主管部门关于建设工程价款范围的规定确定。不包括逾期支付建设工程价款的利息、违约金、损害赔偿金等。

⑦承包人应当在合理期限内行使建设工程价款优先受偿权,但最长不得超过十八个月,自发包人应当给付建设工程价款之日起算。⑧发包人与承包人约定放弃或者限制建设工程价款优先受偿权,损害建筑工人利益,发包人根据该约定主张承包人不享有建设工程价款优先受偿权的,人民法院不予支持。

(3)工程质量争议

因承包人的过错造成建设工程质量不符合约定,承包人拒绝修理、返工或者改建,发包人请求减少支付工程价款的,应予支持。本条有两层含义,第一层含义是工程质量存在问题的时候首先应该由承包人修复。第二层含义是工程质量存在问题并不意味着都要进行鉴定。承包人过错造成建设工程质量问题,发包人提出无偿修理、返工、改建,承包人拒绝的,发包人可以请求减少支付工程价款或者请求承包方支付合理的修复费用,而且对发包人的该项请求,人民法院应给予支持。《解释(一)》第十三条规定:

发包人具有下列情形之一,造成建设工程质量缺陷,应当承担过错责任:①提供的设计有缺陷;②提供或者指定购买的建筑材料、建筑构配件、设备不符合强制性标准;③直接指定分包人分包专业工程。承包人有过错的,也应当承担相应的过错责任。

《建筑法》明确规定,建筑工程未经验收不得交付使用,这是一个强制性规定。未经验收合格,发包人擅自使用说明其主观上存在过错,法律后果就是发包人对擅自使用部分的质量自行承担责任。《解释(一)》第十四条规定:"建设工程未经竣工验收,发包人擅自使用后,又以使用部分质量不符合约定为由主张权利的,人民法院不予支持;但是承包人应当在建设工程的合理使用寿命内对地基基础工程和主体结构质量承担民事责任。"

因建设工程质量发生争议的,发包人可以以总承包人、分包人和实际施工人为共同被告提起诉讼。第七条规定:"缺乏资质的单位或者个人借用有资质的建筑施工企业名义签订建设工程施工合同,发包人请求出借方与借用方对建设工程质量不合格等因出借资质造成的损失承担连带赔偿责任的,人民法院应予支持。"

(4)开、竣工日期的确定

当事人在施工合同中一般都会约定开竣工日期,但在合同履行过程中,往往因施工图纸的修改,工程量的变化甚至不可抗力等因素影响工期,这些都会导致实际开、竣工日和合同约定不一致。而竣工日的争议又涉及工期延误的违约责任等,故该时间点非常重要。《解释(一)》第八条规定:当事人对建设工程开工日期有争议的,人民法院应当分别按照以下情形予以认定:①开工日期为发包人或者监理人发出的开工通知载明的开工日期;开工通知发出后,尚不具备开工条件的,以开工条件具备的时间为开工日期;因承包人原因导致开工时间推迟的,以开工通知载明的时间为开工日期。②承包人经发包人同意已经实际进场施工的,以实际进场施工时间为开工日期。③发包人或者监理人未发出开工通知,亦无相关证据证明实际开工日期的,应当综合考虑开工报告、合同、施工许可证、竣工验收报告或者竣工验收备案表等载明的时间,并结合是否具备开工条件的事实,认定开工日期。

《解释(一)》第九条规定:当事人对建设工程实际竣工日期有争议的,按照以下情形予以认定:①建设工程经竣工验收合格的,以竣工验收合格之日为竣工日期;②承包人已经提交竣工验收报告,发包人拖延验收的,以承包人提交验收报告之日为竣工日期;③建设工程未经竣工验收,发包人擅自使用的,以转移占有建设工程之日为竣工日期。

建设工程竣工前,当事人对工程质量发生争议,工程质量经鉴定合格的,鉴定期间为顺延工期期间。

(5)工程量的确定

《解释(一)》第二十条规定:"当事人对工程量有争议的,按照施工过程中形成的签证等书面文件确认。承包人能够证明发包人同意其施工,但未能提供签证文件证明工程量发生的,可以按照当事人提供的其他证据确认实际发生的工程量。"

施工合同履行过程中,因设计变更或施工变更导致工程量的增减比较常见,依据行业惯例,工程变更应通过签证完成,经发包方、承包方和监理三家签字确认,作为确认工程量的凭证,以便双方结算时确定最终工程价款。实践中,存在依发包人或监理变更指令承包人进行了施工,引起工程量变化,发包人或监理却拒绝签证的情况,如仅以签证作为确认工程量变更的唯一凭证,承包人合法权益无法得到保障。

从证据的角度来讲签证是属于书证,《民事诉讼法》规定的证据形式除了书证以外还有证人证言、视听资料、鉴定结论、勘验笔录等,只认可书证,不认可其他证据也不符合《民事诉讼法》证据方面的理论。所以,应允许承包人提供的其他证据能够证明发包人同意其施工,确认实际工程量。反映工程量变化的载体有会议纪要、工程检验记录、来往电报、函件、工期洽商记录、工程通知资料、录音、录像等,承包人在日常施工中应注意相关证据的收集、保存。

(6)工程计价标准或方法的确定

《解释(一)》第十九条规定:当事人对建设工程的计价标准或者计价方法有约定的,按照约定结算工程价款。因设计变更导致建设工程的工程量或者质量标准发生变化,当事人对该部分工程价款不能协商一致的,可以参照签订建设工程施工合同时当地建设行政主管部门发布的计价方法或者计价标准结算工程价款。建设工程施工合同有效,但建设工程经竣工验收不合格的,依照《民法典》第五百七十七条规定承担继续履行、采取补救措施或者赔偿损失等违约责任。

当事人约定,发包人收到竣工结算文件后,在约定期限内不予答复,视为认可竣工结算文件的,按照约定处理。承包人请求按照竣工结算文件结算工程价款的,人民法院应予支持。

(7)建设工程造价鉴定

建设工程造价是指进行某项工程建设所花费的费用,即从筹建到竣工验收交付使用的全部建设费用。它由建筑安装工程费、设备、工具购置费、工程建设其他费和预备费以及税金组成。

建设工程施工合同的计价方式分为总价合同、单价合同、其他合同(如成本加酬金)。总价合同又分为固定总价合同、调值总价合同、固定工程量总价合同、管理费总价合同;单价合同分为工程量单价合同、纯单价合同、单价与包干混合式合同。《解释(一)》第二十八条规定:"当事人约定按照固定价结算工程价款,一方当事人请求对建设工程造价进行鉴定的,人民法院不予支持。"对于因发包人方面提出设计变更或施工变更等原因导致工程款数额发生增减变化的,当事人申请对该增加的超出原合同约定的部分工程款进行鉴定,应允许。

《解释(一)》第二十九条规定:"当事人在诉讼前已经对建设工程价款结算达成协议,诉讼中一方当事人申请对工程造价进行鉴定的,人民法院不予准许。"

《解释(一)》第三十规定:"当事人在诉讼前共同委托有关机构、人员对建设工程造价出具咨询意见,诉讼中一方当事人不认可该咨询意见申请鉴定的,人民法院应予准许,但双方当事人明确表示受该咨询意见约束的除外。"

6.2.5 建设工程施工合同的变更、转让与终止

1. 合同的变更

《民法典》第五百四十三条规定:"当事人协商一致,可以变更合同。"

建设工程施工合同因其涉及环节多、履行时间长、受自然因素影响较大,在履行过程中难免产生变更,主要是工期、工程量、价款等内容的变更。《民法典》规定,建设工程施工合同应当采用书面形式。因此,施工合同的变更也应采用书面形式,避免发生变更内容不明确引起不必要的纠纷。《民法典》第五百四十四条规定:"当事人对合同变更的内容约定不明确的,推定为未变更。"

2. 合同的转让

(1) 合同权利转让

《民法典》第五百四十五条规定:债权人可以将合同的权利全部或者部分转让给第三人,但有下列情形之一的除外:①根据合同性质不得转让;②按照当事人约定不得转让;③依照法律规定不得转让。当事人约定非金钱债权不得转让的,不得对抗善意第三人。当事人约定金钱债权不得转让的,不得对抗第三人。权利转让应当具备三个条件:①须有有效合同存在;②转让双方达成转让协议;③转让的合同具有可让予性。

债权人转让权利的,应当通知债务人。未经通知,该转让对债务人不发生效力。债权人转让权利的通知不得撤销,但经受让人同意的除外。债权人转让权利的,受让人取得与债权有关的从权利,但该从权利专属于债权人自身的除外。债务人接到债权转让通知后,债务人对让与人的抗辩,可以向受让人主张。

(2) 合同义务转让(转移)

债务人将合同的义务全部或者部分转移给第三人的,应当经债权人同意。债务人转移义务的,新债务人可以主张原债务人对债权人的抗辩。债务人转移义务的,新债务人应当承担与主债务有关的从债务,但该从债务专属于原债务人自身的除外。

法律、行政法规规定转让权利或者转移义务应当办理批准、登记等手续的,依照其规定办理。《民法典》第七百九十一条第二款规定:"总承包人或者勘察、设计、施工承包人经发包人同意,可以将自己承包的部分工作交由第三人完成。第三人就其完成的工作成果与总承包人或者勘察、设计、施工承包人向发包人承担连带责任。承包人不得将其承包的全部建设工程转包给第三人或者将其承包的全部建设工程支解以后以分包的名义分别转包给第三人。"

(3) 合同权利义务概括转让

合同权利义务概括转让是指原合同当事人一方将其债权债务一并移转给第三人,由第三人概括继受这些债权债务。

《民法典》第五百五十五条规定:"当事人一方经对方同意,可以将自己在合同中的权利和义务一并转让给第三人。"

债权转让和债务转让的法律规定对权利义务的概括转让同样适用。

【例6-4】 根据《民法典》,下列合同转让合法生效的是( )。

A. 某教授与施工企业约定培训一次,但因培训当天临时有急事,便让自己的博士生代为授课

B. 甲因急需用钱便将对乙享有的一万元债权转让给了第三人,便打电话通知了乙

C. 建设单位到期不能支付工程款,书面通知施工企业将债务转让给第三人,请施工企业向第三人主张债权

D. 监理单位将监理合同概括转让给其他具有相应监理资质的监理单位

【解析】 A 有身份关系不能转让,B 为债权转让只需通知债务人即可,C 为债务转让应经债权人同意,D 监理单位不得将监理合同概括转让。正确答案是 B。

3. 合同的终止

(1) 合同终止的原因

合同的终止又称合同的消灭,是指当事人双方间权利义务客观上已不复存在。合同终止的原因有:履行、解除、抵销、提存、免除、混同和其他情形。合同解除后,该合同权利、义务关系终止。

(2) 合同解除的种类与程序

合同解除分为约定解除和法定解除。

①约定解除。《民法典》第五百六十二条规定:"当事人协商一致,可以解除合同。当事人可以约定一方解除合同的事由发生。解除合同的事由时,解除权人可以解除合同。"合同是当事人合意的结果,因此当事人也可以协商一致解除合同。

②法定解除。《民法典》第五百六十三条规定,有下列情形之一的,当事人可以解除合同:a. 因不可抗力致使不能实现合同目的;b. 在履行期限届满之前,当事人一方明确表示或者以自己的行为表明不履行主要债务;c. 当事人一方迟延履行主要债务,经催告后在合理期限内仍未履行;d. 当事人一方迟延履行债务或者有其他违约行为致使不能实现合同目的;e. 法律规定的其他情形。以持续履行的债务为内容的不定期合同,当事人可以随时解除合同,但是应当在合理期限之前通知对方。

法律规定或者当事人约定解除权行使期限,期限届满当事人不行使的,该权利消灭。法律没有规定或者当事人没有约定解除权行使期限,自解除权人知道或者应当知道解除事由之日起一年内不行使,或者经对方催告后在合理期限内不行使的,该权利消灭。

③合同解除的程序

当事人一方依法主张解除合同的,应当通知对方。合同自通知到达对方时解除;通知载明债务人在一定期限内不履行债务则合同自动解除,债务人在该期限内未履行债务的,合同自通知载明的期限届满时解除。对方对解除合同有异议的,任何一方当事人均可以请求人民法院或者仲裁机构确认解除行为的效力。

当事人一方未通知对方,直接以提起诉讼或者申请仲裁的方式依法主张解除合同,人民法院或者仲裁机构确认该主张的,合同自起诉状副本或者仲裁申请书副本送达对方时解除。

合同解除后,尚未履行的,终止履行;已经履行的,根据履行情况和合同性质,当事人可以要求恢复原状、采取其他补救措施,并有权要求赔偿损失。合同因违约解除的,解除权人可以请求违约方承担违约责任,但是当事人另有约定的除外。

合同的权利义务终止,不影响合同中结算和清理条款的效力。

(3) 建设工程施工合同的解除

①解除建设工程施工合同的情形

承包人将建设工程转包、违法分包的,发包人可以解除合同。发包人提供的主要建筑材料、建筑构配件和设备不符合强制性标准或者不履行协助义务,致使承包人无法施工,经催

告后在合理期限内仍未履行相应义务的,承包人可以解除合同。

②施工合同解除的法律后果

建设工程施工合同解除后,已经完成的建设工程质量合格的,发包人应当按照约定支付相应的工程价款;已经完成的建设工程质量不合格的,参照建设工程施工合同无效处理。

6.2.6 建设工程施工合同的违约责任

违约责任是指当事人因违反合同义务所应承担的民事责任。合同一旦生效,即在当事人之间产生法律拘束力,当事人应按照合同的约定全面、严格地履行合同义务,任何一方当事人违反合同规定义务的,均应承担违约责任。《民法典》第五百七十七条规定:"当事人一方不履行合同义务或履行合同义务不符合约定的,应当承担继续履行、采取补救措施或者赔偿损失等违约责任。"

《民法典》规定了以下承担违约责任的方式。

1. 继续履行

继续履行又称实际履行或强制实际履行,是指合同当事人一方请求人民法院或仲裁机构强制违约方实际履行合同义务。例如,施工合同履行过程中,承包人拖延工期,发包人除要求其给付违约金、赔偿损失外,仍可要求将工程施工完毕。又如发包人不支付工程价款,承包人可以请求其支付。

2. 补救措施

补救措施是指当事人一方履行合同义务不符合规定的,对方可以请求人民法院或仲裁机构强制其在继续履行合同义务的同时采取补救措施。例如,在施工合同履行过程中,发包人或监理工程师发现承包人的部分工程施工质量不符合合同约定的质量标准的,可以要求承包人对该工程进行返修或者返工。承包人的返修或返工行为就是一种补救措施。

3. 赔偿损失

当事人一方不履行义务或履行义务不符合约定的,在继续履行义务或采取补救措施后,对方还有其他损失的,应当赔偿损失。赔偿损失以当事人有实际损失为前提,且该损失是由违约方违约行为导致。赔偿损失包括直接损失和间接损失。

《民法典》规定:当事人一方不履行合同义务或者履行合同义务不符合约定的,在履行义务或者采取补救措施后,对方还有其他损失的,应当赔偿损失。当事人一方不履行合同义务或者履行合同义务不符合约定,给对方造成损失的,损失赔偿额应当相当于因违约所造成的损失,包括合同履行后可以获得的利益,但不得超过违反合同一方订立合同时预见到或者应当预见到的因违反合同可能造成的损失。

当事人一方违约后,对方应当采取适当措施防止损失扩大,如果因其没有采取措施而致使损失扩大的,则不得就扩大的损失要求违约方赔偿。当事人因防止损失扩大而支出的合理费用,由违约方承担。

4. 支付违约金

违约金是当事人约定或法律规定,一方当事人违约时应当根据违约情况向对方支付的一定数额的货币。当事人可以在合同中约定违约金的数额或约定因违约产生的损失赔偿额的计算方法。如果约定的违约金数额低于造成损失的,当事人可以请求人民法院或仲裁机构予以增加;约定的违约金过分高于实际造成的损失的,当事人可以请求人民法院或者仲裁机构予以适当减少。

5. 定金罚则

当事人可以约定一方向另一方支付定金作为合同订立或履行的担保,如果给付定金的一方违约,致使不能达到合同目的的,则无权要求返还定金;收受定金的一方违约,致使不能达到合同目的的,则应当双倍返还定金。应当注意的是,违约金和定金不能并用。当事人在合同中既约定了违约金,又约定了定金的,只能选择使用一种。定金不足以弥补一方违约造成的损失的,对方可以请求赔偿超过定金数额的损失。

【例6-5】 某施工项目材料采购合同中,双方约定的违约金为4万元、定金为6万元。采购方依约支付了6万元定金,供货方违约后,采购方有权主张的最高给付金额为( )万元。

A. 16　　　　　　B. 10　　　　　　C. 12　　　　　　D. 4

【解析】 违约责任中定金和违约金不能同时适用,供货方为收定金的一方,其违约应双倍返还定金。正确答案是C。

6.2.7 建设工程施工合同的示范文本

合同示范文本是指由规定的国家机关制定的对当事人订立合同起示范作用的合同文本。示范文本对当事人订立合同起参考作用,当事人可以参照各类合同的示范文本订立合同。但不要求当事人必须采用合同示范文本,合同的成立与生效与当事人是否采用合同示范文本无直接关系。示范文本只具有引导性、参考性,无法律强制性。

我国的建设工程合同示范制度始于20世纪90年代,按照国务院办公厅《关于在全国逐步推行经济合同示范文本制度请示的通知》(国办发〔1990〕13号)的要求,原建设部和国家工商行政管理局制定了《建设工程施工合同(示范文本)》(GF—1991—0201),分别于1999年12月、2013年4月、2017年9月进行了修订。现行2017版《建设工程施工合同(示范文本)》主要是根据住房和城乡建设部、财政部《关于印发建设工程质量保证金管理办法的通知》(建质〔2017〕138号)对2013版示范文本的通用合同条款、专用条款及附件中涉及缺陷责任期和工程质量保证金的有关条款进行修改和完善。将保证金总预留比例上限由工程价款结算总额的5%降为3%。2017版示范文本通用合同条款第15.3.2条明确规定:"……发包人累计扣留的质量保证金不得超过工程价款结算总额的3%……保函金额不得超过工程价款结算总额的3%。"将缺陷责任期"自实际竣工日期起计算"修改为缺陷责任期"从工程通过竣工验收之日起计算"。通用条款15.2.1增加了"因承包人原因导致工程无法按合同约定期限进行竣工验收的,缺陷责任期从实际竣工结算日起计算"这一特殊起算点的情形。同时将因发包人原因导致工程无法按合同约定期限进行竣工验收的情形下,"缺陷责任期的起算点由提交竣工验收报告之日起计算"修订为"在承包人提交竣工验收报告九十天后,工程自动进入缺陷责任期"。

1. 2017版建设工程施工合同文件构成及优先顺序

在合同订立及履行过程中形成的与合同有关的文件均构成合同文件组成部分,2017版建设工程施工合同由协议书、通用条款、专用条款三部分组成。

协议书与下列文件一起构成合同文件:①中标通知书(如果有);②投标函及其附录(如

果有);③专用合同条款及其附件;④通用合同条款;⑤技术标准和要求;⑥图纸;⑦已标价工程量清单或预算书;⑧其他合同文件。在合同订立及履行过程中形成的与合同有关的文件均构成合同文件组成部分。

2017版施工合同通用条款规定的优先顺序:①合同协议书;②中标通知书(如果有);③投标函及其附录(如果有);④专用合同条款及其附件;⑤通用合同条款;⑥技术标准和要求;⑦图纸;⑧已标价工程量清单或预算书;⑨其他合同文件。

当事人可以根据项目的具体情况在专用条款内对解释文件优先顺序进行调整。

2. 2017版施工合同主要内容

协议书部分有工程概况、合同工期、质量标准、签约合同价与合同价格形式、项目经理、合同文件构成、承诺、词语含义、订立时间、签订地点、补充协议、合同生效、合同份数13个条款。专用合同条款对部分具体内容有一般约定、发包人、承包人、监理人、工程质量、安全文明施工与环境保护、工期和进度、材料与设备、试验与检验、变更、价格调整、合同价格、计量与支付、验收和工程试车、竣工结算、缺陷责任与保修、违约、不可抗力、保险、索赔以及争议解决,共20个条文。专用合同条款是对通用合同条款原则性约定的细化、完善、补充、修改或另行约定的条款,条款编号与通用条款对应。

6.3 相关合同

6.3.1 建设项目工程总承包合同

1. 建设项目工程总承包与建设项目工程总承包合同

(1)建设项目工程总承包

建设项目工程总承包是指从事工程总承包的企业受业主委托按照合同约定对工程项目的勘察、设计、采购、施工、试运行(竣工验收)等实行全过程或若干阶段的承包。《建筑法》第二十四条规定:提倡对建筑工程实行总承包,禁止将建筑工程肢解分包。建筑工程的发包单位可以将建筑工程的勘察、设计、施工、设备采购一并发包给一个工程总包单位,也可以将建筑工程勘察、设计、施工设备采购的一项或多项发包给一个工程总承包单位。但是,不得将应当由一个承包单位完成的建筑工程肢解成若干部分发包给几个承包单位。《民法典》第七百九十一条第一款规定:发包人可以与总包人订立建设工程合同,也可以分别与勘察人、设计人、施工人订立勘察、设计、施工承包合同。发包人不得将应当由一个承包人完成的建设工程肢解成若干部分发包给数个承包人。

2017年2月21日,国务院办公厅发布《关于促进建筑业持续健康发展的意见》提出,加快推行工程总承包:装配式建筑原则上应采用工程总承包模式,政府投资工程应完善建设管理模式,带头推行工程总承包。

(2)建设项目工程总承包合同

建设项目工程总承包合同是指发包人与承包人之间为完成特定的工程总承包任务,明确相互权利义务关系而订立的合同。建设项目工程总承包合同的发包人一般是指项目的业主即建设单位。承包人是持有国家认可的相应资质证书的工程总包企业。

为促进建设项目工程总承包健康发展，维护工程总承包合同当事人的合法权益，住房和城乡建设部、市场监管总局制定了《建设项目工程总承包合同（示范文本）》（GF—2020—0216），简称《示范文本》，自2021年1月1日起执行。《示范文本》由合同协议书、通用合同条件和专用合同条件三部分组成。

2. 发包人的主要义务

（1）遵守法律。发包人在履行合同过程中应遵守法律，并承担因发包人违反法律给承包人造成的任何费用和损失。发包人不得以任何理由，要求承包人在工程实施过程中违反法律、行政法规以及建设工程质量、安全、环保标准，任意压缩合理工期或者降低工程质量。

（2）提供施工现场和工作条件。发包人应按专用合同条件约定向承包人移交施工现场，给承包人进入和占用施工现场各部分的权利，并明确与承包人的交接界面，上述进入和占用权可不为承包人独享。发包人应按专用合同条件约定向承包人提供工作条件。专用合同条件对此没有约定的，发包人应负责提供开展本合同相关工作所需要的条件，包括：将施工用水、电力、通讯线路等施工所必需的条件接至施工现场内；保证向承包人提供正常施工所需要的进入施工现场的交通条件；协调处理施工现场周围地下管线和邻近建筑物、构筑物、古树名木、文物、化石及坟墓等的保护工作，并承担相关费用；对工程现场临近发包人正在使用、运行，或由发包人用于生产的建筑物、构筑物、生产装置、设施、设备等，设置隔离设施，竖立禁止入内、禁止动火的明显标志，并以书面形式通知承包人须遵守的安全规定和位置范围；按照专用合同条件约定应提供的其他设施和条件。

（3）提供基础资料。发包人应按专用合同条件和《发包人要求》中的约定向承包人提供施工现场及工程实施所必需的毗邻区域内的供水、排水、供电、供气、供热、通信、广播电视等地上、地下管线和设施资料，气象和水文观测资料，地质勘察资料，相邻建筑物、构筑物和地下工程等有关基础资料，并承担基础资料错误造成的责任。

（4）办理许可和批准。发包人在履行合同过程中应遵守法律，并办理法律规定或合同约定由其办理的许可、批准或备案，包括但不限于建设用地规划许可证、建设工程规划许可证、建设工程施工许可证等许可和批准。对于法律规定或合同约定由承包人负责的有关设计、施工证件、批件或备案，发包人应给予必要的协助。

（5）支付合同价款。发包人应按合同约定向承包人及时支付合同价款。发包人应当向承包人提供支付担保。支付担保可以采用银行保函或担保公司担保等形式，具体由合同当事人在专用合同条件中约定。

（6）现场管理配合。发包人应负责保证在现场或现场附近的发包人人员和发包人的其他承包人（如有）现场合作的约定，与承包人进行合作；遵守现场劳动用工、职业健康、环境保护的相关约定。发包人应与承包人、由发包人直接发包的其他承包人（如有）订立施工现场统一管理协议，明确各方的权利义务。

（7）其他义务。发包人应履行合同约定的其他义务，双方可在专用合同条件内对发包人应履行的其他义务进行补充约定。

3. 承包人的主要义务

（1）办理法律规定和合同约定由承包人办理的许可和批准，将办理结果书面报送发包人留存，并承担因承包人违反法律或合同约定给发包人造成的任何费用和损失。

（2）按合同约定完成全部工作，并在缺陷责任期和保修期内承担缺陷保证责任和保修义务，对工作中的任何缺陷进行整改、完善和修补，使其满足合同约定的目的。

（3）提供合同约定的工程设备和承包人文件，以及为完成合同工作所需的劳务、材料、施工设备和其他物品，并按合同约定负责临时设施的设计、施工、运行、维护、管理和拆除。

（4）按合同约定的工作内容和进度要求，编制设计、施工的组织和实施计划，保证项目进度计划的实现，并对所有设计、施工作业和施工方法，以及全部工程的完备性和安全可靠性负责。

（5）按法律规定和合同约定采取安全文明施工、职业健康和环境保护措施，办理员工工伤保险等相关保险，确保工程及人员、材料、设备和设施的安全，防止因工程实施造成的人身伤害和财产损失。

（6）将发包人按合同约定支付的各项价款专用于合同工程，且应及时支付其雇用人员（包括建筑工人）工资，并及时向分包人支付合同价款。

（7）在进行合同约定的各项工作时，不得侵害发包人与他人使用公用道路、水源、市政管网等公共设施的权利，避免对邻近的公共设施产生干扰。

（8）发包人需要承包人提供履约担保的，由合同当事人在专用合同条件中约定履约担保的方式、金额及提交的时间等，并应符合支付合同价款的规定。

（9）承包人应按合同协议书的约定指派工程总承包项目经理，并在约定的期限内到职。根据合同的约定授予工程总承包项目经理代表承包人履行合同所需的权利。

（10）承包人人员的资质、数量、配置和管理应能满足工程实施的需要。

（11）禁止转包，依法分包，承包人不得将其承包的全部工程转包给第三人，或将其承包的全部工程支解后以分包的名义转包给第三人。承包人不得将法律或专用合同条件中禁止分包的工作事项分包给第三人，不得以劳务分包的名义转包或违法分包工程。

（12）经发包人同意，以联合体方式承包工程的，联合体各方应共同与发包人订立合同协议书。联合体各方应为履行合同向发包人承担连带责任。

（13）现场查勘，除专用合同条件另有约定外，承包人应对基于发包人提交的基础资料所做出的解释和推断负责，承包人发现基础资料中存在明显错误或疏忽的，应及时书面通知发包人。承包人应对现场和工程实施条件进行查勘，并充分了解工程所在地的气象条件、交通条件、风俗习惯以及与完成合同工作有关的其他资料。

6.3.2 建设工程施工专业分包合同

1. 专业分包与专业分包合同

（1）专业分包

专业分包是指工程总承包人或施工总承包人依据专业分包合同的约定，将承包的工程中的专业工程分包给具有相应资质条件的专业分包人完成，由工程总承包人支付工程分包价款，并由总承包人与分包人对分包工程项目负连带责任的工程承包方式。

我国法律规定，中标人按照合同约定或经招标人同意，可以将中标项目的非主体、非关键性工作分包给他人完成。《民法典》第七百九十一条第二款、第三款规定"总承包人或者勘察、设计、施工承包人经发包人同意，可以将自己承包的部分工作交由第三人完成。第三人就其完成的工作成果与总承包人或者勘察、设计、施工承包人向发包人承担连带责任。承包人不得将其承包的全部建设工程转包给第三人或者将其承包的全部建设工程支解以后以分包的名义分别转包给第三人。禁止承包人将工程分包给不具备相应资质条件的单位。禁止分包单位将其承包的工程再分包。建设工程主体结构的施工必须由承包人自行完成。"可见,总包人或勘察、设计、施工承包人按照合同约定或经发包人同意,可以将项目的非主体、非关键性工作分包给具备相应资质条件的第三人完成。

《建筑工程质量管理条例》规定,下列行为均属违法分包:①总承包单位将建设工程分包给不具备相应资质条件的单位的;②建设工程总承包合同中未有约定,又未经建设单位认可,承包单位将其承包的部分建设工程交由其他单位完成的;③施工总承包单位将建设工程主体结构的施工分包给其他单位的;④分包单位将其承包的建设工程再分包的。

《建筑工程施工发包与承包违法行为认定查处管理办法》(以下简称《办法》)规定,存在下列情形之一的,属于违法分包:①承包单位将其承包的工程分包给个人的;②施工总承包单位或专业承包单位将工程分包给不具备相应资质单位的;③施工总承包单位将施工总承包合同范围内工程主体结构的施工分包给其他单位的,钢结构工程除外;④专业分包单位将其承包的专业工程中非劳务作业部分再分包的;⑤专业作业承包人将其承包的劳务再分包的;⑥专业作业承包人除计取劳务作业费用外,还计取主要建筑材料款和大中型施工机械设备、主要周转材料费用的。

(2) 专业分包合同

专业分包合同指总承包人(承包人)和分包人之间签订的建设工程施工专业分包合同。

原建设部、国家工商行政管理总局2003年颁布的《建设工程施工专业分包合同(示范文本)》(GF—2003—0213)由协议书、通用条款、专用条款三部分组成。

中标通知书(如有时);分包人的报价书;除总包合同工程价款之外的总包合同文件;合同工程建设标准、图纸及有关技术文件;合同履行过程中,承包人和分包人协商一致的其他书面文件也是合同的组成部分。

专业分包合同的主要内容有:词语定义及合同文件;双方一般权利和义务;工期;质量与安全;合同价款与支付;工程变更;竣工验收及结算;索赔及争议;保障、保险及担保和其他。

住房和城乡建设部针对2003版《建设工程施工专业分包合同》存在与新颁法律规范不相适应,与分包实践活动不相适应以及与新版施工合同衔接等问题,需要修订。2014年6月颁布2014版《建设工程施工专业分包合同(示范文本)》(征求意见稿)、《建设工程劳务分包合同(示范文本)》(征求意见稿)(以下简称《意见稿》)。

2. 分包人与发包人、承包人的关系

(1) 分包人与发包人的关系

分包人须服从承包人转发的发包人或工程师发出的与分包工程有关的指令。未经承包人允许,分包人不得以任何理由与发包人或工程师发生直接工作联系,分包人不得直接致函发包人或工程师,也不得直接接受发包人或工程师的指令。如分包人与发包人或工程师发生直接工作联系,将被视为违约,并承担违约责任。《意见稿》2.4.2规定,分包人不应接受或执行未经承包人确认的发包人或工程师发出的指令。分包人一旦收到了发包人或工程师直接向分包人发出的指令,应立即将此类指令通知承包人。

根据《民法典》第五百三十五条有关代位权的规定,发包人拖欠总承包人(承包人)工程款,总承包人(承包人)又拖欠分包人到期工程款,而总承包人(承包人)怠于行使其对发包人的债权或与该债权有关的从权利,从而影响分包人到期债权实现的,分包人可以向人民法院请求以自己名义代为行使总承包人(承包人)对发包人的权利。即分包人可以在到期债权范围内直接以自己名义起诉发包人。

(2)分包人与承包人的关系

就分包工程范围内的有关工作,承包人随时可以向分包人发出指令,分包人应执行承包人根据分包合同所发出的所有指令。分包人拒不执行指令的,承包人可委托其他施工单位完成该指令事项,发生的费用从应付给分包人的相应款项中扣除。《意见稿》2.4.1规定,承包人指令违反法律或强制性标准的除外。

分包人就其分包部分的工程,与承包人一起向发包人承担连带责任,发包人可以就工程质量争议以总包人(承包人)和分包人作为共同被告提起诉讼。

3. 承包人的主要义务

(1)向分包人提供根据总包合同由发包人办理的与分包工程相关的各种证件、批件、各种相关资料,向分包人提供具备施工条件的施工场地。

(2)按本合同专用条款约定的时间,组织分包人参加发包人组织的图纸会审,向分包人进行设计图纸交底。

(3)提供本合同专用条款中约定的设备和设施,并承担因此发生的费用。

(4)随时为分包人提供确保分包工程的施工所要求的施工场地和通道等,满足施工运输的需要,保证施工期间的畅通。

(5)负责整个施工场地的管理工作,协调分包人与同一施工场地的其他分包人之间的交叉配合,确保分包人按照经批准的施工组织设计进行施工。

(6)承包人履行的其他义务,双方在本合同专用条款内约定。

4. 分包人的主要义务

(1)分包人应按照分包合同的约定,对分包工程进行设计(分包合同有约定时)、施工、竣工和保修。分包人在审阅分包合同和(或)总包合同时,或在分包合同的施工中,如发现分包工程的设计或工程建设标准、技术要求存在错误、遗漏、失误或其他缺陷,应立即通知承包人。

(2)按照本合同专用条款约定的时间,完成规定的设计内容,报承包人确认后在分包工程中使用。承包人承担由此发生的费用。

(3)在本合同专用条款约定的时间内,向承包人提供年、季、月度工程进度计划及相应进度统计报表。分包人不能按承包人批准的进度计划施工时,应根据承包人的要求提交一份修订的进度计划,以保证分包工程如期竣工。

(4)分包人应在专用条款约定的时间内,向承包人提交一份详细的施工组织设计,承包人应在专用条款约定的时间内批准,分包人方可执行。

(5)遵守政府有关主管部门对施工场地交通、施工噪音以及环境保护和安全文明生产等的管理规定,按规定办理有关手续,并以书面形式通知承包人,承包人承担由此发生的费用,因分包人责任造成的罚款除外。

(6)分包人应允许承包人、发包人、工程师及其三方中任何一方授权的人员在工作时间内,合理进入分包工程施工场地或材料存放的地点,以及施工场地以外与分包合同有关的分包人的任何工作或准备的地点,分包人应提供方便。

(7)已竣工工程未交付承包人之前,分包人应负责已完分包工程的成品保护工作,保护期间发生损坏,分包人自费予以修复;承包人要求分包人采取特殊措施保护的工程部位和相应的追加合同价款,双方在本合同专用条款内约定。

(8)分包人应履行的其他义务,双方在本合同专用条款内约定。

《意见稿》4.2规定,分包人应履行总包合同中与分包工程有关的承包人的所有义务,但分包合同明确约定由承包人履行的义务除外。分包人应避免因其自身行为或疏忽造成承包人违反总包合同约定。

5. 违法发包与转包

违法发包是指建设单位将工程发包给个人或不具有相应资质的单位、肢解发包、违反法定程序发包及其他违反法律法规规定发包的行为。《建筑工程施工发包与承包违法行为认定查处管理办法》(以下简称《办法》)规定存在下列情形之一的,属于违法发包:(1)建设单位将工程发包给个人的;(2)建设单位将工程发包给不具有相应资质的单位的;(3)依法应当招标未招标或未按照法定招标程序发包的;(4)建设单位设置不合理的招标投标条件,限制、排斥潜在投标人或者投标人的;(5)建设单位将一个单位工程的施工分解成若干部分发包给不同的施工总承包或专业承包单位的。

转包,是指承包单位承包工程后,不履行合同约定的责任和义务,将其承包的全部工程或者将其承包的全部工程肢解后以分包的名义分别转给其他单位或个人施工的行为。《办法》规定,存在下列情形之一的,应当认定为转包,但有证据证明属于挂靠或者其他违法行为的除外:(1)承包单位将其承包的全部工程转给其他单位(包括母公司承接建筑工程后将所承接工程交由具有独立法人资格的子公司施工的情形)或个人施工的;(2)承包单位将其承包的全部工程肢解以后,以分包的名义分别转给其他单位或个人施工的;(3)施工总承包单位或专业承包单位未派驻项目负责人、技术负责人、质量管理负责人、安全管理负责人等主要管理人员,或派驻的项目负责人、技术负责人、质量管理负责人、安全管理负责人中一人及以上与施工单位没有订立劳动合同且没有建立劳动工资和社会养老保险关系,或派驻的项目负责人未对该工程的施工活动进行组织管理,又不能进行合理解释并提供相应证明的;(4)合同约定由承包单位负责采购的主要建筑材料、构配件及工程设备或租赁的施工机械设备,由其他单位或个人采购、租赁,或施工单位不能提供有关采购、租赁合同及发票等证明,又不能进行合理解释并提供相应证明的;(5)专业作业承包人承包的范围是承包单位承包的全部工程,专业作业承包人计取的是除上缴给承包单位"管理费"之外的全部工程价款的;(6)承包单位通过采取合作、联营、个人承包等形式或名义,直接或变相将其承包的全部工程转给其他单位或个人施工的;(7)专业工程的发包单位不是该工程的施工总承包或专业承包单位的,但建设单位依约作为发包单位的除外;(8)专业作业的发包单位不是该工程承包单位的;(9)施工合同主体之间没有工程款收付关系,或者承包单位收到款项后又将款项转拨给其他单位和个人,又不能进行合理解释并提供材料证明的。两个以上的单位组成联合体承包工程,在联合体分工协议中约定或者在项目实际实施过程中,联合体一方不进行施工也未对施工活动进行组织管理的,并且向联合体其他方收取管理费或者其他类似费用的,视为联合体一方将承包的工程转包给联合体其他方。

6.3.3 建设工程施工劳务分包合同

1. 劳务分包与劳务分包合同

(1)劳务分包

劳务分包是指工程总承包人、施工总承包人或工程专业分包人依据劳务分包合同约定,将所承包的工程中的施工劳务分包给劳务分包人完成,并由发包人支付劳务报酬的承包方式。工程的劳务作业分包,无须经过发包人或总承包人的同意。业主不得指定劳务作业承包人,劳务分包人也不得将该合同项下的劳务作业转包或再分包给他人。

劳务分包是将部分或全部劳务作业交由他人完成的行为,形式上与转包非常相似,一方经常将劳务分包混淆为转包而请求法院确认劳务分包合同无效,《解释(一)》第五条规定:"具有劳务作业法定资质的承包人与总承包人、分包人签订的劳务分包合同,当事人请求确认无效的,人民法院不予支持。"

(2)劳务分包合同

劳务分包合同是指工程总承包人、施工总承包人或工程专业分包人与劳务分包人就有关劳务分包签订的双方当事人权利义务的协议。

原建设部、国家工商行政管理总局2003年颁布的《建设工程施工劳务分包合同(示范文本)》(GF—2003—0214)共35条,对劳务分包管理及当事人的权利义务做出了明确划分。2003版劳务分包合同已经落后于劳务分包实践,存在与新颁法律规范不相适应,所以颁布了2014版《建设工程劳务分包合同(示范文本)》(征求意见稿)。

2. 工程承包人主要义务

(1)组建与工程相适应的项目管理班子,全面履行总(分)包合同,组织实施施工管理的各项工作,对工程的工期和质量向发包人负责。

(2)除非本合同另有约定,工程承包人完成劳务分包人施工前期的下列工作并承担相应费用:①向劳务分包人交付具备本合同项下劳务作业开工条件的施工场地;②完成水、电、热、电讯等施工管线和施工道路,并满足完成本合同劳务作业所需的能源供应、通信及施工道路畅通的时间和质量要求;③向劳务分包人提供相应的工程地质和地下管网线路资料;④完成办理相关工作手续(包括各种证件、批件、规费,但涉及劳务分包人自身的手续除外)⑤向劳务分包人提供相应的水准点与坐标控制点位置;⑥向劳务分包人提供下列生产、生活临时设施。

(3)负责编制施工组织设计,统一制定各项管理目标,组织编制年、季、月施工计划、物资需用量计划表,实施对工程质量、工期、安全生产、文明施工、计量析测、实验化验的控制、监督、检查和验收。

(4)负责工程测量定位、沉降观测、技术交底,组织图纸会审,统一安排技术档案资料的收集整理及交工验收。

(5)统筹安排、协调解决非劳务分包人独立使用的生产、生活临时设施,工作用水、用电及施工场地。

(6)按时提供图纸,及时交付应供材料、设备,所提供的施工机械设备、周转材料、安全设施保证施工需要。

(7)按合同约定,向劳务分包人支付劳动报酬。

(8)负责与发包人、监理、设计及有关部门联系,协调现场工作关系。

为强调承包人现场管理义务,《意见稿》规定,由承包人编制施工组织设计,在劳务作业过程中,施工组织设计修订的,承包人应及时通知劳务分包人。劳务分包人根据施工组织设计编制劳动力供应计划报承包人审批,承包人全面负责现场安全生产、质量管理以及工期计划等,承包人有权随时检查劳务作业人员的持证上岗情况,明确劳务分包人不得对工程提出变更。同时,为强化劳务分包人仅提供劳务作业的合同实质,《意见稿》规定,承包人不得要求劳务分包人提供或采购大型机械、主要材料,承包人不得要求劳务分包人提供或租赁周转性材料。

3. 劳务分包人主要义务

(1)对本合同劳务分包范围内的工程质量向工程承包人负责,组织具有相应资格证书的熟练工人投入工作;未经工程承包人授权或允许,不得擅自与发包人及有关部门建立工作联系;自觉遵守法律法规及有关规章制度。

(2)劳务分包人根据施工组织设计总进度计划的要求,每月月底前提交下月施工计划,有阶段工期要求的提交阶段施工计划,必要时按工程承包人要求提交旬、周施工计划,以及与完成上述阶段、时段施工计划相应的劳动力安排计划,经工程承包人批准后严格实施。

(3)严格按照设计图纸、施工验收规范、有关技术要求及施工组织设计精心组织施工,确保工程质量达到约定的标准;科学安排作业计划,投入足够的人力、物力,保证工期;加强安全教育,认真执行安全技术规范,严格遵守安全制度,落实安全措施,确保施工安全;加强现场管理,严格执行建设主管部门及环保、消防、环卫等有关部门对施工现场的管理规定,做到文明施工;承担由于自身责任造成的质量修改、返工、工期拖延、安全事故、现场脏乱造成的损失及各种罚款。

(4)自觉接受工程承包人及有关部门的管理、监督和检查;接受工程承包人随时检查其设备、材料保管、使用情况,及其操作人员的有效证件、持证上岗情况;与现场其他单位协调配合,照顾全局。

(5)按工程承包人统一规划堆放材料、机具,按工程承包人标准化工地要求设置标牌,搞好生活区的管理,做好自身责任区的治安保卫工作。

(6)按时提交报表、完整的原始技术经济资料,配合工程承包人办理交工验收。

(7)做好施工场地周围建筑物、构筑物和地下管线及已完工程部分的成品保护工作,因劳务分包人责任发生损坏的,劳务分包人自行承担由此引起的一切经济损失及各种罚款。

(8)妥善保管、合理使用工程承包人提供或租赁给劳务分包人使用的机具、周转材料及其他设施。

(9)劳务分包人须服从工程承包人转发的发包人及工程师的指令。

(10)除非本合同另有约定,劳务分包人应对其作业内容的实施、完工负责,劳务分包人应承担并履行总(分)包合同约定的、与劳务作业有关的所有义务及工作程序。

(11)劳务分包人应当与劳务作业人员签订书面劳动合同。

(12)劳务分包人应确保所完成劳务作业符合合同约定的质量标准,在隐蔽工程验收、分部分项工程验收以及工程竣工验收结果表明劳务分包人劳务作业质量不合格时,劳务分包人应承担整改责任。

(13)劳务分包人不得将合同项下的劳务作业转包或再分包给他人。否则,劳务分包人将依法承担责任。

(14)劳务作业经验收合格后,劳务分包人应当按照承包人指示及时将该劳务作业交付承包人,不得以双方存在争议为由拒绝交付。

6.3.4 监理合同

1. 监理与监理合同概念

监理是指监理人受委托人的委托,依照法律法规、工程建设标准、勘察设计文件及合同,在施工阶段对建设工程质量、进度、造价进行控制，对合同、信息进行管理，对工程建设相关方的关系进行协调，并履行建设工程安全生产管理法定职责的服务活动。建设工程监理活动的实施需要接受建设单位的委托，通过监理单位与建设单位之间签订建设工程委托监理合同，建设单位授权，监理单位取得监理权限，并承担相应的监理责任。

建设工程监理合同是指工程建设单位聘请监理单位代其对工程项目进行管理，明确双方权利、义务的协议。建设单位称为委托人、监理单位称为受托人。

住房和城乡建设部与国家工商行政管理总局 2012 年颁布执行的《建设工程监理合同（示范文本）》(CF—2012—0202)规定：建设工程监理合同文件由协议书、中标通知书（适用于招标工程）或委托书（适用于非招标工程）、专用条件及附录 A、附录 B、通用条件、投标文件（适用于招标工程）或监理与相关服务建议书（适用于非招标工程）几部分组成。

2. 监理依据

建设工程监理是具有明确依据的监督管理活动，实施监理活动的依据主要有四方面：(1)适用的法律、行政法规及部门规章；(2)与工程有关的标准；(3)工程设计及有关文件；(4)监理合同及委托人与第三方签订的与实施工程有关的其他合同。

双方当事人可以根据工程的行业和地域特点，在合同中具体约定监理依据。

3. 强制监理范围

《建设工程质量管理条例》规定，国家重点建设工程；大中型公用事业工程；成片开发建设的住宅小区工程；利用外国政府或国际组织贷款、援助资金建设的工程；国家规定必须实行监理的其他工程必须实行监理。

根据《建设工程监理范围和规模标准规定》，我国强制实行监理的具体范围包括：

(1)国家重点建设工程，即依据《国家重点建设项目管理办法》中所确定的对国民经济和社会发展有重大影响的骨干项目；

(2)项目总投资额在 3 000 万元以上的大中型公用事业工程，包括供水、供电、供气、供热等市政工程项目，科技、教育、文化等项目，体育、旅游、商业等项目，卫生、社会福利等项目，以及其他公用事业项目；

(3)成片开发建设的建筑面积在 5 万平方米以上的住宅建设工程；

(4)利用外国政府或者国际组织贷款资金的项目，包括使用世界银行、亚洲开发银行等国际组织贷款资金的项目，使用国外政府及机构贷款资金的项目，使用国际组织或者国外政府援助资金的项目；

(5)国家规定必须实行监理的其他工程，包括学校、影剧院、体育场馆项目和总投资额在 3 000 万元以上，关系社会公共利益、公众安全的基础设施项目，包括煤炭、石油、化工、天然气、电力、新能源等项目，铁路、公路、管道、水运、民航以及其他交通运输业等项目，邮政、电信枢纽、通信、信息网络等项目，防洪、灌溉、排涝、发电、引（供）水、滩涂治理、水资源保护、水土保持等水利建设项目，道路、桥梁、地铁和轻轨交通、污水排放及处理、垃圾处理、地下管道、公共停车场等城市基础设施项目，生态环境保护项目，以及其他基础设施项目等。

4. 监理人的义务

(1)收到工程设计文件后编制监理规划，并在第一次工地会议 7 天前报委托人。根据有关规定和监理工作需要，编制监理实施细则；

(2)熟悉工程设计文件，并参加由委托人主持的图纸会审和设计交底会议；

(3)参加由委托人主持的第一次工地会议；主持监理例会并根据工程需要主持或参加专

题会议;

(4)审查施工承包人提交的施工组织设计,重点审查其中的质量安全技术措施、专项施工方案与工程建设强制性标准的符合性;

(5)检查施工承包人工程质量、安全生产管理制度及组织机构和人员资格;

(6)检查施工承包人专职安全生产管理人员的配备情况;

(7)审查施工承包人提交的施工进度计划,核查承包人对施工进度计划的调整;

(8)检查施工承包人的试验室;

(9)审核施工分包人资质条件;

(10)查验施工承包人的施工测量放线成果;

(11)审查工程开工条件,对条件具备的签发开工令;

(12)审查施工承包人报送的工程材料、构配件、设备质量证明文件的有效性和符合性,并按规定对用于工程的材料采取平行检验或见证取样方式进行抽检;

(13)审核施工承包人提交的工程款支付申请,签发或出具工程款支付证书,并报委托人审核、批准;

(14)在巡视、旁站和检验过程中,发现工程质量、施工安全存在事故隐患的,要求施工承包人整改并报委托人;

(15)经委托人同意,签发工程暂停令和复工令;

(16)审查施工承包人提交的采用新材料、新工艺、新技术、新设备的论证材料及相关验收标准;

(17)验收隐蔽工程、分部分项工程;

(18)审查施工承包人提交的工程变更申请,协调处理施工进度调整、费用索赔、合同争议等事项;

(19)审查施工承包人提交的竣工验收申请,编写工程质量评估报告;

(20)参加工程竣工验收,签署竣工验收意见;

(21)审查施工承包人提交的竣工结算申请并报委托人;

(22)编制、整理工程监理归档文件并报委托人。

5. 委托人的义务

(1)告知。委托人应在委托人与承包人签订的合同中明确监理人、总监理工程师和授予项目监理机构的权限。如有变更,应及时通知承包人。

(2)提供资料。委托人应按照附录B约定,无偿向监理人提供工程有关的资料。在本合同履行的过程中,委托人应及时向监理人提供最新的与工程有关的资料。

(3)提供工作条件。委托人应为监理人完成监理与相关服务提供必要的条件。委托人应按照附录B约定,派遣相应的人员,提供房屋、设备,供监理人无偿使用。委托人应负责协调工程建设中所有外部关系,为监理人履行本合同提供必要的外部条件。

(4)委托人代表。委托人应授权一名熟悉工程情况的代表,负责与监理人联系。委托人应在双方签订本合同后7天内,将委托人代表的姓名和职责书面告知监理人。当委托人更换委托人代表时,应提前7天通知监理人。

(5)委托人意见或要求。在合同约定的监理与相关服务工作范围内,委托人对承包人的任何意见或要求应通知监理人,由监理人向承包人发出相应指令。

(6)答复。委托人应在专用条件约定的时间内,对监理人以书面形式提交并要求做出决定的事宜,给予书面答复。逾期未答复的,视为委托人认可。

（7）支付。委托人应按合同约定,向监理人支付酬金。

复习思考题

1. 简述申请施工许可证的法定条件。
2. 简述施工许可证的时间效力。
3. 简述建设工程施工合同无效的情形和法律后果。
4. 试述解除建设工程施工合同的情形。
5. 试述建筑工程承包人的工程价款优先受偿权。
6. 试述违法分包的情形。
7. 如何理解"绿色原则"是贯彻习近平生态文明思想的生动体现？
8. 如何理解建设工程施工活动中民事主体遵循的基本原则与社会主义核心价值观的契合性？

课后案例

某开发商通过公开招标确定某建筑公司中标,并发出中标通知书,双方在签订建筑工程施工合同时,开发商要求该建筑公司先行垫资施工,并无偿建设住房配套设施。该建筑公司为能早日签约,答应了开发商的要求,但对垫资如何处理没有做出特别的约定。当工程按期完工后,该建筑公司要求开发商除支付工程款外,还应将先行的工程垫资款按照借款处理,并支付相应利息,同时拒绝无偿建设住房配套设施。

【问题】

1. 该建筑公司的要求是否合理？
2. 建筑公司拒绝无偿建设住宅配套设施的行为是否合法？

【分析】

1. 根据《解释（一）》第二十五条第一款和第二款"当事人对垫资和垫资利息有约定,承包人请求按照约定返还垫资及其利息的,人民法院应予支持,但是约定的利息计算标准高于垫资时的同类贷款利率或同期贷款市场报价利率的部分除外。当事人对垫资没有约定的,按照工程欠款处理"的规定,该建筑公司要求将先行的工程垫资款按照借款处理并支付相应利息是合理的。

2. 根据《解释（一）》第二条第二款"招标人和中标人在中标合同之外就明显高于市场价格购买承建房产、无偿建设住房配套设施、让利、向建设单位捐赠财物等另行签订合同,变相降低工程价款,一方当事人以该合同背离中标合同实质性内容为由请求确认无效的,人民法院应予支持"规定,建筑公司拒绝无偿建设住宅配套设施的行为合法。

第 7 章

工程建设安全生产与质量管理法律制度

课程思政要点

结合中华人民共和国成立以来的伟大建设工程成就,讲解国内建设工程安全生产与质量管理方面的法律法规,加深对我国高度重视建设工程安全与质量管理的历史传统的理解,深刻认识建设工程安全生产与质量管理法律法规的科学性与经济性,从而牢固树立"工程大计,质量第一,安全第一"的专业精神。

7.1 工程建设安全生产管理法律制度

7.1.1 工程建设安全生产的政府监管

1. 工程建设安全生产的政府监管体制

依照《安全生产法》的规定,国务院应急管理部门依照本法,对全国安全生产工作实施综合监督管理;县级以上地方各级人民政府应急管理部门依照本法,对本行政区域内安全生产工作实施综合监督管理。

国务院交通运输、住房和城乡建设、水利、民航等有关部门依照本法和其他有关法律、行政法规的规定,在各自的职责范围内对有关行业、领域的安全生产工作实施监督管理;县级以上地方各级人民政府有关部门依照本法和其他有关法律、法规的规定,在各自的职责范围内对有关行业、领域的安全生产工作实施监督管理。对新兴行业、领域的安全生产监督管理职责不明确的,由县级以上地方各级人民政府按照业务相近的原则确定监督管理部门。

应急管理部门和对有关行业、领域的安全生产工作实施监督管理的部门,统称负有安全生产监督管理职责的部门。负有安全生产监督管理职责的部门应当相互配合、齐抓共管、信息共享、资源共用,依法加强安全生产监督管理工作。

2. 工程建设安全生产的政府监管措施

建设行政主管部门在审核发放施工许可证时,应当对建设工程是否有安全施工措施进行审查,对没有安全施工措施的,不得颁发施工许可证。建设行政主管部门或者其他有关部门对建设工程是否有安全施工措施进行审查时,不得收取费用。依法做出施工行政许可的建设行政主管部门和其他有关部门,应当将有关资料的主要内容抄送同级负责安全生产监督管理的部门。

县级以上人民政府负有建设工程安全生产监督管理职责的部门在各自职责范围内履行安全监督检查职责时,有权采取下列措施:(1)要求被检查单位提供有关建设工程安全生产的文件和资料;(2)进入被检查单位施工现场进行检查;(3)纠正施工中违反安全生产要求的行为;(4)对检查中发现的安全事故隐患,责令立即排除;重大安全事故隐患排除前或者排除过程中无法保证安全的,责令从危险区域内撤出作业人员或者暂时停止施工。建设行政主管部门或者其他有关部门可以将施工现场的监督检查委托给建设工程安全监督机构具体实施。

国家对严重危及施工安全的工艺、设备、材料实行淘汰制度。具体目录由国务院建设行政主管部门会同国务院其他有关部门制定并公布。

县级以上人民政府建设行政主管部门和其他有关部门应当及时受理对建设工程生产安全事故及安全事故隐患的检举、控告和投诉。

7.1.2 施工安全生产许可证制度

为了加强安全生产监督管理,防止和减少生产安全事故,保障人民群众生命和财产安全,促进社会经济发展,2002年6月29日第九届全国人民代表大会常务委员会第二十八次会议通过了《安全生产法》,2003年11月12日,国务院通过了《建设工程安全生产管理条例》,该条例所称建设工程,是指土木工程、建筑工程、线路管道和设备安装工程及装修工程。2004年1月7日国务院通过了《安全生产许可证条例》,根据该条例规定,国家对建筑施工等企业实行安全生产许可制度。建筑施工企业未取得安全生产许可证的,不得从事生产活动。

1. 申请领取安全生产许可证的条件

原建设部根据《安全生产许可证条例》《建设工程安全生产管理条例》等有关行政法规,于2004年7月5日公布施行了《建筑施工企业安全生产许可证管理规定》,2015年1月22日住房城乡建设部令第23号修正。该规定所称建筑施工企业,是指从事土木工程、建筑工程、线路管道和设备安装工程及装修工程的新建、扩建、改建和拆除等有关活动的企业。

《建筑施工企业安全生产许可证管理规定》中将建筑施工企业取得安全生产许可证应当具备的安全生产条件具体规定为:(1)建立健全安全生产责任制,制定完备的安全生产规章制度和操作规程;(2)保证本单位安全生产条件所需资金的投入;(3)设置安全生产管理机构,按照国家有关规定配备专职安全生产管理人员;(4)主要负责人、项目负责人、专职安全生产管理人员经建设主管部门或者其他有关部门考核合格;(5)特种作业人员经有关业务主管部门考核合格,取得特种作业操作资格证书;(6)管理人员和作业人员每年至少进行1次安全生产教育培训并考核合格;(7)依法参加工伤保险,依法为施工现场从事危险作业的人员办理意外伤害保险,为从业人员交纳保险费;(8)施工现场的办公、生活区及作业场所和安全防护用具、机械设备、施工机具及配件符合有关安全生产法律、法规、标准和规程的要求;(9)有职业危害防治措施,并为作业人员配备符合国家标准或者行业标准的安全防护用具和安全防护服装;(10)有对危险性较大的分部分项工程及施工现场易发生重大事故的部位、环节的预防、监控措施和应急预案;(11)有生产安全事故应急救援预案、应急救援组织或者应急救援人员,配备必要的应急救援器材、设备;(12)法律、法规规定的其他条件。

2. 安全生产许可证的申请与颁发

(1)安全生产许可证的申请与受理

建筑施工企业从事建筑施工活动前,应当依照规定向企业注册地的省、自治区、直辖市人民政府建设主管部门申请领取安全生产许可证。

建筑施工企业申请安全生产许可证时,应当向建设主管部门提供下列材料:①建筑施工企业安全生产许可证申请表;②企业法人营业执照;③与申请安全生产许可证应当具备的安全生产条件相关的文件、材料。

建筑施工企业申请安全生产许可证,应当对申请材料实质内容的真实性负责,不得隐瞒有关情况或者提供虚假材料。

建设主管部门应当自受理建筑施工企业的申请之日起45日内审查完毕;经审查符合安全生产条件的,颁发安全生产许可证;不符合安全生产条件的,不予颁发安全生产许可证,书面通知企业并说明理由。企业自接到通知之日起应当进行整改,整改合格后方可再次提出申请。

建设主管部门审查建筑施工企业安全生产许可证申请,涉及铁路、交通、水利等有关专业工程时,可以征求铁路、交通、水利等有关部门的意见。

(2)安全生产许可证的有效期及变更

安全生产许可证的有效期为3年。安全生产许可证有效期满需要延期的,企业应当于期满前3个月向原安全生产许可证颁发管理机关申请办理延期手续。

企业在安全生产许可证有效期内,严格遵守有关安全生产的法律法规,未发生死亡事故的,安全生产许可证有效期届满时,经原安全生产许可证颁发管理机关同意,不再审查,安全生产许可证有效期延期3年。

施工企业变更名称、地址、法定代表人等,应当在变更后10日内,到原安全生产许可证颁发管理机关办理安全生产许可证变更手续。施工企业破产、倒闭、撤销的,应当将安全生产许可证交回原安全生产许可证颁发管理机关予以注销。施工企业遗失安全生产许可证,应当立即向原安全生产许可证颁发管理机关报告,并在公众媒体上声明作废后,方可申请补办。

3. 建筑施工企业违反安全生产许可证管理规定的法律责任

取得安全生产许可证的建筑施工企业,发生重大安全事故的,暂扣安全生产许可证并限期整改。

建筑施工企业不再具备安全生产条件的,暂扣安全生产许可证并限期整改;情节严重的,吊销安全生产许可证。

建筑施工企业未取得安全生产许可证擅自从事建筑施工活动的,责令其在建项目停止施工,没收违法所得,并处10万元以上50万元以下的罚款;造成重大安全事故或者其他严重后果,构成犯罪的,依法追究刑事责任。

安全生产许可证有效期满未办理延期手续,继续从事建筑施工活动的,责令其在建项目停止施工,限期补办延期手续,没收违法所得,并处5万元以上10万元以下的罚款;逾期仍不办理延期手续,继续从事建筑施工活动的,依照未取得安全生产许可证擅自从事建筑施工活动的规定处罚。

建筑施工企业转让安全生产许可证的,没收违法所得,处10万元以上50万元以下的罚款,并吊销安全生产许可证;构成犯罪的,依法追究刑事责任;接受转让的,依照未取得安全生产许可证擅自从事建筑施工活动的规定处罚。

冒用安全生产许可证或者使用伪造的安全生产许可证的,依照未取得安全生产许可证擅自从事建筑施工活动的规定处罚。

建筑施工企业隐瞒有关情况或者提供虚假材料申请安全生产许可证的,不予受理或者不予颁发安全生产许可证,并给予警告,1年内不得申请安全生产许可证。

建筑施工企业以欺骗、贿赂等不正当手段取得安全生产许可证的,撤销安全生产许可证,3年内不得再次申请安全生产许可证;构成犯罪的,依法追究刑事责任。

对于建筑施工企业实行暂扣、吊销安全生产许可证的行政处罚,由安全生产许可证的颁发管理机关决定;其他行政处罚,由县级以上地方人民政府建设主管部门决定。

7.1.3 工程建设安全生产责任与管理

根据《安全生产法》以及《建筑法》等法律法规的相关规定,建设工程安全生产管理必须坚持安全第一、预防为主的方针,建立健全安全生产的责任制度和群防群治制度。建设单位、勘察单位、设计单位、施工单位、工程监理单位及其他与建设工程安全生产有关的单位,必须遵守安全生产法律、法规的规定,保证建设工程安全生产,依法承担建设工程安全生产责任。

国家鼓励建设工程安全生产的科学技术研究和先进技术的推广应用,推进建设工程安全生产的科学管理。

1. 建设单位的安全责任

建设单位应当向施工单位提供施工现场及毗邻区域内供水、排水、供电、供气、供热、通信、广播电视等地下管线资料,气象和水文观测资料,相邻建筑物和构筑物、地下工程的有关资料,并保证资料的真实、准确、完整。建设单位因建设工程需要,向有关部门或者单位查询上述资料时,有关部门或者单位应当及时提供。

建设单位不得对勘察、设计、施工、工程监理等单位提出不符合建设工程安全生产法律、法规和强制性标准规定的要求,不得压缩合同约定的工期。

建设单位在编制工程概算时,应当确定建设工程安全作业环境及安全施工措施所需费用。

建设单位不得明示或者暗示施工单位购买、租赁、使用不符合安全施工要求的安全防护用具、机械设备、施工机具及配件、消防设施和器材。

建设单位在申请领取施工许可证时,应当提供建设工程有关安全施工措施的资料。依法批准开工报告的建设工程,建设单位应当自开工报告批准之日起15日内,将保证安全施工的措施报送建设工程所在地的县级以上地方人民政府建设行政主管部门或者其他有关部门备案。

建设单位应当将拆除工程发包给具有相应资质等级的施工单位。建设单位应当在拆除工程施工15日前,将下列资料报送建设工程所在地的县级以上地方人民政府建设行政主管部门或者其他有关部门备案:(1)施工单位资质等级证明;(2)拟拆除建筑物、构筑物及可能危及毗邻建筑的说明;(3)拆除施工组织方案;(4)堆放、清除废弃物的措施。实施爆破作业的,应当遵守国家有关民用爆炸物品管理的规定。

建设单位未提供建设工程安全生产作业环境及安全施工措施所需费用的,责令限期改正;逾期未改正的,责令该建设工程停止施工。建设单位未将保证安全施工的措施或者拆除工程的有关资料报送有关部门备案的,责令限期改正,给予警告。

建设单位有下列行为之一的,责令限期改正,处20万元以上50万元以下的罚款;造成重大安全事故,构成犯罪的,对直接责任人员,依照刑法有关规定追究刑事责任;造成损失的,依法承担赔偿责任:(1)对勘察、设计、施工、工程监理等单位提出不符合安全生产法律、法规和强制性标准规定的要求的;(2)要求施工单位压缩合同约定的工期的;(3)将拆除工程发包给不具有相应资质等级的施工单位的。

2. 勘察、设计、工程监理及其他有关单位的安全责任

(1)勘察、设计单位的安全责任

勘察单位应当按照法律、法规和工程建设强制性标准进行勘察,提供的勘察文件应当真实、准确,满足建设工程安全生产的需要。勘察单位在勘察作业时,应当严格执行操作规程,采取措施保证各类管线、设施和周边建筑物、构筑物的安全。

设计单位应当按照法律、法规和工程建设强制性标准进行设计,防止因设计不合理导致生产安全事故的发生。设计单位应当考虑施工安全操作和防护的需要,对涉及施工安全的重点部位和环节在设计文件中注明,并对防范生产安全事故提出指导意见。采用新结构、新材料、新工艺的建设工程和特殊结构的建设工程,设计单位应当在设计中提出保障施工作业人员安全和预防生产安全事故的措施建议。

设计单位和注册建筑师等注册执业人员应当对其设计负责。

勘察单位、设计单位有下列行为之一的,责令限期改正,处10万元以上30万元以下的罚款;情节严重的,责令停业整顿,降低资质等级,直至吊销资质证书;造成重大安全事故,构成犯罪的,对直接责任人员,依照刑法有关规定追究刑事责任;造成损失的,依法承担赔偿责任:①未按照法律、法规和工程建设强制性标准进行勘察、设计的;②采用新结构、新材料、新工艺的建设工程和特殊结构的建设工程,设计单位未在设计中提出保障施工作业人员安全和预防生产安全事故的措施建议的。

(2)工程监理单位的安全责任

工程监理单位应当审查施工组织设计中的安全技术措施或者专项施工方案是否符合工程建设强制性标准。工程监理单位在实施监理过程中,发现存在安全事故隐患的,应当要求施工单位整改;情况严重的,应当要求施工单位暂时停止施工,并及时报告建设单位。施工单位拒不整改或者不停止施工的,工程监理单位应当及时向有关主管部门报告。

工程监理单位和监理工程师应当按照法律、法规和工程建设强制性标准实施监理,并对建设工程安全生产承担监理责任。

工程监理单位有下列行为之一的,责令限期改正;逾期未改正的,责令停业整顿,并处 10 万元以上 30 万元以下的罚款;情节严重的,降低资质等级,直至吊销资质证书;造成重大安全事故,构成犯罪的,对直接责任人员,依照刑法有关规定追究刑事责任;造成损失的,依法承担赔偿责任:①未对施工组织设计中的安全技术措施或者专项施工方案进行审查的;②发现安全事故隐患未及时要求施工单位整改或者暂时停止施工的;③施工单位拒不整改或者不停止施工,未及时向有关主管部门报告的;④未依照法律、法规和工程建设强制性标准实施监理的。

(3)其他有关单位的安全责任

为建设工程提供机械设备和配件的单位,应当按照安全施工的要求配备齐全有效的保险、限位等安全设施和装置。未按照安全施工的要求配备齐全有效的保险、限位等安全设施和装置的,责令限期改正,处合同价款 1 倍以上 3 倍以下的罚款;造成损失的,依法承担赔偿责任。

出租的机械设备和施工机具及配件,应当具有生产(制造)许可证、产品合格证。出租单位应当对出租的机械设备和施工机具及配件的安全性能进行检测,在签订租赁协议时,应当出具检测合格证明。禁止出租检测不合格的机械设备和施工机具及配件。出租未经安全性能检测或者经检测不合格的机械设备和施工机具及配件的,责令停业整顿,并处 5 万元以上 10 万元以下的罚款;造成损失的,依法承担赔偿责任。

在施工现场安装、拆卸施工起重机械和整体提升脚手架、模板等自升式架设设施,必须由具有相应资质的单位承担。安装、拆卸施工起重机械和整体提升脚手架、模板等自升式架设设施,应当编制拆装方案、制定安全施工措施,并由专业技术人员现场监督。施工起重机械和整体提升脚手架、模板等自升式架设设施安装完毕后,安装单位应当自检,出具自检合格证明,并向施工单位进行安全使用说明,办理验收手续并签字。

施工起重机械和整体提升脚手架、模板等自升式架设设施的使用达到国家规定的检验检测期限的,必须经具有专业资质的检验检测机构检测。经检测不合格的,不得继续使用。检验检测机构对检测合格的施工起重机械和整体提升脚手架、模板等自升式架设设施,应当出具安全合格证明文件,并对检测结果负责。

施工起重机械和整体提升脚手架、模板等自升式架设设施安装、拆卸单位有下列行为之一的,责令限期改正,处 5 万元以上 10 万元以下的罚款;情节严重的,责令停业整顿,降低资质等级,直至吊销资质证书;造成损失的,依法承担赔偿责任:①未编制拆装方案、制定安全施工措施的;②未由专业技术人员现场监督的;③未出具自检合格证明或者出具虚假证明的;④未向施工单位进行安全使用说明,办理移交手续的。施工起重机械和整体提升脚手架、模板等自升式架设设施安装、拆卸单位有前述第①项、第③项行为,经有关部门或者单位职工提出后,对事故隐患仍不采取措施,因而发生重大伤亡事故或者造成其他严重后果,构成犯罪的,对直接责任人员,依照刑法有关规定追究刑事责任。

3. 施工单位的安全责任

(1)施工单位从事安全生产的法定条件和资质

施工单位从事建设工程的新建、扩建、改建和拆除等活动,应当具备国家规定的注册资本、专业技术人员、技术装备和安全生产等条件,依法取得相应等级的资质证书,并在其资质等级许可的范围内承揽工程。

(2)施工单位安管机构及人员的职责

施工单位主要负责人依法对本单位的安全生产工作全面负责。施工单位应当建立健全安全生产责任制度和安全生产教育培训制度,制定安全生产规章制度和操作规程,保证本单位安全生产条件所需资金的投入,对所承担的建设工程进行定期和专项安全检查,并做好安全检查记录。

施工单位的项目负责人应当由取得相应执业资格的人员担任,对建设工程项目的安全施工负责,落实安全生产责任制度、安全生产规章制度和操作规程,确保安全生产费用的有效使用,并根据工程的特点组织制定安全施工措施,消除安全事故隐患,及时、如实报告生产安全事故。

施工单位应当设立安全生产管理机构,配备专职安全生产管理人员。专职安全生产管理人员负责对安全生产进行现场监督检查。发现安全事故隐患,应当及时向项目负责人和安全生产管理机构报告;对违章指挥、违章操作的,应当立即制止。

(3)施工单位安全生产所需费用的规定

施工单位对列入建设工程概算的安全作业环境及安全施工措施所需费用,应当用于施工安全防护用具及设施的采购和更新、安全施工措施的落实、安全生产条件的改善,不得挪作他用。

(4)施工承包单位之间的责任关系

建设工程实行施工总承包的,由总承包单位对施工现场的安全生产负总责。

总承包单位应当自行完成建设工程主体结构的施工。

总承包单位依法将建设工程分包给其他单位的,分包合同中应当明确各自的安全生产方面的权利、义务。总承包单位和分包单位对分包工程的安全生产承担连带责任。

分包单位应当服从总承包单位的安全生产管理,分包单位不服从管理导致生产安全事故的,由分包单位承担主要责任。

(5)施工单位特种作业人员的管理

垂直运输机械作业人员、安装拆卸工、爆破作业人员、起重信号工、登高架设作业人员等特种作业人员,必须按照国家有关规定经过专门的安全作业培训,并取得特种作业操作资格证书后,方可上岗作业。

(6)施工单位安全生产的施工组织设计与技术交底

施工单位应当在施工组织设计中编制安全技术措施和施工现场临时用电方案,对下列达到一定规模的危险性较大的分部分项工程编制专项施工方案,并附具安全验算结果,经施工单位技术负责人、总监理工程师签字后实施,由专职安全生产管理人员进行现场监督:①基坑支护与降水工程;②土方开挖工程;③模板工程;④起重吊装工程;⑤脚手架工程;⑥拆除、爆破工程;⑦国务院建设行政主管部门或者其他有关部门规定的其他危险性较大的工程。对前述所列工程中涉及深基坑、地下暗挖工程、高大模板工程的专项施工方案,施工单位还应当组织专家进行论证、审查。

建设工程施工前,施工单位负责项目管理的技术人员应当对有关安全施工的技术要求向施工作业班组、作业人员做出详细说明,并由双方签字确认。

(7)施工单位安全生产的现场责任

施工单位应当在施工现场入口处、施工起重机械、临时用电设施、脚手架、出入通道口、楼梯口、电梯井口、孔洞口、桥梁口、隧道口、基坑边沿、爆破物及有害危险气体和液体存放处等危险部位,设置明显的安全警示标志。安全警示标志必须符合国家标准。

根据不同施工阶段和周围环境及季节、气候的变化,在施工现场采取相应的安全施工措施。施工现场暂时停止施工的,施工单位应当做好现场防护,所需费用由责任方承担,或者按照合同约定执行。

应当将施工现场的办公、生活区与作业区分开设置,并保持安全距离;办公、生活区的选址应当符合安全性要求。职工的膳食、饮水、休息场所等应当符合卫生标准。施工单位不得在尚未竣工的建筑物内设置员工集体宿舍。施工现场临时搭建的建筑物应当符合安全使用要求。施工现场使用的装配式活动房屋应当具有产品合格证。

对因建设工程施工可能造成损害的毗邻建筑物、构筑物和地下管线等,应当采取专项防护措施。

遵守有关环境保护法律、法规的规定,在施工现场采取措施,防止或者减少粉尘、废气、废水、固体废物、噪声、振动和施工照明对人和环境的危害和污染。在城市市区内的建设工程,施工单位应当对施工现场实行封闭围挡。

在施工现场建立消防安全责任制度,确定消防安全责任人,制定用火、用电、使用易燃易爆材料等各项消防安全管理制度和操作规程,设置消防通道、消防水源,配备消防设施和灭火器材,并在施工现场入口处设置明显标志。

向作业人员提供安全防护用具和安全防护服装,并书面告知危险岗位的操作规程和违章操作的危害。

应当采购、租赁具有生产(制造)许可证、产品合格证的安全防护用具、机械设备、施工机具及配件,并在进入施工现场前进行查验。施工现场的安全防护用具、机械设备、施工机具及配件必须由专人管理,定期进行检查、维修和保养,建立相应的资料档案,并按照国家有关规定及时报废。

在使用施工起重机械和整体提升脚手架、模板等自升式架设设施前,应当组织有关单位进行验收,也可以委托具有相应资质的检验检测机构进行验收;使用承租的机械设备和施工机具及配件的,由施工总承包单位、分包单位、出租单位和安装单位共同进行验收,验收合格的方可使用。《特种设备安全监察条例》规定的施工起重机械,在验收前应当经有相应资质的检验检测机构监督检验合格。施工单位应当自施工起重机械和整体提升脚手架、模板等自升式架设设施验收合格之日起30日内,向建设行政主管部门或者其他有关部门登记。登记标志应当置于或者附着于该设备的显著位置。

(8)施工单位的安全教育培训与考核

施工单位的"安管人员"应当经建设行政主管部门或者其他有关部门考核合格后方可任职。"安管人员"应当通过其受聘企业,向企业工商注册地的省、自治区、直辖市人民政府住房城乡建设主管部门(以下简称考核机关)申请安全生产考核,并取得安全生产考核合格证书。申请参加安全生产考核的"安管人员",应当具备相应的文化程度、专业技术职称和一定的安全生产工作经历,与企业确立劳动关系,并经企业年度安全生产教育培训合格。

安全生产考核包括安全生产知识考核和管理能力考核。安全生产知识考核内容包括:建筑施工安全的法律法规、规章制度、标准规范,建筑施工安全管理基本理论等。安全生产管理能力考核内容包括:建立和落实安全生产管理制度、辨识和监控危险性较大的分部分项工程、发现和消除安全事故隐患、报告和处置生产安全事故等方面的能力。

应当对管理人员和作业人员每年至少进行一次安全生产教育培训,其教育培训情况记入个人工作档案。安全生产教育培训考核不合格的人员,不得上岗。作业人员进入新的岗位或者新的施工现场前,应当接受安全生产教育培训。未经教育培训或者教育培训考核不合格的人员,不得上岗作业。在采用新技术、新工艺、新设备、新材料时,施工单位应当对作业人员进行相应的安全生产教育培训。

施工单位有下列行为之一的,责令限期改正;逾期未改正的,责令停业整顿,依照《安全生产法》的有关规定处以罚款;造成重大安全事故,构成犯罪的,对直接责任人员,依照刑法有关规定追究刑事责任:①未设立安全生产管理机构、配备专职安全生产管理人员或者分部分项工程施工时无专职安全生产管理人员现场监督的;②施工单位的主要负责人、项目负责人、专职安全生产管理人员、作业人员或者特种作业人员,未经安全教育培训或者经考核不合格即从事相关工作的;③未在施工现场的危险部位设置明显的安全警示标志,或者未按照国家有关规定在施工现场设置消防通道、消防水源、配备消防设施和灭火器材的;④未向作业人员提供安全防护用具和安全防护服装的;⑤未按照规定在施工起重机械和整体提升脚手架、模板等自升式架设设施验收合格后登记的;⑥使用国家明令淘汰、禁止使用的危及施工安全的工艺、设备、材料的。

施工单位挪用列入建设工程概算的安全生产作业环境及安全施工措施所需费用的,责令限期改正,处挪用费用20%以上50%以下的罚款;造成损失的,依法承担赔偿责任。

施工单位有下列行为之一的,责令限期改正;逾期未改正的,责令停业整顿,并处5万元以上10万元以下的罚款;造成重大安全事故,构成犯罪的,对直接责任人员,依照刑法有关规定追究刑事责任:①施工前未对有关安全施工的技术要求做出详细说明的;②未根据不同施工阶段和周围环境及季节、气候的变化,在施工现场采取相应的安全施工措施,或者在城市市区内的建设工程的施工现场未实行封闭围挡的;③在尚未竣工的建筑物内设置员工集体宿舍的;④施工现场临时搭建的建筑物不符合安全使用要求的;⑤未对因建设工程施工可能造成损害的毗邻建筑物、构筑物和地下管线等采取专项防护措施的。

施工单位有下列行为之一的,责令限期改正;逾期未改正的,责令停业整顿,并处10万元以上30万元以下的罚款;情节严重的,降低资质等级,直至吊销资质证书;造成重大安全事故,构成犯罪的,对直接责任人员,依照刑法有关规定追究刑事责任;造成损失的,依法承担赔偿责任:①安全防护用具、机械设备、施工机具及配件在进入施工现场前未经查验或者查验不合格即投入使用的;②使用未经验收或者验收不合格的施工起重机械和整体提升脚手架、模板等自升式架设设施的;③委托不具有相应资质的单位承担施工现场安装、拆卸施工起重机械和整体提升脚手架、模板等自升式架设设施的;④在施工组织设计中未编制安全技术措施、施工现场临时用电方案或者专项施工方案的。

施工单位的主要负责人、项目负责人未履行安全生产管理职责的,责令限期改正;逾期未改正的,责令施工单位停业整顿;造成重大安全事故、重大伤亡事故或者其他严重后果,构成犯罪的,依照刑法有关规定追究刑事责任,尚不构成刑事处罚的,处2万元以上20万元以下的罚款或者按照管理权限给予撤职处分;自刑罚执行完毕或者受处分之日起,5年内不得担任任何施工单位的主要负责人、项目负责人。作业人员不服管理、违反规章制度和操作规程冒险作业造成重大伤亡事故或者其他严重后果的,构成犯罪的,依照刑法有关规定追究刑事责任。

施工单位取得资质证书后,降低安全生产条件的,责令限期改正;经整改仍未达到与其资质等级相适应的安全生产条件的,责令停业整顿,降低其资质等级直至吊销资质证书。

4. 注册执业人员的安全责任

注册执业人员未执行法律、法规和工程建设强制性标准的,责令停止执业3个月以上1

年以下;情节严重的,吊销执业资格证书,5年内不予注册;造成重大安全事故的,终身不予注册;构成犯罪的,依照刑法有关规定追究刑事责任。

7.1.4　工程建设安全事故的应急预案与报告调查处理

1. 工程建设安全事故的应急预案

《突发事件应对法》规定,建筑施工单位应当制订具体应急预案,并对生产经营场所、有危险物品的建筑物、构筑物及周边环境开展隐患排查,及时采取措施消除隐患,防止发生突发事件。应急预案应当根据有关法律、法规的规定,针对突发事件的性质、特点和可能造成的社会危害,具体规定突发事件应急管理工作的组织指挥体系与职责和突发事件的预防与预警机制、处置程序、应急保障措施以及事后恢复与重建措施等内容。

《建设工程安全生产管理条例》规定,县级以上地方人民政府建设行政主管部门应当根据本级人民政府的要求,制订本行政区域内建设工程特大生产安全事故应急救援预案。

施工单位应当制订本单位生产安全事故应急救援预案,建立应急救援组织或者配备应急救援人员,配备必要的应急救援器材、设备,并定期组织演练。

施工生产安全事故应急救援预案分为施工单位的生产安全事故应急救援预案和施工现场生产安全事故应急救援预案两大类。

施工单位应当根据建设工程施工的特点、范围,对施工现场易发生重大事故的部位、环节进行监控,制订施工现场生产安全事故应急救援预案。实行施工总承包的,由总承包单位统一组织编制建设工程生产安全事故应急救援预案,工程总承包单位和分包单位按照应急救援预案,各自建立应急救援组织或者配备应急救援人员,配备救援器材、设备,并定期组织演练。

《安全生产法》规定,生产经营单位的主要负责人具有组织制订并实施本单位的生产安全事故应急救援预案的职责。

(1)应急预案的编制

国家安全生产监督管理总局《生产安全事故应急预案管理办法》规定,应急预案的编制应当符合下列基本要求:①符合有关法律、法规、规章和标准的规定;②结合本地区、本部门、本单位的安全生产实际情况;③结合本地区、本部门、本单位的危险性分析情况;④应急组织和人员的职责分工明确,并有具体的落实措施;⑤有明确、具体的事故预防措施和应急程序,并与其应急能力相适应;⑥有明确的应急保障措施,并能满足本地区、本部门、本单位的应急工作要求;⑦预案基本要素齐全、完整,预案附件提供的信息准确;⑧预案内容与相关应急预案相互衔接。

生产经营单位应当根据有关法律、法规和《生产经营单位安全生产事故应急预案编制导则》(AQ/T9002—2006),结合本单位的危险源状况、危险性分析情况和可能发生的事故特点,制订相应的应急预案。生产经营单位的应急预案按照针对情况的不同,分为综合应急预案、专项应急预案和现场处置方案。

生产经营单位风险种类多、可能发生多种事故类型的,应当组织编制本单位的综合应急预案。综合应急预案应当包括本单位的应急组织机构及其职责、预案体系及响应程序、事故预防及应急保障、应急培训及预案演练等主要内容。

对于某一种类的风险,生产经营单位应当根据存在的重大危险源和可能发生的事故类型,制订相应的专项应急预案。专项应急预案应当包括危险性分析、可能发生的事故特征、应急组织机构与职责、预防措施、应急处置程序和应急保障等内容。

对于危险性较大的重点岗位,生产经营单位应当制订重点工作岗位的现场处置方案。现场处置方案应当包括危险性分析、可能发生的事故特征、应急处置程序、应急处置要点和注意事项等内容。

生产经营单位编制的综合应急预案、专项应急预案和现场处置方案之间应当相互衔接,并与所涉及的其他单位的应急预案相互衔接。应急预案应当包括应急组织机构和人员的联系方式、应急物资储备清单等附件信息。附件信息应当经常更新,确保信息准确有效。

此外,《消防法》规定,企业应当履行落实消防安全责任制,制定本单位的消防安全制度、消防安全操作规程,制订灭火和应急疏散预案的消防安全职责。《职业病防治法》规定,用人单位应当建立健全职业病危害事故应急救援预案。《特种设备安全监察条例》规定,特种设备使用单位应当制订事故应急专项预案,并定期进行事故应急演练。《使用有毒物品作业场所劳动保护条例》规定,从事使用高毒物品作业的用人单位,应当配备应急救援人员和必要的应急救援器材、设备,制订事故应急救援预案,并根据实际情况变化对应急救援预案适时进行修订,定期组织演练。

(2)应急预案的评审

地方各级安全生产监督管理部门应当组织有关专家对本部门编制的应急预案进行审定;必要时,可以召开听证会,听取社会有关方面的意见。涉及相关部门职能或者需要有关部门配合的,应当征得有关部门同意。

建筑施工单位应当组织专家对本单位编制的应急预案进行评审。评审应当形成书面纪要并附有专家名单。参加应急预案评审的人员应当包括应急预案涉及的政府部门工作人员和有关安全生产及应急管理方面的专家。评审人员与所评审预案的生产经营单位有利害关系的,应当回避。应急预案的评审或者论证应当注重应急预案的实用性、基本要素的完整性、预防措施的针对性、组织体系的科学性、响应程序的操作性、应急保障措施的可行性、应急预案的衔接性等内容。

应急预案经评审或者论证后,由生产经营单位主要负责人签署公布。

(3)应急预案的备案

地方各级安全生产监督管理部门的应急预案,应当报同级人民政府和上一级安全生产监督管理部门备案。其他负有安全生产监督管理职责的部门的应急预案,应当抄送同级安全生产监督管理部门。

中央管理的总公司(总厂、集团公司、上市公司)的综合应急预案和专项应急预案,报国务院国有资产监督管理部门、国务院安全生产监督管理部门和国务院有关主管部门备案;其所属单位的应急预案分别抄送所在地的省、自治区、直辖市或者设区的市人民政府安全生产监督管理部门和有关主管部门备案。其他生产经营单位中涉及实行安全生产许可的,其综合应急预案和专项应急预案,按照隶属关系报所在地县级以上地方人民政府安全生产监督管理部门和有关主管部门备案。

生产经营单位申请应急预案备案,应当提交以下材料:①应急预案备案申请表;②应急预案评审或者论证意见;③应急预案文本及电子文档。

受理备案登记的安全生产监督管理部门应当对应急预案进行形式审查,经审查符合要求的,予以备案并出具应急预案备案登记表;不符合要求的,不予备案并说明理由。对于实行安全生产许可的生产经营单位,已经进行应急预案备案登记的,在申请安全生产许可证时,可以不提供相应的应急预案,仅提供应急预案备案登记表。

各级安全生产监督管理部门应当指导、督促检查生产经营单位做好应急预案的备案登记工作,建立应急预案备案登记建档制度。

(4)应急预案的实施

各级安全生产监督管理部门、生产经营单位应当采取多种形式开展应急预案的宣传教育,普及生产安全事故预防、避险、自救和互救知识,提高从业人员安全意识和应急处置技能。

各级安全生产监督管理部门应当将应急预案的培训纳入安全生产培训工作计划,并组织实施本行政区域内重点生产经营单位的应急预案培训工作。生产经营单位应当组织开展本单位的应急预案培训活动,使有关人员了解应急预案的内容,熟悉应急职责、应急程序和岗位应急处置方案。

应急预案的要点和程序应当张贴在应急地点和应急指挥场所,并设有明显的标志。

各级安全生产监督管理部门应当定期组织应急预案演练,提高本部门、本地区生产安全事故应急处置能力。生产经营单位应当制订本单位的应急预案演练计划,根据本单位的事故预防重点,每年至少组织一次综合应急预案演练或者专项应急预案演练,每半年至少组织一次现场处置方案演练。应急预案演练结束后,应急预案演练组织单位应当对应急预案演练效果进行评估,撰写应急预案演练评估报告,分析存在的问题,并对应急预案提出修订意见。各级安全生产监督管理部门应当每年对应急预案的管理情况进行总结。应急预案管理工作总结应当报上一级安全生产监督管理部门。其他负有安全生产监督管理职责的部门的应急预案管理工作总结应当抄送同级安全生产监督管理部门。

地方各级安全生产监督管理部门制订的应急预案,应当根据预案演练、机构变化等情况适时修订。生产经营单位制订的应急预案应当至少每 3 年修订一次,预案修订情况应有记录并归档。有下列情形之一的,应急预案应当及时修订:①生产经营单位因兼并、重组、转制等导致隶属关系、经营方式、法定代表人发生变化的;②生产经营单位生产工艺和技术发生变化的;③周围环境发生变化,形成新的重大危险源的;④应急组织指挥体系或者职责已经调整的;⑤依据的法律、法规、规章和标准发生变化的;⑥应急预案演练评估报告要求修订的;⑦应急预案管理部门要求修订的。生产经营单位应当及时向有关部门或者单位报告应急预案的修订情况,并按照有关应急预案报备程序重新备案。

生产经营单位应当按照应急预案的要求配备相应的应急物资及装备,建立使用状况档案,定期检测和维护,使其处于良好状态。

生产经营单位发生事故后,应当及时启动应急预案,组织有关力量进行救援,并按照规定将事故信息及应急预案启动情况报告安全生产监督管理部门和其他负有安全生产监督管理职责的部门。

2. 工程建设安全事故的报告调查处理

(1)工程建设安全事故的报告

《建筑法》规定,施工中发生事故时,建筑施工企业应当采取紧急措施减少人员伤亡和事故损失,并按照国家有关规定及时向有关部门报告。《建设工程安全生产管理条例》规定,施工单位发生生产安全事故,应当按照国家有关伤亡事故报告和调查处理的规定,及时、如实地向负责安全生产监督管理的部门、建设行政主管部门或者其他有关部门报告;特种设备发生事故的,还应当同时向特种设备安全监督管理部门报告。接到报告的部门应当按照国家有关规定,如实上报。实行施工总承包的建设工程,由总承包单位负责上报事故。

在工程建设过程中,生产安全事故的报告和调查处理是安全生产工作的重要环节。为了规范生产经营活动中发生的造成人身伤亡或者直接经济损失的生产安全事故的报告和调查处理,落实生产安全事故责任追究制度,防止和减少生产安全事故,2007年3月28日,国务院第172次常务会议通过了《生产安全事故报告和调查处理条例》。该条例规定的主要制度和措施充分体现了"四不放过"原则,即"事故原因未查明不放过,责任人未处理不放过,整改措施未落实不放过,有关人员未受到教育不放过"。需要注意的是,环境污染事故、核设施事故、国防科研生产事故的报告和调查处理不适用该条例。

根据生产安全事故造成的人员伤亡或者直接经济损失,事故一般分为以下等级:①特别重大事故,是指造成30人以上死亡,或者100人以上重伤(包括急性工业中毒,下同),或者1亿元以上直接经济损失的事故;②重大事故,是指造成10人以上30人以下死亡,或者50人以上100人以下重伤,或者5 000万元以上1亿元以下直接经济损失的事故;③较大事故,是指造成3人以上10人以下死亡,或者10人以上50人以下重伤,或者1 000万元以上5 000万元以下直接经济损失的事故;④一般事故,是指造成3人以下死亡,或者10人以下重伤,或者1 000万元以下直接经济损失的事故。国务院安全生产监督管理部门可以会同国务院有关部门,制定事故等级划分的补充性规定。所称的"以上"包括本数,所称的"以下"不包括本数。

发生安全事故后,应当按照法定时限上报和补报。

事故发生后,事故现场有关人员应当立即向本单位负责人报告;单位负责人接到报告后,应当于1小时内向事故发生地县级以上人民政府安全生产监督管理部门和负有安全生产监督管理职责的有关部门报告。发生紧急情况时,事故现场有关人员可以直接向事故发生地县级以上人民政府安全生产监督管理部门和负有安全生产监督管理职责的有关部门报告。

安全生产监督管理部门和负有安全生产监督管理职责的有关部门接到事故报告后,应当依照下列规定上报事故情况,并通知公安机关、劳动保障行政部门、工会和人民检察院:①特别重大事故、重大事故逐级上报至国务院安全生产监督管理部门和负有安全生产监督管理职责的有关部门;②较大事故逐级上报至省、自治区、直辖市人民政府安全生产监督管理部门和负有安全生产监督管理职责的有关部门;③一般事故上报至设区的市级人民政府安全生产监督管理部门和负有安全生产监督管理职责的有关部门。安全生产监督管理部门和负有安全生产监督管理职责的有关部门应当同时报告本级人民政府。国务院安全生产监督管理部门和负有安全生产监督管理职责的有关部门以及省级人民政府接到发生特别重大事故、重大事故的报告后,应当立即报告国务院。必要时,安全生产监督管理部门和负有安全生产监督管理职责的有关部门可以越级上报事故情况。安全生产监督管理部门和负有安全生产监督管理职责的有关部门逐级上报事故情况,每级上报的时间不得超过2小时。

事故报告后出现新情况的,应当及时补报。自事故发生之日起30日内,事故造成的伤亡人数发生变化的,应当及时补报。火灾事故自发生之日起7日内,事故造成的伤亡人数发生变化的,应当及时补报。

发生安全事故后,应当按照法定内容上报。

报告事故应当包括下列内容：①事故发生单位概况；②事故发生的时间、地点以及事故现场情况；③事故的简要经过；④事故已经造成或者可能造成的伤亡人数（包括下落不明的人数）和初步估计的直接经济损失；⑤已经采取的措施；⑥其他应当报告的情况。

(2) 工程建设安全事故的应急措施

事故发生单位负责人接到事故报告后，应当立即启动事故相应应急预案，或者采取有效措施，组织抢救，防止事故扩大，减少人员伤亡和财产损失。事故发生地有关地方人民政府、安全生产监督管理部门和负有安全生产监督管理职责的有关部门接到事故报告后，其负责人应当立即赶赴事故现场，组织事故救援。

事故发生后，有关单位和人员应当妥善保护事故现场以及相关证据，任何单位和个人不得破坏事故现场、毁灭相关证据。因抢救人员、防止事故扩大以及疏通交通等原因，需要移动事故现场物件的，应当做出标记，绘制现场简图并做出书面记录，妥善保存现场重要痕迹、物证。

事故发生地公安机关根据事故的情况，对涉嫌犯罪的，应当依法立案侦查，采取强制措施和侦查措施。犯罪嫌疑人逃匿的，公安机关应当迅速追捕归案。

安全生产监督管理部门和负有安全生产监督管理职责的有关部门应当建立值班制度，并向社会公布值班电话，受理事故报告和举报。

(3) 工程建设安全事故的调查

特别重大事故由国务院或者国务院授权有关部门组织事故调查组进行调查。重大事故、较大事故、一般事故分别由事故发生地省级人民政府、设区的市级人民政府、县级人民政府负责调查。省级人民政府、设区的市级人民政府、县级人民政府可以直接组织事故调查组进行调查，也可以授权或者委托有关部门组织事故调查组进行调查。未造成人员伤亡的一般事故，县级人民政府也可以委托事故发生单位组织事故调查组进行调查。

上级人民政府认为必要时，可以调查由下级人民政府负责调查的事故。自事故发生之日起 30 日内（道路交通事故、火灾事故自发生之日起 7 日内），因事故伤亡人数变化导致事故等级发生变化，依照本条例规定应当由上级人民政府负责调查的，上级人民政府可以另行组织事故调查组进行调查。特别重大事故以下等级事故，事故发生地与事故发生单位不在同一个县级以上行政区域的，由事故发生地人民政府负责调查，事故发生单位所在地人民政府应当派人参加。

事故调查组的组成应当遵循精简、效能的原则。根据事故的具体情况，事故调查组由有关人民政府、安全生产监督管理部门、负有安全生产监督管理职责的有关部门、监察机关、公安机关以及工会派人组成，并应当邀请人民检察院派人参加。事故调查组可以聘请有关专家参与调查。事故调查组成员应当具有事故调查所需要的知识和专长，并与所调查的事故没有直接利害关系。事故调查组组长由负责事故调查的人民政府指定。事故调查组组长主持事故调查组的工作。事故调查组成员在事故调查工作中应当诚信公正、恪尽职守，遵守事故调查组的纪律，保守事故调查的秘密。未经事故调查组组长允许，事故调查组成员不得擅自发布有关事故的信息。

事故调查组应履行下列职责：①查明事故发生的经过、原因、人员伤亡情况及直接经济损失；②认定事故的性质和事故责任；③提出对事故责任者的处理建议；④总结事故教训，提出防范和整改措施；⑤提交事故调查报告。事故调查组有权向有关单位和个人了解与事故有关的情况，并要求其提供相关文件、资料，有关单位和个人不得拒绝。

事故发生单位的负责人和有关人员在事故调查期间不得擅离职守,并应当随时接受事故调查组的询问,如实提供有关情况。事故调查中发现涉嫌犯罪的,事故调查组应当及时将有关材料或者其复印件移交司法机关处理。

事故调查中需要进行技术鉴定的,事故调查组应当委托具有国家规定资质的单位进行技术鉴定。必要时,事故调查组可以直接组织专家进行技术鉴定。技术鉴定所需时间不计入事故调查期限。

事故调查组应当自事故发生之日起 60 日内提交事故调查报告;特殊情况下,经负责事故调查的人民政府批准,提交事故调查报告的期限可以适当延长,但延长的期限最长不超过 60 日。

事故调查报告应当包括下列内容:①事故发生单位概况;②事故发生经过和事故救援情况;③事故造成的人员伤亡和直接经济损失;④事故发生的原因和事故性质;⑤事故责任的认定以及对事故责任者的处理建议;⑥事故防范和整改措施。事故调查报告应当附具有关证据材料。事故调查组成员应当在事故调查报告上签名。

事故调查报告报送负责事故调查的人民政府后,事故调查工作即告结束。事故调查的有关资料应当归档保存。

(4)工程建设安全事故的处理

对于重大事故、较大事故、一般事故,负责事故调查的人民政府应当自收到事故调查报告之日起 15 日内做出批复;特别重大事故,30 日内做出批复,特殊情况下,批复时间可以适当延长,但延长的时间最长不超过 30 日。有关机关应当按照人民政府的批复,依照法律、行政法规规定的权限和程序,对事故发生单位和有关人员进行行政处罚,对负有事故责任的国家工作人员进行处分。事故发生单位应当按照负责事故调查的人民政府的批复,对本单位负有事故责任的人员进行处理。负有事故责任的人员涉嫌犯罪的,依法追究刑事责任。

事故发生单位应当认真吸取事故教训,落实防范和整改措施,防止事故再次发生。防范和整改措施的落实情况应当接受工会和职工的监督。安全生产监督管理部门和负有安全生产监督管理职责的有关部门应当对事故发生单位落实防范和整改措施的情况进行监督检查。

事故处理的情况由负责事故调查的人民政府或者其授权的有关部门、机构向社会公布,依法应当保密的除外。

(5)生产安全事故的法律责任

国家对于生产安全事故的报告和调查处理过程中相关的法律责任,做出了全面的规定。

事故发生单位主要负责人有下列行为之一的,处上一年年收入 40% 至 80% 的罚款;属于国家工作人员的,并依法给予处分;构成犯罪的,依法追究刑事责任:①不立即组织事故抢救的;②迟报或者漏报事故的;③在事故调查处理期间擅离职守的。

事故发生单位及其有关人员有下列行为之一的,对事故发生单位处 100 万元以上 500 万元以下的罚款;对主要负责人、直接负责的主管人员和其他直接责任人员处上一年年收入 60% 至 100% 的罚款;属于国家工作人员的,并依法给予处分;构成违反治安管理行为的,由公安机关依法给予治安管理处罚;构成犯罪的,依法追究刑事责任:①谎报或者瞒报事故的;②伪造或者故意破坏事故现场的;③转移、隐匿资金、财产,或者销毁有关证据、资料的;④拒绝接受调查或者拒绝提供有关情况和资料的;⑤在事故调查中做伪证或者指使他人做伪证的;⑥事故发生后逃匿的。

事故发生单位对事故发生负有责任的,依照下列规定处以罚款:①发生一般事故的,处10万元以上20万元以下的罚款;②发生较大事故的,处20万元以上50万元以下的罚款;③发生重大事故的,处50万元以上200万元以下的罚款;④发生特别重大事故的,处200万元以上500万元以下的罚款。

事故发生单位主要负责人未依法履行安全生产管理职责,导致事故发生的,依照下列规定处以罚款;属于国家工作人员的,并依法给予处分;构成犯罪的,依法追究刑事责任:①发生一般事故的,处上一年年收入30%的罚款;②发生较大事故的,处上一年年收入40%的罚款;③发生重大事故的,处上一年年收入60%的罚款;④发生特别重大事故的,处上一年年收入80%的罚款。

地方人民政府、安全生产监督管理部门和负有安全生产监督管理职责的有关部门有下列行为之一的,对直接负责的主管人员和其他直接责任人员依法给予处分;构成犯罪的,依法追究刑事责任:①不立即组织事故抢救的;②迟报、漏报、谎报或者瞒报事故的;③阻碍、干涉事故调查工作的;④在事故调查中做伪证或者指使他人做伪证的。

事故发生单位对事故发生负有责任的,由有关部门依法暂扣或者吊销其有关证照;对事故发生单位负有事故责任的有关人员,依法暂停或者撤销其与安全生产有关的执业资格、岗位证照;事故发生单位主要负责人受到刑事处罚或者撤职处分的,自刑罚执行完毕或者受处分之日起,5年内不得担任任何生产经营单位的主要负责人。

为发生事故的单位提供虚假证明的中介机构,由有关部门依法暂扣或者吊销其有关证照及其相关人员的执业资格;构成犯罪的,依法追究刑事责任。

参与事故调查的人员在事故调查中有下列行为之一的,依法给予处分;构成犯罪的,依法追究刑事责任:①对事故调查工作不负责任,致使事故调查工作有重大疏漏的;②包庇、袒护负有事故责任的人员或者借机打击报复的。

有关地方人民政府或者有关部门故意拖延或者拒绝落实经批复的对事故责任人的处理意见的,由监察机关对有关责任人员依法给予处分。

前述罚款的行政处罚,由安全生产监督管理部门决定。法律、行政法规对行政处罚的种类、幅度和决定机关另有规定的,依照其规定。

7.2 工程建设质量管理法律制度

7.2.1 工程建设标准化制度

按照《标准化法》的规定,我国的标准分为国家标准、行业标准、地方标准和企业标准。国家标准、行业标准分为强制性标准和推荐性标准。

对需要在全国范围内统一的技术要求,应当制定国家标准。国家标准由国务院标准化行政主管部门制定。对没有国家标准而又需要在全国某个行业范围内统一的技术要求,可以制定行业标准。行业标准由国务院有关行政主管部门制定,并报国务院标准化行政主管部门备案,在公布国家标准之后,该项行业标准即行废止。对没有国家标准和行业标准而又需要在省、自治区、直辖市范围内统一的工业产品的安全和卫生要求,可以制定地方标准。地方标准由省、自治区、直辖市标准化行政主管部门制定,并报国务院标准化行政主管部门和国务院有关行政主管部门备案,在公布国家标准或者行业标准之后,该项地方标准即行废止。

企业生产的产品没有国家标准和行业标准的,应当制定企业标准,作为组织生产的依据。企业的产品标准须报当地政府标准化行政主管部门和有关行政主管部门备案。已有国家标准或者行业标准的,国家鼓励企业制定严于国家标准或者行业标准的企业标准,在企业内部适用。

法律对标准的制定另有规定的,依照法律的规定执行。

1. 工程建设标准的分类

(1)工程建设国家标准

《工程建设国家标准管理办法》规定,对需要在全国范围内统一的下列技术要求,应当制定国家标准:①工程建设勘察、规划、设计、施工(包括安装)及验收等通用的质量要求;②工程建设通用的有关安全、卫生和环境保护的技术要求;③工程建设通用的术语、符号、代号、量与单位、建筑模数和制图方法;④工程建设通用的试验、检验和评定等方法;⑤工程建设通用的信息技术要求;⑥国家需要控制的其他工程建设通用的技术要求。

工程建设国家标准分为强制性标准和推荐性标准。下列标准属于强制性标准:①工程建设勘察、规划、设计、施工(包括安装)及验收等通用的综合标准和重要的通用的质量标准;②工程建设通用的有关安全、卫生和环境保护的标准;③工程建设重要的通用的术语、符号、代号、量与单位、建筑模数和制图方法标准;④工程建设重要的通用的试验、检验和评定方法等标准;⑤工程建设重要的通用的信息技术标准;⑥国家需要控制的其他工程建设通用的标准。

强制性标准以外的标准是推荐性标准。

(2)工程建设行业标准

原建设部《工程建设行业标准管理办法》规定,对没有国家标准而需要在全国某个行业范围内统一的下列技术要求,可以制定行业标准:①工程建设勘察、规划、设计、施工(包括安装)及验收等行业专用的质量要求;②工程建设行业专用的有关安全、卫生和环境保护的技术要求;③工程建设行业专用的术语、符号、代号、量与单位和制图方法;④工程建设行业专用的试验、检验和评定等方法;⑤工程建设行业专用的信息技术要求;⑥其他工程建设行业专用的技术要求。

工程建设行业标准也分为强制性标准和推荐性标准。下列标准属于强制性标准:①工程建设勘察、规划、设计、施工(包括安装)及验收等行业专用的综合性标准和重要的行业专用的质量标准;②工程建设行业专用的有关安全、卫生和环境保护的标准;③工程建设重要的行业专用的术语、符号、代号、量与单位和制图方法标准;④工程建设重要的行业专用的试验、检验和评定方法等标准;⑤工程建设重要的行业专用信息技术标准;⑥行业需要控制的其他工程建设标准。强制性标准以外的标准是推荐性标准。

行业标准不得与国家标准相抵触。行业标准的某些规定与国家标准不一致时,必须有充分的科学依据和理由,并经国家标准的审批部门批准。行业标准在相应的国家标准实施后,须及时修订或废止。

(3)工程建设地方标准

我国幅员辽阔,各地的自然环境差异较大,而工程建设在许多方面要受到自然环境的影响,对建筑技术的要求有很大区别。因此,工程建设标准除国家标准、行业标准外,还需要有相应的地方标准。

对没有国家标准和行业标准而又需要在省、自治区、直辖市范围内统一的工业产品的安全、卫生要求,可以制定地方标准。在公布国家标准或者行业标准之后,该项地方标准即行废止。

建设部《工程建设地方标准化工作管理规定》中规定,工程建设地方标准项目的确定,应当从本行政区域工程建设的需要出发,并应体现本行政区域的气候、地理、技术等特点。对没有国家标准、行业标准或国家标准、行业标准规定不具体,且需要在本行政区域内做出统一规定的工程建设技术要求,可制定相应的工程建设地方标准。

工程建设地方标准在省、自治区、直辖市范围内由省、自治区、直辖市建设行政主管部门统一计划,统一审批,统一发布,统一管理。

(4)工程建设企业标准

企业生产的产品没有国家标准和行业标准的,应当制定企业标准,作为组织生产的依据。已有国家标准或者行业标准的,国家鼓励企业制定严于国家标准或者行业标准的企业标准,在企业内部适用。

原建设部《关于加强工程建设企业标准化工作的若干意见》指出,工程建设企业标准一般包括企业的技术标准、管理标准和工作标准。

企业技术标准,是指对本企业范围内需要协调和统一的技术要求所制定的标准。如对施工过程中的质量、方法或工艺的要求,安全、卫生和环境保护的技术要求以及试验、检验和评定方法等做出规定。对已有国家标准、行业标准或地方标准的,企业可以按照国家标准、行业标准或地方标准的规定执行,也可以根据本企业的技术特点和实际需要制定优于国家标准、行业标准或地方标准的企业标准;对没有国家标准、行业标准或地方标准的,企业应制定企业标准。国家鼓励企业积极采用国际标准或国外先进标准。

企业管理标准,是指对本企业范围内需要协调和统一的管理要求所制定的标准。如企业的组织管理、计划管理、技术管理、质量管理和财务管理等。

企业工作标准,是指对本企业范围内需要协调和统一的工作事项要求所制定的标准。重点应围绕工作岗位的要求,对企业各个工作岗位的任务、职责、权限、技能、方法、程序、评定等做出规定。如施工企业的泥工工作标准、木工翻样工工作标准、钢筋翻样工工作标准、钢筋工工作标准、混凝土工工作标准、架子工工作标准、防水工工作标准、油漆玻璃工工作标准、中心试验室试验工工作标准、安装电工工作标准、吊装起重工工作标准等。

需要注意的是,标准、规范、规程都是标准的表现方式,习惯上统称为标准。当针对产品、方法、符号、概念等基础标准时,一般采用"标准",如《道路工程标准》《建筑抗震鉴定标准》等;当针对工程勘察、规划、设计、施工等通用的技术事项做出规定时,一般采用"规范",如《混凝土结构设计规范》《住宅建筑设计规范》《建筑设计防火规范》等;当针对操作、工艺、管理等专用技术要求时,一般采用"规程",如《建筑安装工程工艺及操作规程》《建筑机械使用安全操作规程》等。

另外,在实践中还有推荐性的工程建设协会标准。

2. 工程建设强制性标准的实施

《建筑法》规定,建筑活动应当确保建筑工程质量和安全,符合国家的建设工程安全标准。

建设单位不得以任何理由,要求建筑设计单位或者建筑施工企业在工程设计或者施工作业中,违反法律、行政法规和建筑工程质量、安全标准,降低工程质量。建设单位不得明示或者暗示设计单位或者施工单位违反工程建设强制性标准,降低建设工程质量。建筑设计单位和建筑施工企业对建设单位违反规定提出的降低工程质量的要求,应当予以拒绝。

勘察、设计单位必须按照工程建设强制性标准进行勘察、设计,并对其勘察、设计的质量负责。建筑工程设计应当符合按照国家规定制定的建筑安全规程和技术规范,保证工程的安全性能。勘察、设计文件应当符合有关法律、行政法规的规定和建筑工程质量、安全标准,建筑工程勘察、设计技术规范以及合同的约定。设计文件选用的建筑材料、建筑构配件和设备,应当注明其规格、型号、性能等技术指标,其质量要求必须符合国家规定的标准。

施工单位必须按照工程设计图纸和施工技术标准施工,不得擅自修改工程设计,不得偷工减料。施工单位必须按照工程设计要求、施工技术标准和合同约定,对建筑材料、建筑构配件、设备和商品混凝土进行检验,检验应当有书面记录和专人签字;未经检验或者检验不合格的,不得使用。

建筑工程监理应当依照法律、行政法规及有关的技术标准、设计文件和建筑工程承包合同,对承包单位在施工质量、建设工期和建设资金使用等方面,代表建设单位实施监督。工程监理人员认为工程施工不符合工程设计要求、施工技术标准和合同约定的,有权要求建筑施工企业改正。工程监理人员发现工程设计不符合建筑工程质量标准或者合同约定的质量要求的,应当报告建设单位要求设计单位改正。

国务院建设行政主管部门负责全国实施工程建设强制性标准的监督管理工作。国务院有关行政主管部门按照国务院的职能分工负责实施工程建设强制性标准的监督管理工作。县级以上地方人民政府建设行政主管部门负责本行政区域内实施工程建设强制性标准的监督管理工作。

建设项目规划审查机关应当对工程建设规划阶段执行强制性标准的情况实施监督;施工图设计文件审查单位应当对工程建设勘察、设计阶段执行强制性标准的情况实施监督;建筑安全监督管理机构应当对工程建设施工阶段执行施工安全强制性标准的情况实施监督;工程质量监督机构应当对工程建设施工、监理、验收等阶段执行强制性标准的情况实施监督。

建设项目规划审查机关、施工设计图设计文件审查单位、建筑安全监督管理机构、工程质量监督机构的技术人员必须熟悉、掌握工程建设强制性标准。

工程建设标准批准部门应当定期对建设项目规划审查机关、施工图设计文件审查单位、建筑安全监督管理机构、工程质量监督机构实施强制性标准的监督进行检查,对监督不力的单位和个人,给予通报批评,建议有关部门处理。

工程建设标准批准部门应当对工程项目执行强制性标准情况进行监督检查。监督检查可以采取重点检查、抽查和专项检查的方式。

强制性标准监督检查的内容包括:(1)工程技术人员是否熟悉、掌握强制性标准;(2)工程项目的规划、勘察、设计、施工、验收等是否符合强制性标准的规定;(3)工程项目采用的材料、设备是否符合强制性标准的规定;(4)工程项目的安全、质量是否符合强制性标准的规定;(5)工程项目采用的导则、指南、手册、计算机软件的内容是否符合强制性标准的规定。

建设行政主管部门或者有关行政主管部门在处理重大事故时,应当有工程建设标准方面的专家参加;工程事故报告应当包含是否符合工程建设强制性标准的意见。

3. 工程建设标准违法行为的法律责任

建设单位违反《建筑法》规定,要求建筑设计单位或者建筑施工企业违反建筑工程质量、安全标准,降低工程质量的,责令改正,可以处以 20 万元以上 50 万元以下的罚款;构成犯罪的,依法追究刑事责任。

勘察单位未按照工程建设强制性标准进行勘察的,责令改正,处 10 万元以上 30 万元以下的罚款;造成工程质量事故的,责令停业整顿,降低资质等级;情节严重的,吊销资质证书;造成损失的,依法承担赔偿责任。

建筑设计单位未按照建筑工程质量、安全标准进行设计的,责令改正,处 10 万元以上 30 万元以下的罚款;造成工程质量事故的,责令停业整顿,降低资质等级或者吊销资质证书,没收违法所得,并处罚款;造成损失的,承担赔偿责任;构成犯罪的,依法追究刑事责任。

施工单位在施工中不按照施工技术标准施工的,责令改正,处工程合同价款 2% 以上 4% 以下的罚款;造成建设工程质量不符合规定的质量标准的,负责返工、修理,并赔偿因此造成的损失;情节严重的,责令停业整顿,降低资质等级或者吊销资质证书;造成建筑工程质量不符合规定的质量标准的,负责返工、修理,并赔偿因此造成的损失;构成犯罪的,依法追究刑事责任。

工程监理单位违反强制性标准规定,将不合格的建设工程以及建筑材料、建筑构配件和设备按照合格签字的,责令改正,处 50 万元以上 100 万元以下的罚款,降低资质等级或者吊销资质证书;有违法所得的,予以没收;造成损失的,承担连带赔偿责任。

7.2.2 工程建设质量的政府监管

为了加强对建设工程质量的管理,保证建设工程质量,国务院于 2000 年 1 月 30 日公布施行《建筑工程质量管理条例》。

国务院建设行政主管部门对全国的建设工程质量实施统一监督管理。国务院铁路、交通、水利等有关部门按照国务院规定的职责分工,负责对全国有关专业建设工程的质量进行监督管理。

县级以上地方人民政府建设行政主管部门对本行政区域内的建设工程质量实施监督管理。县级以上地方人民政府交通、水利等有关部门在各自的职责范围内,负责对本行政区域内的专业建设工程的质量进行监督管理。

建设工程质量监督管理,可以由建设行政主管部门或者其他有关部门委托的建设工程质量监督机构具体实施。

从事房屋建筑工程和市政基础设施工程质量监督的机构,必须按照国家有关规定经国务院建设行政主管部门或者省、自治区、直辖市人民政府建设行政主管部门考核;从事专业建设工程质量监督的机构,必须按照国家有关规定经国务院有关部门或者省、自治区、直辖市人民政府有关部门考核。经考核合格后,方可实施质量监督。

县级以上人民政府建设行政主管部门和其他有关部门履行监督检查职责时,有权采取下列措施:①要求被检查的单位提供有关工程质量的文件和资料;②进入被检查单位的施工现场进行检查;③发现有影响工程质量的问题时,责令改正。

7.2.3 工程建设行为主体的质量责任

1. 建设单位的质量责任

(1)依法订立工程合同

建设单位应当将工程发包给具有相应资质等级的单位。建设单位不得将建设工程肢解发包。所谓肢解发包,是指建设单位将应当由一个承包单位完成的建设工程分解成若干部分发包给不同的承包单位的行为。

建设单位应当依法对工程建设项目的勘察、设计、施工、监理以及与工程建设有关的重要设备、材料等的采购进行招标。

对于实行监理的建设工程,建设单位应当委托具有相应资质等级的工程监理单位进行监理,也可以委托具有工程监理相应资质等级并与被监理工程的施工承包单位没有隶属关系或者其他利害关系的该工程的设计单位进行监理。

根据《建设工程质量管理条例》,下列建设工程必须实行监理:①国家重点建设工程;②大中型公用事业工程;③成片开发建设的住宅小区工程;④利用外国政府或者国际组织贷款、援助资金的工程;⑤国家规定必须实行监理的其他工程。

(2)依法履行合同义务

建设单位必须向有关的勘察、设计、施工、工程监理等单位提供与建设工程有关的原始资料。原始资料必须真实、准确、齐全。

建设工程发包单位不得迫使承包方以低于成本的价格竞标,不得任意压缩合理工期。建设单位不得明示或者暗示设计单位或者施工单位违反工程建设强制性标准,降低建设工程质量。

建设单位按照合同约定采购建筑材料、建筑构配件和设备的,建设单位应当保证建筑材料、建筑构配件和设备符合设计文件和合同要求。建设单位不得明示或者暗示施工单位使用不合格的建筑材料、建筑构配件和设备。

(3)依法接受工程质量监管

建设单位应当在工程开工前按照国家有关规定向工程所在地县级以上人民政府建设行政主管部门申请领取施工许可证;但是,国务院建设行政主管部门确定的限额以下的小型工程除外。按照国务院规定的权限和程序批准开工报告的建筑工程,不再领取施工许可证。

建设单位在领取施工许可证或者开工报告之前,应当依法到建设行政主管部门或铁路、交通、水利等有关管理部门,或其委托的工程质量监督机构办理工程质量监督手续,接受政府主管部门的工程质量监督。

(4)依法进行装修工程

涉及建筑主体和承重结构变动的装修工程,建设单位应当在施工前委托原设计单位或者具有相应资质等级的设计单位提出设计方案;没有设计方案的,不得施工。房屋建筑使用者在装修过程中,不得擅自变动房屋建筑主体和承重结构。

(5)依法组织竣工验收

建设单位收到建设工程竣工报告后,应当组织设计、施工、工程监理等有关单位进行竣工验收。

(6)建设单位质量违法行为的法律责任

建设单位违反法律规定,要求建筑设计单位或者建筑施工企业违反建筑工程质量、安全标准,降低工程质量的,责令改正,可以处以罚款;构成犯罪的,依法追究刑事责任。

建设单位将建设工程发包给不具有相应资质等级的勘察、设计、施工单位或者委托给不具有相应资质等级的工程监理单位的,责令改正,处 50 万元以上 100 万元以下的罚款。

建设单位将建设工程肢解发包的,责令改正,处工程合同价款 0.5% 以上 1% 以下的罚款;对全部或者部分使用国有资金的项目,可以暂停项目执行或者暂停资金拨付。

建设单位有下列行为之一的,责令改正,处 20 万元以上 50 万元以下的罚款:①迫使承包方以低于成本的价格竞标的;②任意压缩合理工期的;③明示或者暗示设计单位或者施工单位违反工程建设强制性标准,降低工程质量的;④施工图设计文件未经审查或者审查不合格,擅自施工的;⑤建设项目必须实行工程监理而未实行工程监理的;⑥未按照国家规定办理工程质量监督手续的;⑦明示或者暗示施工单位使用不合格的建筑材料、建筑构配件和设备的;⑧未按照国家规定将竣工验收报告、有关认可文件或者准许使用文件报送备案的。

建设单位未取得施工许可证或者开工报告未经批准,擅自施工的,责令停止施工,限期改正,处工程合同价款 1% 以上 2% 以下的罚款。

涉及建筑主体或者承重结构变动的装修工程,没有设计方案擅自施工的,责令改正,处 50 万元以上 100 万元以下的罚款;房屋建筑使用者在装修过程中擅自变动房屋建筑主体和承重结构,责令改正,处 5 万元以上 10 万元以下的罚款。前述所列行为造成损失的,依法承担赔偿责任。

2. 勘察、设计单位的质量责任

(1)依法承揽业务

从事建设工程勘察、设计的单位应当依法取得相应等级的资质证书,并在其资质等级许可的范围内承揽工程。禁止勘察、设计单位超越其资质等级许可的范围或者以其他勘察、设计单位的名义承揽工程。禁止勘察、设计单位允许其他单位或者个人以本单位的名义承揽工程。勘察、设计单位不得转包或者违法分包所承揽的工程。

(2)依法完成业务

勘察、设计单位必须按照工程建设强制性标准进行勘察、设计,并对其勘察、设计的质量负责。注册建筑师、注册结构工程师等注册执业人员应当在设计文件上签字,对设计文件负责。

勘察单位提供的地质、测量、水文等勘察成果必须真实、准确。设计单位应当根据勘察成果文件进行建设工程设计。设计文件应当符合国家规定的设计深度要求,注明工程合理使用年限。设计单位在设计文件中选用的建筑材料、建筑构配件和设备,应当注明规格、型号、性能等技术指标,其质量要求必须符合国家规定的标准。除有特殊要求的建筑材料、专用设备、工艺生产线等外,设计单位不得指定生产厂、供应商。设计单位应当就审查合格的施工图设计文件向施工单位做出详细说明。

设计单位应当参与建设工程质量事故分析,并对因设计造成的质量事故,提出相应的技术处理方案。

(3)勘察、设计单位质量违法行为的法律责任

建筑设计单位不按照建筑工程质量、安全标准进行设计的,责令改正,处以罚款;造成工程质量事故的,责令停业整顿,降低资质等级或者吊销资质证书,没收违法所得,并处罚款;造成损失的,承担赔偿责任;构成犯罪的,依法追究刑事责任。

勘察、设计单位未在其资质等级许可的范围内承揽建设工程勘察、设计业务或者允许其他单位或者个人以本单位的名义承揽建设工程勘察、设计业务的,责令停止违法行为,处合同约定的勘察费、设计费1倍以上2倍以下的罚款,有违法所得的,予以没收;可以责令停业整顿,降低资质等级;情节严重的,吊销资质证书。未取得资质证书承揽工程的,予以取缔,依照前款规定处以罚款;有违法所得的,予以没收。以欺骗手段取得资质证书承揽工程的,吊销资质证书,处合同约定的勘察费、设计费1倍以上2倍以下的罚款;有违法所得的,予以没收。

勘察、设计单位将所承揽的建设工程勘察、设计转包的,责令改正,没收违法所得,处合同约定的勘察费、设计费25%以上50%以下的罚款,可以责令停业整顿,降低资质等级;情节严重的,吊销资质证书。

有下列行为之一的,责令改正,处10万元以上30万元以下的罚款:①勘察单位未按照工程建设强制性标准进行勘察的;②设计单位未根据勘察成果文件进行工程设计的;③设计单位指定建筑材料、建筑构配件的生产厂、供应商的;④设计单位未按照工程建设强制性标准进行设计的,责令改正,处10万元以上30万元以下的罚款。有前款所列行为,造成工程质量事故的,责令停业整顿,降低资质等级;情节严重的,吊销资质证书;造成损失的,依法承担赔偿责任。

3. 施工单位的质量责任

施工单位对建设工程的施工质量负责。施工单位应当建立质量责任制,确定工程项目的项目经理、技术负责人和施工管理负责人。施工单位建立健全质量责任制,是其质量保证体系的一个重要组成部分,也是施工质量目标得以实现的重要制度保证。

(1)施工总承包与分包单位之间的质量责任

施工单位应当依法取得相应等级的资质证书,并在其资质等级许可的范围内承揽工程。禁止施工单位超越本单位资质等级许可的业务范围或者以其他施工单位的名义承揽工程。建设工程实行总承包的,总承包单位应当对全部建设工程质量负责;建设工程勘察、设计、施工、设备采购的一项或者多项实行总承包的,总承包单位应当对其承包的建设工程或者采购的设备质量负责。总承包单位依法将建设工程分包给其他单位的,分包单位应当按照分包合同的约定对其分包工程的质量向总承包单位负责,总承包单位与分包单位对分包工程的质量承担连带责任。当分包工程发生质量问题时,建设单位或其他受害人既可以向分包单位请求赔偿,也可以向总承包单位请求赔偿;进行赔偿的一方,有权依据分包合同的约定,对不属于自己责任的那部分赔偿向应当承担责任的承包方追偿。

为了落实工程施工质量责任,禁止施工单位允许其他单位或者个人以本单位的名义承揽工程。施工单位不得转包或者违法分包工程。

所谓违法分包,是指下列行为:①总承包单位将建设工程分包给不具备相应资质条件的单位的;②建设工程总承包合同中未有约定,又未经建设单位认可,承包单位将其承包的部分建设工程交由其他单位完成的;③施工总承包单位将建设工程主体结构的施工分包给其他单位的;④分包单位将其承包的建设工程再分包的。

所谓转包,是指承包单位承包建设工程后,不履行合同约定的责任和义务,将其承包的全部建设工程转给他人或者将其承包的全部建设工程肢解以后以分包的名义分别转给其他单位承包的行为。

(2)依法建立质量管理制度

施工单位应当建立质量责任制,确定工程项目的项目经理、技术负责人和施工管理负责人。施工单位必须建立健全施工质量的检验制度。施工单位应当建立健全教育培训制度,加强对职工的教育培训,未经教育培训或者考核不合格的人员,不得上岗作业。

(3)依法履行合同义务

建设工程实行总承包的,总承包单位应当对全部建设工程质量负责;建设工程勘察、设计、施工、设备采购的一项或者多项实行总承包的,总承包单位应当对其承包的建设工程或者采购的设备的质量负责。

总承包单位依法将建设工程分包给其他单位的,分包单位应当按照分包合同的约定对其分包工程的质量向总承包单位负责,总承包单位与分包单位对分包工程的质量承担连带责任。

施工单位必须按照工程设计图纸和施工技术标准施工,不得擅自修改工程设计,不得偷工减料。施工单位在施工过程中发现设计文件和图纸有差错的,应当及时提出意见和建议。施工单位必须按照工程设计要求、施工技术标准和合同约定,对建筑材料、建筑构配件、设备和商品混凝土进行检验,检验应当有书面记录和专人签字;未经检验或者检验不合格的,不得使用。

施工单位必须严格工序管理,做好隐蔽工程的质量检查和记录。隐蔽工程在隐蔽前,施工单位应当通知建设单位和建设工程质量监督机构。

施工人员对涉及结构安全的试块、试件以及有关材料,应当在建设单位或者工程监理单位监督下现场取样,并送具有相应资质等级的质量检测单位进行检测。

施工单位对施工中出现质量问题的建设工程或者竣工验收不合格的建设工程,应当负责返修。

(4)施工单位质量违法行为的法律责任

施工单位违反国家规定,降低工程质量标准,造成重大安全事故,构成犯罪的,对施工单位及直接责任人员依法追究刑事责任。

施工单位超越本单位资质等级承揽工程的,责令停止违法行为,处工程合同价款2%以上4%以下的罚款,可以责令停业整顿,降低资质等级;情节严重的,吊销资质证书;有违法所得的,予以没收。未取得资质证书承揽工程的,予以取缔,处工程合同价款2%以上4%以下的罚款;有违法所得的,予以没收。以欺骗手段取得资质证书承揽工程的,吊销资质证书,处工程合同价款2%以上4%以下的罚款,有违法所得的,予以没收。

施工单位允许其他单位或者个人以本单位名义承揽工程的,责令改正,没收违法所得,处工程合同价款2%以上4%以下的罚款,可以责令停业整顿,降低资质等级;情节严重的,吊销资质证书。

施工单位将承包的工程转包或者违法分包的,责令改正,没收违法所得,处工程合同价款0.5%以上1%以下的罚款,可以责令停业整顿,降低资质等级;情节严重的,吊销资质证书。

施工单位在施工中偷工减料的,使用不合格的建筑材料、建筑构配件和设备的,或者有不按照工程设计图纸或者施工技术标准施工的其他行为的,责令改正,处工程合同价款2%以上4%以下的罚款;造成建设工程质量不符合规定的质量标准的,负责返工、修理,并赔偿因此造成的损失;情节严重的,责令停业整顿,降低资质等级或者吊销资质证书。

施工单位未对建筑材料、建筑构配件、设备和商品混凝土进行检验,或者未对涉及结构安全的试块、试件以及有关材料取样检测的,责令改正,处10万元以上20万元以下的罚款;情节严重的,责令停业整顿,降低资质等级或者吊销资质证书;造成损失的,依法承担赔偿责任。

4. 监理单位的质量责任

(1)依法承揽监理业务

《建筑法》规定,工程监理单位应当在其资质等级许可的监理范围内,承担工程监理业务,不得转让工程监理业务。

《建设工程质量管理条例》进一步规定,工程监理单位应当依法取得相应等级的资质证书,并在其资质等级许可的范围内承担工程监理业务。禁止工程监理单位超越本单位资质等级许可的范围或者以其他工程监理单位的名义承担工程监理业务。禁止工程监理单位允许其他单位或者个人以本单位的名义承担工程监理业务。工程监理单位不得转让工程监理业务。

(2)依法履行监理职责

工程监理单位与被监理工程的施工承包单位以及建筑材料、建筑构配件和设备供应单位有隶属关系或者其他利害关系的,不得承担该项建设工程的监理业务。

工程监理单位应当依照法律、法规以及有关技术标准、设计文件和建设工程承包合同,代表建设单位对施工质量实施监理,并对施工质量承担监理责任。

工程监理单位应当选派具备相应资格的总监理工程师和监理工程师进驻施工现场。未经监理工程师签字,建筑材料、建筑构配件和设备不得在工程上使用或者安装,施工单位不得进行下一道工序的施工。未经总监理工程师签字,建设单位不拨付工程款,不进行竣工验收。监理工程师应当按照工程监理规范的要求,采取旁站、巡视和平行检验等形式,对建设工程实施监理。

(3)监理单位质量违法行为的法律责任

工程监理单位与建设单位或者建筑施工企业串通,弄虚作假、降低工程质量的,责令改正,处以罚款,降低资质等级或者吊销资质证书;有违法所得的,予以没收;造成损失的,承担连带赔偿责任;构成犯罪的,依法追究刑事责任。

工程监理单位转让监理业务的,责令改正,没收违法所得,可以责令停业整顿,降低资质等级;情节严重的,吊销资质证书。

工程监理单位超越本单位资质等级承揽工程的,责令停止违法行为,处合同约定的监理酬金1倍以上2倍以下的罚款,情节严重的,吊销资质证书;有违法所得的,予以没收。未取得资质证书承揽工程的,予以取缔,处合同约定的监理酬金1倍以上2倍以下的罚款;有违法所得的,予以没收。以欺骗手段取得资质证书承揽工程的,吊销资质证书,处合同约定的监理酬金1倍以上2倍以下的罚款;有违法所得的,予以没收。

工程监理单位允许其他单位或者个人以本单位名义承揽工程的,责令改正,没收违法所得,处合同约定的监理酬金1倍以上2倍以下的罚款;可以责令停业整顿,降低资质等级;情节严重的,吊销资质证书。

工程监理单位转让工程监理业务的,责令改正,没收违法所得,处合同约定的监理酬金25%以上50%以下的罚款;可以责令停业整顿,降低资质等级;情节严重的,吊销资质证书。

工程监理单位有下列行为之一的,责令改正,处50万元以上100万元以下的罚款,降低资质等级或者吊销资质证书;有违法所得的,予以没收;造成损失的,承担连带赔偿责任:①与建设单位或者施工单位串通,弄虚作假,降低工程质量的;②将不合格的建设工程、建筑材料、建筑构配件和设备按照合格签字的。

工程监理单位与被监理工程的施工承包单位以及建筑材料、建筑构配件和设备供应单位有隶属关系或者其他利害关系承担该项建设工程监理业务的,责令改正,处5万元以上10万元以下的罚款,降低资质等级或者吊销资质证书;有违法所得的,予以没收。

5. 相关单位及责任人员的质量责任

(1)相关单位的质量责任

供水、供电、供气、公安消防等部门或者单位不得明示或者暗示建设单位、施工单位购买其指定的生产供应单位的建筑材料、建筑构配件和设备。

任何单位对建设工程的质量事故、质量缺陷都有权检举、控告、投诉。

(2)相关责任人员的质量责任

依据《建设工程质量管理条例》的规定,给予单位罚款处罚的,对单位直接负责的主管人员和其他直接责任人员处单位罚款数额5%以上10%以下的罚款。建设单位、设计单位、施工单位、工程监理单位违反国家规定,降低工程质量标准,造成重大安全事故,构成犯罪的,对直接责任人员依法追究刑事责任。

注册建筑师、注册结构工程师、监理工程师等注册执业人员因过错造成质量事故的,责令停止执业1年;造成重大质量事故的,吊销执业资格证书,5年以内不予注册;情节特别恶劣的,终身不予注册。

建设、勘察、设计、施工、工程监理单位的工作人员因调动工作、退休等原因离开该单位后,被发现在该单位工作期间违反国家有关建设工程质量管理规定,造成重大工程质量事故的,仍应当依法追究法律责任。

国家机关工作人员在建设工程质量监督管理工作中玩忽职守、滥用职权、徇私舞弊,构成犯罪的,依法追究刑事责任;尚不构成犯罪的,依法给予行政处分。

任何个人对建设工程的质量事故、质量缺陷都有权检举、控告、投诉。

7.2.4 工程建设竣工验收制度

1. 建设工程竣工验收的组织主体和条件

建设工程经验收合格的,方可交付使用。对工程进行竣工检查和验收,是建设单位法定的权利和义务。建设单位收到建设工程竣工报告后,应当组织设计、施工、工程监理等有关单位进行竣工验收。

建设工程竣工验收应当具备下列条件:

(1)完成建设工程设计和合同约定的各项内容

建设工程设计和合同约定的内容,主要是指设计文件所确定的以及承包合同"承包人承揽工程项目一览表"中载明的工作范围,也包括监理工程师签发的变更通知单中所确定的工作内容。承包单位必须按合同的约定,按质、按量、按时完成上述工作内容,使工程具有正常的使用功能。

(2)有完整的工程技术档案和施工管理资料

工程技术档案和施工管理资料是工程竣工验收和质量保证的重要依据之一,主要包括以下档案和资料:①工程项目竣工验收报告;②分部分项工程和单位工程技术人员名单;③图纸会审和技术交底记录;④设计变更通知单、技术变更核实单;⑤工程质量事故发生后调查和处理资料;⑥隐蔽验收记录及施工日志;⑦竣工图;⑧质量检验评定资料等;⑨合同约定的其他资料。

施工单位应当按照归档要求制定统一目录,有专业分包工程的,分包单位要按照总承包单位的总体安排做好各项资料的整理工作,最后再由总承包单位进行审核、汇总。施工单位一般应当提交的档案资料是:①工程技术档案资料;②工程质量保证资料;③工程检验评定资料;④竣工图等。

(3)有工程使用的主要建筑材料、建筑构配件和设备的进场试验报告

对建设工程使用的主要建筑材料、建筑构配件和设备,除须具有质量合格证明资料外,还应当有进场试验、检验报告,其质量要求必须符合国家规定的标准。

(4)有勘察、设计、施工、工程监理等单位分别签署的质量合格文件

勘察、设计、施工、工程监理等有关单位要依据工程设计文件及承包合同所要求的质量标准,对竣工工程进行检查评定;符合规定的,应当签署合格文件。

(5)有施工单位签署的工程保修书

施工单位同建设单位签署的工程保修书,也是交付竣工验收的条件之一。凡是没有经过竣工验收或者经过竣工验收确定为不合格的建设工程,不得交付使用。

2. 建设工程竣工验收的档案管理

建设单位应当严格按照国家有关档案管理的规定,及时收集、整理建设项目各环节的文件资料,建立健全建设项目档案,并在建设工程竣工验收后,及时向建设行政主管部门或者其他有关部门移交建设项目档案。

建设单位应当在工程竣工验收后3个月内,向城建档案馆报送一套符合规定的建设工程档案。凡建设工程档案不齐全的,应当限期补充。对改建、扩建和重要部位维修的工程,建设单位应当组织设计、施工单位据实修改、补充和完善原建设工程档案。

3. 建设工程竣工的专项验收

建设单位应当自建设工程竣工验收合格之日起15日内,将建设工程竣工验收报告和规划、公安消防、环保等部门出具的认可文件或者准许使用文件报建设行政主管部门或者其他有关部门备案。

建设行政主管部门或者其他有关部门发现建设单位在竣工验收过程中有违反国家有关建设工程质量管理规定行为的,责令停止使用,重新组织竣工验收。

(1)工程竣工规划验收

县级以上地方人民政府城乡规划主管部门按照国务院规定对建设工程是否符合规划条件予以核实。未经核实或者经核实不符合规划条件的,建设单位不得组织竣工验收。

建设工程竣工后,建设单位应当依法向城乡规划行政主管部门提出竣工规划验收申请,由城乡规划行政主管部门按照选址意见书、建设用地规划许可证、建设工程规划许可证、乡村建设规划许可证及其有关规划的要求,对建设工程进行规划验收,包括对建设用地范围内

的各项工程建设情况、建筑物的使用性质、位置、间距、层数、标高、平面、立面、外墙装饰材料和色彩、各类配套服务设施、临时施工用房、施工场地等进行全面核查，并做出验收记录。对于验收合格的，由城乡规划行政主管部门出具规划认可文件或核发建设工程竣工规划验收合格证。

建设单位应当在竣工验收后6个月内向城乡规划主管部门报送有关的竣工验收资料。未在建设工程竣工验收后6个月内向城乡规划主管部门报送有关竣工验收资料的，由所在地城市、县人民政府城乡规划主管部门责令限期补报；逾期不补报的，处1万元以上5万元以下的罚款。

(2)工程竣工消防验收

按照国家工程建设消防技术标准需要进行消防设计的建设工程竣工，依照下列规定进行消防验收、备案：①国务院公安部门规定的大型的人员密集场所和其他特殊建设工程，建设单位应当向公安机关消防机构申请消防验收；②其他建设工程，建设单位在验收后应当报公安机关消防机构备案，公安机关消防机构应当进行抽查。依法应当进行消防验收的建设工程，未经消防验收或者消防验收不合格的，禁止投入使用；其他建设工程经依法抽查不合格的，应当停止使用。

建设单位申请消防验收应当提供下列材料：建设工程消防验收申报表；工程竣工验收报告；消防产品质量合格证明文件；有防火性能要求的建筑构件、建筑材料、室内装修装饰材料符合国家标准或者行业标准的证明文件、出厂合格证；消防设施、电气防火技术检测合格证明文件；施工单位、工程监理单位、检测单位的合法身份证明和资质等级证明文件；其他依法需要提供的材料。

公安机关消防机构应当自受理消防验收申请之日起20日内组织消防验收，并出具消防验收意见。公安机关消防机构对申报消防验收的建设工程，应当依照建设工程消防验收评定标准对经消防设计审核合格的内容组织消防验收。对综合评定结论为合格的建设工程，公安机关消防机构应当出具消防验收合格意见；对综合评定结论为不合格的，应当出具消防验收不合格意见，并说明理由。

对于依法应当进行消防验收的建设工程，未经消防验收或者消防验收不合格，擅自投入使用的，由公安机关消防机构责令停止施工、停止使用或者停产停业，并处3万元以上30万元以下罚款。

(3)工程竣工环保验收

建设项目竣工后，建设单位应当向审批该建设项目环境影响报告书、环境影响报告表或者环境影响登记表的环境保护行政主管部门，申请该建设项目需要配套建设的环境保护设施竣工验收。

环境保护设施竣工验收，应当与主体工程竣工验收同时进行。需要进行试生产的建设项目，建设单位应当自建设项目投入试生产之日起3个月内，向审批该建设项目环境影响报告书、环境影响报告表或者环境影响登记表的环境保护行政主管部门，申请该建设项目需要配套建设的环境保护设施竣工验收。分期建设、分期投入生产或者使用的建设项目，其相应的环境保护设施应当分期验收。

环境保护行政主管部门应当自收到环境保护设施竣工验收申请之日起30日内，完成验收。建设项目需要配套建设的环境保护设施经验收合格，该建设项目方可正式投入生产或者使用。

建设项目投入试生产超过3个月,建设单位未申请环境保护设施竣工验收的,由审批该建设项目环境影响报告书、环境影响报告表或者环境影响登记表的环境保护行政主管部门责令限期办理环境保护设施竣工验收手续;逾期未办理的,责令停止试生产,可以处5万元以下的罚款。

建设项目需要配套建设的环境保护设施未建成、未经验收或者经验收不合格,主体工程正式投入生产或者使用的,由审批该建设项目环境影响报告书、环境影响报告表或者环境影响登记表的环境保护行政主管部门责令停止生产或者使用,可以处10万元以下的罚款。

(4)工程竣工节能验收

建设单位组织竣工验收,应当对民用建筑是否符合民用建筑节能强制性标准进行查验;对不符合民用建筑节能强制性标准的,不得出具竣工验收合格报告。

建筑节能工程施工质量的验收,主要应按照国家标准《建筑节能工程施工质量验收规范》(GB50411)以及《建筑工程施工质量验收统一标准》(GB50300)、各专业工程施工质量验收规范等执行。单位工程竣工验收应在建筑节能分部工程验收合格后进行。

建设单位对不符合民用建筑节能强制性标准的民用建筑项目出具竣工验收合格报告的,由县级以上地方人民政府建设主管部门责令改正,处民用建筑项目合同价款2%以上4%以下的罚款;造成损失的,依法承担赔偿责任。

7.2.5 工程建设质量保修制度

建设工程实行质量保修制度。

1. 质量保修书和最低保修期限

建设工程承包单位在向建设单位提交工程竣工验收报告时,应当向建设单位出具质量保修书。质量保修书中应当明确建设工程的保修范围、保修期限和保修责任等。

在正常使用条件下,建设工程的最低保修期限为:(1)基础设施工程、房屋建筑的地基基础工程和主体结构工程,为设计文件规定的该工程的合理使用年限;(2)屋面防水工程、有防水要求的卫生间、房间和外墙面的防渗漏,为5年;(3)供热与供冷系统,为两个采暖期、供冷期;(4)电气管线、给排水管道、设备安装和装修工程,为2年。其他项目的保修期限由发包方与承包方约定。建设工程的保修期,自竣工验收合格之日起计算。

建设工程在超过合理使用年限后需要继续使用的,产权所有人应当委托具有相应资质等级的勘察、设计单位鉴定,并根据鉴定结果采取加固、维修等措施,重新界定使用期。

确定建设工程的合理使用年限,并不意味着超过合理使用年限后,建设工程就一定要报废、拆除。该建设工程经过具有相应资质等级的勘察、设计单位鉴定,提出技术加固措施,在设计文件中重新界定使用期,并经有相应资质等级的施工单位进行加固、维修和补强,达到能继续使用条件的可以继续使用。否则,如果违法继续使用的,所产生的后果由产权所有人负责。

2. 质量保修的民事责任

建设工程在保修范围和保修期限内发生质量问题的,施工单位应当履行保修义务,并对造成的损失承担赔偿责任。

因保修人未及时履行保修义务,导致建筑物损毁或者造成人身、财产损害的,保修人应当承担赔偿责任。保修人与建筑物所有人或者发包人对建筑物毁损均有过错的,各自承担相应的责任。

(1)建设工程保修的质量问题

建设工程保修的质量问题是指在保修范围和保修期限内的质量问题,对于保修义务的承担和维修的经济责任承担应当按下述原则处理:

①施工单位未按照国家有关标准规范和设计要求施工所造成的质量缺陷,由施工单位负责返修并承担经济责任;②由于设计问题造成的质量缺陷,先由施工单位负责维修,其经济责任按有关规定通过建设单位向设计单位索赔;③因建筑材料、构配件和设备质量不合格引起的质量缺陷,先由施工单位负责维修,其经济责任属于施工单位采购的或经其验收同意的,由施工单位承担经济责任;属于建设单位采购的,由建设单位承担经济责任;④因建设单位(含监理单位)错误管理而造成的质量缺陷,先由施工单位负责维修,其经济责任由建设单位承担;如属监理单位责任,则由建设单位向监理单位索赔;⑤因使用单位使用不当造成的损坏问题,先由施工单位负责维修,其经济责任由使用单位自行负责;⑥因地震、台风、洪水等自然灾害或其他不可抗力因素造成的损坏问题,先由施工单位负责维修,建设参与各方再根据国家具体政策分担经济责任。

(2)建设工程质量保证金

依据住房城乡建设部、财政部2017年6月20日联合印发的《建设工程质量保证金管理办法》的规定,发包人与承包人可以在建设工程承包合同中约定建设工程质量保证金,从应付的工程款中预留,用以保证承包人在缺陷责任期内对建设工程出现的缺陷进行维修的资金。

①缺陷责任期的确定

所谓缺陷,是指建设工程质量不符合工程建设强制性标准、设计文件以及承包合同的约定。缺陷责任期一般为1年,最长不超过2年,由发、承包双方在合同中约定。缺陷责任期从工程通过竣工验收之日起计。由于承包人原因导致工程无法按规定期限进行竣工验收的,缺陷责任期从实际通过竣工验收之日起计。由于发包人原因导致工程无法按规定期限进行竣工验收的,在承包人提交竣工验收报告90天后,工程自动进入缺陷责任期。

②保证金的管理

缺陷责任期内,对于实行国库集中支付的政府投资项目,保证金的管理应按国库集中支付的有关规定执行。对于其他政府投资项目,保证金可以预留在财政部门或发包方。缺陷责任期内,如发包方被撤销,保证金随交付使用资产一并移交使用单位管理,由使用单位代行发包人职责。社会投资项目采用预留保证金方式的,发、承包双方可以约定将保证金交由第三方金融机构托管。

承包人可以银行保函替代预留保证金。

在工程项目竣工前,已经缴纳履约保证金的,发包人不得同时预留工程质量保证金。采用工程质量保证担保、工程质量保险等其他保证方式的,发包人不得再预留保证金。

③预留保证金的比例

发包人应按照合同约定方式预留保证金,保证金总预留比例不得高于工程价款结算总额的3%。合同约定由承包人以银行保函替代预留保证金的,保函金额不得高于工程价款结算总额的3%。

缺陷责任期内,由承包人原因造成的缺陷,承包人应负责维修,并承担鉴定及维修费用。

如承包人不维修也不承担费用,发包人可按合同约定从保证金或银行保函中扣除,若费用超出保证金的,发包人可按合同约定向承包人进行索赔。承包人维修并承担相应费用后,不免除对工程的损失赔偿责任。由他人原因造成的缺陷,发包人负责组织维修,承包人不承担费用,且发包人不得从保证金中扣除费用。

④质量保证金的返还

缺陷责任期内,承包人认真履行合同约定的责任,到期后,承包人向发包人申请返还保证金。《解释(一)》第十七条规定:下列情形之一,承包人请求发包人返还工程质量保证金的,应当返还:a.当事人约定的工程质量保证金返还期限届满;b.当事人未约定工程质量保证金返还期限的,自建设工程通过竣工验收之日起满2年;c.因发包人原因建设工程未按约定期限进行竣工验收的,自承包人提交工程竣工验收报告90日后当事人约定的工程质量保证金返还期限届满;d.当事人未约定工程质量保证金返还期限的,自承包人提交工程竣工验收报告90日后起满2年。发包人在接到承包人返还保证金申请后,应于14日内会同承包人按照合同约定的内容进行核实。如无异议,发包人应当在核实后14日内将保证金返还给承包人,逾期支付的,从逾期之日起,按照同期银行贷款利率计付利息,并承担违约责任。发包人在接到承包人返还保证金申请后14日内不予答复,经催告后14日内仍不予答复的,视同认可承包人的返还保证金申请。

发包人返还工程质量保证金后,不影响承包人根据合同约定或者法律规定履行工程保修义务。因保修人未及时履行保修义务,导致建筑物毁损或者造成人身损害、财产损失的,保修人应当承担赔偿责任。保修人与建筑物所有人或者发包人对建筑物毁损均有过错的,各自承担相应的责任。

3. 质量保修违法行为的法律责任

根据《建设工程质量管理条例》的规定,施工单位不履行保修义务或者拖延履行保修义务的,责令改正,处10万元以上20万元以下的罚款,并对在保修期内因质量缺陷造成的损失承担赔偿责任。

根据住房城乡建设部2015年3月1日起施行的《建筑业企业资质管理规定》,建筑业企业在申请资质升级、资质增项之日起前一年至资质许可决定做出前,未依法履行工程质量保修义务或拖延履行保修义务的,资质许可机关不予批准。

复习思考题

1. 简述建设单位在建筑安全生产中的责任。
2. 简述勘察、设计、工程监理及其他有关单位的安全责任。
3. 简述施工单位的安全生产责任。
4. 简述安全生产事故的等级划分。
5. 简述建设单位的质量责任。
6. 简述总承包单位的质量责任。
7. 简述施工单位的质量责任。
8. 简述"工程大计,质量第一,安全第一"的专业精神。

课后案例

2011年3月5日,东北某发动机制造公司与华北某建筑工程公司签订了一份《建设工程施工承包合同》,双方约定由华北某建筑工程公司承包东北某发动机制造公司设备储备仓库等2万多平方米的建筑工程土建及配套附属工程。工程开始施工后,承包方华北某建筑工程公司派驻施工现场的项目经理为了降低施工成本,未能严格按设计图纸落实施工方案,并且擅自偷工减料。东北某发动机制造公司及其委托的监理单位发现之后,曾多次向施工单位提出书面通知,对于工程质量不符合要求的部位要求返工处理。华北某建筑工程公司一直敷衍。2012年5月12日,经质量监督机构检查并出具了该建设项目的工程质量检验报告。该报告称,经现场随机抽查,施工单位华北某建筑工程公司存在未按设计方案组织施工及部分门窗设备质量不合格的情况。

【问题】

(1)施工单位华北某建筑工程公司有哪些违法行为?

(2)对施工单位的违法行为应该怎样处理?

【分析】

(1)施工单位华北某建筑工程公司主要过错如下:①施工单位不严格按设计图纸施工、偷工减料等行为,违反了《建设工程质量管理条例》第二十八条规定:"施工单位必须按照工程设计图纸和施工技术标准施工,不得擅自修改工程设计,不得偷工减料。施工单位在施工过程中发现设计文件和图纸有差错的,应当及时提出意见和建议。";②施工单位对于部分门窗等设备质量不符合要求的事实,一直不做返修处理,违反了《建设工程质量管理条例》第三十二条规定,"对施工中出现质量问题的建设工程或者竣工验收不合格的建设工程,应当负责返修"。

(2)根据《建筑法》第七十四条、《建设工程质量管理条例》第六十四条的规定,施工单位在施工中偷工减料的,使用不合格的建筑材料、建筑构配件和设备的,或者有不按照工程设计图纸或者施工技术标准施工的其他行为的,责令改正,处工程合同价款2%以上4%以下的罚款;造成建设工程质量不符合规定的质量标准的,负责返工、修理,并赔偿因此造成的损失;情节严重的,责令停业整顿,降低资质等级或者吊销资质证书。构成犯罪的,依法追究刑事责任。

第8章

建设环境保护法律制度

> **课程思政要点**
>
> 住房与城乡建设部发布《建筑节能与绿色建筑发展"十三五"规划》中明示按绿色建筑标准的要求进行设计和施工,建设环境保护法律制度将推进绿色建筑的发展,体现人与自然和谐共生。通过施工现场环境保护制度的讲授,牢固树立环境保护底线不可触碰意识,作为施工现场环境保护重要主体的施工单位勇于承担社会责任和生态责任,提升低排放、低噪声、低污染、少扬尘的新一代绿色施工技术,助力实现"双碳"战略目标。通过环境污染和生态破坏法律责任的讲授,深刻理解生态环境损害惩罚性赔偿制度和生态环境损害的修复、赔偿规则的确立是习近平生态文明思想生动体现。

8.1 施工现场环境保护制度

在工程建设领域,环境保护问题主要包括两个方面:一是施工现场环境保护问题;二是建设项目环境保护问题。前者主要解决建设工程施工过程中产生的环境污染问题,后者则是要解决建设项目建成后使用过程中可能产生的环境污染问题。为了保护和改善环境质量,从而保护人民的身心健康,防止人体在环境污染影响下产生遗传突变和退化;合理开发和利用自然资源,减少或消除有害物质进入环境,加强生物多样性的保护,维护生物资源的生产能力,使之得以恢复,《建筑法》和《建设工程安全生产管理条例》都对施工现场的环境保护做出了明确的规定。

8.1.1 施工现场噪声污染的防治

《建筑法》第四十一条规定,建筑施工企业应当遵守有关环境保护和安全生产的法律、法规的规定,采取控制和处理施工现场的各种粉尘、废气、废水、固体废物以及噪声、振动对环境的污染和危害的措施。

《建设工程安全生产管理条例》第三十条规定,施工单位对因建设工程施工可能造成损害的毗邻建筑物、构筑物和地下管线等,应当采取专项防护措施。施工单位应当遵守有关环境保护法律、法规的规定,在施工现场采取措施,防止或者减少粉尘、废气、废水、固体废物、噪声、振动和施工照明对人和环境的危害和污染。在城市市区的建设工程,施工单位应当对施工现场实行封闭围挡。

1. 噪声污染的危害

噪声,是指在工业生产、建筑施工、交通运输和社会生活中所产生的干扰周围生活环境的声音。噪声污染是指所产生的噪声超过国家规定的噪声排放标准或者未依法采取控制措施产生噪声,并干扰他人正常生活、工作和学习的现象。噪声排放,是指噪声源向周围生活环境辐射噪声。建筑施工噪声,是指在建筑施工过程中产生的干扰周围生活环境的声音。

近些年城市建设步伐加快,房地产开发热火朝天,大搞城市建设的同时也给城市带来了噪声污染。对施工现场噪声监测的数据表明,大多数建筑施工场界噪声都超标,施工单位并没有相应的控制噪声的措施,噪声任意排放,为了赶进度、缩短工期,有的施工单位不顾环境保护部门的规定,实行昼夜 24 小时连续施工,影响周围居民的正常生活。生态环境主管部门、住房和城乡建设主管部门经常收到相关投诉,为了防治噪声污染,保障公众健康,保护和改善生活环境,维护社会和谐,推进生态文明建设,促进经济社会可持续发展,2022 年 6 月实施的《噪音污染防治法》专章规定建筑施工噪声污染防治。

2. 建筑施工场界环境噪声排放标准

《噪声污染防治法》第十三条规定,国家推进噪声污染防治标准体系建设。国务院生态环境主管部门制定国家声环境质量标准。声环境质量标准、噪声排放标准和其他噪声污染防治相关标准应当定期评估,并根据评估结果适时修订。建设噪声敏感建筑物,应当符合民用建筑隔声设计相关标准要求,不符合标准要求的,不得通过验收、交付使用;在交通干线两侧、工业企业周边等地方建设噪声敏感建筑物,还应当按照规定间隔一定距离,并采取减少振动、降低噪声的措施。声环境质量标准、噪声排放标准和其他噪声污染防治相关标准应当定期评估,并根据评估结果适时修订。建设噪声敏感建筑物,应当符合民用建筑隔声设计相关标准要求,不符合标准要求的,不得通过验收、交付使用;在交通干线两侧、工业企业周边等地方建设噪声敏感建筑物,还应当按照规定间隔一定距离,并采取减少振动、降低噪声的措施。

建筑施工场界,是指由有关主管部门批准的建筑施工场地边界或建筑施工过程中实际使用的施工场地边界。根据《建筑施工场界环境噪声排放标准》(GB 12523—2011)的规定,建筑施工过程中场界环境噪声不得超过规定的排放限值,昼间 70 dB(A)、夜间 55 dB(A)。夜间噪声最大声级超过限值的幅度不得高于 15 dB(A)。县级以上人民政府为环境噪声污染防治的需要(如考虑时差、作息习惯差异等)而对昼间、夜间的划分另有规定的,应按其规定执行。分贝 dB 是噪声强度的单位；(A)是指频率加权特性为 A，A 计权声级是目前世界上噪声测量中应用最广泛的一种。

3. 机械设备产生环境噪声污染的控制

《噪声污染防治法》第四十一条规定，在噪声敏感建筑物集中区域施工作业，应当优先使用低噪声施工工艺和设备。国务院工业和信息化主管部门会同国务院生态环境、住房和城乡建设、市场监督管理等部门，公布低噪声施工设备指导名录并适时更新。第四十二条规定，在噪声敏感建筑物集中区域施工作业，建设单位应当按照国家规定，设置噪声自动监测系统，与监督管理部门联网，保存原始监测记录，对监测数据的真实性和准确性负责。

【例8-1】 建设项目的噪声污染防治设施应当与主体工程（ ）。
A. 同时设计　　　　B. 同时施工　　　　C. 同时竣工　　　　D. 同时投产使用

【解析】 根据《噪声污染防治法》第二十五条规定。正确答案是 ABD。

国家鼓励、支持低噪声工艺和设备的研究开发和推广应用，实行噪声污染严重的落后工艺和设备淘汰制度。国务院发展改革部门会同国务院有关部门确定噪声污染严重的工艺和设备淘汰期限，并纳入国家综合性产业政策目录。生产者、进口者、销售者或者使用者应当在规定期限内停止生产、进口、销售或者使用列入前款规定目录的设备。工艺的采用者应当在规定期限内停止采用列入前款规定目录的工艺。

4. 夜间施工环境噪声污染的控制

《噪声污染防治法》第四十三条规定，在噪声敏感建筑物集中区域，禁止夜间进行产生噪声的建筑施工作业，但抢修、抢险施工作业，因生产工艺要求或者其他特殊需要必须连续施工作业的除外。

噪声敏感建筑物，是指用于居住、科学研究、医疗卫生、文化教育、机关团体办公、社会福利等需要保持安静的建筑物。噪声敏感建筑物集中区域，是指医疗区、文教科研区和以机关或者居民住宅为主的区域。

【例8-2】 某施工单位在居民区内承建一施工项目，下列关于该施工单位夜间施工的说法正确的是（ ）。
A. 禁止夜间施工
B. 夜间24点前可以施工
C. 公告附近居民后，可以在夜间施工
D. 因特殊需要，取得主管部门证明并公告后可以施工

【解析】 根据《噪声污染防治法》第四十三条关于夜间施工环境噪声污染控制的规定。正确答案是 D。

8.1.2 施工现场大气污染的防治

1. 大气污染的危害

大气污染是指由于人类活动或自然过程引起某些物质进入大气中，危害了人体的舒适、健康和福利或环境污染的现象。建筑施工粉尘是地表扬尘的主要来源，是影响城市环境空气质量的重要因素，建筑施工粉尘来源于三个方面，一是房屋拆除以及建筑垃圾清运过程中产生的粉尘；二是建筑施工现场平整作业、土石方工程、结构工程等过程中产生的粉尘；三是

建筑材料如水泥、白灰、沙子等在装卸、运输、堆放等过程中产生的粉尘污染。如果人类不对大气污染物的排放总量加以有效控制和防治,将会严重破坏生态系统和人类生存条件。

粉尘对人体健康造成不同程度的伤害,会引起心血管疾病、脑血管疾病、急性呼吸道感染、慢性阻塞性肺病等疾病。建筑施工粉尘对人体影响最大的是对人体呼吸系统的损害,虽然少量的吸入可通过排痰和正常呼吸排出体外,但如果长期吸收,当达到一定的数量时,就会引起肺部组织发生病变,并逐渐使肺部硬化,失去正常的呼吸功能,有些疾病经治疗后不能完全康复,有的疾病会留下后遗症。如尘肺就是由于肺部吸收大量粉尘而引发的影响面最广、危害最重的一类疾病。

2. 施工现场大气污染防治的法律规定

《大气污染防治法》第六十八条第一款规定,地方各级人民政府应当加强对建设施工和运输的管理,保持道路清洁,控制料堆和渣土堆放,扩大绿地、水面、湿地和地面铺装面积,防治扬尘污染。

建设单位应当将防治扬尘污染的费用列入工程造价,并在施工承包合同中明确施工单位扬尘污染防治责任。施工单位应当制定具体的施工扬尘污染防治实施方案。从事房屋建筑、市政基础设施建设、河道整治以及建筑物拆除等施工单位,应当向负责监督管理扬尘污染防治的主管部门备案。施工单位应当在施工工地设置硬质围挡,并采取覆盖、分段作业、择时施工、洒水抑尘、冲洗地面和车辆等有效防尘降尘措施。建筑土方、工程渣土、建筑垃圾应当及时清运;在场地内堆存的,应当采用密闭式防尘网遮盖。工程渣土、建筑垃圾应当进行资源化处理。施工单位应当在施工工地公示扬尘污染防治措施、负责人、扬尘监督管理主管部门等信息。暂时不能开工的建设用地,建设单位应当对裸露地面进行覆盖;超过三个月的,应当进行绿化、铺装或者遮盖。

运输煤炭、垃圾、渣土、砂石、土方、灰浆等散装、流体物料的车辆应当采取密闭或者其他措施防止物料遗撒造成扬尘污染,并按照规定路线行驶。装卸物料应当采取密闭或者喷淋等方式防治扬尘污染。

贮存煤炭、煤矸石、煤渣、煤灰、水泥、石灰、石膏、砂土等易产生扬尘的物料应当密闭;不能密闭的,应当设置不低于堆放物高度的严密围挡,并采取有效覆盖措施防治扬尘污染。码头、矿山、填埋场和消纳场应当实施分区作业,并采取有效措施防治扬尘污染。

施工现场的大气污染防治,重点是防治扬尘污染。原建设部颁布的《绿色施工导则》对此作了详细的规定:

(1)运送土方、垃圾、设备及建筑材料等,不污损场外道路。运输容易散落、飞扬、流漏物料的车辆,必须采取措施封闭严密,保证车辆清洁。施工现场出口应设置洗车槽。

(2)土方作业阶段,采取洒水、覆盖等措施,达到作业区目测扬尘高度小于1.5 m,不扩散到场区外。

(3)结构施工、安装装饰装修阶段,作业区目测扬尘高度小于0.5 m。对易产生扬尘的堆放材料应采取覆盖措施;对粉末状材料应封闭存放;场区内可能引起扬尘的材料及建筑垃圾搬运应有降尘措施,如覆盖、洒水等;浇筑混凝土前清理灰尘和垃圾时尽量使用吸尘器,避免使用吹风器等易产生扬尘的设备;机械剔凿作业时可用局部遮挡、掩盖、水淋等防护措施;高层或多层建筑清理垃圾应搭设封闭性临时专用道或采用容器吊运。

(4)构筑物机械拆除前,做好扬尘控制计划。可采取清理积尘、拆除体洒水、设置隔挡等措施。

(5)施工现场非作业区达到目测无扬尘的要求。对现场易飞扬物质采取有效措施,如洒水、地面硬化、围挡、密网覆盖、封闭等,防止扬尘产生。

(6)选择风力小的天气进行爆破作业,构筑物爆破拆除前,可采用清理积尘、淋湿地面、预湿墙体、屋面敷水袋、楼面蓄水、建筑外设高压喷雾状水系统、搭设防尘排栅和直升机投水弹等综合降尘。

(7)在场界四周隔挡高度位置测得的大气总悬浮颗粒物(TSP)月平均浓度与城市背景值的差值不大于 0.08 mg/m³。

【例8-3】 依据《大气污染防治法》,下列说法错误的是(　　)。
A. 向大气排放粉尘的排污单位,应当采取除尘措施
B. 严格限制向大气排放含有有毒物质的废气和粉尘
C. 运输能够散发有毒有害气体的,必须采取密闭措施或者其他防护措施
D. 在城市市区进行建设施工的单位,必须按照当地环境保护的规定,采取防止污染的措施

【解析】 根据《大气污染防治法》的规定,严格限制向大气排放含有毒物质的废气和粉尘;确需排放的,必须经过净化处理,不超过规定的排放标准。正确答案是A。

8.1.3 施工现场水污染的防治

1. 水污染的危害

水污染,是指水体因某种物质的介入,而导致其化学、物理、生物或者放射性等方面特性的改变,从而影响水的有效利用,危害人体健康或者破坏生态环境,造成水质恶化的现象。

水污染的危害主要表现在四个方面:
(1)对人体健康的危害,人直接饮用含有病菌、病毒的污水;
(2)对工农业生产的危害,使产品质量下降,有的被迫停产绝收;
(3)对渔业生产的危害,使鱼类大批死亡甚至灭绝;
(4)其他方面的危害,破坏生态河流,加剧水资源短缺,导致水污染事故。

水污染防治包括江河、湖泊、运河、渠道、水库等地表水体以及地下水体的污染防治。《水污染防治法》规定,水污染防治应当坚持预防为主、防治结合、综合治理的原则,优先保护饮用水水源,严格控制工业污染、城镇生活污染,防治农业面源污染,积极推进生态治理工程建设,预防、控制和减少水环境污染和生态破坏。

2. 施工现场水污染防治的法律规定

根据《水污染防治法》的有关规定,排放水污染物,不得超过国家或者地方规定的水污染物排放标准和重点水污染物排放总量控制指标。

国务院环境保护主管部门根据国家水环境质量标准和国家经济、技术条件,制定国家水污染物排放标准。省、自治区、直辖市人民政府对国家水污染物排放标准中未作规定的项目,可以制定地方水污染物排放标准;对国家水污染物排放标准中已作规定的项目,可以制定严于国家水污染物排放标准的地方水污染物排放标准。地方水污染物排放标准须报国务院环境保护主管部门备案。已有地方水污染物排放标准的地区,应当执行地方水污染物排放标准。

禁止向水体排放油类、酸液、碱液或者剧毒废液。禁止在水体中清洗装贮过油类或者有毒污染物的车辆和容器。禁止向水体排放、倾倒放射性固体废物或者含有高放射性和中放

射性物质的废水。向水体排放含低放射性物质的废水,应当符合国家有关放射性污染防治的规定和标准。

禁止向水体排放、倾倒工业废渣、城镇垃圾和其他废弃物。禁止将含有汞、镉、砷、铬、铅、氰化物、黄磷等的可溶性剧毒废渣向水体排放、倾倒或者直接埋入地下。存放可溶性剧毒废渣的场所,应当采取防水、防渗漏、防流失的措施。禁止在江河、湖泊、运河、渠道、水库最高水位线以下的滩地和岸坡堆放、存贮固体废弃物和其他污染物。

在饮用水水源保护区内,禁止设置排污口。在风景名胜区水体、重要渔业水体和其他具有特殊经济文化价值的水体的保护区内,不得新建排污口。在保护区附近新建排污口,应当保证保护区水体不受污染。

禁止利用渗井、渗坑、裂隙、溶洞、私设暗管、篡改、伪造监测数据,或者不正常运行水污染防治设施等逃避监管的方式排放水污染物。

兴建地下工程设施或者进行地下勘探、采矿等活动,应当采取防护性措施,防止地下水污染。人工回灌补给地下水,不得恶化地下水质。

企业事业单位发生事故或者其他突发性事件,造成或者可能造成水污染事故的,应当立即启动本单位的应急方案,采取隔离等应急措施,防止水污染物进入水体,并向事故发生地的县级以上地方人民政府或者环境保护主管部门报告。环境保护主管部门接到报告后,应当及时向本级人民政府报告,并抄送有关部门。

《城镇污水排入排水管网许可管理办法》规定,排水户向所在地城镇排水主管部门申请领取排水许可证。各类施工作业需要排水的,由建设单位申请领取排水许可证。排水许可证的有效期为 5 年。因施工作业需要向城镇排水设施排水的,排水许可证的有效期,由城镇排水主管部门根据排水状况确定,但不得超过施工期限。排水户应当按照排水许可证确定的排水类别、总量、时限、排放口位置和数量、排放的污染物项目和浓度等要求排放污水。

排水户不得有下列危及城镇排水设施安全的行为:①向城镇排水设施排放、倾倒剧毒、易燃易爆物质、腐蚀性废液和废渣、有害气体和烹饪油烟等;②堵塞城镇排水设施或者向城镇排水设施内排放、倾倒垃圾、渣土、施工泥浆、油脂、污泥等易堵塞物;③擅自拆卸、移动和穿凿城镇排水设施;④擅自向城镇排水设施加压排放污水。

原建设部《绿色施工导则》进一步详细规定了水污染控制:①施工现场污水排放应达到国家标准《污水综合排放标准》(GB 8978—1996)的要求;②在施工现场应针对不同的污水,设置相应的处理设施,如沉淀池、隔油池、化粪池等;③污水排放应委托有资质的单位进行废水水质检测,提供相应的污水检测报告;④保护地下水环境,采用隔水性能好的边坡支护技术,在缺水地区或地下水位持续下降的地区,基坑降水尽可能少地抽取地下水,当基坑开挖抽水量大于 50 万立方米时,应进行地下水回灌,并避免地下水被污染;⑤对于化学品等有毒材料、油料的储存池,应有严格的隔水层设计,做好渗漏液收集和处理。

【例8-4】 下列各项,《水污染防治法》未作禁止规定的是( )。

A. 向水体排放和倾倒工业废渣、城市垃圾和其他废物
B. 向水体排放油类、酸液、碱液或者剧毒废物
C. 向水体排放热水
D. 向水体排放、倾倒放射性固体废物

【解析】 向水体排放含热废水,应当采取措施,保证水体的水温符合环境质量标准,防止热污染危害。正确答案是 C。

案例

【案情】

环保局执法人员发现,某高速公路建设项目给村民的稻田造成了大面积污染,经了解,是施工单位将生产过程中产生的废水直接排入水沟,经水沟进入稻田,形成了板结,使村里几十亩水稻受损严重,还有几十亩水稻及经济作物轻微受损。

【问题】

1. 本案中,施工单位向水沟直接排放施工废水的行为构成了何种水污染违法行为?
2. 施工单位直接向水沟排放施工废水的行为应受到何种处罚?

【分析】

1. 《水污染防治法》第二十一条规定,"直接或者间接向水体排放工业废水和医疗污水以及其他按照规定应当取得排污许可证方可排放的废水、污水的企业事业单位和其他生产经营者,应当取得排污许可证;城镇污水集中处理设施的运营单位,也应当取得排污许可证。排污许可证应当明确排放水污染物的种类、浓度、总量和排放去向等要求。排污许可的具体办法由国务院规定。禁止企业事业单位和其他生产经营者无排污许可证或者违反排污许可证的规定向水体排放前款规定的废水、污水。"本案中的施工单位,没有依法申报登记水污染物的情况和提供防治水污染方面的有关技术资料。《水污染防治法》第二十二条规定,"向水体排放污染物的企业事业单位和个体工商户,应当按照法律、行政法规和国务院环境保护主管部门的规定设置排污口;在江河、湖泊设置排污口的,还应当遵守国务院水行政主管部门的规定。"本案中的施工单位违法私自设置排污口排放水污染物,没有办理相应的审批手续。《水污染防治法》第三十七条第一款规定,"禁止向水体排放、倾倒工业废渣、城镇垃圾和其他废弃物。"本案中的施工单位违法直接向水沟排放了施工废水。

2. 依据《水污染防治法》第八十四条规定:"在饮用水水源保护区内设置排污口的,由县级以上地方人民政府责令限期拆除,处十万元以上五十万元以下的罚款;逾期不拆除的,强制拆除,所需费用由违法者承担,处五十万元以上一百万元以下的罚款,并可以责令停产整治。"

8.1.4 施工现场固体废物污染环境的防治

1. 固体废物污染的危害

固体废物,是指在生产、生活和其他活动中产生的丧失原有利用价值或者虽未丧失利用价值但被抛弃或者放弃的固态、半固态和置于容器中的气态的物品、物质以及法律、行政法规规定纳入固体废物管理的物品、物质。经无害化加工处理,并且符合强制性国家产品质量标准,不会危害公众健康和生态安全,或者根据固体废物鉴别标准和鉴别程序认定为不属于固体废物的除外。固体废物污染环境,是指固体废物在产生、收集、贮存、运输、利用、处置的过程中产生的危害环境的现象。

施工现场固体废物的危害主要表现在以下四个方面:

(1)对土地资源构成压力。施工现场产生的固体废弃物数量巨大,处理这些建筑垃圾占用土地,在人口压力大而土地资源紧张的城市,出现土地使用的矛盾,为了缓解矛盾,建筑垃圾会被规定运送到郊外处理,这就增加了施工成本。

(2)改变土壤结构。建筑固体废物、淋洗液和渗滤液中所含有的有害物质往往在土壤中积存,并改变土壤的性质和结构,对土壤微生物的活动产生影响,这些有害成分的存在,还可能在植物体内积蓄,最终流入食物链回到人体中。

(3)对水体造成污染。现在普遍方法都有将固体废弃物直接倾倒于河流、湖泊或海洋,甚至以沿海地方做处置固体废弃物的场所,弃置于水中的建筑垃圾污染水体,严重影响水中生物的生存条件,破坏生态平衡。雨水渗透固体废弃物会使废弃物分解,产生的渗滤液、有害化学物也会对水体造成污染。

(4)对大气的污染。建筑固体废弃物的细微颗粒、粉尘等可随风飞扬,从而对施工现场大气环境造成污染,在水分、温度的作用下,某些有机物的分解还会产生有害气体或恶臭,从而造成大气污染。

根据《固体废物污染环境防治法》的规定,国家推行绿色发展方式,促进清洁生产和循环经济发展。国家倡导简约适度、绿色低碳的生活方式,引导公众积极参与固体废物污染环境防治。固体废物污染环境防治坚持减量化、资源化和无害化的原则。任何单位和个人都应当采取措施,减少固体废物的产生量,促进固体废物的综合利用,降低固体废物的危害性。

2. 施工现场固体废物污染环境防治的法律规定

施工现场固体废物分为一般固体废物和危险废物。所谓危险废物,是指列入国家危险废物名录或者根据国家规定的危险废物鉴别标准和鉴别方法认定的具有危险特性的固体废物。

(1)一般固体废物污染环境防治的规定

根据《固体废物污染环境防治法》的有关规定,固体废物污染环境防治坚持污染担责的原则。产生、收集、贮存、运输、利用、处置固体废物的单位和个人,应当采取措施,防止或者减少固体废物对环境的污染,对所造成的环境污染依法承担责任。

收集、贮存、运输、利用、处置固体废物的单位和其他生产经营者,应当加强对相关设施、设备和场所的管理和维护,保证其正常运行和使用。

产生、收集、贮存、运输、利用、处置固体废物的单位和个人,必须采取防扬散、防流失、防渗漏或者其他防止污染环境的措施;不得擅自倾倒、堆放、丢弃、遗撒固体废物。禁止任何单位或者个人向江河、湖泊、运河、渠道、水库及其最高水位线以下的滩地和岸坡等法律、法规规定禁止倾倒、堆放废弃物的地点倾倒、堆放固体废物。

转移固体废物出省、自治区、直辖市行政区域贮存、处置的,应当向固体废物移出地的省、自治区、直辖市人民政府生态环境保护行政主管部门提出申请。移出地的省、自治区、直辖市人民政府生态环境保护行政主管部门应当及时商经接受地的省、自治区、直辖市人民政府生态环境保护行政主管部门同意后,在规定期限内批准转移该固体废物出省、自治区、直辖市行政区域。未经批准的,不得转移。

工程施工单位应当及时清运工程施工过程中产生的固体废物,并按照环境卫生行政主管部门的规定进行利用或者处置。

《城市建筑垃圾管理规定》进一步规定,施工单位不得将建筑垃圾交给个人或者未经核准从事建筑垃圾运输的单位运输。处置建筑垃圾的单位在运输建筑垃圾时,应当随车携带建筑垃圾处置核准文件,按照城市人民政府有关部门规定的运输路线、时间运行,不得丢弃、遗撒建筑垃圾,不得超出核准范围承运建筑垃圾。

(2)危险废物污染环境防治的特别规定

根据《固体废物污染环境防治法》的有关规定,对危险废物的容器和包装物以及收集、贮存、运输、利用、处置危险废物的设施、场所,应当按照规定设置危险废物识别标志。

从事收集、贮存、利用、处置危险废物经营活动的单位,应当按照国家有关规定申请取得许可证。禁止将危险废物提供或者委托给无经营许可证的单位从事收集、贮存、利用、处置活动。运输危险废物,应当采取防止污染环境的措施,并遵守国家有关危险货物运输管理的规定。禁止将危险废物与旅客在同一运输工具上载运。

收集、贮存危险废物,应当按照危险废物特性分类进行。禁止混合收集、贮存、运输、处置性质不相容而未经安全性处置的危险废物。贮存危险废物应当采取符合国家环境保护标准的防护措施。禁止将危险废物混入非危险废物中贮存。从事收集、贮存、利用、处置危险废物经营活动的单位,贮存危险废物不得超过一年;确需延长期限的,应当报经颁发许可证的生态环境主管部门批准;法律、行政法规另有规定的除外。

收集、贮存、运输、处置危险废物的场所、设施、设备和容器、包装物及其他物品转作他用时,必须经过消除污染的处理,方可使用。

产生危险废物的单位,应当按照国家有关规定和环境保护标准要求贮存、利用、处置危险废物,不得擅自倾倒、堆放。

转移危险废物的,应当按照国家有关规定填写、运行危险废物电子或者纸质转移联单。跨省、自治区、直辖市转移危险废物的,应当向危险废物移出地省、自治区、直辖市人民政府生态环境主管部门申请。移出地省、自治区、直辖市人民政府生态环境主管部门应当及时商经接受地省、自治区、直辖市人民政府生态环境主管部门同意后,在规定期限内批准转移该危险废物,并将批准信息通报相关省、自治区、直辖市人民政府生态环境主管部门和交通运输主管部门。未经批准的,不得转移。

产生、收集、贮存、运输、利用、处置危险废物的单位,应当制定意外事故的防范措施和应急预案,并向所在地生态环境主管部门和有关部门报告,接受调查处理。

因发生事故或者其他突发性事件,造成危险废物严重污染环境的单位,应当立即采取有效措施消除或者减轻对环境的污染危害,及时通报可能受到污染危害的单位和居民,并向所在地生态环境保护行政主管部门和有关部门报告,接受调查处理。

【例8-5】 下列各项,《固体废物污染环境防治法》未作禁止规定的是( )。
A.境外废物进境倾倒、堆放、处置   B.进口不能用作原料的固体废物
C.进口用作原料的固体废物   D.经中国境内转移危险废物

【解析】 国家禁止进口不能用作原料的固体废物;限制进口可以用作原料的固体废物。正确答案是C。

为加大对生态环境资源的保护,我国《民法典》设专章对环境污染和生态破坏责任进行了规定,增加了生态环境损害的惩罚性赔偿制度,并明确规定了生态损害的修复和赔偿规则。

《民法典》规定,污染环境、破坏生态造成他人损害的,采用无过错责任原则,侵权人应当承担侵权责任。两个以上侵权人污染环境、破坏生态的,承担责任的大小,根据污染物的种类、浓度、排放量、破坏生态的方式、范围、程度,以及行为对损害后果所起的作用等因素确定。侵权人违反法律规定故意污染环境、破坏生态造成严重后果的,被侵权人有权请求相应的惩罚性赔偿。违反国家规定造成生态环境损害,生态环境能够修复的,国家规定的机关或

者法律规定的组织有权请求侵权人在合理期限内承担修复责任。侵权人在期限内未修复的,国家规定的机关或者法律规定的组织可以自行或者委托他人进行修复,所需费用由侵权人负担。违反国家规定造成生态环境损害的,国家规定的机关或者法律规定的组织有权请求侵权人赔偿生态环境受到损害至修复完成期间服务功能丧失导致的损失;生态环境功能永久性损害造成的损失;生态环境损害调查、鉴定评估等费用;清除污染、修复生态环境费用;防止损害的发生和扩大所支出的合理费用。

(3)施工现场固体废物的减量化和回收再利用

施工现场的固体废物主要是建筑垃圾和生活垃圾。建筑垃圾,是指建设单位、施工单位新建、改建、扩建和拆除各类建筑物、构筑物、管网等,以及居民装饰装修房屋过程中产生的弃土、弃料和其他固体废物。生活垃圾,是指在日常生活中或者为日常生活提供服务的活动中产生的固体废物,以及法律、行政法规规定视为生活垃圾的固体废物。

《住房和城乡建设部关于推进建筑垃圾减量化的指导意见》(建质〔2022〕46号)规定,2025年年底,各地区建筑垃圾减量化工作机制进一步完善,实现新建建筑施工现场建筑垃圾(不包括工程渣土、工程泥浆)排放量每万平方米不高于300吨,装配式建筑施工现场建筑垃圾(不包括工程渣土、工程泥浆)排放量每万平方米不高于200吨。按照"谁产生、谁负责"的原则,落实建设单位建筑垃圾减量化的首要责任。

施工和监理单位应强化施工质量管控,严把施工质量关,强化各工序质量管控,减少因质量问题导致的返工或修补。加强对已完工工程的成品保护,避免二次损坏。提高临时设施和周转材料的重复利用率。推行临时设施和永久性设施的结合利用。

施工单位实行绿色施工,应组织编制施工现场建筑垃圾减量化专项方案,明确建筑垃圾减量化目标和职责分工,提出源头减量、分类管理、就地处置、排放控制的具体措施。做好设计深化和施工组织优化,结合工程加工、运输、安装方案和施工工艺要求,细化节点构造和具体做法。优化施工组织设计,合理确定施工工序,推行数字化加工和信息化管理,实现精准下料、精细管理,降低建筑材料损耗率。充分考虑施工用消防立管、消防水池、照明线路、道路、围挡等与永久性设施的结合利用,减少因拆除临时设施产生的建筑垃圾。实行建筑垃圾分类管理,建立建筑垃圾分类收集与存放管理制度,实行分类收集、分类存放、分类处置。鼓励以末端处置为导向对建筑垃圾进行细化分类。严禁将危险废物和生活垃圾混入建筑垃圾。引导施工现场建筑垃圾再利用,充分利用混凝土、钢筋、模板、珍珠岩保温材料等余料,在满足质量要求的前提下,根据实际需求加工制作成各类工程材料,实行循环利用。施工现场不具备就地利用条件的,应按规定及时转运到建筑垃圾处置场所进行资源化处置和再利用。减少施工现场建筑垃圾排放,实时统计并监控建筑垃圾产生量,及时采取针对性措施降低建筑垃圾排放量。鼓励采用现场泥沙分离、泥浆脱水预处理等工艺,减少工程渣土和工程泥浆排放。

《绿色施工导则》规定,制订建筑垃圾减量化计划,如住宅建筑,每万平方米的建筑垃圾不宜超过400 t。

加强建筑垃圾的回收再利用,力争建筑垃圾的再利用和回收率达到30%,建筑物拆除产生的废弃物的再利用和回收率大于40%。对于碎石类、土石方类建筑垃圾,可采用地基填埋、铺路等方式提高再利用率,力争再利用率大于50%。

施工现场生活区设置封闭式垃圾容器,施工场地生活垃圾实行袋装化,及时清运。对建筑垃圾进行分类,并收集到现场封闭式垃圾站,集中运出。

8.2 建设项目环境保护制度

建设项目环境污染防治是工程建设领域环境保护的又一个重要方面。为了防止建设项目产生新的污染、破坏生态环境,国家对建设项目环境保护工作非常重视,制定了专门的法律法规予以规范,加强对建设项目环境保护的监督管理,全方位、多角度预防因建设项目实施后对环境造成不良影响,促进经济、社会和环境的协调发展。

8.2.1 建设项目的环境影响评价

环境影响评价,是指对规划和建设项目实施后可能造成的环境影响进行分析、预测和评估,提出预防或者减轻不良环境影响的对策和措施,进行跟踪监测的方法与制度。它包括对规划和建设项目的环境影响评价两个方面。

我国1979年颁布的《环境保护法(试行)》正式确立了环境影响评价制度。全国人大常委会2002年10月通过的2016年7月、2018年12月两次修正的《环境影响评价法》,标志着我国的环境影响评价制度进入了一个新的发展阶段。

1. 建设项目环境影响评价的分类管理

由于不同性质、类型和规模的建设项目可能造成不同的环境影响,因而有必要对环境影响评价进行分类管理。

国家根据建设项目对环境的影响程度,对建设项目的环境影响评价实行分类管理。建设单位应当按照下列规定组织编制环境影响报告书、环境影响报告表或者填报环境影响登记表:

(1)可能造成重大环境影响的,应当编制环境影响报告书,对产生的环境影响进行全面评价;

(2)可能造成轻度环境影响的,应当编制环境影响报告表,对产生的环境影响进行分析或者专项评价;

(3)对环境影响很小、不需要进行环境影响评价的,应当填报环境影响登记表。

建设项目环境影响报告书,是由建设单位依法向环境保护行政主管部门提交的对建设项目产生的污染和对环境的影响进行全面、详细评价的书面文件。根据《环境影响评价法》第十七条的规定,建设项目的环境影响报告书应当包括下列内容:①建设项目概况;②建设项目周围环境现状;③建设项目对环境可能造成影响的分析、预测和评估;④建设项目环境保护措施及其技术、经济论证;⑤建设项目对环境影响的经济损益分析;⑥对建设项目实施环境监测的建议;⑦环境影响评价的结论。涉及水土保持的建设项目,还必须有经水行政主管部门审查同意的水土保持方案。

建设项目环境影响报告表,是由建设单位依法向环境保护行政主管部门提交的对建设项目产生的环境影响进行分析或者专项评价的书面文件。建设项目环境影响登记表,是由对不需要进行环境影响评价的建设项目的建设单位依法向环境保护行政主管部门填报的规定格式的表格。

环境影响报告表和环境影响登记表的内容和格式,由国务院环境保护行政主管部门制定。

2. 建设项目环境影响评价的机构

建设单位可以委托技术单位对其建设项目开展环境影响评价,编制建设项目环境影响报告书、环境影响报告表;建设单位具备环境影响评价技术能力的,可以自行对其建设项目开展环境影响评价,编制建设项目环境影响报告书、环境影响报告表。编制建设项目环境影响报告书、环境影响报告表应当遵守国家有关环境影响评价标准、技术规范等规定。国务院生态环境主管部门应当制定建设项目环境影响报告书、环境影响报告表编制的能力建设指南和监管办法。接受委托为建设单位编制建设项目环境影响报告书、环境影响报告表的技术单位,不得与负责审批建设项目环境影响报告书、环境影响报告表的生态环境主管部门或者其他有关审批部门存在任何利益关系。

建设单位应当对建设项目环境影响报告书、环境影响报告表的内容和结论负责,接受委托编制建设项目环境影响报告书、环境影响报告表的技术单位对其编制的建设项目环境影响报告书、环境影响报告表承担相应责任。负责审批建设项目环境影响报告书、环境影响报告表的生态环境主管部门应当将编制单位、编制主持人和主要编制人员的相关违法信息记入社会诚信档案,并纳入全国信用信息共享平台和国家企业信用信息公示系统向社会公布。任何单位和个人不得为建设单位指定对其建设项目进行环境影响评价的机构。

3. 建设项目环境影响评价的审批

建设项目的环境影响报告书、环境影响报告表,由建设单位按照国务院的规定报有审批权的生态环境行政主管部门审批;建设项目有行业主管部门的,其环境影响报告书或者环境影响报告表应当经行业主管部门预审后,报有审批权的环境保护行政主管部门审批。

审批部门应当自收到环境影响报告书之日起 60 日内,收到环境影响报告表之日起 30 日内,分别做出审批决定并书面通知建设单位。国家对环境影响登记表实行备案管理。

国务院环境保护行政主管部门负责审批下列建设项目的环境影响评价文件:

(1) 核设施、绝密工程等特殊性质的建设项目;

(2) 跨省、自治区、直辖市行政区域的建设项目;

(3) 由国务院审批的或者由国务院授权有关部门审批的建设项目。

上述规定以外的建设项目的环境影响评价文件的审批权限,由省、自治区、直辖市人民政府规定。

建设项目可能造成跨行政区域的不良环境影响,有关环境保护行政主管部门对该项目的环境影响评价结论有争议的,其环境影响评价文件由共同的上一级环境保护行政主管部门审批。

建设项目的环境影响评价文件经批准后,建设项目的性质、规模、地点、采用的生产工艺或者防治污染、防止生态破坏的措施发生重大变动的,建设单位应当重新报批建设项目的环境影响评价文件。建设项目的环境影响评价文件自批准之日起超过 5 年,方决定该项目开工建设的,其环境影响评价文件应当报原审批部门重新审核;原审批部门应当自收到建设项目环境影响评价文件之日起 10 日内,将审核意见书面通知建设单位。

建设项目的环境影响评价文件未经法律规定的审批部门审查或者审查后未予批准的，建设单位不得开工建设。

【例 8-6】 某大型项目由于未进行配套环境保护措施的技术论证，其环境影响评价文件未获批准，关于该项目的立项和开工，下列说法中正确的是（　　）。

A. 可以先批准立项，但建设单位不得开工

B. 不得批准立项，建设单位不得开工

C. 不得批准立项，但建设单位可以先开工

D. 可以先批准立项，建设单位可以先开工

【解析】 根据法律规定，建设项目的环境影响评价文件未经审查或者未予批准的，该项目审批部门不得批准其建设，建设单位不得开工建设。正确答案是 B。

建设项目建设过程中，建设单位应当同时实施环境影响报告书、环境影响报告表以及环境影响评价文件审批部门在审批意见中提出的环境保护对策措施。

4. 建设项目环境影响的后评价和跟踪管理

在项目建设、运行过程中产生不符合经审批的环境影响评价文件的情形的，建设单位应当组织环境影响的后评价，采取改进措施，并报原环境影响评价文件审批部门和建设项目审批部门备案；原环境影响评价文件审批部门也可以责成建设单位进行环境影响的后评价，采取改进措施。

环境保护行政主管部门应当对建设项目投入生产或者使用后所产生的环境影响进行跟踪检查，对造成严重环境污染或者生态破坏的，应当查清原因、查明责任。对属于建设项目环境影响报告书、环境影响报告表存在基础资料明显不实，内容存在重大缺陷、遗漏或者虚假，环境影响评价结论不正确或者不合理等严重质量问题的，依照《环境影响评价法》第三十二条的规定追究建设单位及其相关责任人员和接受委托编制建设项目环境影响报告书、环境影响报告表的技术单位及其相关人员的法律责任；属于审批部门工作人员失职、渎职，对依法不应批准的建设项目环境影响报告书、环境影响报告表予以批准的，依照《环境影响评价法》第三十四条的规定追究其法律责任。

【例 8-7】 某大型工程建设项目交付使用后，发现与审批的环境影响报告表内容不符，建设单位应当（　　）。

A. 组织环境影响后评价

B. 立即停止使用

C. 采取改进措施

D. 接受建设行政主管部门处罚

【解析】 根据建设项目环境影响的后评价制度，应当组织环境影响后评价，并立即采取措施。正确答案是 AC。

8.2.2 建设项目噪声污染的防治

城市道桥、铁路、工业厂房等建设项目，在建成后的使用过程中可能会对周围环境产生噪声污染。因此，建设单位在建设前期就须依法规定防治措施，并同步建设环境噪声污染防治设施。

根据《噪声污染防治法》规定，建设项目环境污染防治相关规定，新建、改建、扩建的建设项目，应当依法进行环境影响评价。

建设项目可能产生噪声污染的，建设单位必须提出影响报告书，规定噪声污染的防治措施，并按照国家规定的程序报生态环境主管部门批准。国家鼓励有关单位、专家和公众以适当方式参与环境影响评价。

建设项目的噪声污染防治设施必须与主体工程同时设计、同时施工、同时投产使用。例如，建设经过已有的噪声敏感建筑物集中区域的高速公路和城市高架、轻轨道路，有可能造成环境噪声污染的，应当设置声屏障或者采取其他有效的控制环境噪声污染的措施；在已有的城市交通干线的两侧建设噪声敏感建筑物的，建设单位应当按照国家规定间隔一定距离，并采取减轻、避免交通噪声影响的措施等。

建设单位应当依照有关法律法规的规定，对配套建设的噪声污染防治设施进行验收，编制验收报告，并向社会公开。未经验收或者验收不合格的，该建设项目不得投入生产或者使用。

排放工业噪声的企业事业单位和其他生产经营者，应当采取有效措施，减少振动、降低噪声，依法取得排污许可证或者填报排污登记表。实行排污许可管理的单位，不得无排污许可证排放工业噪声，并应当按照排污许可证的要求进行噪声污染防治。产生环境噪声污染的单位，应当采取措施进行治理，并按照国家规定缴纳超标准排污费。征收的超标准排污费必须用于污染的防治，不得挪作他用。

8.2.3　建设项目大气污染的防治

大气污染是指由于人们的生产活动和其他活动，向大气环境排入有毒、有害物质，使其物理、化学、生物或者放射性等特性改变，导致生活环境和生态环境质量下降，进而危害人体健康、生命安全和造成财产损失的现象。城市道桥、铁路、工业厂房等建设项目，在建成后的使用过程中可能会对周围环境产生大气污染。因此，建设单位在建设前期就须依法规定防治措施，并同步建设大气污染防治设施。

根据《大气污染防治法》规定，新建、扩建、改建向大气排放污染物的项目，应当依法进行环境影响评价。

建设项目的环境影响报告书，必须对建设项目可能产生的大气污染和对生态环境的影响做出评价，规定防治措施，并按照规定的程序报环境保护行政主管部门审查批准。例如，炼制石油、生产合成氨、煤气和燃煤焦化、有色金属冶炼过程中排放含有硫化物气体的，应当配备脱硫装置或者采取其他脱硫措施等。新建、扩建排放二氧化硫的火电厂和其他大中型企业，超过规定的污染物排放标准或者总量控制指标的，必须建设配套脱硫、除尘装置或者采取其他控制二氧化硫排放、除尘的措施。

建设项目投入生产或者使用之前，其大气污染防治设施必须经过环境保护行政主管部门验收，达不到国家有关建设项目环境保护管理规定的要求的建设项目，不得投入生产或者使用。

8.2.4　建设项目水污染的防治

城市道桥、铁路、工业厂房等建设项目,在建成后的使用过程中可能会对周围水体和水源产生污染。因此,建设单位在建设前期就须依法规定防治措施,并同步建设水污染防治设施。

根据《水污染防治法》规定,新建、扩建、改建直接或者间接向水体排放污染物的建设项目和其他水上设施,应当依法进行环境影响评价。建设项目的环境影响报告书,必须对建设项目可能产生的水污染和对生态环境的影响做出评价,规定防治的措施,按照规定的程序报经有关部门审查批准。国家鼓励公众参与环境影响评价。环境影响评价公众参与遵循依法、有序、公开、便利的原则。

建设单位在江河、湖泊新建、改建、扩建排污口的,应当取得水行政主管部门或者流域管理机构同意;涉及通航、渔业水域的,环境保护主管部门在审批环境影响评价文件时,应当征求交通、渔业主管部门的意见。

建设项目的水污染防治设施,应当与主体工程同时设计、同时施工、同时投入使用。水污染防治设施应当经过环境保护主管部门验收,验收不合格的,该建设项目不得投入生产或者使用。

禁止在饮用水水源一级保护区内新建、改建、扩建与供水设施和保护水源无关的建设项目;已建成的与供水设施和保护水源无关的建设项目,由县级以上人民政府责令拆除或者关闭。禁止在饮用水水源二级保护区内新建、改建、扩建排放污染物的建设项目;已建成的排放污染物的建设项目,由县级以上人民政府责令拆除或者关闭。

禁止在饮用水水源准保护区内新建、扩建对水体污染严重的建设项目;改建建设项目,不得增加排污量。

《城镇排水与污水处理条例》规定,禁止从事下列危及城镇排水与污水处理设施安全的活动:(1)损毁、盗窃城镇排水与污水处理设施;(2)穿凿、堵塞城镇排水与污水处理设施;(3)向城镇排水与污水处理设施排放、倾倒剧毒、易燃易爆、腐蚀性废液和废渣;(4)向城镇排水与污水处理设施倾倒垃圾、渣土、施工泥浆等废弃物;(5)建设占压城镇排水与污水处理设施的建筑物、构筑物或者其他设施;(6)其他危及城镇排水与污水处理设施安全的活动。

新建、改建、扩建建设工程,不得影响城镇排水与污水处理设施安全。建设工程开工前,建设单位应当查明工程建设范围内地下城镇排水与污水处理设施的相关情况。城镇排水主管部门及其他相关部门和单位应当及时提供相关资料。建设工程施工范围内有排水管网等城镇排水与污水处理设施的,建设单位应当与施工单位、设施维护运营单位共同制定设施保护方案,并采取相应的安全保护措施。因工程建设需要拆除、改动城镇排水与污水处理设施的,建设单位应当制定拆除、改动方案,报城镇排水主管部门审核,并承担重建、改建和采取临时措施的费用。

8.2.5　建设项目固体废物污染环境的防治

固体废物污染,是指因对固体废物的不当贮存、处置、利用,而使其进入环境,从而导致危害人体健康或财产安全，破坏自然生态系统、造成环境质量恶化的现象。固体废物与大气污染、水污染和噪声污染一起被称为"环境的四大公害"。城市道桥、铁路、工业厂房等建设项目，在建成后的使用过程中可能会产生各种固体废物，具有巨大危害。因此，建设单位在建设前期就须依法规定防治措施，并同步建设固体污染防治设施。

根据《固体废物污染环境防治法》中规定，建设、贮存、利用、处置固体废物的项目，应当依法进行环境影响评价，并遵守国家有关建设项目环境保护管理的规定。

建设项目的环境影响评价文件确定需要配套建设的固体废物污染环境防治设施，必须与主体工程同时设计、同时施工、同时投入使用。建设项目的初步设计，应当按照环境保护设计规范的要求，将固体废物污染环境防治内容纳入环境影响评价文件，落实防治固体废物污染环境和破坏生态的措施以及固体废物污染环境防治设施投资概算。建设单位应当依照有关法律法规的规定，对配套建设的固体废物污染环境防治设施进行验收，编制验收报告，并向社会公开。

国家发展绿色金融，鼓励金融机构加大对固体废物污染环境防治项目的信贷投放。固体废物污染环境防治设施必须经环境影响评价文件的环境保护行政主管部门验收合格后，该建设项目方可投入生产或使用。

生态保护红线区域、基本农田保护区和其他需要特别保护的区域内，禁止建设工业固体废物、危险物集中贮存、处置的设施、场所和生活垃圾填埋场。生态保护红线，是指在生态空间范围内具有特殊重要生态功能、必须强制性严格保护的区域，是保障和维护国家生态安全的底线和生命线，通常包括具有重要水源涵养、生物多样性维护、水土保持、防风固沙、海岸生态稳定等功能的生态功能重要区域，以及水土流失、土地沙化、石漠化、盐渍化等生态环境敏感脆弱区域。

8.3 建设节约能源制度

节约资源是我国的基本国策。国家实施节约与开发并举、把节约放在首位的能源发展战略。节约能源是指加强用能管理，采取技术上可行、经济上合理以及环境和社会可以承受的措施，从能源生产到消费的各个环节，降低消耗、减少损失和污染物排放、制止浪费，有效、合理地利用能源。

8.3.1 建设节能概述

在工程建设领域，节约能源主要包括建筑节能和施工节能两个方面。

建筑节能是解决建设项目建成后使用过程中的节能问题，如《民用建筑节能条例》规定，"民用建筑节能，是指在保证民用建筑使用功能和室内热环境质量的前提下，降低其使用过程中能源消耗的活动"。施工节能则是要解决施工过程中的节约能源问题，如《绿色施工导则》规定，"绿色施工是指工程建设中，在保证质量、安全等基本要求的前提下，通过科学管理和技术进步,最大限度地节约资源与减少对环境负面影响的施工活动,实现四节一环保(节能、节地、节水、节材和环境保护)"。

1. 节能工作的监管机构

根据《节约能源法》的有关规定,国务院管理节能工作的部门主管全国的节能监督管理工作。国务院有关部门在各自的职责范围内负责节能监督管理工作,并接受国务院管理节能工作的部门的指导。

县级以上地方各级人民政府管理节能工作的部门负责本行政区域内的节能监督管理工作。县级以上地方各级人民政府有关部门在各自的职责范围内负责节能监督管理工作,并接受同级管理节能工作的部门的指导。

2. 促进节能的产业政策

根据《节约能源法》的有关规定,国家实行有利于节能和环境保护的产业政策,限制发展高耗能、高污染行业,发展节能环保型产业。国务院和省、自治区、直辖市人民政府应当加强节能工作,合理调整产业结构、企业结构、产品结构和能源消费结构,推动企业降低单位产值能耗和单位产品能耗,淘汰落后的生产能力,改进能源的开发、加工、转换、输送、储存和供应,提高能源利用效率。国家鼓励、支持开发和利用新能源、可再生能源。

国家对落后的耗能过高的用能产品、设备和生产工艺实行淘汰制度。禁止使用国家明令淘汰的用能设备、生产工艺。国家鼓励企业制定严于国家标准、行业标准的企业节能标准。

3. 循环经济的法律要求

循环经济是指在生产、流通和消费等过程中进行的减量化、再利用、资源化活动的总称。减量化,是指在生产、流通和消费等过程中减少资源消耗和废物产生。再利用,是指将废物直接作为产品或者经修复、翻新、再制造后继续作为产品使用,或者将废物的全部或者部分作为其他产品的部件予以使用。资源化,是指将废物直接作为原料进行利用或者对废物进行再生利用。为了促进循环经济发展,提高资源利用效率,保护和改善环境,实现可持续发展,我国制定颁布了《循环经济促进法》。

根据《循环经济促进法》的有关规定,发展循环经济应当在技术可行、经济合理和有利于节约资源、保护环境的前提下,按照减量化优先的原则实施。在废物再利用和资源化过程中,应当保障生产安全,保证产品质量符合国家规定的标准,并防止产生再次污染。

企业事业单位应当建立健全管理制度,采取措施,降低资源消耗,减少废物的产生量和排放量,提高废物的再利用和资源化水平。

国务院循环经济发展综合管理部门会同国务院环境保护等有关主管部门,定期发布鼓励、限制和淘汰的技术、工艺、设备、材料和产品名录。禁止生产、进口、销售列入淘汰名录的设备、材料和产品,禁止使用列入淘汰名录的技术、工艺、设备和材料。

4. 用能单位法定义务

为了推动全社会节约能源,提高能源利用效率,保护和改善环境,促进经济社会全面协调可持续发展,我国制定并颁布了《节约能源法》。

根据《节约能源法》的有关规定,任何单位和个人都应当依法履行节能义务,有权检举浪费能源的行为。用能单位应当按照合理用能的原则,加强节能管理,制订并实施节能计划和节能技术措施,降低能源消耗。用能单位应当建立节能目标责任制,对节能工作取得成绩的集体、个人给予奖励。用能单位应当定期开展节能教育和岗位节能培训。

用能单位应当加强能源计量管理，按照规定配备和使用经依法鉴定合格的能源计量器具。用能单位应当建立能源消费统计和能源利用状况分析制度，对各类能源的消费实行分类计量和统计，并确保能源消费统计数据真实、完整。能源生产经营单位不得向本单位职工无偿提供能源，任何单位不得对能源消费实行包费制。

【例 8-8】 按照合同约定由建设单位采购墙体材料、保温材料、门窗、采暖制冷系统和照明设备的，建设单位应当保证其符合（　　）要求。

A. 施工图设计文件　　　B. 国家标准　　　C. 企业标准　　　D. 施工单位

【解析】 根据建设项目环境影响的后评价制度，应当进行环境影响后评价，并立即采取措施。正确答案是 A。

8.3.2 建筑节能

建筑节能，在发达国家最初为减少建筑中能量的散失，普遍称为"提高建筑中的能源利用率"，在保证提高建筑舒适性的条件下，合理使用能源，不断提高能源利用效率。建筑节能是关系到我国建设低碳经济、完成节能减排目标、保持经济可持续发展的重要环节之一。要想做好建筑节能工作、完成各项指标，我们需要认真规划、强力推进，踏踏实实地从细节抓起。建筑节能是一项系统工程，在全面推进的过程中，要制定出相关配套政策法规，该强制执行的要加大执行力度；要有相配套的标准，包括技术标准、产品标准和管理标准等，便于在实施过程中进行监督检查；对新技术、新工艺、新设备、新材料、新产品等，要在政策方面给予支持，加大市场推广力度。

根据《节约能源法》的规定，国家实行固定资产投资项目节能评估和审查制度。不符合强制性节能标准的项目，建设单位不得开工建设；已经建成的，不得投入生产、使用。政府投资项目不符合强制性节能标准的，依法负责项目审批或者核准的机关不得批准或者核准建设。

国家鼓励在新建建筑和既有建筑节能改造中使用新型墙体材料等节能建筑材料和节能设备，安装和使用太阳能等可再生能源利用系统。

建筑工程的建设、设计、施工和监理单位应当遵守建筑节能标准。不符合建筑节能标准的建筑工程，建设主管部门不得批准开工建设；已经开工建设的，应当责令停止施工、限期改正；已经建成的，不得销售或者使用。建设主管部门应当加强对在建建筑工程执行建筑节能标准情况的监督检查。

根据《民用建筑节能条例》的规定，各级人民政府应当加强对民用建筑节能工作的领导，积极培育民用建筑节能服务市场，健全民用建筑节能服务体系，推动民用建筑节能技术的开发应用，做好民用建筑节能知识的宣传教育工作。

1. 建筑节能的监管机构

根据《节约能源法》的规定，国务院建设主管部门负责全国建筑节能的监督管理工作。县级以上地方各级人民政府建设主管部门负责本行政区域内建筑节能的监督管理工作。县级以上地方各级人民政府建设主管部门会同同级管理节能工作的部门编制本行政区域内的建筑节能规划。建筑节能规划应当包括既有建筑节能改造计划。

2. 采用太阳能、地热能等可再生能源

根据《节约能源法》的规定，国家鼓励在新建建筑和既有建筑节能改造中使用新型墙体

材料等节能建筑材料和节能设备,安装和使用太阳能等可再生能源利用系统。根据《民用建筑节能条例》的规定,国家鼓励和扶持在新建建筑和既有建筑节能改造中采用太阳能、地热能等可再生能源。在具备太阳能利用条件的地区,有关地方人民政府及其部门应当采取有效措施,鼓励和扶持单位、个人安装使用太阳能热水系统、供热制冷系统、照明系统等太阳能利用系统。

3. 新建建筑节能的规定

国家推广使用民用建筑节能的新技术、新工艺、新材料和新设备,限制使用或者禁止使用能源消耗高的技术、工艺、材料和设备。国家限制进口或者禁止进口能源消耗高的技术、材料和设备。建设单位、设计单位、施工单位不得在建筑活动中使用列入禁止使用目录的技术、工艺、材料和设备。

(1)城乡规划主管部门的节能义务

编制城市详细规划、镇详细规划,应当按照民用建筑节能的要求,确定建筑的布局、形状和朝向。城乡规划主管部门依法对民用建筑进行规划审查,应当就设计方案是否符合民用建筑节能强制性标准征求同级建设主管部门的意见;建设主管部门应当自收到征求意见材料之日起 10 日内提出意见。征求意见时间不计算在规划许可的期限内。对不符合民用建筑节能强制性标准的,不得颁发建设工程规划许可证。

(2)施工图审查机构的节能义务

施工图设计文件审查机构应当按照民用建筑节能强制性标准对施工图设计文件进行审查;经审查不符合民用建筑节能强制性标准的,县级以上地方人民政府建设主管部门不得颁发施工许可证。

(3)建设单位的节能义务

建设单位不得明示或者暗示设计单位、施工单位违反民用建筑节能强制性标准进行设计、施工,不得明示或者暗示施工单位使用不符合施工图设计文件要求的墙体材料、保温材料、门窗、采暖制冷系统和照明设备。

按照合同约定由建设单位采购墙体材料、保温材料、门窗、采暖制冷系统和照明设备的,建设单位应当保证其符合施工图设计文件要求。

建设单位组织竣工验收,应当对民用建筑是否符合民用建筑节能强制性标准进行检验;对不符合民用建筑节能强制性标准的,不得出具竣工验收合格报告。

(4)设计单位、施工单位、工程监理单位的节能义务

设计单位、施工单位、工程监理单位及其注册执业人员,应当按照民用建筑节能性标准进行设计、施工、监理。

《民用建筑节能条例》第十六条规定,施工单位应当对进入施工现场的墙体材料、保温材料、门窗、采暖制冷系统和照明设备进行查验;不符合施工图设计文件要求的,不得使用。

工程监理单位发现施工单位不按照民用建筑节能强制性标准施工的,应当要求施工单位改正;施工单位拒不改正的,工程监理单位应当及时报告建设单位,并向有关主管部门报告。

墙体、屋面的保温工程施工时,监理工程师应当按照工程监理规范的要求,采取旁站、巡视和平行检验等形式实施监理。未经监理工程师签字,墙体材料、保温材料、门窗、采暖制冷系统和照明设备不得在建筑上使用或者安装,施工单位不得进行下一道工序的施工。

【例 8-9】 下列行为中,违反国家有关节能管理规定的有( )。

A. 设计单位对改建工程的设计中未考虑节能改造
B. 施工图设计文件审查机构对节能设计进行了重点审查
C. 项目开工后,建设单位以节约投资为由要求设计单位降低建筑节能标准
D. 监理单位将建筑节能标准纳入了工程监理依据

【解析】 设计单位应当依据建筑节能标准的要求进行设计,保证建筑设计治理质量;建设单位不得以任何理由要求施工单位、设计单位擅自修改经审查合格的节能设计文件,降低节能标准。正确答案是 AC。

4. 既有建筑节能的规定

既有建筑节能改造应当根据当地经济、社会发展水平和地理气候条件等实际情况,有计划、分步骤地实施分类改造。既有建筑节能改造,是指对不符合民用建筑节能强制性标准的既有建筑的围护结构、供热系统、采暖制冷系统、照明设备和热水供应设施等实施节能改造的活动。

国家机关办公建筑、政府投资和以政府投资为主的公共建筑的节能改造,应当制定节能改造方案,经充分论证,并按照国家有关规定办理相关审批手续方可进行。居住建筑和前述规定以外的其他公共建筑不符合民用建筑节能强制性标准的,在尊重建筑所有权人意愿的基础上,可以结合扩建、改建,逐步实施节能改造。

实施既有建筑节能改造,应当符合民用建筑节能强制性标准,优先采用遮阳、改善通风等低成本改造措施。既有建筑围护结构的改造和供热系统的改造应当同步进行。

对实行集中供热的建筑进行节能改造,应当安装供热系统调控装置和用热计量装置;对公共建筑进行节能改造,还应当安装室内温度调控装置和用电分项计量装置。

8.3.3 施工节能

《循环经济促进法》规定,建筑设计、建设、施工等单位应当按照国家有关规定和标准,对其设计、建设、施工的建筑物及构筑物采用节能、节水、节地、节材的技术工艺和小型、轻型、再生产品。有条件的地区,应当充分利用太阳能、地热能、风能等可再生能源。

施工节能主要包括节能、节水、节地、节材四个方面:

(1)节能。施工现场应在各项施工活动和工序中,做好机电节能、能量系统优化、绿色照明、办公节能以及节能监测和服务体系建设等工作,优先使用节能、高效、环保的施工设备和机具,采用低能耗施工工艺,充分利用可再生清洁能源。

(2)节水。施工进行地下水资源的保护,节约生产、生活用水,充分利用雨水资源。

(3)节地。施工现场物料堆放应紧凑,施工道路宜按照永久道路和临时道路相结合的原则布置,减少土地占用;选择第二场地进行材料堆放、加工的,应先利用荒地、废地。土方开挖施工应减少土方开挖量,最大限度地减少对土地的扰动,保护周边自然生态环境。

(4)节材。推广先进工艺、技术,降低生产、生活所需的各种材料浪费。

根据《绿色施工导则》的规定,工程建设中,在保证质量、安全等基本要求的前提下,通过科学管理和技术进步,最大限度地节约资源与减少对环境负面影响的施工活动,实现四节一环保(节能、节水、节地、节材和环境保护)。绿色施工主要由节材与材料资源利用、节水与水资源利用、节能与能源利用、节地与施工用地保护四个方面组成。

1. 节材与材料资源利用

国家鼓励利用无毒无害的固体废物生产建筑材料,鼓励使用散装水泥,推广使用预拌混凝土和预拌砂浆。禁止损毁耕地烧砖。在国务院或者省、自治区、直辖市人民政府规定的期限和区域内,禁止生产、销售和使用粘土砖。《绿色施工导则》进一步规定,图纸会审时,应审核节材与材料资源利用的相关内容,达到材料损耗率比定额损耗率降低30%;根据施工进度、库存情况等合理安排材料的采购、进场时间和批次,减少库存;现场材料堆放有序;储存环境适宜,措施得当;保管制度健全,责任落实;材料运输工具适宜,装卸方法得当,防止损坏和遗撒;根据现场平面布置情况就近卸载,避免和减少二次搬运;采取技术和管理措施提高模板、脚手架等的周转次数;优化安装工程的预留、预埋、管线路径等方案;应就地取材,施工现场500km以内生产的建筑材料用量占建筑材料总重量的70%以上。

此外,还分别就结构材料、围护材料、装饰装修材料、周转材料提出了明确的技术要点。例如,结构材料的节材与材料资源利用技术要点是:①推广使用预拌混凝土和商品砂浆。准确计算采购数量、供应频率、施工速度等,在施工过程中动态控制。结构工程使用散装水泥;②推广使用高强钢筋和高性能混凝土,减少资源消耗;③推广钢筋专业化加工和配送;④优化钢筋配料和钢构件下料方案。钢筋及钢结构制作前应对下料单及样品进行复核,无误后方可批量下料;⑤优化钢结构制作和安装方法。大型钢结构宜采用工厂制作,现场拼装;宜采用分段吊装、整体提升、滑移、顶升等安装方法,减少方案的措施用材量;⑥采取数字化技术,对大体积混凝土、大跨度结构等专项施工方案进行优化。

2. 节水与水资源利用

《循环经济促进法》规定,国家鼓励和支持使用再生水。企业应当发展串联用水系统和循环水系统,提高水的重复利用率。企业应当采用先进技术、工艺和设备,对生产过程中产生的废水进行再生利用。《绿色施工导则》进一步对提高用水效率、非传统水源利用和安全用水做出规定。

(1)提高用水效率

①施工中采用先进的节水施工工艺。

②施工现场喷洒路面、绿化浇灌不宜使用市政自来水。现场搅拌用水、养护用水应采取有效的节水措施,严禁无措施浇水养护混凝土。

③施工现场供水管网应根据用水量设计布置,管径合理、管路简捷,采取有效措施减少管网和用水器具的漏损。

④现场机具、设备、车辆冲洗用水必须设立循环用水装置。施工现场办公区、生活区的生活用水采用节水系统和节水器具,提高节水器具配置比率。项目临时用水应使用节水型产品,安装计量装置,采取针对性的节水措施。

⑤施工现场建立可再利用水的收集处理系统,使水资源得到梯级循环利用。

⑥施工现场分别对生活用水与工程用水确定用水定额指标,并分别计量管理。

⑦大型工程的不同单项工程、不同标段、不同分包生活区,凡具备条件的应分别计量用水量。在签订不同标段分包或劳务合同时,将节水定额指标纳入合同条款,进行计量考核。

⑧对混凝土搅拌站点等用水集中的区域和工艺点进行专项计量考核。施工现场建立雨水、中水或可再利用水的搜集利用系统。

(2)非传统水源利用

①优先采用中水搅拌、中水养护,有条件的地区和工程应收集雨水养护。

②处于基坑降水阶段的工地,宜优先采用地下水作为混凝土搅拌用水、养护用水、冲洗用水和部分生活用水。

③现场机具、设备、车辆冲洗、喷洒路面、绿化浇灌等用水,优先采用非传统水源,尽量不使用市政自来水。

④大型施工现场,尤其是雨量充沛地区的大型施工现场建立雨水收集利用系统,充分收集自然降水用于施工和生活中适宜的部位。

⑤力争施工中非传统水源和循环水的再利用量大于30%。

(3) 用水安全

在非传统水源和现场循环再利用水的使用过程中,应制定有效的水质检测与卫生保障措施,确保避免对人体健康、工程质量以及周围环境产生不良影响。

3. 节能与能源利用

(1) 节能措施

①制订合理施工能耗指标,提高施工能源利用率。

②优先使用国家、行业推荐的节能、高效、环保的施工设备和机具,如选用变频技术的节能施工设备等。

③施工现场分别设定生产、生活、办公和施工设备的用电控制指标,定期进行计量、核算、对比分析,并有预防与纠正措施。

④在施工组织设计中,合理安排施工顺序、工作面,以减少作业区域的机具数量,相邻作业区充分利用共有的机具资源。安排施工工艺时,应优先考虑耗用电能的或其他能耗较少的施工工艺。避免设备额定功率远大于使用功率或超负荷使用设备的现象。

⑤根据当地气候和自然资源条件,充分利用太阳能、地热等可再生能源。

(2) 机械设备与机具

①建立施工机械设备管理制度,开展用电、用油计量,完善设备档案,及时做好维修保养工作,使机械设备保持低耗、高效的状态。

②选择功率与负载相匹配的施工机械设备,避免大功率施工机械设备低负载长时间运行。机电安装可采用节电型机械设备,如逆变式电焊机和能耗低、效率高的手持电动工具等,以利节电。机械设备宜使用节能型油料添加剂,在可能的情况下,考虑回收利用,节约油量。

③合理安排工序,提高各种机械的使用率和满载率,降低各种设备的单位耗能。

(3) 生产、生活及办公临时设施

①利用场地自然条件,合理设计生产、生活及办公临时设施的体形、朝向、间距和窗墙面积比,使其获得良好的日照、通风和采光。南方地区可根据需要在其外墙窗设遮阳设施。

②临时设施宜采用节能材料,墙体、屋面使用隔热性能好的材料,减少夏天空调、冬天取暖设备的使用时间及耗能量。

③合理配置采暖、空调、风扇数量,规定使用时间,实行分段分时使用,节约用电。

(4) 施工用电及照明

①临时用电优先选用节能电线和节能灯具,临电线路合理设计、布置,临电设备宜采用自动控制装置。采用声控、光控等节能照明灯具。

②照明设计以满足最低照度为原则,照度不应超过最低照度的20%。

4. 节地与施工用地保护

(1)临时用地指标

①根据施工规模及现场条件等因素合理确定临时设施,如临时加工厂、现场作业棚及材料堆场、办公生活设施等的占地指标,临时设施的占地面积应按用地指标所需的最低面积设计。

②要求平面布置合理、紧凑,在满足环境、职业健康与安全及文明施工要求的前提下尽可能减少废弃地和死角,临时设施占地面积有效利用率大于90%。

(2)临时用地保护

①应对深基坑施工方案进行优化,减少土方开挖和回填量,最大限度地减少对土地的扰动,保护周边自然生态环境。

②红线外临时占地应尽量使用荒地、废地,少占用农田和耕地。工程完工后,及时对红线外占地恢复原地形、地貌,使施工活动对周边环境的影响降至最低。

③利用和保护施工用地范围内原有绿色植被。对于施工周期较长的现场,可按建筑永久绿化的要求,安排场地新建绿化。

(3)施工总平面布置

①施工总平面布置应做到科学、合理,充分利用原有建筑物、构筑物、道路、管线为施工服务。

②施工现场搅拌站、仓库、加工厂、作业棚、材料堆场等布置应尽量靠近已有交通线路或即将修建的正式或临时交通线路,缩短运输距离。

③临时办公和生活用房应采用经济、美观、占地面积小、对周边地貌环境影响较小,且适合于施工平面布置动态调整的多层轻钢活动板房、钢骨架水泥活动板房等标准化装配式结构。生活区与生产区应分开布置,并设置标准的分隔设施。

④施工现场围墙可采用连续封闭的轻钢结构预制装配式活动围挡,减少建筑垃圾,保护土地。

⑤施工现场道路按照永久道路和临时道路相结合的原则布置。施工现场内形成环形通路,减少道路占用土地。

⑥临时设施布置应注意远近结合(本期工程与下期工程),努力减少和避免大量临时建筑拆迁和场地搬迁。

8.3.4 建设节能技术进步和激励措施

1. 建设节能技术进步

(1)政府政策引导

根据《节约能源法》的规定,国务院管理节能工作的部门会同国务院科技主管部门发布节能技术政策大纲倡导节能技术研究、开发和推广应用。县级以上各级人民政府应当把节能技术研究开发作为政府科技投入的重点领域,支持科研单位和企业开展节能技术应用研究,制定节能标准,研发节能共性和关键技术,促进节能技术创新与成果转化。

国务院管理节能工作的部门会同国务院有关部门制定并公布节能技术、节能产品的推广目录,引导用能单位和个人使用先进的节能技术、节能产品。

农业、科技等有关主管部门应当支持、推广在农业生产、农产品加工储运等方面应用节能技术和节能产品,鼓励更新和淘汰高耗能的农业机械和渔业船舶。

国家鼓励、支持在农村大力发展沼气,推广生物质能、太阳能和风能等可再生能源利用技术,按照科学规划、有序开发的原则发展小型水力发电,推广节能型的农村住宅和炉灶等,鼓励利用非耕地种植能源植物,大力发展薪炭林等能源林。

(2)政府资金扶持

根据《节约能源法》的规定,县级以上各级人民政府应当按照因地制宜、多能互补、综合利用、讲求效益的原则,加强农业和农村节能工作,增加对农业和农村节能技术、节能产品推广应用的资金投入。

根据《循环经济促进法》的规定,国务院和省、自治区、直辖市人民政府设立发展循环经济的有关专项资金,支持循环经济的科技研究开发、循环经济技术和产品的示范与推广、重大循环经济项目的实施、发展循环经济的信息服务等。

国务院和省、自治区、直辖市人民政府及其有关部门应当将循环经济重大科技攻关项目的自主创新研究、应用示范和产业化发展列入国家或者省级科技发展规划和高技术产业发展规划,安排财政性资金予以支持。

利用财政性资金引进循环经济重大技术、装备的,应当制订消化、吸收和创新方案,有关主管部门审批并由其监督实施;相关主管部门应当根据实际需要建立协调机制,重大技术、装备的引进和消化、吸收、创新实行统筹协调,给予资金支持。

2. 建设节能激励措施

(1)财政安排节能专项资金

中央财政和省级地方财政安排节能专项资金,支持节能技术研究开发、节能技术和产品的示范与推广、重点节能工程的实施、节能宣传培训、信息服务和表彰奖励等。

国家通过财政补贴支持节能照明器具等节能产品的推广和使用。

(2)税收优惠

国家运用税收等政策,鼓励先进节能技术、设备的进口,限制在生产过程中耗能高、污染重的产品的出口。

国家对促进循环经济发展的产业活动给予税收优惠,运用税收等措施鼓励进口先进的节能、节水、节材等技术、设备和产品,限制在生产过程中耗能高、污染重的产品的出口。

企业使用或者生产列入国家清洁生产、资源综合利用等鼓励名录的技术、工艺、设备或者产品的,按照国家有关规定享受税收优惠。

(3)信贷支持

国家引导金融机构增加对节能项目的信贷支持,符合条件的节能技术研究开发、节能产品生产以及节能技术改造等项目提供优惠贷款。国家推动和引导社会有关方面加大对节能的资金投入,加快节能技术改造。

(4)价格政策

国家实行有利于节能的价格政策,引导施工单位和个人节能。国家运用财税、价格等政策,扶持推广电力需求侧管理、合同能源管理、节能自愿协议等节能办法。国家实行有利于资源节约和合理利用的价格政策,引导单位和个人节约和合理使用水、电、气等资源性产品。

(5)表彰奖励

各级人民政府对在节能管理、节能科学技术研究和推广应用中有显著成绩以及检举严重浪费能源行为的单位和个人,给予表彰和奖励。企业事业单位应当对在循环经济发展中做出突出贡献的集体和个人给予表彰和奖励。

【例 8-10】 按照《节约能源法》《循环经济促进法》的规定,我国目前主要采取的节能激励措施包括( )。

A. 安排专项节能财政资金　　　　B. 给予节能产业税收优惠
C. 节能项目信贷支持　　　　　　D. 限制高能耗进口

【解析】 根据《节约能源法》《循环经济促进法》的规定,我国目前主要采取的节能激励措施包括:安排专项节能财政资金,给予节能产业税收优惠,对节能项目信贷支持,节能价格策略,表彰奖励。正确答案是 ABC。

复习思考题

1. 简述施工现场环境噪声污染的防治。
2. 简述施工现场大气污染的防治。
3. 简述施工现场水污染的防治。
4. 简述施工现场固体废物污染的防治。
5. 如何理解建设项目环境影响评价的分类管理?
6. 简述建设项目环境影响评价的审批。
7. 简述建设项目环境污染的防治。
8. 建设节能的激励措施主要有哪些?
9. 如何理解施工企业承担的生态责任。
10. 如何理解《民法典》生态环境损害修复责任和赔偿规则既强化私权保护又兼顾公共利益。

课后案例

某小区居民向市环保局投诉,反映其居住的住宅小区旁有一处建筑工地正在施工,尘土飞扬,已严重影响了当地居民的正常生活。市环保局立即派人对该工地进行检查,发现该工地正处于建筑工程主体施工阶段,其密目式安全网绑扎不牢固,随风飘荡,且多处出现较大破损,不能有效防止和减少施工中的灰尘外逸,造成工地周边尘土飞扬,对临近住宅小区居民的日常生活造成了严重影响。市环保局当即要求该施工单位进行限期整改。但是,该施工单位迟迟不采取任何整改措施,依然照常进行施工作业。

【问题】
(1)施工单位有何违法行为?
(2)市环保局应当对其做何行政处罚?

【分析】
《大气污染防治法》第六十九条规定,"建设单位应当将防治扬尘污染的费用列入工程造价,并在施工承包合同中明确施工单位扬尘污染防治责任。施工单位应当制定具体的施工扬尘污染防治实施方案。从事房屋建筑、市政基础设施建设、河道整治以及建筑物拆除等施工单位，应当向负责监督管理扬尘污染防治的主管部门备案。施工单位应当在施工工地设置硬质围挡，并采取覆盖、分段作业、择时施工、洒水抑尘、冲洗地面和车辆等有效防尘降尘措施。建筑土方、工程渣土、建筑垃圾应当及时清运；在场地内堆存的，应当采用密闭式防尘网遮盖。工程渣土、建筑垃圾应当进行资源化处理。"本案中的施工单位违反了此项法律规定，外脚手架使用的密目式安全网未能实现有效封闭，导致产生了大量粉尘外泄污染环境。

依据《大气污染防治法》第一百一十七条规定，由县级以上人民政府生态环境等主管部门按照职责责令改正，处一万元以上十万元以下的罚款；拒不改正的，责令停工整治或者停业整治。据该法第一百二十三条规定，对于该施工单位受到罚款处罚，被责令改正，拒不改正，依法作出处罚决定的行政机关可以自责令改正之日的次日起，按照原处罚数额按日连续处罚。

第 9 章

工程建设争议解决法律制度

课程思政要点

习近平强调"要努力让人民群众在每一个司法案件中都能感受到公平正义,决不能让不公正的审判伤害人民群众感情、损害人民群众权益。"程序正义是实体正义的前提和保障,如同"车之两轮,鸟之两翼"通过《仲裁法》《民事诉讼法》《行政诉讼法》学习,理解程序公正与实体公正的辩证关系以及司法公正对社会公正所具有的重要引领作用。我国历来有"和为贵""厌讼"的传统,深刻理解我国和解制度、调解制度的设计契合了人民群众解决纠纷心理的人民司法传统的充分表达,工程建设争议中要善于通过和解、调解和争议评审等方式化解矛盾纠纷,维护和谐社会关系。疫情之下,人民法院积极推动网上办案、指尖诉讼,《民事诉讼法》新增电子送达,通过以上这些司法实践中便民创新举措,深刻领会"司法为民"的思想。

9.1 调解、和解制度和争议评审

9.1.1 调解制度

调解是由第三者(调解机构或调解人)出面对纠纷的双方当事人进行调停说和,用一定的法律规范和道德规范劝导冲突双方,促使他们在互谅互让的基础上达成解决纠纷的协议。

1. 人民调解

人民调解是指人民调解委员会通过说服、疏导等方法,促使当事人在平等协商基础上自愿达成调解协议,解决民间纠纷的活动。人民调解委员会是依法设立的调解民间纠纷的群众性组织,人民调解员由人民调解委员会委员和人民调解委员会聘任的人员担任。应当遵循下列原则调解民间纠纷:(1)在当事人自愿、平等的基础上进行调解;(2)不违背法律、法规和国家政策;(3)尊重当事人的权利,不得因调解而阻止当事人依法通过仲裁、行政、司法等途径维护自己的权利。国家鼓励和支持人民调解工作,人民调解委员会调解民间纠纷,不收取任何费用。

经人民调解委员会调解达成调解协议的,可以制作调解协议书。调解协议书自各方当事人签名、盖章或者按指印,人民调解员签名并加盖人民调解委员会印章之日起生效。当事人认为无需制作调解协议书的,可以采取口头协议方式,人民调解员应当记录协议内容。口头调解协议自各方当事人达成协议之日起生效。《人民调解法》第三十一条第一款规定:"经人民调解委员会调解达成的调解协议,具有法律约束力,当事人应当按照约定履行。一方当事人拒不履行调解协议,另一方当事人可以以其为被告向人民法院提起诉讼。"

双方当事人认为有必要的,可以自调解协议生效之日起 30 日内共同向人民法院申请司法确认。人民法院依法确认调解协议有效,一方当事人拒绝履行或者未全部履行的,对方当事人可以向人民法院申请强制执行。人民法院依法确认调解协议无效的,当事人可以通过人民调解方式变更原调解协议或者达成新的调解协议,也可以向人民法院提起诉讼。

2. 法院调解

法院调解是我国民事审判工作的优良传统和成功经验,民事诉讼法把法院调解用法律条文固定下来,并将自愿、合法进行调解确定为一项基本原则。民事诉讼法做如此规定,反映了其中国特色。

《民事诉讼法》第九条规定:"人民法院审理民事案件,应当根据自愿和合法的原则进行调解;调解不成的,应当及时判决。"根据这一规定,人民法院审理民事案件时,要多做说服教育和疏导工作,促使双方达成协议,解决纠纷。

自愿合法进行调解作为民事诉讼法的基本原则,其含义有三:

(1)人民法院受理民事案件后,应当重视调解解决。调解解决纠纷的核心是要求审判人员在办案过程中,对当事人多做思想教育工作,用国家的法律、政策启发当事人,促使双方当事人互相谅解,达成协议,彻底解决纠纷。重视调解解决,就是指民事案件,凡能以调解的方式结案的,就不采用判决的方式结案。

(2)要求人民法院对当事人多做思想教育工作。做好当事人的思想教育工作是解决民事案件的基础,通过说服教育,宣传国家的法律和政策。即使不能调解结案,需要判决结案的,也要做好思想教育工作。

(3)法院调解要在自愿和合法的基础上进行。不能因为强调调解而违背自愿和合法的精神;对于当事人不愿调解或调解不成的,应当及时判决,避免"久调不决"。

当事人达成调解协议的,人民法院制作调解书,调解书由审判人员、书记员署名,加盖人民法院印章,送达双方当事人。调解书经双方当事人签收后,即具有与确定的判决书同等的法律效力。当事人拒绝履行或未全部履行的,对方当事人可以向人民法院申请强制执行。

3. 仲裁调解

仲裁调解是指在仲裁庭主持下,仲裁当事人在自愿协商、互谅互让基础上达成协议,解决纠纷的一种制度。《仲裁法》第五十一条规定:"仲裁庭在作出裁决前,可以先行调解。当事人自愿调解的,仲裁庭应当调解。调解不成的,应当及时作出裁决。调解达成协议的,仲裁庭应当制作调解书或者根据协议的结果制作裁决书。调解书与裁决书具有同等法律效力。"

仲裁调解是中国仲裁法的特有做法,体现了中国仲裁制度的调解与裁决相结合的特色。

仲裁调解书经双方当事人签收后即发生法律效力。如果在调解书签收前当事人反悔的,仲裁庭应当及时做出裁决。

4. 行政调解

行政调解是国家行政机关处理平等主体之间民事争议的一种方法。国家行政机关根据法律、行政法规的相关规定,对属于本机关职权管辖范围内的平等主体之间的民事纠纷,通过耐心的说服教育,使纠纷的双方当事人互相谅解,在平等协商的基础上达成一致协议,从而合理地、彻底地解决纠纷矛盾。

行政调解分为两种:①基层人民政府,即乡、镇人民政府和街道办事处的司法助理员对一般民间纠纷的调解;②国家行政机关依照法律规定对某些特定民事纠纷或劳动纠纷或情节轻微的违反治安管理的行为等进行调解。行政调解属于诉讼外调解,行政调解协议虽然不具有强制执行的法律效力,但它的性质是合同,应当按照法律对合同的规定来处理对当事人均应具有约束力,应当自觉履行。

9.1.2 和解制度

1. 诉讼前和解

诉讼前和解是指发生在诉讼以前,双方当事人互相协商,达成协议,自行解决争议。这是第三人依法处分自己民事实体权利的民事法律行为。

和解成立后,当事人所争执的权利被确定,所抛弃的权利即消失,当事人不得任意反悔要求撤销。但是,如果事后发现和解依据的文件是伪造的或涂改的,或者当事人在和解时不知道和解事件已为法院判决所确定,或者当事人对重要的争议有重大误解而达成和解协议的,当事人都可以要求撤销和解协议。

2. 诉讼中和解

诉讼中和解是指发生在诉讼中,双方当事人互相协商,达成协议,自行解决争议。这种和解协议在法院判决前,当事人都可以进行,当事人可以就全部诉讼请求达成和解协议,也可以就个别诉讼请求达成和解协议。当事人达成和解协议后,原告既可以撤诉,双方也可以请求人民法院对和解事项制作调解书,经当事人签名盖章即发生法律效力。

3. 执行中和解

执行中和解是指在执行过程中,申请执行人和被执行人自愿协商,达成协议,并经人民法院审查批准后,结束执行程序的行为。执行中和解是当事人处分自己民事权利和诉讼权利的行为。

根据《民事诉讼法》第二百三十七条的规定,双方当事人在执行中自行和解达成协议的,人民法院的执行员应当将协议内容记入笔录,由双方当事人签名或者盖章。

经人民法院确认批准的执行和解具有终结本案执行程序、进一步确定双方当事人之间权利义务关系的效力。如果一方当事人不履行和解协议的,人民法院可以根据对方当事人的申请,恢复对原生效法律文书的执行,但和解协议已履行的部分应当扣除。和解协议已经履行完毕的,人民法院不予恢复执行。申请恢复执行原生效法律文书的期间,适用《民事诉讼法》第二百四十六条关于申请执行期间2年和中止、中断的规定。

4. 仲裁和解

对于仲裁案件，如果当事人在仲裁庭之外自行达成和解，可以请求仲裁庭根据其和解协议的内容做出裁决书结案，也可以申请撤销案件。在仲裁庭组成前申请撤销案件的，由仲裁委员会秘书长作出决定；在仲裁庭组成后申请撤销案件的，由仲裁庭作出决定。当事人达成和解协议，撤回仲裁申请后反悔的，可以根据仲裁协议申请仲裁。

注意，无论是哪个阶段达成的和解协议，除法院以调解书或仲裁庭以裁决书形式确认外，均不具有强制约束力。一方当事人不执行和解协议的，另一方当事人可以向法院提起诉讼，也可以根据仲裁条款申请仲裁。人民法院或仲裁庭通过对和解协议进行审查，对不违反法律效力性强制和禁止性规定，意思表示真实的，应当支持。

9.1.3 争议评审

1. 建设工程争议评审的概念

建设工程争议评审，指当事人在履行建设工程合同过程中发生争议时，根据事先或者临时达成的评审协议的约定，将争议提交专家评审组（以下简称评审组）进行评审，由评审组对争议出具评审意见的争议解决方式。

2. 建设工程争议评审制度的特点

（1）专业性强。争议评审组由有合同管理和工程实践经验的专家组成，专家的参与恰好能够针对建设工程争议技术性较强的特点，将专业优势引入解决过程，这使得评审意见更加准确、更具信服力，进而被双方所接受并得到自觉执行。

（2）非对抗性。争议评审组的专家由双方协商选出，对争议的评审更多的是从双方利益出发，而不是单纯运用法律条文进行评判。在这种情况下，双方的工作关系不太会受到影响和破坏。争议解决的程序具有不公开和保密的特点，也有利于建立相互信任的关系。

（3）国际性。争议评审制度中，没有管辖之说，所以双方可以指定任何评审组来担任争议评审事宜。同时参与评审的人员具有国际性，没有国籍之分，任何国籍的专家都可能成为争议项目评审组成员。

（4）灵活性。争议评审小组作出的书面决定经合同当事人签字确认后，对双方具有约束力，双方应遵照执行。任何一方当事人不接受争议评审小组决定仍可选择采用其他争议解决方式。

中国国际经济贸易仲裁委员会的《建设工程争议评审规则》，在评审意见的效力上，规定当事人在规定期限内无异议，评审意见才产生约束力，同时允许当事人对评审意见的效力进行约定，评审意见依约定对当事人产生约束力。

（5）成本低廉性。争议评审是一种通过专家评审，以"细致分割"的方式及时化解小争议，防止争议扩大的纠纷解决方式，从而保障工程顺利进行。

评审委员会成员先期介入，定期到现场，对争议起因和争议引起的后果更为了解，争议评审委员会实时解决争议，决策快，节约时间成本，有利于避免工程拖延。同时所花费用由争议双方平均承担，不同于仲裁或诉讼由败诉方承担。另外，总费用较少，降低了经济成本。

3. 我国争议评审制度的实践

在我国，争议评审制度的运用还较少，只有一些世界银行贷款项目如二滩水电站工程项目、黄河小浪底水利枢纽项目、万家寨水利工程项目、昆明掌鸠河引水供水工程等运用了争议评审机制，均取得良好效果。争议评审作为一种介于调解和仲裁之间的新的纠纷解决方式是20世纪70年代在美国隧道工程中发展起来的，第一次使用于美国科罗拉多州的艾森豪威尔隧道工程中。

2007年11月国家发改委等9部门联合发布了《〈标准施工招标资格预审文件〉和〈标准施工招标文件〉试行规定》中《标准施工招标文件》通用条款的争议解决条款部分规定了争议评审内容及当事人之间的争议，在提交仲裁或诉讼前，可以申请由专家组成的争议评审组进行评审。2013年建设工程施工合同示范文本通用合同条款第二十条争议解决中20.3正式规定争议评审。

中国国际经济贸易仲裁委员会和北京仲裁委员会分别依据《标准施工招标文件》，充分考虑我国现有国情、制度基础和参考国际商会《争议小组规则》以及FIDIC合同条件中的相关规定，制定了各自的《建设工程争议评审规则》。2021年5月首例适用中国国际经济贸易仲裁委员会《建设工程争议评审规则》的案件得到成功解决。该起涉及政府PPP项目的工程进度款支付比例相关条款有效履行的争议，从申请到评审组最终出具评审意见，仅用时28天，受到当事人好评。

9.2 仲裁制度

仲裁是指发生争议的双方当事人，根据其在争议发生前或争议发生后所达成的仲裁协议，自愿将该争议提交选定的仲裁机构进行裁判的争议解决制度和方式。仲裁具有以下三个要素：①仲裁是以双方当事人自愿协商为基础的争议解决制度和方式；②仲裁是由双方当事人自愿选择的中立第三者进行裁判的争议解决制度和方式；③经由当事人选择的中立第三者做出的裁决对双方当事人具有约束力。根据《仲裁法》规定，平等主体的公民、法人和其他组织之间发生的合同纠纷和其他财产权益纠纷，可以仲裁。但是，婚姻、收养、监护、扶养、继承纠纷和依法应当由行政机关处理的行政争议不能仲裁。

9.2.1 仲裁协议

仲裁协议是指双方当事人自愿将他们之间已经发生或者可能发生的争议提交仲裁解决的书面协议，是双方当事人所表达的采用仲裁方式解决纠纷意愿的法律文书，是将双方当事人之间的仲裁合意书面化、法律化的形式。在民商事仲裁中，仲裁协议是仲裁的前提，没有仲裁协议，就不存在有效的仲裁。

1. 仲裁协议的内容

（1）请求仲裁的意思表示

请求仲裁的意思表示是仲裁协议的首要内容，因为当事人以仲裁方式解决纠纷的意愿正是通过仲裁协议中请求仲裁的意思表示体现出来的。

(2) 仲裁事项

仲裁事项即当事人提交仲裁的具体争议事项。在仲裁实践中，当事人只有把订立于仲裁协议中的争议事项提交仲裁，仲裁机构才能受理。同时，仲裁事项也是仲裁庭审理和裁决纠纷的范围，即仲裁庭只能在仲裁协议确定的仲裁事项的范围内进行仲裁，超出这一范围进行仲裁，所做出的仲裁裁决，经一方当事人申请，法院可以不予执行或者撤销。

(3) 选定的仲裁委员会

仲裁委员会是受理仲裁案件的机构。由于仲裁没有法定管辖的规定，因此，仲裁委员会是由当事人自主选定的。

2. 仲裁协议的效力

(1) 对双方当事人的法律效力

仲裁协议是双方当事人就纠纷解决方式达成一致的意思表示，因此，仲裁协议一经有效成立，即对双方当事人产生法律效力，使双方当事人受到他们所签订的仲裁协议的约束。发生纠纷后，当事人只能通过向仲裁协议中所确定的仲裁机构申请仲裁的方式解决该纠纷，而丧失了就该纠纷向法院提起诉讼的权利。

(2) 对法院的法律效力

《仲裁法》第五条明确规定："当事人达成仲裁协议，一方向人民法院起诉的，人民法院不予受理，但仲裁协议无效的除外。"当事人达成仲裁协议，一方向人民法院起诉未声明有仲裁协议的，人民法院受理后，另一方在首次开庭前提交仲裁协议的，人民法院应当驳回起诉，但仲裁协议无效的除外。

(3) 对仲裁机构的法律效力——授予仲裁机构仲裁管辖权并限定仲裁的范围

《仲裁法》第四条规定："当事人采用仲裁方式解决纠纷，应当双方自愿，达成仲裁协议。没有仲裁协议，一方申请仲裁的，仲裁委员会不予受理。"同时，仲裁机构的管辖权又受到仲裁协议的严格限制，即仲裁庭只能对当事人在仲裁协议中约定的争议事项进行仲裁，而对仲裁协议约定范围以外的其他争议无权仲裁。

(4) 仲裁协议效力的确认机构

《仲裁法》第二十条规定："当事人对仲裁协议的效力有异议的，可以请求仲裁委员会作出决定或者请求人民法院作出裁定。一方请求仲裁委员会作出决定，另一方请求人民法院作出裁定的，由人民法院裁定。"当事人对仲裁协议的效力有异议，应当在仲裁庭首次开庭前提出。可见，在我国对仲裁协议效力的确认机构是仲裁委员会或者人民法院。当事人向人民法院申请仲裁协议效力的案件，由仲裁协议约定的仲裁机构所在地、仲裁协议签订地、申请人住所地、被申请人所在地中级人民法院或专门人民法院管辖。

(5) 仲裁条款的独立性

仲裁条款的独立性，也称仲裁条款的可分割性或可分离性。它是指作为主合同的一个条款，尽管仲裁条款依附于主合同，但其效力与主合同的其他条款可以分离而独立，即仲裁条款不因主合同的无效而无效，也不因主合同的被撤销而失效，仲裁机构仍然可以依照该仲裁条款取得和行使仲裁管辖权，在该仲裁条款所确定的提交仲裁的争议事项范围内，解决当事人之间的纠纷。《仲裁法》第十九条第一款规定："仲裁协议独立存在，合同的变更、解除、终止或者无效，不影响仲裁协议的效力。"

9.2.2 仲裁受理

1. 申请仲裁的条件

申请仲裁是仲裁程序开始的必要条件之一,也是启动仲裁程序的第一步。申请仲裁是指平等主体的公民、法人和其他组织就他们之间所发生的合同纠纷和其他财产权益纠纷,根据他们所签订的仲裁协议,提请所选定的仲裁机构进行仲裁审理和裁决的行为。

根据我国仲裁法的规定,当事人申请仲裁,必须符合一定的条件,这些条件包括:存在有效的仲裁协议;有具体的仲裁请求和事实、理由;属于仲裁委员会的受理范围。

2. 申请仲裁的方式

《仲裁法》第二十二条规定:"当事人申请仲裁,应当向仲裁委员会递交仲裁协议、仲裁申请书及副本。"这一规定明确了当事人申请仲裁,必须采用书面方式,而仲裁申请书即为这一书面方式的具体表现形式。《仲裁法》第二十三条规定:"仲裁申请书应当载明下列事项:(一)当事人的姓名、性别、年龄、职业、工作单位和住所,法人或者其他组织的名称、住所和法定代表人或者主要负责人的姓名、职务;(二)仲裁请求和所根据的事实、理由;(三)证据和证据来源、证人姓名和住所。"

3. 对仲裁申请的审查

仲裁委员会对仲裁申请的审查主要从以下几方面进行:

(1)审查当事人申请仲裁是否符合《仲裁法》第二十一条规定的当事人申请仲裁的条件:是否存在有效的仲裁协议;是否有具体的仲裁请求、事实和理由;是否属于仲裁委员会的受理范围。

(2)审查仲裁申请书的内容是否完整、明确,申请手续是否齐备。审查仲裁申请书是否具备《仲裁法》第二十三条规定的内容,是否向仲裁委员会提供了所要求的仲裁申请书及其副本和必要的证据等。

(3)审查后的处理

仲裁委员会经过审查,对符合条件的予以受理,不符合条件的不予受理,《仲裁法》第二十四条规定:仲裁委员会收到仲裁申请书之日起 5 日内,经审查认为符合受理条件的,应当受理,并通知当事人;认为不符合受理条件的,应当书面通知当事人不予受理,并说明不予受理的理由。

(4)仲裁财产保全与证据保全

仲裁财产保全是指仲裁机构在受理当事人仲裁申请后,对案件做出仲裁裁决前,为保证将来仲裁裁决得以实现,而由法院对当事人的财产或争执标的物采取强制措施的制度。

仲裁证据保全是指在仲裁裁决做出之前,对有可能灭失或以后难以取得的证据,经当事人申请,由法院所采取的对证据加以保护的一种临时性的强制措施。证据保全在仲裁程序中具有重要意义,其可以有效地保护能够证明仲裁案件的事实证据,防止证据被灭失、毁损等情形的发生。因此,国际上及各个国家在仲裁法或相关的法律中均规定有仲裁中证据保全的条款。

9.2.3 仲裁审理的法定程序

《仲裁法》第三十条规定:"仲裁庭可以由三名仲裁员或者一名仲裁员组成。由三名仲裁员组成的,设首席仲裁员。"根据这一规定,在我国,仲裁庭的组成形式有两种,即合议仲裁庭和独任仲裁庭。

1. 合议仲裁庭

合议仲裁庭是指由3名仲裁员组成的仲裁庭,即以集体合议的方式对争议案件进行审理并做出裁决。合议仲裁庭应设首席仲裁员,首席仲裁员是合议仲裁庭的主持者,与其他仲裁员有同等的权利,但在裁决不能形成多数意见时,仲裁裁决则应当按照首席仲裁员的意见做出。

2. 独任仲裁庭

独任仲裁庭是指由1名仲裁员组成的仲裁庭,即由1名仲裁员组成仲裁庭对争议案件进行审理并做出裁决。

对于仲裁庭的组成形式,当事人既可以约定由3名仲裁员组成合议仲裁庭,也可以约定由1名仲裁员组成独任仲裁庭。如果当事人没有在仲裁规则规定的期限内约定仲裁庭的组成方式的,则由仲裁委员会主任指定。

《仲裁法》第三十四条规定,仲裁员有下列情形之一的,必须回避,当事人也有权提出回避申请:(1)是本案当事人或者当事人、代理人的近亲属;(2)与本案有利害关系;(3)与本案当事人、代理人有其他关系,可能影响公正仲裁的;(4)私自会见当事人、代理人,或者接受当事人、代理人的请客送礼的。

当事人认为仲裁员具有应当回避的事由,有权提出要求该仲裁员回避的申请。当事人提出回避申请,应当说明理由,并在首次开庭前提出。回避事由在首次开庭后知道的,可以在最后一次开庭终结前提出。当事人的回避申请既可以用书面形式提出,也可以用口头形式提出。

9.2.4 开庭和审理

1. 开庭审理

《仲裁法》第三十九条规定,仲裁应当开庭进行。开庭审理是仲裁审理的主要方式。所谓开庭审理是指在仲裁庭的主持下,在双方当事人和其他仲裁参与人的参加下,按照法定程序,对案件进行审理并做出裁决的方式。《仲裁法》在规定仲裁的开庭审理原则的同时,又在第四十条规定:"仲裁不公开进行。当事人协议公开的,可以公开进行,但涉及国家秘密的除外。"

2. 书面审理

《仲裁法》第三十九条在规定仲裁应当开庭进行的同时,也规定如果"当事人协议不开庭的,仲裁庭可以根据仲裁申请书、答辩书以及其他材料做出裁决"。即进行书面审理。所谓书面审理是指在双方当事人及其他仲裁参与人不到庭参加审理的情况下,仲裁庭根据当事人提供的仲裁申请书、答辩书以及其他书面材料做出裁决的过程。书面审理是开庭审理的必要补充。

仲裁和解是指仲裁当事人通过协商，自行解决已提交仲裁的争议事项的行为。仲裁和解是仲裁当事人行使处分权的表现。《仲裁法》第四十九条规定："当事人申请仲裁后，可以自行和解。达成和解协议的，可以请求仲裁庭根据和解协议作出裁决书，也可以撤回仲裁申请。"如果当事人撤回仲裁申请后反悔，仍可以根据原仲裁协议申请仲裁。

仲裁调解是指在仲裁庭主持下，仲裁当事人在自愿协商、互谅互让基础上达成协议，从而解决纠纷的一种制度。《仲裁法》第五十一条第一款规定："仲裁庭在作出裁决前，可以先行调解。当事人自愿调解的，仲裁庭应当调解。调解不成的，应当及时作出裁决。"

9.2.5 仲裁裁决

仲裁裁决是由仲裁庭做出的。独任仲裁庭进行的审理，由独任仲裁员做出仲裁裁决；合议仲裁庭进行的审理，则由3名仲裁员集体做出仲裁裁决。根据《仲裁法》的规定，由合议仲裁庭做出仲裁裁决时，根据不同的情况，采取不同的方式：

(1)按多数仲裁员的意见做出仲裁裁决。按多数仲裁员的意见做出仲裁裁决是裁决的一项基本原则，即少数服从多数的原则，也是仲裁实践通常适用的方式。

(2)按首席仲裁员的意见做出仲裁裁决。按首席仲裁员的意见做出仲裁裁决是在仲裁庭无法形成多数意见的情况下所采用的做出仲裁裁决的方式。《仲裁法》第五十三条规定："裁决应当按照多数仲裁员的意见作出，少数仲裁员的不同意见可以记入笔录。仲裁庭不能形成多数意见时，裁决应当按照首席仲裁员的意见作出。"

仲裁裁决的效力是指仲裁裁决生效后所产生的法律后果。根据《仲裁法》第五十七条的规定："裁决书自作出之日起发生法律效力。"仲裁裁决的效力体现在：①当事人不得就已经裁决的事项再行申请仲裁，也不得就此提起诉讼；②仲裁机构不得随意变更已生效的仲裁裁决；③其他任何机关或个人均不得变更仲裁裁决；④仲裁裁决具有执行力。

9.2.6 仲裁执行

1. 申请执行

义务方当事人在规定的期限内不履行仲裁裁决时，权利方当事人在符合前述条件的情况下，有权请求人民法院强制执行。申请执行仲裁才裁决的案件，由被执行人所在地或被执行人财产所在地的中级人民法院管辖，执行案件符合基层人民法院一审民商事案件级别管辖受理范围的，经上级人民法院批准后，可以由被执行人所在地或被执行人财产所在地的基层人民法院管辖。当事人申请执行时应当向人民法院递交执行申请书，在申请书中应说明对方当事人的基本情况以及申请执行的事项和理由，并向人民法院提交作为执行依据的生效的仲裁裁决书或仲裁调解书。申请发生法律效力的仲裁裁决强制执行，必须在法律规定的期限内提出，根据《民事诉讼法》第二百四十六条第一款规定："申请执行的期间为二年。申请执行时效的中止、中断，适用法律有关诉讼时效中止、中断的规定。"

2. 执行

当事人向有管辖权的人民法院提出执行申请后,受申请的人民法院应当根据民事诉讼法规定的执行程序予以执行。人民法院的执行工作由执行员进行。

下列情形之一的,不予执行仲裁协议:(1)当事人在合同中没有仲裁条款或者事后没有达成书面仲裁协议的;(2)裁决的事项不属于仲裁协议的范围或者仲裁机构无权仲裁的;(3)仲裁庭的组成或者仲裁的程序违反法定程序的;(4)认定事实的主要证据不足的;(5)适用法律确有错误的;(6)仲裁员在仲裁该案时有索贿受贿、徇私舞弊、枉法裁决行为的。

仲裁裁决被法院依法裁定不予执行的,当事人就纠纷可以重新达成仲裁协议,并依据该仲裁协议申请仲裁,也可以向人民法院提起诉讼。

3. 撤销

根据《仲裁法》规定,当事人提出证据证明裁决有下列情形之一的,可以向仲裁委员会所在地的中级人民法院申请撤销裁决:(1)没有仲裁协议的;(2)裁决的事项不属于仲裁协议的范围或者仲裁委员会无权仲裁的;(3)仲裁庭的组成或者仲裁的程序违反法定程序的;(4)裁决所根据的证据是伪造的;(5)对方当事人隐瞒了足以影响公正裁决的证据的;(6)仲裁员在仲裁该案时有索贿受贿、徇私舞弊、枉法裁决行为的;(7)违背社会公共利益的。

当事人申请撤销裁决的,应当自收到裁决书之日起6个月内提出。人民法院应当在受理撤销裁决申请之日起2个月内作出撤销裁决或者驳回申请的裁定。

人民法院受理撤销裁决的申请后,认为可以由仲裁庭重新仲裁的,通知仲裁庭在一定期限内重新仲裁,并裁定中止撤销程序。仲裁庭拒绝重新仲裁的,人民法院应当裁定恢复撤销程序。

9.2.7 涉外仲裁

涉外仲裁是指当事人依据仲裁协议将涉外经济贸易、运输和海事中发生的纠纷提交仲裁机构进行审理并做出裁决的制度。凡民事关系的一方或者双方当事人是外国人、无国籍人、外国法人的;民事关系的标的物在外国领域内的;产生、变更或者消灭民事权利义务关系的法律事实发生在外国的,均为涉外民事关系。当事人一方或双方是外国人、无国籍人、外国企业或组织,或者当事人之间民事法律关系的设立、变更、终止的法律事实发生在外国,或者诉讼标的物在外国的民事案件,均为涉外民事案件。因此,涉外仲裁是以仲裁的方式解决具有涉外因素的纠纷案件的一种方式。

根据《民事诉讼法》第二百七十八条的规定,涉外经济贸易、运输和海事中发生的纠纷,当事人在合同中订有仲裁条款或者事后达成书面仲裁协议,提交中华人民共和国涉外仲裁机构或者其他仲裁机构仲裁的,当事人不得向人民法院起诉。当事人在合同中没有订有仲裁条款或者事后没有达成书面仲裁协议的,可以向人民法院起诉。

1. 涉外仲裁机构

根据《仲裁法》第六十六条第一款的规定,涉外仲裁委员会可以由中国国际商会组织设立。涉外仲裁委员会设立仲裁员名册,仲裁员由涉外仲裁委员会从法律、经济贸易、科学技术等方面具有专门知识和实际经验的中外人士中聘任。

中国国际经济贸易仲裁委员会和海事仲裁委员会是我国的常设涉外仲裁机构,也是受理涉外仲裁案件的具有典型性、代表性的仲裁机构。目前,我国除了中国国际经济贸易仲委员会和海事仲裁委员会受理涉外仲裁案件外,按照有关规定,依据《仲裁法》设立或重新组建的仲裁机构也有权受理涉外仲裁案件。

2. 对涉外仲裁的执行

对涉外仲裁机构做出的仲裁裁决,当事人应当自动履行。否则,人民法院经一方当事人的申请可以强制执行。对涉外仲裁裁决的执行有两种情形,即涉外仲裁裁决在中国的执行和涉外仲裁裁决在外国的执行。

(1)涉外仲裁裁决在中国的执行

按照《民事诉讼法》和《仲裁法》的相关规定,对中国的涉外仲裁机构做出的仲裁裁决,一方当事人不履行的,对方当事人可以向被申请人住所地或者财产所在地的中级人民法院申请执行。申请人向人民法院申请执行中国涉外仲裁机构的仲裁裁决,须提出书面申请,并附裁决书正本。如果申请人为外国一方当事人,其申请书须用中文文本提出。

一方当事人申请执行仲裁裁决,另一方当事人申请撤销仲裁裁决的,人民法院应当裁定中止执行。在这种情况下,被执行人应该提供财产担保。人民法院裁定撤销裁决的,应当裁定终结执行。撤销仲裁裁决的申请被裁定驳回的,人民法院应当裁定恢复执行。仲裁裁决被人民法院裁定不予执行的,当事人可以根据双方达成的书面仲裁协议重新申请仲裁,也可以向人民法院起诉。

(2)中国涉外仲裁机构的仲裁裁决在外国的承认和执行

依照《民事诉讼法》第二百八十七条第二款和《仲裁法》第七十二条的规定,中国涉外仲裁机构作出的发生法律效力的仲裁裁决,当事人请求执行的,如果被执行人或者财产不在中国领域内,应当由当事人直接向有管辖权的外国法院申请承认和执行。由于中国已经加入《纽约公约》,当事人可以依照公约的规定或者依照中国缔结或参加的其他国际条约,直接向该外国法院申请承认和执行中国涉外仲裁机构做出的裁决。

9.3 民事诉讼制度

9.3.1 管辖的概念

民事诉讼中的管辖,是指各级法院之间和同级法院之间受理第一审民事案件的分工和权限。管辖是在人民法院内部具体划分各级法院对民事案件的分工权限。按照《民事诉讼法》中的规定,管辖被分为级别管辖、地域管辖、移送管辖、指定管辖四大类。

1. 级别管辖

级别管辖是指按照一定的标准,划分上下级法院之间受理第一审民事案件的分工和权限。从各国民事诉讼法关于级别管辖的规定来看,一般都是以案件的性质、影响的程度及争议标的额作为划分级别管辖的标准。

(1)基层人民法院管辖的第一审民事案件

基层人民法院管辖除去法律规定其他各级人民法院受理的一审案件。

(2)中级人民法院管辖的第一审民事案件

①重大涉外案件;②在本辖区有重大影响的案件;③最高人民法院确定由中级人民法院管辖的案件。主要有:专利纠纷案;重大涉港、澳、台民事案件;海事、海商案件。

(3)高级人民法院管辖的第一审民事案件

高级人民法院管辖本辖区内有重大影响的第一审民事案件。

(4)最高人民法院管辖的第一审民事案件

最高人民法院管辖的第一审民事案件有:①在全国有重大影响的案件;②认为应当由本院审理的案件。

2. 地域管辖

地域管辖是指按照各人民法院的辖区和民事案件隶属关系来划分诉讼管辖。级别管辖解决的是人民法院内部受理第一审民事案件的纵向分工,即确定民事案件的一审由哪一级法院受理。地域管辖解决的是人民法院内部受理第一审民事案件的横向分工,即确定民事案件的一审由哪一个法院受理。

(1)一般地域管辖

一般地域管辖是指以当事人的所在地与法院的隶属关系来确定诉讼管辖。一般地域管辖的通行做法是实行"原告就被告"的原则,即以被告所在地作为确定管辖的标准。

①被告是公民,由被告住所地人民法院管辖,被告住所地与经常居住地不一致的,由被告经常居住地人民法院管辖。

②被告为法人或其他组织,由被告住所地人民法院管辖。这里的住所地是指法人或其他组织的主要营业地或主要办事机构所在地。

(2)特殊地域管辖

①因合同纠纷提起的诉讼,由被告住所地或者合同履行地人民法院管辖。②因保险合同纠纷提起的诉讼,由被告住所地或者保险标的物所在地人民法院管辖。③因票据纠纷提起的诉讼,由票据支付地或者被告住所地人民法院管辖。④因铁路、公路、水上、航空运输和联合运输合同纠纷提起的诉讼,由运输始发地、目的地或者被告住所地人民法院管辖。⑤因侵权行为提起的诉讼,由侵权行为地或者被告住所地人民法院管辖。⑥因铁路、公路、水上和航空事故请求损害赔偿提起的诉讼,由事故发生地,或者车辆、船舶最先到达地,航空器最先降落地或者被告住所地人民法院管辖。⑦因船舶碰撞或者其他海损事故请求赔偿提起的诉讼,由碰撞发生地、碰撞船舶最先到达地、加害船舶被扣留地或者被告住所地人民法院管辖。⑧因海难救助费用提起的诉讼,由救助地或被救助船舶最先到达地法院管辖。⑨因共同海损提起的诉讼,由船舶最先到达地、共同海损理算地或者航程终止地人民法院管辖。《民事诉讼法解释》规定,合同约定履行地点的,以约定的履行地点为合同履行地。合同对履行地点没有约定或者约定不明,争议标题为给付货币的,接受货币一方所在地为合同履行地;交付不动产的,不动产所在地为合同履行地;其他标的,履行义务一方所在地为合同履行地。即时清洁的合同,交易行为为合同履行地。合同没有实际履行,当事人双方住所地都不在合同约定的履行地的,由被告所在地人民法院管辖。

(3)专属管辖

专属管辖是指法律强制规定某些案件只能由特定的人民法院管辖,其他法院无管辖权,当事人也不得协议变更管辖法院。包括:①因不动产纠纷提起的诉讼,由不动产所在地人民法院管辖。②因港口作业中发生纠纷提起的诉讼,由港口所在地人民法院管辖。③因继承遗产纠纷提起的诉讼,由被继承人死亡时住所地或者主要遗产所在地人民法院管辖。《民事诉讼法解释》规定,建筑工程施工合同纠纷按照不动产纠纷管辖。不动产已登记的,以不动产登记簿记载的所在地为不动产所在地,不动产未登记的,以不动产实际所在地为不动产所在地。

(4)协议管辖

协议管辖又称约定管辖、合意管辖,它是指当事人在纠纷发生前或发生后,以协议的方式约定案件的管辖法院。包括:①协议管辖只适用于合同纠纷。②协议管辖仅适用于合同纠纷的第一审案件。协议管辖是要式行为,必须采用书面形式。③当事人必须在法律规定的范围内选择管辖法院。④双方当事人对管辖法院的协议选择,不得违反法律对级别管辖和专属管辖的规定。

3. 移送管辖

移送管辖是指人民法院在受理民事案件后,发现自己对案件并无管辖权,依法将案件移送给有管辖权的人民法院。移送管辖必须同时具备的三个条件:①人民法院已经受理案件;②移送的人民法院对案件无管辖权;③受移送的人民法院对案件有管辖权。

4. 指定管辖

指定管辖是指上级人民法院以裁定的形式,指定下级人民法院对某一案件行使审判权。

(1)在移送案件过程中,受移送的法院认为自己对受移送案件无管辖权。

(2)有管辖权的人民法院由于特殊原因,不能行使管辖权的,由其上级人民法院指定管辖。

(3)人民法院之间因管辖权发生争议,由争议双方法院协商解决不了的。

5. 管辖权的移转

管辖权转移是指依据上级人民法院的决定或同意,将案件的管辖权从原来有管辖权的人民法院移至无管辖权的人民法院,使无管辖权的人民法院因此而取得管辖权。管辖权的转移有两种情况。

(1)向上转移:下级人民法院对它管辖的第一审民事案件,认为需要由上级人民法院审理的,应当报请上级人民法院审理。

(2)向下转移:上级人民法院有权审理下级人民法院管辖的第一审民事案件。

6. 管辖权异议

管辖权异议是指当事人向受诉人民法院提出的该院对案件无管辖权的主张。管辖权异议的条件:

(1)提出异议的主体必须是本案的当事人。

(2)管辖权异议的客体是第一审民事案件的管辖权。

(3)提出管辖权异议的时间须在提交答辩状期间。

人民法院对当事人提出的管辖权异议,应当审查,异议成立,裁定将案件移送有管辖权法院;异议不成立,应裁定驳回异议。

【案例9-1】 某建筑公司与发包人在施工合同中约定:双方若发生争议,提交发包人住所地人民法院管辖。后双方因工程价款的支付时间发生纠纷,建筑公司向发包人住所地人民法院起诉,法院受理了此案,并向发包人送达了应诉通知。

试问:发包人可否提出管辖异议,受诉人民法院应当做出移送管辖还是管辖权转移?

【解析】 本案合同中约定了争议由发包人住所地人民法院管辖,违反了建筑工程施工合同纠纷按照不动产纠纷由不动产所在地法院专属管辖的法律规定。所以,发包人可以以此提出管辖权异议,由于受诉人民法院对本案不具有管辖权,本案应当移送不动产所在地即建设工程所在地的人民法院管辖。

9.3.2　民事诉讼的当事人和诉讼代理人

1. 当事人

民事诉讼当事人是指因民事权利、义务产生冲突后,以自己的名义到人民法院起诉、应诉、进行诉讼,并受人民法院裁判拘束的有民事诉讼权利能力的人。民事诉讼的当事人包括原告人、被告人、共同诉讼人、有独立请求权的第三人。

(1)原告与被告

原告和被告被称为狭义的当事人。为保护自己的民事权益,以自己的名义向人民法院提起诉讼,从而引起民事诉讼程序发生的人是原告。被告是与原告利益对立的另一方当事人。

(2)共同诉讼人

共同诉讼是指当事人一方或双方为两人以上,其诉讼标的是共同的,或者是同一种类的,人民法院认为可以合并审理并经当事人同意,共同在法院进行诉讼的人。

(3)第三人

诉讼中的第三人是指民事诉讼程序发生后,对本诉当事人争执的诉讼标的提出独立请求,或者虽未提出独立请求,但诉讼结果与之有法律上的利害关系而参加到诉讼中来的人。分有独立请求权的第三人和无独立请求权的第三人。

2. 诉讼代理人

根据法律规定或者当事人的委托,代替当事人进行民事诉讼的人,称为民事诉讼代理人。包括:法定诉讼代理人、委托代理人和指定代理人。建设工程领域最常见的是委托诉讼代理。

根据《民事诉讼法》规定,当事人、法定代理人可以委托1~2人作为诉讼代理人。

9.3.3　民事诉讼的证据

1. 民事诉讼的证据概述

民事诉讼的证据是指能够证明民事案件真实情况的各种事实,也是法院认定有争议的案件事实的根据。包括书证、物证、当事人陈述、视听资料、电子数据、证人证言、鉴定结论、勘验笔录等。

(1)证据的种类

①书证

书证是指以文字、符号、图形等形式所记载的内容或表达的思想来证明案件事实的证据。例如,各种书面文件或纸面文字材料,如合同文本、各种信函、电报、传真、图纸、图表、文件等。书证应当提交原件。提交原件确有困难的,可以提交复制品、照片、副本、节录本。提交外文书证,必须附有中文译本。

②物证

物证是指以其形状、质量、规格、受损坏程度等来证明案件事实的物品。物证应当提交原物。提交原物确有困难的，可以提交复制品、照片、副本、节录本。

③视听资料

视听资料是指利用录音、录像等技术手段反映的声音、图像以及电子计算机储存的数据来证明案件事实的证据。

常见的视听资料如录像带、录音带、胶卷、储存于软盘、光盘、硬盘中的电脑数据等。人民法院对视听资料，应当辨别真伪，并结合本案的其他证据，审查确定能否作为认定事实的根据。

④电子数据

电子数据是指与案件事实有关的网页、博客、微博客等网络平台发布的信息；手机短信、电子邮件、即时通信、通讯群组等网络应用服务的通信信息；用户注册信息、身份认证信息、电子交易记录、通信记录、登记日志等信息；文档、图片、音频、视频、数字证书、计算机等电子文件；其他以数字化存储处理、传输的能够证明案件事实的信息。

⑤证人证言

证人是指了解案件情况并向法院或当事人提供证词的人。证言是指证人将其了解的案件事实向法院所做的陈述或证词。在我国，证人包括两类：一类是单位证人，另一类是作为自然人的证人。单位作为证人要出庭作证时，应当由单位的法定代表人、负责人或经其授权的人代表单位作证。凡是知道案件情况的单位和个人，都有义务出庭作证。有关单位的负责人应当支持证人作证。不能正确表达意思的人，不能作证。

⑥当事人陈述

当事人陈述是当事人在诉讼中，向法院所做的关于案情的口头叙述。当事人陈述，是指当事人在诉讼中就本案的事实向法院所做的陈述。

⑦鉴定结论

鉴定人运用自己的专业知识，根据案件事实材料，对专门性问题进行分析鉴定所得出的结论性意见。《最高人民法院关于审理建设工程施工合同纠纷案件适用法律问题的解释（一）》（以下简称《解释》）第三十一条规定："当事人对部分案件事实有争议的，仅对有争议的事实进行鉴定，但争议事实范围不能确定，或者双方当事人请求对全部事实鉴定的除外。"在建设工程纠纷中，常见的司法鉴定有工程造价鉴定和工程质量鉴定。

⑧勘验笔录

勘验是人民法院审判员，在诉讼过程中，为了查明一定的事实，对与案件争议有关的现场、物品和物体亲自进行或指定有关人员进行查验、拍照、测量的行为。对查验的情况与结果制成的笔录称为勘验笔录。

(2)证据保全

证据保全是指在证据可能灭失或以后难以取得的情况下，法院根据申请人的申请或依职权对证据加以固定和保护的制度。

①证据保全的条件

由于证据保全的目的在于防止因证据灭失或难以取得给当事人举证、质证和法庭调查带来困难，因此证据保全应符合以下条件：首先，证据可能灭失或以后难以取得；其次，证据保全应在开庭审理前提出。

②证据保全的程序

证据保全措施,一般是法院根据申请人申请采取的。但在法院认为必要时,也可以由法院依职权主动采取证据保全措施。申请采取证据保全措施的人,一般是当事人,但在某些情况下,也可以是利害关系人。证据保全措施,不仅可以在起诉时或法院受理诉讼后、开庭审理前采取,而且也可以在起诉前采取。

法院收到申请后,如果认为符合采取证据保全措施条件的,应裁定采取证据保全措施;如果认为不符合条件的,应裁定驳回。申请人在人民法院采取保全证据的措施后15日内不起诉的,人民法院应当解除裁定采取的措施。

保全证据的范围,应当限于申请人申请的范围。申请人申请诉前保全证据可能涉及被申请人财产损失的,人民法院可以责令申请人提供相应的担保。

法院收到申请后,如果认为符合采取证据保全措施条件的,应裁定采取证据保全措施;如果认为不符合条件的,应裁定驳回。申请人在人民法院采取保全证据的措施后15日内不起诉的,人民法院应当解除裁定采取的措施。

(3)证据保全的方法

法院采取证据保全措施时,应当根据不同证据的特点,采取不同的方法。对证人的证言,应当采取做笔录或录音的方法;对书证的保全,应当采取拍照、复制的方法;对物证的保全,可以采取通过现场勘验,制作笔录、绘图、拍照、录像、保存原物的方法等,客观真实地反映证据。

2. 举证

(1)举证责任

举证责任是指当事人在诉讼中对自己提出的主张有举出证据加以证明其成立的义务。"当事人对自己提出的主张,有责任提供证据。"

《解释》第三十二条规定,当事人对工程造价、质量、修复费用等专门性问题有争议,人民法院认为需要鉴定的,应当向负有举证责任的当事人释明。当事人经释明未申请鉴定,虽申请鉴定但未支付鉴定费用或者拒不提供相关材料的,应当承担举证不能的法律后果。一审诉讼中负有举证责任的当事人未申请鉴定,虽申请鉴定但未支付鉴定费用或者拒不提供相关材料,二审诉讼中申请鉴定,人民法院认为确有必要的,应当依照民事诉讼法的规定裁定撤销原判决,发回原审人民法院重审,或者查清事实后改判。

(2)举证期限

举证期限是指法律规定或法院指定的当事人能够有效举证的期限。如果当事人没有在法律规定或法院指定的期限内向法院提交证据的,视为当事人放弃举证权利。

举证期限可以由当事人协商,并经人民法院准许。人民法院指定举证期限的,适用第一审普通程序审理的案件不得少于15日,当事人提供新的证据的第二审案件不得少于10日。适用简易程序审理的案件不得超过15日,小额诉讼案件的举证期限一般不得超过7日。举证期限届满后,当事人提供反驳证据或者对已经提供的证据的来源、形式等方面的瑕疵进行补正的,人民法院可以酌情再次确定举证期限,该期限不受前款规定的期间限制。

3. 质证

质证是指当事人、诉讼代理人及第三人在法庭的主持下,对当事人及第三人提出的证据就其真实性、合法性、关联性以及证明力的有无、大小予以说明和质辩的活动或过程。

证据应当在法庭上出示,由当事人质证。未经质证的证据,不能作为认定案件事实的依据。建设工程纠纷涉及司法鉴定的,人民法院不仅要组织当事人对鉴定意见质证,还要对鉴定资料质证。《解释》第三十三条和三十四条规定:"人民法院准许当事人的鉴定申请后,应当根据当事人申请及查明案件事实的需要,确定委托鉴定的事项、范围、鉴定期限等,并组织当事人对争议的鉴定材料进行质证。""人民法院应当组织当事人对鉴定意见进行质证。鉴定人将当事人有争议且未经质证的材料作为鉴定依据的,人民法院应当组织当事人就该部分材料进行质证。经质证认为不能作为鉴定依据的,根据该材料作出的鉴定意见不得作为认定案件事实的依据。"

(1)质证的主体

质证的主体是指在质证过程对证据予以说明、质辩的主体。质证的主体范围包括当事人、诉讼代理人和第三人。法院是证据认定的主体,不是质证的主体。

(2)质证的客体

质证的客体是指质证主体质证行为的对象。质证的客体是证据,其范围是当事人向法院提出的证据,包括根据当事人的申请由法院调查收集的证据。在质证时,根据当事人申请由法院调查收集的证据作为提出申请的一方当事人提供的证据。

(3)质证的程序

在法庭审理中,质证按照以下程序进行:①原告出示证据,被告、第三人与原告进行质证;②被告出示证据,原告、第三人与被告进行质证;③第三人出示证据,原告、被告与第三人进行质证。

4. 认证

(1)认证的概念

认证是指法庭对经过质证或者当事人在证据交换中认可的各种证据材料做出审查判断,确认其能否作为认定案件事实的根据。

(2)认证的方法

审判人员对单一证据可以从下列方面进行审核认定:①证据是否是原件、原物,复印件、复制品与原件、原物是否相符;②证据与本案事实是否相关;③证据的形式、来源是否符合法律规定;④证据的内容是否真实;⑤证人或者提供证据的人与当事人有无利害关系。

9.3.4 诉讼时效

1. 民事时效的概念及种类

民事时效指一定的事实状态持续存在一定时间后即发生一定法律后果的法律制度。其包含三方面要素:①须有一定的事实状态的存在;②该事实状态持续不间断地存在了一定期间;③发生一定的法律后果。即权利的取得与消灭。

民事时效的种类:

(1)取得时效

取得时效指占有他人财物的事实状态持续存在一定时间后即取得该财产的所有权的时效制度。

(2)消灭状态

消灭状态指因不行使权利的事实状态持续存在一定时间后即发生丧失权利的法律后果的时效制度。

2. 诉讼时效的概念和效力

(1) 诉讼时效的概念

诉讼时效指权利人于一定期间内不行使请求人民法院保护其民事权利的请求权,就丧失该项请求权的法律制度。

(2) 诉讼时效的效力

诉讼时效的效力是指诉讼时效完成即诉讼时效期间届满后发生的法律后果。

我国法律上采用胜诉权消灭说。即诉讼时效完成后权利人仅丧失请求法院依强制程序保护其权利的权利。超过诉讼时效期间,当事人自愿履行的,不受诉讼时效限制。

3. 诉讼时效的种类

(1) 普通诉讼时效

普通诉讼时效又称一般诉讼时效,是指民法上统一规定的适用于法律没有另外特别规定的各种民事法律关系的诉讼时效。《民法典》第一百八十八条第一款规定:"向人民法院请求保护民事权利的诉讼时效期间为三年。法律另有规定的,依照其规定。"

(2) 特别诉讼时效

特别诉讼时效又称特殊诉讼时效,是指由我国法律特别规定的仅适用于法律特殊规定的民事法律关系的诉讼时效。如因国际货物买卖和技术进出口合同争议的时效期间为4年。

4. 诉讼时效的起算、中止、中断和延长

(1) 诉讼时效期间的起算

诉讼时效其期间,从知道或者应当知道权利被侵害时计算。但是,从权利被侵害之日起超过20年的,人民法院不予保护。有特殊情况的,人民法院可以根据权利人的申请决定延长。

《民法典》第一百九十二条规定:"诉讼时效期间届满的,义务人可以提出不履行义务的抗辩。诉讼时效期间届满后,义务人同意履行的,不得以诉讼时效期间届满为由抗辩;义务人已经自愿履行的,不得请求返还。"《民法典》第一百九十三条规定:"人民法院不得主动适用诉讼时效的规定。"《民法典》第一百九十七条规定:"诉讼时效的期间、计算方法以及中止、中断的事由由法律规定,当事人约定无效。当事人对诉讼时效利益的预先放弃无效。"

法律对仲裁时效有规定的,依照其规定;没有规定的,适用诉讼时效的规定。

(2) 诉讼时效中止

诉讼时效中止是指在诉讼时效期间的最后6个月内,因发生法定事由使权利人不能行使请求权的,暂停计算时效期间。待中止事由消除后,再继续计算诉讼时效期间。

《民法典》第一百九十四条规定,在诉讼时效期间的最后6个月内,因下列障碍,不能行使请求权的,诉讼时效中止:①不可抗力;②无民事行为能力人或者限制民事行为能力人没有法定代理人,或者法定代理人死亡、丧失民事行为能力、丧失代理权;③继承开始后未确定继承人或者遗产管理人;④权利人被义务人或者其他人控制;⑤其他导致权利人不能行使请求权的障碍。自中止时效的原因消除之日起满六个月,诉讼时效期间届满。

诉讼时效中止,只是发生诉讼时效期间的停止计算,原进行的诉讼时效仍然有效,中止事由消除后,诉讼时效继续进行。

(3) 诉讼时效中断

诉讼时效中断指在诉讼时效进行中,因发生法定事由致使已经经过的诉讼时效期间归于无效,待中断事由消除后,重新开始计算诉讼时效期间。

诉讼时效中断的事由：①提起诉讼或者申请仲裁；②权利人向义务人提出履行请求；③义务人同意履行义务；④与提起诉讼或者申请仲裁具有同等效力的其他情形。

诉讼时效中断的法律后果：发生诉讼时效中断时，已经经过的诉讼时效全归无效，重新开始计算诉讼时效。

(4) 诉讼时效的延长

诉讼时效的延长指在诉讼时效完成后，权利人向法院提出请求，经法院查明权利人确有正当理由未能及时行使权利，可延长时效期间，使诉讼时效不能完成。

9.3.5 民事诉讼的审判和执行程序

1. 一审程序

(1) 起诉

起诉是指公民、法人和其他组织在其民事权益受到侵害或与他人发生争议时，向人民法院提起诉讼，请求人民法院通过审判予以司法保护的行为。根据《民事诉讼法》第一百二十二条规定，起诉的条件如下：①原告必须是与本案有直接利害关系的公民、法人或其他组织。②有明确的被告。③有具体的诉讼请求、事实和理由。④属于人民法院受理民事诉讼的范围和受诉人民法院管辖，即原告提起的诉讼应当属于人民法院行使审判权的范围和受诉法院的管辖范围，否则法院无权对案件进行审理。起诉的方式，以书面起诉为原则，以口头起诉为例外。

(2) 受理

受理是指人民法院通过对当事人的起诉进行审查，对符合法律规定条件的，决定立案审理的行为。

人民法院对起诉审查以后，针对不同情况做出不同的处理：人民法院认为起诉符合法定条件的，应当在7日内立案并通知当事人。人民法院认为起诉不符合法定条件的，应当在7日内裁定不予受理；原告对不予受理裁定不服的，可以提起上诉。如果人民法院在立案后，发现起诉不符合法定条件的，裁定驳回起诉，当事人对驳回起诉的裁定不服，可以提起上诉。

①审理前的准备

根据《民事诉讼法》第一百二十八条的规定，人民法院应当在立案之日起5日内将起诉状副本发送被告，被告应当在收到之日起15日内提出答辩状。答辩状应当记明被告的姓名、性别、年龄、民族、职业、工作单位、住所、联系方式；法人或者其他组织的名称、住所和法定代表人或者主要负责人的姓名、职务、联系方式。被告不提出答辩状的，不影响人民法院审理。人民法院应当在收到答辩状之日起5日内将答辩状副本发送原告。诉讼文书必须要送达。人民法院的送达方式有：直接送到、留置送达、电子方式送达、委托送达、邮寄送达、移交送达、公告送达。

人民法院对于已决定受理的案件，为保障当事人充分行使诉讼权利、正确履行诉讼义务，人民法院应当在受理案件通知书和应诉通知书中告知原告和被告所享有的诉讼权利、所承担的诉讼义务，或者以口头形式告知当事人诉讼权利义务。

为保障当事人申请回避权的充分行使，人民法院审理第一审民事案件，由审判员、陪审员共同组成合议庭或者由审判员组成合议庭。但是基层人民法院审理的基本事实清楚、权利义务关系明确的第一审民事案件,可以由审判员一人适用普通程序独任审理。

为了保证开庭审理的顺利进行,人民法院在开庭3日前通知当事人和其他诉讼参与人。公开审理的,应当公告当事人姓名、案由和开庭的时间、地点。

②开庭审理

a.准备开庭。开庭审理前,书记员应当查明当事人以及其他诉讼参与人是否到庭,原告经传票传唤,无正当理由拒不到庭的,或者未经法庭许可中途退庭的,可以按撤诉处理;被告反诉的可以按缺席判决。被告经传票传唤,无正当理由拒不到庭的,或者未经法庭许可中途退庭的,可以按缺席判决。然后宣布法庭纪律。正式开庭时,由审判长核对当事人,宣布案由以及审判人员、书记员名单,并口头告知当事人有关的诉讼权利和义务,询问当事人是否提出回避申请,从而使当事人、其他的诉讼参与人以及旁听的群众了解案情以及各自的诉讼权利义务,应遵守的法庭纪律。

b.法庭调查,即在法庭上通过展示与案件有关的所有证据,对案件事实进行全面的调查,从而为进入开庭审理的下一个阶段做好准备的活动。依照《民事诉讼法》第一百四十一条的规定,法庭调查按下列顺序进行:当事人陈述;证人出庭作证;出示书证、物证、视听资料和电子数据;宣读鉴定结论;宣读勘验笔录。

c.法庭辩论,即双方当事人及其诉讼代理人充分行使自己的辩论权,在法庭上就有争议的事实和法律问题进行辩驳和论证。法庭辩论的任务是通过双方当事人及其诉讼代理人的言词辩论,对有争议的问题逐一进行审查和核实,以查明案件的客观真实情况,为明确是非责任、正确适用法律奠定基础。作为定案依据的所有证据,都必须经过法庭的辩论和质证,即使是不得在公开开庭时出示的证据,也必须经过双方当事人的辩论和质证。

法庭辩论终结时,审判长按照原告、被告、第三人的先后顺序征求各方最后的意见,给当事人再一次阐述自己观点和意见的机会。至此,法庭辩论即告终结。

评议和宣判,即由合议庭的人员在法庭调查和法庭辩论的基础上,认定案件事实,确定适用的法律,最后宣告案件的审理结果,这是开庭审理的最后阶段。

法庭辩论终结后,由审判长宣布休庭,合议庭组成人员进入评议室对案件进行评议,合议庭评议实行少数服从多数的原则,评议的情况应如实记入笔录。评议笔录不准当事人及其诉讼代理人查阅、复制。评议完毕,由审判长宣布继续开庭,宣告判决结果。不论案件是否公开审理,宣告判决结果一律公开进行。

宣告判决有两种方式:一种是当庭宣判,一种是定期宣判。人民法院适用普通程序审理的案件,应当在立案之日起六个月内审结。有特殊情况需要延长的,由本院院长批准,可以延长六个月;还需要延长的,报请上级人民法院批准。

2. 简易程序

基层人民法院和它派出的法庭审理事实清楚、权利义务关系明确、争议不大的简单的民事案件,适用简易程序审理。基层人民法院和它派出的法庭审理上述规定以外的民事案件,当事人双方也可以约定适用简易程序。适用简易程序审理的民事案件,由审判员一人独任审理。依照法律规定,适用简易程序的民事案件,原告起诉有两种方式:其一是书面方式;其二是口头方式。人民法院适用简易程序审理案件,应当在立案之日起3个月内审结。有特殊情况需要延长的,经本院院长批准,可以延长一个月。基层人民法院和它派出的法庭审理事实清楚、权利义务关系明确、争议不大的简单金钱给付民事案件,标的额为各省、自治区、直辖市上年度就业人员年平均工资50%以下的,适用小额诉讼的程序审理,实行一审终审。

基层人民法院和它派出的法庭审理前款规定的民事案件,标的额超过各省、自治区、直辖市上年度就业人员年平均工资50%但在2倍以下的,当事人双方也可以约定适用小额诉讼的程序。

3. 第二审程序

第二审程序是指由于民事诉讼的当事人不服地方各级人民法院生效的第一审裁判而在法定期间内向上一级人民法院提起上诉而引起的诉讼程序,是第二审级的人民法院审理上诉案件所适用的程序。由于我国实行两审终审制,当事人不服一审法院作出的裁判,可以向一审法院的上一级法院提起上诉,经上一级法院审理并作出裁判后,诉讼便告终结。因此,第二审程序又称为终审程序。

(1)上诉期间。上诉期间又称上诉期,是指法律规定的可以行使上诉权的期限。我国现行《民事诉讼法》对判决和裁定的上诉期间做了不同的规定。根据法律的有关规定,不服判决的上诉期间为15日,不服裁定的上诉期间为10日,从裁判送达之日起计算。

(2)上诉状。当事人不服一审法院做出的裁判,提起上诉时,必须递交上诉状。上诉状是表明当事人表示不服一审法院的裁判,请求二审法院变更原审裁判的根据,是一种重要的诉讼文书。

(3)上诉审。对案件的审理方式是实现上诉审职能所采取的形式问题。二审法院审理上诉案件,应当由审判员组成合议庭进行审理,中级人民法院对第一审适用简易程序审结或者不服裁定提起上诉的第二审民事案件,事实清楚、权利义务关系明确的,经双方当事人同意,可以由审判员一人独任审理。人民法院审理对判决的上诉案件,应当在第二审立案之日起3个月内审结。有特殊情况需要延长的,由本院院长批准。人民法院审理对裁定的上诉案件,应当在第二审立案之日起30日内作出终审裁定。

(4)对第一审判决提起上诉的案件的裁判。《民事诉讼法》第一百七十七条规定,第二审人民法院对上诉案件,经过审理,按照下列情形,分别处理:①原判决、裁定认定事实清楚,适用法律正确的,以判决、裁定方式驳回上诉,维持原判决、裁定;②原判决、裁定认定事实错误或者适用法律错误的,以判决、裁定方式依法改判、撤销或者变更;③判决认定基本事实不清的,裁定撤销原判决,发回原审人民法院重审,或者查清事实后改判;④原判决遗漏当事人或者违法缺席判决等严重违反法定程序的,裁定撤销原判决,发回原审人民法院重审。原审人民法院对发回重审的案件作出判决后,当事人提起上诉的,第二审人民法院不得再次发回重审。

4. 特别程序

特别程序是法院对非民事权益冲突案件的审理程序,其目的不是解决双方当事人之间的民事权益冲突,而是确认某种法律事实是否存在,权利状态的有无或公民是否享有某种资格,能否行使某种权利。

人民法院依照特别程序审理案件,实行一审终审制,判决书一经送达,即发生法律效力,根据《民事诉讼法》第一百八十四条规定,人民法院审理选民资格案件、宣告失踪或者宣告死亡案件、认定公民无民事行为能力或者限制民事行为能力案件、认定财产无主案件、确认调解协议案件和实现担保物权案件,适用特别程序。

根据《民事诉讼法》第一百八十七条的规定,按特别程序审理的案件,应当在立案之日起30日内或公告期满后30日内审结,有特殊情况需要延长的,由本院院长审批。但选民资格案件必须在选举日之前审结,不得延长到选举日后审结。

5. 审判监督程序

审判监督程序即再审程序,是指对已经发生法律效力的判决、裁定、调解书,人民法院认为确有错误,对案件再行审理的程序。审判监督程序只是纠正生效裁判错误的法定程序,它不是案件审理的必经程序,也不是诉讼的独立审级。

(1) 人民法院提起的再审

①本院院长及审判委员会提起再审。人民法院对民事案件做出判决,一经宣告或送达,就具有约束力,不得随意撤销、变更。如果裁判确有错误,则只能通过再审程序进行纠正。本院院长发现已发生法律效力的判决、裁定,认为确有错误需要再审的,应当提交审判委员会讨论决定。决定再审的,应当裁定中止原判决、裁定的执行。②最高人民法院提起再审。根据《民事诉讼法》的规定,最高人民法院对地方各级人民法院已经发生法律效力的判决、裁定,发现确有错误的,有权提审或者指令下级人民法院再审。③上级人民法院提起再审。根据《民事诉讼法》的规定,上级人民法院对下级人民法院已经发生法律效力的判决,发现确有错误的,有权提审或者指令下级人民法院再审。

(2) 基于当事人申请的再审

根据《民事诉讼法》的规定,当事人可以对已经发生法律效力的判决、裁定和调解书申请再审。《民事诉讼法》第二百零七条规定,当事人的申请符合下列情形之一的,人民法院应当再审:①有新的证据,足以推翻原判决、裁定的;②原判决、裁定认定的基本事实缺乏证据证明的;③原判决、裁定认定事实的主要证据是伪造的;④原判决、裁定认定事实的主要证据未经质证的;⑤对审理案件需要的主要证据,当事人因客观原因不能自行收集,书面申请人民法院调查收集,人民法院未调查收集的;⑥原判决、裁定适用法律确有错误的;⑦审判组织的组成不合法或者依法应当回避的审判人员没有回避的;⑧无诉讼行为能力人未经法定代理人代为诉讼或者应当参加诉讼的当事人,因不能归责于本人或者其诉讼代理人的事由,未参加诉讼的;⑨违反法律规定,剥夺当事人辩论权利的;⑩未经传票传唤,缺席判决的;⑪原判决、裁定遗漏或者超出诉讼请求的;⑫据以作出原判决、裁定的法律文书被撤销或者变更的;⑬审判人员审理该案件时有贪污受贿,徇私舞弊,枉法裁判行为的。根据《民事诉讼法》规定,当事人申请再审,应当在判决、裁定发生法律效力后6个月内提出。

(3) 检察监督权的抗诉

人民检察院是我国的法律监督机关。人民检察院有权对人民法院的民事审判活动实行法律监督,最高人民检察院对各级人民法院已经发生法律效力的判决、裁定,上级人民检察院对下级人民法院已经发生法律效力的判决、裁定,发现符合当事人申请再审情形之一的,或者发现调解书损害国家利益、社会公共利益的,应当提出抗诉。地方各级人民检察院对同级人民法院已经发生法律效力的判决、裁定,发现有符合当事人申请再审情形之一的,或者发现调解书损害国家利益、社会公共利益的,可以向同级人民法院提出检察建议,并报上级人民检察院备案;也可以提请上级人民检察院向同级人民法院提出抗诉。各级人民检察院对审判监督程序以外的其他审判程序中审判人员的违法行为,有权向同级人民法院提出检察建议。有下列情形之一的,当事人可以向人民检察院申请检察建议或者抗诉:①人民法院驳回再审申请的;②人民法院逾期未对再审申请作出裁定的;③再审判决、裁定有明显错误的。人民检察院对当事人的申请应当在3个月内进行审查,作出提出或者不予提出检察建议或者抗诉的决定。当事人不得再次向人民检察院申请检察建议或者抗诉。

人民检察院提出抗诉的案件,接受抗诉的人民法院应当自收到抗诉书之日起30日内作出再审的裁定。

6. 民事诉讼的执行程序

执行是指人民法院的执行组织依照法定的程序,对发生法律效力的法律文书确定的给付内容,以国家的强制力为后盾,依法采取强制措施,迫使义务人履行义务的行为。

(1) 执行机构

执行机构是指人民法院内部设置的负责执行工作、实现执行任务的专门职能机构。根据《民事诉讼法》第二百三十一条的规定:"发生法律效力的民事判决、裁定,以及刑事判决、裁定中的财产部分,由第一审人民法院或者与第一审人民法院同级的被执行的财产所在地人民法院执行。法律规定由人民法院执行的其他法律文书,由被执行人住所地或者被执行的财产所在地人民法院执行。"

(2) 执行根据

执行根据是指能够据以执行的法律文书。这种法律文书主要有以下三类:①人民法院制作的具有执行内容的法律文书,其中包括民事判决、裁定、调解书和支付令;刑事裁判中的财产部分。②其他机关制作的由人民法院执行的法律文书,其中包括公证机关依法赋予强制执行效力的债权文书,仲裁机构制作的依法由人民法院执行的仲裁裁决书,由行政机关作出的法律明确规定有人民法院执行的行政决定。③人民法院制作的承认并执行外国法院判决、裁定或者外国仲裁机构裁决的裁定书。

(3) 申请执行

申请执行是指享有权利的一方当事人根据生效的法律文书,在对方拒不履行义务的情况下,可以向有管辖权的人民法院申请执行,申请执行是当事人依法享有的重要的权利。

根据《最高人民法院关于民事执行中变更、追加当事人若干问题的规定》,执行过程中,申请执行人或其继承人、权利承受人可以向人民法院申请变更、追加当事人,包括申请执行人的变更、追加与被执行人的变更与追加两类。如申请执行人将生效法律文书确定的债权依法转让给第三人,该第三人可以申请变更,追加自己为申请执行人。

申请执行的期间为2年。申请执行时效的中止、中断,适用法律有关诉讼时效中止、中断的规定。上述规定的期间,从法律文书规定履行期间的最后一日起计算;法律文书规定分期履行的,从规定的每次履行期间的最后一日起计算;法律文书未规定履行期间的,从法律文书生效之日起计算。

(4) 执行管辖

根据《民事诉讼法》第二百三十三条的有关规定,人民法院自收到申请执行书之日起超过6个月未执行的,申请执行人可以向上一级人民法院申请执行。上一级人民法院经审查,可以责令原人民法院在一定期限内执行,也可以决定由本院执行或者指令其他人民法院执行。

(5) 执行异议

执行异议是指在执行过程中,案外人对被执行的财产的全部或一部分主张权利并要求人民法院停止并变更执行的请求。《民事诉讼法》第234条规定:"执行过程中,案外人对执行标的提出书面异议的,人民法院应当自收到书面异议之日起十五日内审查,理由成立的,裁定中止对该标的执行;理由不成立的,裁定驳回。案外人、当事人对裁定不服,认为原判决、裁定错误的,依照审判监督程序办理;与原判决、裁定无关的,可以自裁定送达之日起十五日内向人民法院提起诉讼。"

该执行异议之诉由执行法院管辖,在案外人执行异议之诉审理期间,人民法院不得对执行标的进行处分。申请执行人请求人民法院继续执行并提供相应担保的,人民法院可以准许。人民法院对执行标的裁定中止执行后,申请执行人在法律规定的期间内未提起执行异议之诉的,人民法院应当自起诉期限届满之日起7日内解除对该执行标的采取的执行措施。

(6)委托执行

委托执行是指有管辖权的人民法院遇到特殊情况,依法将应由本法院执行的案件送交有关的法院代为执行。根据《民事诉讼法》第236条的规定,被执行人或者被执行的财产在外地的,可以委托当地人民法院代为执行。受委托人民法院收到委托函件后,必须在15日内开始执行,不得拒绝。执行完毕后,应当将执行结果及时函复委托人民法院;在30日内如果还未执行完毕,也应当将执行情况函告委托人民法院。受委托人民法院自收到委托函件之日起15日内不执行的,委托人民法院可以请求受委托人民法院的上级人民法院指令受委托人民法院执行。

(7)执行和解

执行和解是指在执行过程中,申请执行人和被执行人自愿协商,达成协议,并经人民法院审查批准后,结束执行程序的行为。执行和解是当事人处分自己民事权利和诉讼权利的行为。根据《最高人民法院关于执行和解若干问题的规定》,当事人可以自愿协商达成和解协议,依法变更生效法律文书确定的权利义务主体、履行标的、期限、地点和方式等内容。

根据《民事诉讼法》第二百三十七条的规定,在执行中,双方当事人在执行中自行和解达成协议的,人民法院的执行员应当将协议内容记入笔录,由双方当事人签名盖章。申请执行人因受欺诈、胁迫与被执行人达成和解协议,或者当事人不履行和解协议的,人民法院可以根据当事人的申请,恢复对原生效法律文书的执行。

(8)执行措施

执行措施是指人民法院依照法定程序,强制执行生效法律文书的方法和手段。在执行中,执行措施和执行程序是合为一体的,采取执行措施就是履行执行程序。我国现行《民事诉讼法》根据不同的执行对象规定了不同的执行措施:①查询、冻结、划拨被执行人的存款;②扣留、提取被执行人的收入;③查封、扣押、拍卖、变卖被执行人的财产;④搜查被执行人的财产;⑤强制被执行人和有关单位、公民交付法律文书指定的财物或票证;⑥强制被执行人迁出房屋或退出土地;⑦强制被执行人履行法律文书指定的行为;⑧办理财产权证照转移手续;⑨强制被执行人支付迟延履行期间债务利息及迟延履行金。⑩强制被执行人迁出房屋或退出土地;⑪债权人发现被执行人有其他财产的,可随时请求人民法院执行;⑫采取或者通知有关单位协助采取限制出境;⑬在征信系统记录、通过媒体公布不履行义务信息;⑭法律规定的其他措施。

(9)执行中止

执行中止是指在执行过程中,由于某种特殊情况的发生而暂时停止执行程序,待该情况消除后再恢复执行程序的制度。

执行过程中遇到以下情况,人民法院应当中止执行:①申请人表示可以延期执行的;②案外人对执行标的提出确有理由的执行异议的;③作为一方当事人的公民死亡,需要等待继承人继承权利或承担义务的;④作为一方当事人的法人或其他组织终止、尚未确定权利义务承受人的;⑤人民法院认为应当中止执行的其他情形。例如,司法实践中,被执行人下落不明,或作为执行根据的法律文书与正在审理的案件有密切联系,无法单独执行,以及被执行人在短期内无偿付能力等都会引起执行程序的中止。

(10)执行终结

执行终结是指在执行过程中,由于发生某些特殊情况,执行程序不可能或没有必要继续进行,从而结束执行程序的制度。执行终结是执行程序的非正常结束。在执行过程中,引起执行终结的情况有:①申请人撤销执行申请的;②据以执行的法律文书被撤销的;③作为被申请执行人的公民死亡,无遗产可供执行,又无义务承担人的;④追索赡养费、扶养费、抚育费案件的权利人死亡的;⑤作为被执行人的公民因生活困难无力偿还借款,无收入来源,又丧失劳动能力的;⑥人民法院认为应当终结执行的其他情形。执行终结,应当由人民法院做出裁定。执行终结的裁定,当事人不能提起上诉,也不能申请复议。

9.4 行政复议和行政诉讼制度

9.4.1 行政复议

行政复议是指公民、法人或者其他组织认为行政机关的具体行政行为侵犯其合法权益,依法向法定的行政机关提出申请,由受理机关根据法定程序对具体行政行为的合法性和适当性进行审查并做出相应决定的活动。

1. 行政复议范围

行政复议的范围是指复议机关受理行政争议案件的范围。根据《行政复议法》规定,公民、法人或者其他组织认为具体行政行为侵犯其合法权益,向行政机关提出行政复议申请,行政机关受理行政复议申请、作出行政复议决定。

有下列情形之一的,公民、法人或者其他组织可以依照《行政复议法》申请行政复议:

(1)对行政机关做出的警告、罚款、没收违法所得、没收非法财物、责令停产停业、暂扣或者吊销许可证、暂扣或者吊销执照、行政拘留等行政处罚决定不服的;

(2)对行政机关做出的限制人身自由或者对查封、扣押、冻结财产等行政强制措施决定不服的;

(3)对行政机关做出的有关许可证、执照、资质证等证书变更、中止、撤销的决定不服的;

(4)对行政机关做出的关于确认土地、矿藏、水流、森林、山岭、草原、荒地、滩涂、海域等自然资源的所有权或者使用权的决定不服的;

(5)认为行政机关侵犯合法的经营自主权的;

(6)认为行政机关变更或者废止农业承包合同,侵犯其合法权益的;

(7)认为行政机关违法集资、征收财物、摊派费用或者违法要求履行其他义务的;

(8)认为符合法定条件,申请行政机关颁发许可证、执照、资质证、资格证等证书,或者申请行政机关审批、登记有关事项,行政机关没有依法办理的;

(9)申请行政机关履行保护人身权利、财产权利、受教育权利的法定职责,行政机关没有依法履行的;

（10）申请行政机关依法发放抚恤金、社会保险金或者最低生活保障费，行政机关没有依法发放的；

（11）认为行政机关的其他具体行政行为侵犯其合法权益的。

公民、法人或者其他组织认为行政机关的具体行政行为所依据的国务院部门的规定或县级以上地方各级人民政府及其工作部门的规定或乡、镇人民政府的规定不合法，在对具体行政行为申请行政复议时，可以一并向行政复议机关提出对该规定的审查申请。行政复议机关对该规定有权处理的，应当在30日内依法处理；无权处理的，应当在7日内按照法定程序转送有权处理的行政机关依法处理，有权处理的行政机关应当在60日内依法处理。在处理期间，中止对具体行政行为的审查。

根据《行政复议法》第八条的规定，下列事项不能申请行政复议：

（1）不服行政机关做出的行政处分或者其他人事处理决定的，依照有关法律、行政法规的规定提出申述。行政机关做出的行政处分以及考核、任免、升降、辞退、回避、退休等人事处理决定，都是针对行政机关内部公务人员的，公务人员不服应当依法向有关人事、监察部门提出申诉，不能通过行政复议制度解决。

（2）不服行政机关对民事纠纷做出的调解或者其他处理，依法申请仲裁或者向人民法院提起诉讼。行政机关对民事纠纷的调解及其他处理决定，是行政机关作为第三方对公民、法人或其他组织之间的民事纠纷进行的处理。如果对民事纠纷的各方调解不成，或者他们不服行政机关的处理，则不应以行政机关为被申请人向行政复议机关申请复议，而应依法向有关仲裁机关申请对民事纠纷进行仲裁，或者向人民法院提起民事诉讼。

2. 行政复议申请、受理和决定

（1）行政复议申请

公民、法人或其他组织不服行政机关的具体行政行为，应当在知道该具体行政行为之日起60日内提出复议申请，但法律规定的申请期限超过60日的除外。因不可抗力或者其他正当理由耽误法定申请期限的，申请期限自障碍消除之日起继续计算。

申请行政复议的公民、法人或者其他组织是申请人。作出具体行政行为的行政机关是被申请人。有权申请行政复议的公民死亡的，其近亲属可以申请行政复议。有权申请行政复议的公民为无民事行为能力人或者限制民事行为能力人的，其法定代理人可以代为申请行政复议。有权申请行政复议的法人或者其他组织终止的，承受其权利的法人或者其他组织可以申请行政复议。

同申请行政复议的具体行政行为有利害关系的其他公民、法人或者其他组织，可以作为第三人参加行政复议。

申请人、第三人可以委托代理人代为参加行政复议。可以书面申请，也可以口头申请。

行政复议申请人应当根据《行政复议法》第十二条至第十五条规定向有权受理的行政机关申请。第十二条规定："对县级以上地方各级人民政府工作部门的具体行政行为不服的，由申请人选择，可以向该部门的本级人民政府申请行政复议，也可以向上一级主管部门申请行政复议。对海关、金融、国税、外汇管理等实行垂直领导的行政机关和国家安全机关的具体行政行为不服的，向上一级主管部门申请行政复议。"

公民、法人或者其他组织申请行政复议，行政复议机关已经依法受理的，或者法律、法规规定应当先向行政复议机关申请行政复议，对行政复议决定不服再向人民法院提起行政诉讼的，在法定行政复议期限内不得向人民法院提起行政诉讼。公民、法人或者其他组织向人民法院提起行政诉讼,人民法院已经依法受理的,不得申请行政复议。

(2)行政复议的受理

行政复议机关在收到复议申请书之后,应当在 5 日内进行审查,根据不同情况做出以下处理,对符合规定的复议申请决定受理;复议申请不符合规定的,决定不予受理并书面告知申请人。对符合规定,但是不属于本机关受理的行政复议申请,应当告知申请人向有关行政复议机关提出。

除了上述规定外,行政复议申请自行政复议机关负责法制工作的机构收到之日起即为受理。

对公民、法人或其他组织依法提出的复议申请,复议机关无正当理由不予受理的,上级行政机关应当责令其受理;必要时,上级行政机关也可以直接受理。

法律、法规规定应当先向行政复议机关申请行政复议、对行政复议决定不服再向人民法院提起行政诉讼的,行政复议机关决定不予受理或者受理后超过行政复议期限不作答复的,公民、法人或者其他组织可以自收到不予受理决定书之日起或者行政复议期满之日起 15 日内,依法向人民法院提起行政诉讼。

行政复议期间具体行政行为不停止执行;但是,有下列情形之一的,可以停止执行:①被申请人认为需要停止执行的;②行政复议机关认为需要停止执行的;③申请人申请停止执行,行政复议机关认为其要求合理,决定停止执行的④法律规定停止执行的。

(3)行政复议决定

行政复议原则上采取书面审查的办法,但是申请人提出要求或者行政复议机关负责法制工作的机构认为有必要时,可以向有关组织和人员调查情况,听取申请人、被申请人和第三人的意见。

被申请人应当自收到申请书副本或者申请笔录复印件之日起 10 日内,提出书面答复,并提交当初作出具体行政行为的证据、依据和其他有关材料。在行政复议过程中,被申请人不得自行向申请人和其他有关组织或者个人收集证据。

行政复议机关应当自受理申请之日起 60 日内作出行政复议决定;但是法律规定的行政复议期限少于 60 日的除外。情况复杂,不能在规定期限内作出行政复议决定的,经行政复议机关的负责人批准,可以适当延长,并告知申请人和被申请人;但是延长期限最多不超过 30 日。行政复议决定书一经送达,即发生法律效力。

行政复议机关负责法制工作的机构应当对被申请人作出的具体行政行为进行审查,提出意见,经行政复议机关的负责人同意或者集体讨论通过后,按照下列规定作出行政复议决定:

①维持决定

维持决定是指复议机关所做的维持被复议的具体行政行为,使被复议的具体行政行为继续发生效力的决定。具体行政行为认定事实清楚,证据确凿,适用依据正确,程序合法,内容适当的,决定维持。

②限期履行决定

限期履行决定是复议机关认为被申请人有法律、法规和规章规定的职责,但被申请人拒不履行或拖延履行职责而做出的复议决定。即被申请人不履行法定职责的,决定其在一定期限内履行。

③撤销、变更或确认决定

具体行政行为具有以下情况之一的,复议机关可以做出撤销、变更或确认该具体行政行为违法的决定:a.具体行政行为主要事实不清、证据不足的;b.具体行政行为适用法律、法规、规章和具有普遍约束力的决定、命令错误的;c.具体行政行为违反法定程序的;d.具体行政行为超越或者滥用职权的;e.具体行政行为明显不当的。

行政复议机关在对被申请人作出的具体行政行为进行审查时,认为其依据不合法,本机关有权处理的,应当在30日内依法处理;无权处理的,应当在7日内按照法定程序转送有权处理的国家机关依法处理。处理期间,中止对具体行政行为的审查。

根据《行政复议法》和《国家赔偿法》规定,公民、法人或者提他组织申请行政赔偿的,可以在提起行政复议或行政诉讼时一并提出赔偿申请(也可以单独就赔偿问题提出申请)。如果申请人在申请复议时一并提出行政赔偿的申请,复议机关对具体行政行为审查后确认具体行政行为违法并已造成了申请人的实际损害,就应当做出责令申请人赔偿损失的复议决定。

【例9-2】 某施工企业夜间施工扰民,区环保局接到群众举报并进行查实后,依法对施工企业做出停工整改和处以二万元罚款行政处罚的决定,施工企业认为该处罚金额过高,想提起行政复议。

问:施工企业可以向哪些部门申请行政复议?

【解析】 由申请人选择,可以向区人民政府申请行政复议,也可以向市环保局申请行政复议。

9.4.2 行政诉讼

行政诉讼是指公民、法人或者其他组织认为行政机关和法律、法规授权的组织做出的具体行政行为侵犯其合法权益,依法定程序向人民法院起诉,人民法院在当事人及其他诉讼参与人的参加下,对具体行政行为的合法性进行审查并做出裁决的制度。

1. 行政诉讼受案范围

行政诉讼的受案范围,是指人民法院受理行政诉讼案件的范围。也就是说,人民法院对哪些行政争议有权行使审判权,行政相对人对哪些认为侵犯其合法权益的行政行为可以向人民法院提起行政诉讼的权利。

根据《行政诉讼法》第十二条规定,人民法院受理公民、法人或者其他组织提起的下列诉讼:(1)对行政拘留、暂扣或者吊销许可证和执照、责令停产停业、没收违法所得、没收非法财物、罚款、警告等行政处罚不服的;(2)对限制人身自由或者对财产的查封、扣押、冻结等行政强制措施和行政强制执行不服的;(3)申请行政许可,行政机关拒绝或者在法定期限内不予答复,或者对行政机关作出的有关行政许可的其他决定不服的;(4)对行政机关作出的关于确认土地、矿藏、水流、森林、山岭、草原、荒地、滩涂、海域等自然资源的所有权或者使用权的决定不服的;(5)对征收、征用决定及其补偿决定不服的;(6)申请行政机关履行保护人身权、财产权等合法权益的法定职责,行政机关拒绝履行或者不予答复的;(7)认为行政机关侵犯其经营自主权或者农村土地承包经营权、农村土地经营权的;(8)认为行政机关滥用行政权力排除或者限制竞争的;(9)认为行政机关违法集资、摊派费用或者违法要求履行其他义务的;(10)认为行政机关没有依法支付抚恤金、最低生活保障待遇或者社会保险待遇的;(11)认为行政机关不依法履行、未按照约定履行或者违法变更、解除政府特许经营协议、土地房屋征收补偿协议等协议的;(12)认为行政机关侵犯其他人身权、财产权等合法权益的。除上述规定外,人民法院受理法律、法规规定可以提起诉讼的其他行政案件。

根据《最高人民法院关于审理行政协议案件若干问题的规定》,公民、法人或者其他组织就下列行政协议提起行政诉讼的,人民法院应当依法受理:(1)政府特许经营协议;(2)土地、房屋等征收征用补偿协议;(3)矿业权等国有自然资源使用权出让协议;(4)政府投资的保障性住房的租赁、买卖等协议;(5)符合本规定第一条规定的政府与社会资本合作协议;(6)其他行政协议。

根据《行政诉讼法》第十三条的规定,人民法院不受理公民、法人或者其他组织对下列事项提起的诉讼:(1)国防、外交等国家行为;(2)行政法规、规章或者行政机关制定、发布的具有普遍约束力的决定、命令;(3)行政机关对行政机关工作人员的奖惩、任免等决定;(4)法律规定由行政机关最终裁决的具体行政行为。

最高人民法院关于适用《中华人民共和国行政诉讼法》的解释进一步规定,下列行为不属于人民法院行政诉讼的受案范围:(1)公安、国家安全等机关依照刑事诉讼法的明确授权实施的行为;(2)调解行为以及法律规定的仲裁行为;(3)行政指导行为;(4)驳回当事人对行政行为提起申诉的重复处理行为;(5)行政机关作出的不产生外部法律效力的行为;(6)行政机关为作出行政行为而实施的准备、论证、研究、层报、咨询等过程性行为;(7)行政机关根据人民法院的生效裁判、协助执行通知书作出的执行行为,但行政机关扩大执行范围或者采取违法方式实施的除外;(8)上级行政机关基于内部层级监督关系对下级行政机关作出的听取报告、执法检查、督促履责等行为;(9)行政机关针对信访事项作出的登记、受理、交办、转送、复查、复核意见等行为;(10)对公民、法人或者其他组织权利义务不产生实际影响的行为。

根据《最高人民法院关于审理行政协议案件若干问题的规定》,因行政机关订立的下列协议提起诉讼的,不属于人民法院行政诉讼的受案范围:(1)行政机关之间因公务协助等事由而订立的协议;(2)行政机关与其工作人员订立的劳动人事协议。

2.行政案件的审理程序

(1)起诉

公民、法人或者其他组织不服复议决定的,可以在收到复议决定书之日起15日内向人民法院提起诉讼。复议机关逾期不作决定的,申请人可以在复议期满之日起15日内向人民法院提起诉讼。法律另有规定的除外。公民、法人或者其他组织直接向人民法院提起诉讼的,应当自知道或者应当知道作出行政行为之日起6个月内提出。法律另有规定的除外。因不动产提起诉讼的案件自行政行为作出之日起超过20年,其他案件自行政行为作出之日起超过年5提起诉讼的,人民法院不予受理。

提起行政诉讼应符合以下条件:①原告必须是认为具体行政行为侵犯其合法权益的公民、法人或者其他组织。②必须有明确的被告。③必须有具体的诉讼请求和事实根据。④属于人民法院的受案范围和受诉人民法院管辖。

(2)受理

行政诉讼的受理,是指人民法院对公民、法人或者其他组织的起诉进行审查,对符合法律规定起诉条件的案件决定立案并予以审理的诉讼行为。人民法院在接到起诉状时对符合行政法规定的起诉条件的,应当登记立案。对当场不能判定是否符合起诉条件的,应当接收起诉状,出具注明收到日期的书面凭证,并在7日内决定是否立案。不符合起诉条件的,作出不予立案的裁定。原告对裁定不服的,可以提起上诉。起诉状内容欠缺或者有其他错误的,应当给予指导和释明,并一次性告知当事人需要补正的内容。不得未经指导和释明即以起诉不符合条件为由不接收起诉状。对于不接收起诉状、接收起诉状后不出具书面凭证,以及不一次性告知当事人需要补正的起诉状内容的,当事人可以向上级人民法院投诉,上级人民法院应当责令改正,并对直接负责的主管人员和其他直接责任人员依法给予处分。

人民法院既不立案,又不作出不予立案裁定的,当事人可以向上一级人民法院起诉。上一级人民法院认为符合起诉条件的,应当立案、审理,也可以指定其他下级人民法院立案、审理。

公民、法人或者其他组织认为行政行为所依据的国务院部门和地方人民政府及其部门制定的规范性文件不合法,在对行政行为提起诉讼时,可以一并请求对该规范性文件进行审查。上述规范性文件不含规章。

(3)审理

人民法院公开审理行政案件,但涉及国家秘密、个人隐私和法律另有规定的除外。涉及商业秘密的案件,当事人申请不公开审理的,可以不公开审理。

诉讼期间,不停止行政行为的执行。但有下列情形之一的,裁定停止执行:①被告认为需要停止执行的;②原告或者利害关系人申请停止执行,人民法院认为该行政行为的执行会造成难以弥补的损失,并且停止执行不损害国家利益、社会公共利益的;③人民法院认为该行政行为的执行会给国家利益、社会公共利益造成重大损害的;④法律、法规规定停止执行的。

当事人对停止执行或者不停止执行的裁定不服的,可以申请复议一次。

人民法院审理行政案件,不适用调解。但是,行政赔偿、补偿以及行政机关行使法律、法规规定的自由裁量权的案件可以调解。调解应当遵循自愿、合法原则,不得损害国家利益、社会公共利益和他人合法权益。

在涉及行政许可、登记、征收、征用和行政机关对民事争议所作的裁决的行政诉讼中,当事人申请一并解决相关民事争议的,人民法院可以一并审理。在行政诉讼中,人民法院认为行政案件的审理需以民事诉讼的裁判为依据的,可以裁定中止行政诉讼。

人民法院审理行政案件,以法律和行政法规、地方性法规为依据。地方性法规适用于本行政区域内发生的行政案件。审理民族自治地方的行政案件,并以该民族自治地方的自治条例和单行条例为依据。人民法院审理行政案件,参照规章。

经人民法院传票传唤,原告无正当理由拒不到庭,或者未经法庭许可中途退庭的,可以按照撤诉处理;被告无正当理由拒不到庭,或者未经法庭许可中途退庭的,可以缺席判决。

人民法院对行政案件宣告判决或者裁定前,原告申请撤诉的,或者被告改变其所作的行政行为,原告同意并申请撤诉的,是否准许,由人民法院裁定。

(4)判决

行政案件的判决,是指人民法院根据事实,依据法律、法规,参照规章,对具体行政行为的合法性做出的实体裁判。

一审人民法院经过审理,根据不同情况可以做出六种类型的判决,即维持判决、撤销判决、限期履行判决、变更判决、确认判决、驳回原告诉讼请求判决。

①维持判决。人民法院认为被诉具体行政行为证据确凿,适用法律法规正确,符合法定程序,做出的维持被诉具体行政行为的判决。

②撤销判决。即人民法院经过审查做出的否定被诉具体行政行为的判决。

③限期履行判决。限期履行判决是指人民法院经过对行政案件的审理,认定被告具有不履行或者拖延履行法定职责的情形,做出的要求被告在一定期限内履行其法定职责的判决。

④变更判决。即在行政处罚显失公正时,人民法院做出的改变具体行政行为的判决。

⑤确认判决。人民法院通过对具体行政行为的审查,对被诉具体行政行为是否合法、有效所做的判决。

⑥驳回原告诉讼请求判决。驳回原告诉讼请求判决,是指原告起诉认为行政机关的具体行政行为违法,而法院经过审理认为被诉具体行政行为合法,但存在一定的缺陷,这些缺陷又并不是法院行政诉讼的审理范围时,法院所采用的一类判决。

当事人不服人民法院的一审判决时,有权在接到判决书之日起15日内向上一级人民法院提起上诉;不服人民法院的一审裁定时,有权在接到判裁定书之日起10日内向上一级人民法院提起上诉;逾期提起上诉的,人民法院的第一审判决或裁定发生法律效力。

第二审的判决和裁定是终审的判决和裁定。当事人对已经发生法律效力的行政判决、裁定,认为确有错误的,可以向原审人民法院或上一级人民法院提出申诉,但判决、裁定不停止执行。

(5)执行

执行是指人民法院按照法定程序,对已生效的法律文书,在负有义务的一方当事人拒不履行义务时,强制其履行义务,保证生效的法律文书内容得以实现的活动。公民、法人或者其他组织拒绝履行判决、裁定、调解书的,行政机关或者第三人可以向第一审人民法院申请强制执行,或者由行政机关依法强制执行。申请执行的期限为2年。申请执行时效的中止、中断,适用法律有关规定。逾期申请的,除有正当理由外,人民法院不予受理。

行政机关拒绝履行判决、裁定的,第一审人民法院可以采取下列行政措施:①对应当归还的罚款或者应当给付的赔偿金,通知银行从该行政机关的账户内划拨;②在规定的期限内不履行的,从期满之日起,对该行政机关按日处50元至100元的罚款;③行政机关拒绝履行的情况予以公告;④向该行政机关的上一级行政机关或者监察、人事机关提出司法建议。接受司法建议的机关,根据有关规定进行处理,并将处理情况告知人民法院;⑤拒不履行判决、裁定,情节严重构成犯罪的,依法追究主管人员和直接责任人员的刑事责任。

复习思考题

1. 法院调解的原则包括哪些?
2. 仲裁协议的效力有哪些?
3. 建筑工程施工合同纠纷管辖是如何规定的?
4. 《民事诉讼法》中的执行措施有哪些?
5. 简述行政复议的范围。
6. 什么是争议评审,其特点有哪些?
7. 人民调解委员会在处理民事纠纷中如何体现"法律并不是冷冰冰的条文,背后有情有义。"?

课后案例

开发商甲公司将某住宅工程发包给施工单位乙公司施工，工程竣工后，双方发生工程款纠纷，乙公司因纠纷不向甲公司提交相关施工资料，甲公司以乙公司为被告诉至法院，诉讼请求之一是要求乙公司提供其办理房屋产权证所需施工单位提交的全部资料，一审予以支持。被告不服一审判决，在法定期间内提出上诉，二审经审查认为，《民事诉讼法》第一百二十二条规定："起诉必须符合下列条件：（一）原告是与本案有直接利害关系的公民、法人和其他组织；（二）有明确的被告；（三）有具体的诉讼请求和事实、理由；（四）属于人民法院受理民事诉讼的范围和受诉人民法院管辖。"在本案中，甲公司的其中一诉讼请求是要求乙公司提供其办理房屋产权证所需施工单位提交的全部资料。建设工程施工合同中约定需由施工方交付的施工资料应系特定物，而非种类物，涉案建设工程施工合同中并未就涉案工程竣工后施工方需提交哪些施工资料作出明确约定，甲公司亦未提供证据证明涉案工程在建设过程中形成了哪些施工资料，甲公司在涉案工程尚未办理竣工验收手续的情况下提起该诉求，应视为其诉讼请求不明确，其起诉不具备《民事诉讼法》第一百二十二条规定的起诉要件。对案件进行实体审理不当，二审依法予以纠正，裁定撤销原判，驳回起诉。

【分析】

《房屋建筑和市政基础设施工程竣工验收备案管理办法》规定，建设单位办理工程竣工验收备案应当提交下列文件：（一）工程竣工验收备案表；（二）工程竣工验收报告；（三）法律、行政法规规定应当由规划、环保等部门出具的认可文件或者准许使用文件；（四）法律规定应当由公安消防部门出具的对大型的人员密集场所和其他特殊建设工程验收合格的证明文件；（五）施工单位签署的工程质量保修书；（六）法规、规章规定必须提供的其他文件。住宅工程还应当提交《住宅质量保证书》和《住宅使用说明书》。实践中承包人一旦不提交相关施工资料，不配合建设单位竣工验收备案，建设单位无法办理权属证书。无奈之下，只能通过诉讼来解决。建设单位的诉讼请求中如果仅用"有关资料""全部资料"等概述，庭审中也提交不出具体明细，导致裁判主文难以准确表述，而且此类标的物均为特定物，不宜执行，故二审因原告诉讼请求不明确，作出驳回起诉的裁定是正确的。

以此为鉴，建设单位签订建设工程施工合同时应约定承包人逾期提交施工资料应承担的违约责任，一旦逾期可通过提起违约之诉或损害赔偿之诉的方式实现权利救济。同时，建设单位在履行建设工程施工合同过程中，要建立健全档案管理体系，完善参建留痕留档制度，建立相关档案台账，以防发生诉讼时诉求不明或举证不能。

参考文献

[1] 何佰洲,宿辉. 工程建设法规教程[M]. 2版. 北京:中国建筑工业出版社,2019.

[2] 朱宏亮. 建设法规教程[M]. 2版. 北京:中国建筑工业出版社,2019.

[3] 刘文锋. 建设法规概论[M]. 3版. 北京:高等教育出版社,2019.

[4] 宿辉,何佰洲. 2017版《建设工程施工合同(示范文本)》(GF－2017－0201)条文注释与应用指南. 北京:中国建筑工业出版社,2018.

[5] 魏振瀛. 民法[M]. 8版. 北京:北京大学出版社,2021.

[6] 土建学科教学指导委员会. 建设法规教程[M]. 4版. 北京:中国建筑工业出版社,2018.

[7] 顾永才. 建设法规[M]. 5版. 武汉:华中科技大学出版社,2019.

[8] 孙放. 中国政府投资法律制度研究——回归权利的视野[M]. 上海:立信会计出版社,2012.

[9] 李振华. 政府投资立法研究[M]. 北京:中国政法大学出版社,2013.

[10] 安健. 中华人民共和国城乡规划法释义[M]. 北京:法律出版社,2009.

[11] 全国人大常委会法制工作委员会经济室. 中华人民共和国城乡规划法解说[M]. 北京:知识产权出版社,2008.

[12] 刘维彬,王玉芬. 城乡规划管理与法规[M]. 北京:科学出版社,2011.

[13] 隋卫东,王淑华,李军. 城乡规划法[M]. 山东:山东大学出版社,2009.

[14] 李丽红. 工程招投标与合同管理[M]. 北京:化学工业出版社,2018.

[15] 柯洪. 建设工程计价[M]. 北京:中国建筑工业出版社,2020.

[16] 齐宝库. 建设工程造价案例分析[M]. 北京:中国城市出版社,2014.

[17] 李启明. 土木工程合同管理 [M]. 4版. 南京:东南大学出版社,2019.

[18] 黄薇. 中华人民共和国民法典释义 [M]. 北京:法律出版社,2020.

[19] 顾永才,杨雪梅. 建设法规 [M]. 2版. 北京:科学出版社,2014.

[20] 谢勇. 建设工程施工合同案件裁判规则解析 [M]. 北京:中国法制出版社,2020.

[21] 李恒,马风玲. 建设工程法:法律制度与实务技能 [M]. 3版. 北京:法律出版社,2020.

[22] 最高人民法院民事审判第一庭. 最高人民法院建设工程施工合同司法解释的理解与适用 [M]. 北京:人民法院出版社,2021.

[23] 李启明. 建设工程合同管理 [M]. 南京:东南大学出版社,2018.

[24] 黄安永,张连生,何龙江. 建设法规 [M]. 3版. 南京:东南大学出版社,2017.

[25] 江伟. 仲裁法 [M]. 3版. 北京:中国人民大学出版社,2016.

[26] 国务院法制办公室. 中华人民共和国环境法典 [M]. 北京:中国法制出版社,2012.

[27] 方世荣,石佑启. 行政法与行政诉讼法 [M]. 北京:北京大学出版社,2015.

[28] 江伟,肖建国,曾宪义,等. 民事诉讼法 [M]. 8版. 北京:中国人民大学出版社,2018.

[29] 董少谋. 民事诉讼法学 [M]. 北京:中国政法大学出版社,2015.

[30] 方世荣. 行政法与行政诉讼法学 [M]. 6版. 北京:中国政法大学出版社,2019.

[31] 全国二级建造师执业资格考试用书编写委员会. 建设工程法规及相关知识 [M]. 北京:中国建筑出版社,2018.

[32] 全国一级建造师执业资格考试用书编写委员会. 建设工程法规及相关知识 [M]. 北京:中国建筑工业出版社,2021.

[33] 李闫岩,吴访非,孟庆鹏. 建设工程施工合同管理及纠纷处理 [M]. 北京:化学工业出版社,2012.

[34] 最高人民法院民法典贯彻实施工作领导小组. 中华人民共和国民法典理解与适用 [M]. 北京:人民法院出版社,2020.

[35] 以合同管理为抓手规范建筑市场秩序——住房城乡建设部建筑市场监管司有关负责人就2013版施工合同答记者问 [N]. 中国建设报,2013-06-01.